보고
들고
만지는
현대사상

보고 seeing
듣고 listening
만지는 touching
현대사상 contemporary thought

예술이 현상해낸 사상의 모습들

박영욱 지음

바다출판사

예술작품을
보고 듣고 만지며
현대사상을 느끼다

변화의 징후는 철학이 아닌 예술에서 먼저 나타난다

1950년 미국의 세인트루이스 시는 야심찬 계획을 발표하였다. 점점 슬럼으로 변해가는 도심을 혁신하기 위해서 프루이트 아이고 Pruitt-Igoe 라는 대규모 주택단지를 건설하기로 한 것이다. 프루이트 아이고라는 말은 세인트루이스 출신인 미국 공군 비행단 최초의 흑인 조종사 프루이트와 백인 하원의원 아이고의 이름을 조합한 것이다. 명칭에서도 알 수 있듯이, 이 프로젝트는 흑인과 백인의 화합이라는 야심찬 슬로건을 내걸고 있다. 게다가 빈민 소굴로 변하고 있는 세인트루이스 도심을 살리고자 하는 계몽주의 이념도 분명하게 표방하고 있다. 시 당국은 일본계 2세 미국인 건축가 미노루 야마사키 Minoru Yamasaki, 1912~1986 에게 디자인을 의뢰하였다. 야마사키는 현재 우리나라에서 흔히 볼 수 있는 아파트와 흡사한 직사각형 모양의 집단 거주공간을 설계하였다. 마치 데카르트René Descartes, 1596~1650 의 머릿속에서 금방 튀어나온 듯 반듯하고도 기하학적 형태의 이 합리적 공간은 범죄와 비위생이라는 비합리성의 쓰레기들을 몰아낼 것 같아 보였다.

하지만 어둠과 범죄, 질병과 빈곤이 완전히 사라지게 할 것이라고 기대를 모았던 이 반듯하고도 청결한 공간은 얼마 지나지 않아 정반대의 결과를 낳았다. 위생과 합리성을 대변하고자 한 거대한 공간은 도심의 어느 곳보다 더 빨리 슬럼가로 변질되었다. 직육면체의 건물은 반듯하고 깨끗해 보이기는커녕 시커먼 바퀴벌레의 온상처럼 보였다. 결국 십여 년을 가까스로 버틴 이 어마어마한 건축물들은 역사상 유례를 찾을 수 없는 단명의 기록을 남긴 채 사라졌다(1954년에 완공 1972년에 폭파되었다). 프루이트 아이고 폭파는 단지 공간디자인의 실패 사례를 보여주는 것을 넘어서 계몽과 위생, 빈

폭파되는 프루이트 아이고 아파트
범죄와 질병, 빈곤을 사라지게 하리라는 기대를 받았던 이 건물은 오히려 계몽과 위생, 빈곤 퇴치와 투명성을 추구하는 모더니즘의 딜레마를 보여주었다. 사상가들이 포스트모더니즘을 공언하기 전부터 건축의 세계에서는 그 징후가 먼저 발견되었던 것이다.

곤의 퇴치와 투명성을 추구하는 모더니즘의 딜레마를 표출하는 것이었다.

지금은 철지난 유행어처럼 들리는 '포스트모더니즘'이라는 용어가 처음 사용된 것이 건축 분야였다는 것은 잘 알려진 사실이다. 건축가 로버트 벤투리Robert Venturi, 1925~ 는 건축디자인을 통해서 모더니즘의 한계를 비판하였으며, 리오타르가 '포스트모던의 조건'을 공언하기 훨씬 이전에 라스베이거스가 펼치는 휘황찬란하고 어지러운 포스트모더니즘의 공간을 찬양하였다. 20세기 초 아르누보art nouveau 예술은 바타유에 앞서 이미 근대의 금욕주의를 비판하고 어떤 기능도 배제된 장식을 위한 장식과 낭비의 미덕을 앞세웠다. 20세기 후반이 되어서야 '포스트모더니즘'을 두고 철학적인 논쟁이 활발히 전개되었던 것과 달리 이미 예술의 분야에서는 새로운 변화의 징후가 훨씬 먼저 발견된다. 그것은 건축이나 예술이 보다 직접적으로 일상생활이나 삶의 경험과 맞닿아 있기 때문일 것이다.

'미네르바의 올빼미는 가장 늦게 날아오른다.'는 헤겔Georg Wilhelm Friedrich Hegel, 1770~1831 의 금언은 현실의 변화가 철학적 사유의 변화에 앞선다는 표현이다. 얼핏 보면 헤겔의 말은 예술이 철학보다 훨씬 앞서서 현실 변화의 징후를 포착한다는 뜻으로, 예술과 현실을 옹호하고 있는 듯하다. 그러나 알고 보면 이 말은 가장 늦게 날아오르는 미네르바의 올빼미, 즉 철학자야말로 세상을 통찰하는 힘을 지녔다는 지적 사유에 대한 예찬을 담고 있다. 그는 예술을 사유의 한 형태로 생각하긴 하였지만, 어디까지나 철학보다 열등하고 불명료한 상징의 형태에 불과한 것으로 간주하였다. 인간의 사유에 대한 이러한 자부심은 오늘날의 상황과는 더 이상 맞지 않다. 개념과 논리만이 사유가 아닐뿐더러 철학적 사유가 가장 이상적인 것도 아니기 때문이다. 철학적 사유가 이상적 사유라는 생각 자체가 어쩌면 고리타분한 이데올로기일지도 모른다. 20세기 이후 오히려 예술이 새로운 사유의 모델로 부각됐다고 해도 과장은 아니다. 이러한 사실은 이 책에 소개된 사상가와 예술가들을 보더라도 충분히 짐작할 수 있을 것이다.

마르크스와 쇤베르크, 하버마스와 브뤼헐, 이들의 공통점은?

이 책은 현대음악가인 쇤베르크와 사회주의 사상가 마르크스, 네덜란드의 풍경화가 브뤼헐과 의사소통 이론의 대가 하버마스, 현대화가 피카소와 언어학자 소쉬르 등 예술가와 사상가를 하나의 수평선상에 놓고 현대사상의 모습을 살펴보고자 한다. 물론 이 책에서 연결시키고 있는 사상가의 사상과 예술가의 예술이 정확하게 일치하는 것은 아니다. 가령 쇤베르크의 음악과 마르크스의 사상은 얼핏 아무런 상관도 없어 보인다. 실제로 쇤베르크는 자본주의 사회를 급진적으로 비판한 혁명가는 아니었으며 정치에는 관심조차 없었다. 그러나 쇤베르크는 전통적인 음악에 대해서 그것을 마치 자연적 질서인 양 숭배하는 비예술가의 태도를 참지 못하였다. 이러한 쇤베르크의 사유에는 자본주의 사회의 시장 질서를 마치 자연법칙으로 간주하여 그것을 과학인 양 떠받드는 부르주아지 경제학자의 태도를 참지 못한 마르크스의 그것과 명백한 공통점이 존재한다.

또한 미리 주어진 법칙이나 선험적 체계를 거부하고 체계가 결여된 듯 보이는 일상의 세계(생활세계)에서 소통과 합의의 가능성을 이끌어내고자 하는 하버마스와, 하나의 인위적 소실점을 거부하고 비체계적인 일상 자체를 그대로 노출하면서도 질서의 가능성을 제시한 브뤼헐 사이에는 명백한 수평선이 존재한다. 또 언어 혹은 기호의 의미란 사물의 지시가 아닌 기호들 자체의 변별적 차이에 의해서 발생한다는 통찰을 남긴 소쉬르와, 자전거의 안장과 손잡이의 조합을 변경하여 그것들의 기호적 의미를 바꾼 종합적 큐비즘 시기의 피카소도 그렇다. 소쉬르가 언어나 기호가 사물의 재현이 아니라고 봄으로써 근대적인 세계관을 넘어섰다면, 피카소는 회화의 도상을 현실의 대상을 지칭하여 의미를 지니는 것이 아니라 도상들 자체의 변별적 차이에 의해서 의미를 지니는 기호로 나타냄으로써 재현주의에 집착한 근대회화를 넘어선다.

스물일곱 명의 사상가들을 다루면서 그들의 사상을 예술가와 관련짓는 이유는 예술을 단지 사상을 이해하기 위한 단순한 가교로 삼기 위한 것만이 아니다. 책에서 언급하는 예술가와 사상가 사이에는 간접적인 듯 보이지만 긴밀한 공통점이 있다. 그 공통점을 바탕으로 구체적인 예술작품을 통해서 추상적이고도 난해한 철학 사상이나 형이상학적 개념에 접근하는 것이 이 책의 가장 큰 특징 중 하나이다. 철학과 달리 예술작품은 매우 구체적이고 일상적인 경험과 맞닿아 있다. 물론 예술작품도 추상적이지 않은 것은 아니며 그것을 이해하기 위해서는 나름대로의 지식이나 통찰력이 필요할 것이다. 게다가 예술작품에 하나의 해석만이 존재하는 것도 아니다. 하지만 이 책을 통해서 예술작품의 미덕이란 추상적인 개념을 우리의 일상적 경험의 차원에서 구현하는 것임을 분명히 알 수 있을 것이다.

철학의 모델은 언어가 아닌 이미지

근대사상가 헤겔은 언어로 표현되는 개념이야말로 진정한 철학의 모델이라고 생각하였다. 이는 헤겔의 개인적인 생각이라기보다는 근대 서양사상을 관통하는 것이다. 예술의 경우에도 장르마다 순위가 매겨져서 문학이 최고의 자리를 차지하고 있는 것만 보아도 쉽게 알 수 있다. 문학은 말 그대로 언어로 된 예술이며 개념적 사유에 가장 가깝기 때문이다. 그러나 현대사상에서 개념에 대한 절대적 우위를 강조한다는 것은 시대착오적으로 보인다. 사유의 모델 자체가 개념이나 언어가 아닌 이미지로 옮겨졌기 때문이다.

　이 책에 소개된 모든 사상가들이 명시적으로 개념이나 언어보다 이미지를 이상적인 사유의 모델로 제시하고 있다고 할 수는 없다. 가령 언어학자인 소쉬르는 세계를 언어 혹은 기호의 구성물로 명시하며, 하버마스 역시 언어의 화용론을 통해서 언어적 소통을 이상적인 사유의 모델로 제시한다. 초기부터 후기에 이르기까지 비트겐슈타인의 사상을 일관하고 있는 문제의식 또한 언어의 본질에 관한 것이다. 이렇게 보자면 언어적 사유가 현대사상의 거목인 그들에게 여전히 이상적인 모델로 남아 있는 듯하다. 그렇지만 자세히 들여다보면 이미 그들의 언어관 속에서 우리는 전통적인 언어관과는 다른 면모를 발견할 수 있다. 소쉬르의 언어학에서 언어 혹은 기호는 자의성과 변별적 차이를 근간으로 형성되는 것이기 때문에 사실상 맥락에 따라 그 의미가 바뀌는 이미지의 특성과 맞닿아 있다. 하버마스 역시 언어의 보편적 화용론을 주장하지만 이때 언어에 의한 보편적 일치의 가능성은 선험적으로 결정된 어떤 것이라기보다는 일종의 정감적情感的 요청에 가깝다. 말하자면 하버마스가 보기에 소통은 언어 자체를 통해서가 아니라 언어를 통해 교감할 때 밑바닥에서 발생하는 정서적인 요소 덕분에 가능한 것이다. 이는 그림의 시각 이미지나 음악의 청각 이미지를 통해서 순간적이고도 동질적 교감을 느끼는 예술적 체험과 크게 다르지 않다. 넓은 의미에서 스스로 계몽주의를 자처한 아도르노의 사상에서도 이러한 특성은 분명하게 드러난다.

　물론 이 책은 언어나 개념보다는 이미지를 사유의 모델로 분명하게 제시한 사상가들 역시 소개한다. 들뢰즈나 리오타르, 바타유 같은 사상가들에게 이러한 특성은 더욱 분명하게 나타난다. 그러나 물론 이들의 사상이 현대사상의 흐름을 결정하는 하나의 궁극이라고 말하고자 하는 것은 아니다.

계속해서 새로운 문제를 제기하고 이에 답하고자 하는 과정을 통해서 철학이나 예술은 끊임없이 지속될 것이기 때문이다.

진정한 소통의 모델은 일치가 아닌 불일치

칸트 Immanuel Kant, 1724~1804 를 비롯해서 적잖은 근대철학가들이 진리란 단지 세상의 숨겨진 정보가 아니라 사유능력을 가진 인간들의 상호주관적 합의의 산물이라는 사실을 강조하였다. 이와 더불어 자연스럽게 학문의 모델은 세상의 숨겨진 진리를 발견하고 이를 정보로 전달한다는 정보이론의 모델에서 사람들의 소통의 결과물이라는 소통이론의 모델로 옮아갔다. 소통이론의 모델은 '진리란 세상의 실상이자 불변하는 본질'이라는 플라톤 Platon, ?B.C.427~?B.C.347과 데카르트적 세계관의 제약으로부터 벗어났음을 의미한다. 그러나 진리란 상호주관적 산물이라는 소통이론의 모델은 20세기 이전까지 여전히 근대적인 제약에 묶여 있었다. 예외가 있다면 그것은 니체의 사상일 것이다. 어찌 보면 술취한 디오니소스적 상태에서의 교감이야말로 진리의 순간이라는 니체의 생각은 아예 소통 자체를 거부하는 것으로 이해될지도 모른다. 니체가 말하는 교감은 분명 일반적인 공감대에 바탕을 둔 일상적 경험에서 이루어지지 않는다. 오히려 일상적인 언어로 전달할 수 없는 예외적인 순간에만 성립한다. 이렇게 보자면 니체는 소통 자체를 부정하는 것처럼 보인다. 하지만 그가 생각하는 진정한 소통은 타인에게 의사를 완전히 전달하는 형태가 아닌, 타인들과의 공통적 특성으로 환원될 수 없는 자신만의 고유한 특이성을 발견할 때 이루어지는 것이다.

달리 생각해보면 소통이 반드시 어떤 합일점을 이끌어내는 것은 아니다. 합일점에의 도달을 이상적인 상태로 보는 기존의 소통과 대화의 모델 자체가 허구일 수 있다. 가장 이상적인 대화란 서로 완벽한 합일점에 도달할 수 없으며 각자 고유한 입장 차이가 존재할 수밖에 없다는 상태를 인정하는 것일지도 모른다. 어쩌면 유교의 창시자들이 꿈꾸던 가장 이상적인 사회의 형태 역시 이렇게 불일치를 긍정하는 사회가 아닐까. 맹자가 생각한 이상적인 가족이란 자신과 아무리 달라도 억지로 강요하지 않고 그 자체로 교감하고 구성원의 특이성을 인정하는 공동체였을 것이다.

'진리란 전달할 수 없는 것이며 절대적 역설'이라는 키르케고르의 주장역시 전달 가능성이나 교감 혹은 소통 자체를 거부하기 위한 것은 아니다. 그는 역설이 존재하지 않고 모순이 없는 일치의 상태가 진정한 소통의 모델이라는 것을 거부한다. 이는 새로운 소통의 모델이 있음을 암시하는 것이기도 하다. 비록 리오타르와 같은 사상가는 분쟁과 불일치를 진리의 조건으로 공표하고 있지만 이러한 주장은 그의 소유물이 아니다. 대화공동체에 참여한 사람들의 가상적 합일이 가능한 이상적 담화 상태를 주장하는 하버마스조차도 이러한 경향은 예외가 아니다.

추상적 개념을 경험의 차원에서 구현하다

책에 수록된 스물일곱 명의 사상가 중 마르크스, 레닌, 니체, 키르케고르는 근대사상가에 속하지 않냐고 이의를 제기할 수도 있을 것이다. 그렇지만 이 책을 통해서 우리는 그들의 사상이 근대라는 시대적 제약을 넘어서 이 책을 관통하는 현대사상의 문제의식을 분명하게 드러내고 있음을 알 수 있을 것이다. 물론 여기서도 그들의 사상이 지닌 현대적 특성을 보여주기 위해 난해한 철학적 개념을 늘어놓기보다는 구체적인 예술작품과 수평선상에 놓을 것이다. 마르크스의 물신주의 개념보다는 쇤베르크의 무조음악 작품이, 레닌의 유물변증법 개념보다는 말레비치의 작품이, 니체의 허무주의 개념보다는 바그너의 오페라 〈트리스탄과 이졸데〉 서곡 앞부분이, 키르케고르의 불안과 부조리 개념보다는 뭉크의 〈절규〉가 지닌 예술사적 의미가 훨씬 더 구체적이고도 쉽게 그들의 사상적 핵심을 드러내기 때문이다.

　마지막으로 한 가지 언급하자면, 스물일곱 명의 사상가와 예술작품 혹은 예술가의 조합은 니체, 루카치, 후설, 하이데거 등의 몇몇 경우를 제외하고는 일반적인 조합이라기보다 나의 선택에 의해서 이루어진 것이다. 마르크스와 쇤베르크, 하버마스와 브뤼헐, 프로이트와 루솔로, 사르트르와 마네 등 대부분의 조합은 다른 곳에서는 본 적이 없을 것이다. 얼핏 생뚱맞아 보이는 사상가와 예술가의 조합이 어떻게 이루어졌는지를 알게 된다면 이 책이 전달하고자 한 핵심을 파악한 셈이다. 실제로 각 사상가마다 이에 부합하는 예술가 혹은 예술작품을 선정하여 이를 조합하는 과정 자체가 나에게도 가장 흥미로운 작업이었을 뿐만 아니라 때로는 스스로에게 고무적인 일이기도 하였다. 그렇기에 이 책을 통해서 독자들이 현대사상뿐만 아니라 예술작품에 대해서도 관심을 갖게 되는 흥미로운 여행을 할 수 있기를 바란다.

차례

현대사상을
보다_____

삶의 본질을
어떻게
받아들일 것인가

키르케코르와
뭉크

뭉크 그림에 나타난 삶의 본질, 불안

노르웨이 화가 뭉크Edvard Munch, 1863~1944의 작품을 관통하는 주제가 있다면 그것은 공포와 불안이다. 그의 그림이나 삶에 대해서 잘 모르는 사람이 뭉크의 그림을 본다 하더라도 틀림없이 뭔가 불안한 느낌을 받을 것이다. 그 불안의 실체는 전적으로 그림의 스타일에서 발견할 수 있다. 낮은 명도의 색채, 뚜렷하지 않고 불안하게 왜곡된 실루엣, 인물과 배경의 불분명한 경계와 뒤섞임, 인물의 표정, 흡혈귀나 살인마 혹은 절규하는 사람과 같은 어두운 소재 자체가 그림을 불안하게 만드는 요인일 것이다. 그러나 그것은 어디까지나 그림을 보는 사람들에게 불안감을 주는 표현적 요소일 뿐 화가 자신이 왜 이런 불안을 그리는가에 대해서는 설명해주지 못한다.

뭉크, 〈절규〉 The scream, 1893
이 그림에서 뭉크는 절규하는 사람을 재현했다기보다 절규 그
자체를 표현하고 있는 듯하다. 〈절규〉에 나타난 공포는 다른
누구도 아닌 뭉크 자신의 것이며, 그것을 보는 관객의 것이기
도 하다. 자신에게 주어진 삶과 자신의 운명에 대해서 느끼는
키르케고르와 뭉크의 감수성은 매우 비슷하다. 삶에 대한 불안
적 감수성에서 키르케고르의 사상이 시작된다.

뭉크의 그림은 어둡고 쓸쓸한 북유럽의 정서를 표현하고 있다고 할 수도 있지만 이보다는 사실상 뭉크 자신의 내면을 보여주는 것이다. 어린 시절부터 그의 삶은 불안과 공포로 집약된다. 그는 다섯 살에 어머니를 폐결핵으로 잃었으며 10년도 채 되지 않아 누나마저 같은 병으로 세상을 떠나보내야 했다. 자신도 매우 병약하여 잔병치레가 심했다. 게다가 여동생은 어린 나이에 정신병에 걸렸으며, 이후 형제 중에 유일하게 결혼을 하였던 남동생마저도 결혼한 지 얼마 되지 않아 죽었다. 이보다 더 잔혹한 가족사가 없을 정도로 뭉크의 삶은 잔인하였으며, 그의 내면에는 불안과 공포가 자리 잡지 않을 수 없었다. 그에게는 삶 자체가 불안과 공포의 과정이었던 것이다.

그래서인지 뭉크의 그림이 지닌 특별함은 그림이 어떤 것을 재현representation하는 것이라는 재현주의의 관행을 훌쩍 넘어서고 있다. 우리에게 가장 잘 알려진 대표작 〈절규〉만 보더라도 이 특징을 발견할 수 있다. 다리의 난간 한가운데서 절규하는 사람을 그린 이 그림은 절규하고 있는 장면을 '재현'하고 있는 것처럼 보인다. 재현의 기준에서 보자면 당연히 이 그림은 현실의 장면을 훌륭하게 재현하고 있지는 않다. 휘어진 인물의 실루엣이나 다리의 색, 물결의 모양, 그리고 하늘의 모습은 전혀 현실적이지 않으며 인물과 하나의 결을 이루고 있다. 물론 이러한 특성은 절규하는 사람의 모습을 강조하기 위해서 수사적으로 과장한 것이라고 할 수도 있다. 말하자면 의도적으로 왜곡된 재현이라고 보는 것이다.

그러나 이 그림은 오히려 '재현' 자체를 뛰어넘었다고 보는 편이 옳은 듯하다. 뭉크가 이 그림에서 보여주고 있는 것은 절규하는 사람의 모습이 아닌 '절규' 그 자체이다. 재현이란 어떤 방식으로든 현실의 모습을 객관적으로 전달하려는 의도를 갖는다. 이에 반해서 뭉크의 그림은 어떤 모습을 재현하고 그것을 객관적으로 전달하려기보다는 절규와 공포 그 자체를 보여주고자 했다. 그의 그림에 담긴 것은 공포에 질린 사람의 모습이 아닌 공포감 자체인 것이다. 그리고 이러한 공포는 사실상 객관적으로 재현하거나 전달할 수 없다. 뭉크의 〈절규〉에 담긴 비극과 공포는 다른 사람이 아닌 뭉크 자신의 것이며, 또 그것을 보는 사람 자신의 것이기도 하다. 공포와 전율은 누구에게도 전달할 수 없고 공유할 수 없는 전적으로 '나의 것'이다.

덴마크의 철학자 쇠렌 키르케고르Søren Kierkegaard, 1813~1855 의 사상은 마치 뭉크의 기독교적 버전이라고 할 만큼 뭉크와 근본적인 특성을 공유하고 있다. 우리에게 익숙지 않은 북유럽 출신이라는 점에서도 그러하지만, 이들에게 주어진 삶과 자신의 운명에 대해서 느끼는 감수성에는 매우 큰 공통점이 있다. 만약 세상에서 가장 고독한 화가를 뭉크라고 한다면 세상에서 가장 고독한 철학자는 단연 키르케고르일 것이다. 그는 뭉크와 마찬가지로 가족들의 죽음을 가까이서 지켜보아야만 했다. 일곱 형제들 중 형 피터와 그만이 살아남았다. 물론 이러한 비극적 가족사만으로 한 인간의 특성을 결정지을 수 있는 것은 아니다. 피터만 하더라도 엄격한 자기 훈육과 절제를 통하여 엘리트 코스를 밟아나갔다. 이에 반하여 키르케고르는 항상 자신의 운명은 비극적인 것이라고 믿었다. 키르케고르는 어릴 적부터 뭉크처럼 몸이 약했으며, 분명 다른 사람들과는 다른 감수성을 지니고 있었다.

키르케고르는 자신이 피할 수 없는 비극적 운명을 타고났다고 보았는데, 이는 아버지에게서 비롯된 것이다. 아버지는 가난한 소작농의 자식으로 태어나 자수성가하여 코펜하겐에 여러 채의 집을 소유할 만큼 성공한 사람이었다. 그는 독실한 루터파 기독교인이었으며 상상력이 매우 풍부하였다. 그는 다섯 명의 자식을 잃은 것이 하나님에 대한 자신의 불경에서 비롯되었다고 믿었다. 가난에 지친 어린 시절의 어느 날, 그는 언덕에 올라가 신에게 세상의 가난과 고통을 저주하는 비난의 말들을 거침없이 쏟아놓은 적이 있었다. 신에 대한 이 불경스러움 때문에 그는 자신의 삶이 저주받았다고 믿었다. 아버지의 영향을 많이 받은 키르케고르는 이러한 저주가 터무니없는 것이라고만 여기지 않았다. 자신도 모르게 이러한 생각을 공유하게 되었으며, 아버지가 사망하였을 때 더욱 확신하게 되었다.

불행은 해결해야 할 문제가 아닌 받아들여야 할 운명

키르케고르의 삶과 철학을 다룰 때 빠지지 않는 것 중 하나가 그의 파혼이다. 그는 오랜 방황 끝에 대학을 졸업한 해에 고위직 공무원의 딸인 레기네 올센Regine Olsen과 약혼을 하였다가 파혼하였다. 그녀와의 파혼은 키르케고르의 삶에서 결정적인 사건이었을 뿐만 아니라 그의 저서나 술회에서도 빈번하게 등장한다. 파혼은 외관상 키르케고르의 일방적인 파기로 이루어졌는데, 파혼의 동기에 대해서는 그 자신도 명확한 결론을 내리지 못했다. 때로는 둘 간의 기질 차이 때문이라고, 때로는 자신이 어느 누구와도 어울릴 수 없는 사람이기 때문이라고 말했다. 어느 쪽이 되었든 그는 자신이 평범한 가정을 이룰 수 있는 사람이라고 생각하지 않았다. 왜냐하면 자신은 저주받은 운명을 타고났으며 이 저주받은 운명 속으로 사랑하는 사람을 끌어들일 수는 없었기 때문이다. 레기네와의 파혼은 그에게 엄청난 자해이자 스스로에게 내리는 형벌이었지만, 동시에 그가 생각하는 절대적인 구도의 길로 향하는 첫걸음이기도 하였다.

물론 우리는 키르케고르의 태도나 생각을 납득하기 힘들다. 그가 자신의 삶이 저주받았다고 생각하는 것도 과대망상에 불과한 것처럼 보일 뿐만 아니라 객관적이고도 과학적인 설득력이 없어 보이기 때문이다. 하지만 바로 이것이 당대의 사람들과 키르케고르를 갈라놓고 그를 근대를 넘어선 현대의 사상가로 조명할 수 있는 단서이기도 하다.

키르케고르는 삶이 지닌 근본적인 '부조리함'을 통찰했다. 이러한 부조리함은 근대인들에게는 받아들일 수 없는 것이었다. 합리적으로 설명할 수 없는 저주라든지 운명의 힘과 같은 것을 근대인들은 받아들일 수가 없다. 근대적인 합리주의의 관점에서 보자면 키르케고르의 태도는 그의 불운한 가정사에서 비롯되었으므로 어느 정도 동정의 여지는 있을지라도 불합리하며 잘못된 것이다.

그러나 삶에는 항상 불합리한 것이 개입하기 마련이다. 카프카Franz Kafka, 1883~1924의 소설 《소송》Der Prozeß, 1925의 주인공 요제프 K는 소송의 이유도 모른 채 유죄를 판결받는다. 그가 아무리 유죄의 이유를 밝히려 해도 그 이유를 알 수가 없다. 다소 허구적으로 과장된 면이 있지만 이 소설은 합리적으로 설명할 수 없으나, 반드시 현실에 존재할 수밖에 없는 역설을 잘 보여준다. 고대 그리스의 비극 역시 그러하다. 비극의 주인공들은 자신의 잘못이 아닌 저주받은 운명에 의해서 어머니와 동침하며 아버지를 살해한다. 비극의 주인공은 자신의 죄에 대해서 번뇌하며 비극적인 결말을 맞이하거나 혹은 죄를 씻기 위해서 극단적인 형벌을 감내한다.

근대적인 관점에서 보자면 고대 비극의 주인공은 운명적으로 피할 수 없는 사건에 휘말리기는 하지만 결코 죄인은 아니다. 그의 비극은 그가 의도한 결과가 아니며 '합법적(?)' 절차를 거친 것이므로 결코 단죄할 수는 없는 것이다. 그러나 고대인들에게는 비극의 주인공이 처한 운명 그 자체가 죄이다. 근대인의 기준으로 보자면 이러한 터무니없는 생각이 바로 키르케고르의 마음 한가운데를 점령하고 있었다. 그에게는 자신의 삶 자체가 저주이며 죄였다. 키르케고르에게 삶이란 그 자체가 부조리라는 역설에 의해서 지배되는 것이다. 이를 아무도 피할 수는 없다. 여기서 근대인과 키르케고르는 확연하게 갈라진다. 근대인에게 부조리나 역설은 해결해야 할 과제이며 반드시 해결되어야 하는 것이지만, 키르케고르에게 그것은 겸허하게 받아들여야 할 어떤 것이기 때문이다. 인간이 느끼는 불안과 공포야말로 그러한 부조리가 피할 수 없는 것임을 분명하게 보여주는 징표인 것이다.

한편 근대인들은 이러한 불안과 공포를 외면하거나 다른 방식으로 봉합해버린다. 이들은 자신들을 합리적인 주체로 전제하면서 자신들의 의지와 상관없는 일은 불합리한 것으로 치부한다. 그러나 인간은 스스로 혼자 서게 될 경우, 부조리함과 공포 그리고 불안으로부터 벗어날 수 없다. 그렇기 때문에 인간은 '대중'이나 '여론' 속에 자신을 묻어버린다. 언론은 인간이 스스로 자신과 마주하는 것을 막고 실존적 불안으로부터 벗어나게 하는 근대의 허구적 장치에 불과하다. 키르케고르에 따르면 근대인들은 여론 속으로 도피하여 항상 대중의 가면을 쓰고 '복화술'을 행한다. 그러나 이러한 복화술과 봉합은 진정한 해결이 아닌 근원적인 불안으로부터의 도피에 불과하다. 인간은 대중의 가면을 벗고 한 명의 개인으로서, 혹은 단독자로서 절대적 역설 앞에 서야 한다. 그 길은 누구와 함께 갈 수 없는 고독한 여정이다. 키르케고르는 이 고독한 여정의 길에 레기네와 결코 동행할 수 없다는 사실을 깨달은 것이다.

이것이냐 저것이냐의 선택만이 있을 뿐

키르케고르의 사상을 특징짓기 위해서 헤겔의 변증법과 대비하여 간혹 '질적 변증법'이라는 말을 사용한다. 이 표현은 자칫 오해를 불러일으키거나 키르케고르의 사상을 이해하는 데 혼란을 줄 수도 있다. 변증법을 어떤 사태를 대립적인 혹은 모순적인 관계에 의해서 만들어진 것으로 보고 이를 해결해나가는 과정으로 정의한다면 이는 키르케고르의 생각과 어느 정도 부합한다. 그러나 헤겔로 대표되는 변증법은 이 모순의 관계를 두 대립항의 화해를 통해서 해결한다. 이에 반해서 키르케고르의 변증법은 모순된 두 개의 대립항 중에서 하나를 폐기하고 다른 하나를 선택하는 것이다. 헤겔의 변증법이 '이것도 저것도 not only but also'의 변증법이라면 키르케고르의 변증법은 '이것이냐 저것이냐 either or'의 변증법이다. 《이것이냐 저것이냐》Enten-Eller, 1843는 그의 주요한 저서 제목이기도 하다.

우선 헤겔의 변증법이 왜 '이것도 저것도'의 변증법인지 살펴보자. 헤겔은 어떤 것이 다른 것과 모순이나 대립관계에 있지 않는 한 구체적인 의미를 지닐 수 없다고 본다. 가령 남성이라는 존재를 생각해보자. 남성이란 그저 남성으로 존재하는 것이 아니다. 남성은 여성이 아니기 때문에 남성이다. 남성과 여성은 서로 모순의 관계에 있다. 만약 누군가가 남성이라면 그는 결코 여성이 아니다. 누군가가 남성이면서 동시에 여성이라면 이는 모순이다. (물론 남성과 여성에 대한 이러한 엄격한 성 구분법은 오늘날 많은 비난에 직면할지도 모른다.) 그런데 헤겔은 이러한 모순의 상태를 변증법적으로 해결하고자 한다. 남성과 여성은 단지 모순의 관계에 있는 것만은 아니다. 만약 남성과 대립되는 여성이라는 대립항이 없다면 남성이라는 말 자체가 불필요할 것이며 인간을 성으로 구분하는 것조차 무의미할 것이다. 남성이 있기 위해서는 반드시 여성이 있어야 한다. 여성이란 남성이 존재하기 위해서 반드시 필요한 대립항이므로 여성은 단순히 남성과 대립되는 타자가 아닌 남성이 남성으로서 존재하기 위한 계기 moment 이다. 인간이 구체적인 인간으로 존재하기 위해서는 이렇게 남성과 여성이라는 서로 모순된 상태로 구분되어 있어야 한다. 헤겔에게 진정한 인간은 남성과 여성이라는 대립항을 모두 포괄할 때 비로소 성립하는 것이다. 인간은 남성과 여성, 어른과 아이, 백인과 유색인종 등 더 많은 모순관계를 포함할수록 추상적인 개념으로서의 인류에서 벗어나 구체적인 인간으로 정의될 수 있다. 변증법은 더 많은 모순관계를 지닐수록 개념이 더 구체화되고 풍부해진다는 생각을 바탕에 두고 있다.

키르케고르에 따르면 이러한 변증법은 오로지 양적인 것에 치중하며 질적인 것을 추상할 뿐이다. 헤겔 변증법의 이러한 특성은 그의 역사철학에서 가장 분명하게 나타난다. 헤겔의 변증법적 역사관은 역사가 '자유의식의 진보'라는 방향으로 발전한다고 본다. 헤겔은 역사란 그것을 이루는 모든 개인에 의해서 형성된다고 주장하지만, 정작 그는 역사적 임무나 중요성에 따라 개인의 층위를 나눈다. 그는 가장 중요한 역사적 인물에 '세계사적 개인'이라는 명칭을 부여하는데 이는 전적으로 그 인물이 헤겔이 생각하는 역사적 진보에 얼마만큼 양적으로 많이 기여했는가에 달려 있다. 이러한 양적인 척도에 의해서 개인을 평가할 때, 모든 개인이 가지고 있는 특별한 자질이나 혹은 결과적으로 드러나지 않은 그의 '은덕'은 결여되고 만다. 키르케고르가 보기에 헤겔의 변증법적 역사관은 진보라는 아름다운 그림의 퍼즐 조각을 세계사적 개인들이 채워나가는 놀이에 불과하다. 그곳에 윤리는 결여되어 있다. 단지 세계사라는 아름다운 그림을 완성하는 미학적인 쾌락만이 존재할 뿐이다.

미적 단계에서 윤리적 단계로, 그리고 다시 종교적 단계로

이제 키르케고르가 말하는 실존의 세 단계를 살펴보아야 할 시점이 되었다. 이것은 가장 저급한 것에서 고차적인 것으로 상승하는 위계적인 단계이다. 인간이 자신의 삶에서 진정한 주체가 되기 위해서는 최고의 단계로까지 나아가야 한다. 각 단계는 하위의 단계와 서로 모순되는데 오로지 어느 한쪽을 선택해야 하는 개인의 고독한 결정만이 이 모순을 해결하기 위한 열쇠가 된다. 가장 저급한 단계로부터 고차적인 단계로 어떻게 상승해 나가는지 간단하게 살펴보자.

키르케고르가 말하는 인간의 가장 낮은 삶의 단계는 '미적 실존'의 단계이다. 바로 앞에서 언급된 헤겔의 변증법도 결국은 미적 실존의 단계에 불과하다. 변증법이 추구하는 것은 잘 맞춰진 퍼즐조각의 그림에 불과하며 궁극적으로 이는 쾌락을 위한 것이기 때문이다. 인간은 쾌락을 추구하는데 이 쾌락이 가장 고상한 형태로 나타난 것이 예술이다. 프로이트가 말했듯이 알고 보면 예술이라는 것도 인간의 무의식적 욕망을 가장 세련된 방식으로 포장한 형태에 불과하다. 명예에 집착하거나 심지어 높은 학문적 성과를 올려서 남에게 존경받고자 하는 것 또한 변형된 쾌락의 일종이다.

키르케고르는 쾌락의 가장 극단적인 형태를 추구하였던 바람둥이 돈 후앙이야말로 가장 전형적인 미적 실존의 모습을 보여준다고 보았다. 그는 쾌락을 추구하여 무수한 여성들을 유혹하는데, 이 유혹의 기술은 매우 세련된 것이다. 능숙한 바람둥이치고 세련되지 않거나 예술적이지 않은 사람은 없다. 돈 후앙의 모습은 극단적인 형태이기는 하지만, 대부분의 보통 인간들이 추구하는 삶의 모습이다. 그런데 문제는 돈 후앙의 삶이 그러하듯이 이러한 미적 쾌락의 추구는 진정한 만족을 가져다주지 못한다는 데 있다. 오히려 더 큰 공허감만을 낳을 뿐이다. 우리는 너무나 즐거운 시간을 보내거나 쾌락에 탐닉할 때 그 시간이 길어지면 뭔지 모를 불안감에 사로잡힌다. 이것이 바로 미적 실존이 충족된 삶의 모습이 아니라는 사실을 말해주는 징표다.

쾌락에 집착한 인간이 이렇게 실존적 허무함을 느낄 때 그는 선택의 갈림길에 서게 된다. 계속 쾌락과 미적 탐닉에 자신의 삶을 맡길 것인가 혹은 미적 탐닉을 벗어나서 새로운 삶을 선택할 것인가 하는, 바로 이것이냐 저것이냐 선택의 기로에 서는 것이다. 만약 미적 탐닉의 상태에서 벗어나고자

막스 슬레포코트, 〈돈 후앙 역을
맡은 디앙드레드〉d'Andrade as
Don Giovanni, 1912
돈 후앙은 쾌락을 추구하는 극단
적인 형태의 인물이다. 그런 삶이
길어질수록 인간은 공허함과 불안
감을 느낀다.

한다면 그에게 기다리는 삶의 모습은 '윤리적 실존'이다. 윤리적 실존의 단
계란 미적 탐닉에서 벗어나 무의미함을 넘어서 보편적인 가치와 윤리에 따
라서 철저하게 자신의 삶을 살아가는 것을 뜻한다. 아우구스투스Augustus,
B.C.63~A.D.14 나 칸트는 이러한 삶의 전형을 보여주는 사람이라고 할 수 있
을 것이다. 그러나 인간은 아무리 어떤 보편적인 가치를 설정하고 엄격하
게 규준에 따른다 할지라도 자신의 삶에 내재한 근원적인 공포와 불안을
제거할 수는 없다. 왜냐하면 인간은 반드시 죽을 수밖에 없는 존재이기 때
문이다. 라캉은 칸트와 같은 절대적인 도덕주의자는 역설적이게도 가학주
의자인 사드Marquis de Sade, 1740~1840와 같이 극단적인 쾌락을 추구하는 쾌
락주의자와 통한다고 지적한 바 있다. 도덕론자들은 엄격하게 자신의 쾌락

이나 욕망을 제어함으로써 이에 대한 정신적 만족을 느낀다. 이는 일부러 고행을 선택하거나 자신을 학대함으로써 만족감을 얻는 마조히스트와 통한다고 할 수 있다. 결국 윤리에 의존하는 것도 자신의 허무한 삶을 극복하고자 하는 처절한 몸부림에 지나지 않는다.

이제 윤리적 실존의 모순에 도달한 사람에게 주어진 선택의 길은 다음과 같다. 끝까지 윤리나 보편적 가치에 자신의 삶을 맡기든지 혹은 새로운 삶의 단계로 비약할 것인지, 이것 아니면 저것이라는 선택이 그에게 주어져 있다. 새로운 삶의 단계로 비약한 사람은 이제 새로운 삶의 경지에 도달한다. 그것은 절대적 역설에 대한 마주침이며 이 절대적 역설을 겸허하게 수용하는 종교적 실존의 단계이다. 신의 부조리한 명령과 마주친 아브라함의 선택은 이를 잘 보여준다. 아브라함은 이삭을 제물로 바치라는 터무니없는 하나님의 명령 앞에서 선택의 기로에 선다. 아무런 이유도 없이 자신의 아들을 희생시킬 것인가 혹은 하나님의 부조리한 명령을 거부할 것인가. 아브라함은 부조리한 신의 명령을 따르고자 한다. 이러한 그의 선택은 다른 사람들이 납득할 수 없었으며 그 누구도 대신할 수 없는 외로운 결정이었다. 인간의 판단으로는 말도 안 되는 이 절대적인 역설이 바로 종교적인 상황이며, 신은 바로 이 외로운 순간에만 마주칠 수 있는 것이다.

인간은 오로지 고독한 단독자로서만 신과 마주하며, 절대적인 역설을 받아들이는 순간 종교적인 실존으로 비약하는 것이다. 모든 것을 합리적으로 판단하며 역설을 받아들이지 않는 근대인은 자신의 잘못이 아닌 그냥 우연히 자신에게 주어진 비극이나 재난을 받아들이지 않는다. 말하자면 삶 자체의 부조리나 불운 혹은 예외적인 상황을 부정한다. 그러나 이러한 부조리는 절대적인 역설이자 그 자체로 받아들여져야 할 커다란 종교적 이치다. 종교적 실존의 단계로 비약한 인간은 절대적으로 고독하지만 그러한 고독을 통해서 진정한 주체가 될 수 있다.

진리란 내가 그것을 위해서 죽고 또 살 수 있는 것

데카르트는 진리란 이 세상에서 어느 누구도 의심할 수 없는 가장 확실한 것이라고 주장하였다. 이 평범한 주장은 근대사상을 지배한 진리관이기도 하다. 그러나 키르케고르에 따르면 이는 진리와 전혀 무관하다. 가령 '2 더하기 2는 4'라는 명제가 항상 참인 항진 명제라 하더라도 키르케고르의 기준에서 보자면 이는 진리가 아니다. 설혹 확실한 명제라고 하더라도 그것이 우리의 삶에서 가장 중요한 것이 아니라면 무의미하다. 확실하다고 해도 무의미하다면 그것은 진리로서의 가치가 없다. 아무리 비싼 물건을 가지고 있다 하더라도 무인도에서라면 무가치한 것과 마찬가지이다. 비록 확실하다고 하더라도 무의미하고 가치가 없다면 그것이 진리인들 아무런 소용이 없을 터이므로 결국은 진리라고 할 수 없다.

키르케고르는 진리야말로 이 세상에서 가장 의미 있고 가치 있는 것이라고 주장한다. 이는 달리 말하면 '내가 그것을 위해서 죽고 또 살 수 있는 것'이다. 이는 진리에 대해서 지금까지와는 다른 견해를 제시하는 엄청난 주장이다. 이러한 관점에 따르자면 내게 그녀를 위해서 죽을 수 있는 여인이 있다면 그 여인이 나에게는 진리일 것이다. 그런데 과연 그러할까? 무엇을 위해서 죽는 것보다 그것을 위해서 사는 것이 더 힘든 일이다. 로미오와 줄리엣은 서로를 위해서 죽을 수 있었다. 하지만 그들이 만약 죽지 않았다면 오로지 서로를 위해서만 살 수 있었을까? 그것은 거의 불가능한 일이다. 오로지 그것을 위해서 살 수 있다면 바로 그것이 진리이다. 로미오와 줄리엣은 서로에게 진리가 아니다.

키르케고르에게 진리란 바로 그것을 위해서 죽을 수도 있고 살 수도 있는 어떤 것이었다. 그 어떤 것이란 굳게 믿고 있던 절대적인 신의 존재이지만 그 존재는 오로지 절대적인 역설로만 드러난다. 그리고 그러한 절대적인 역설은 오로지 자신이 단독자로서 고독하게 자신과 마주할 때만 가능하다. 그러한 점에서 키르케고르는 합리성과 익명성 혹은 대중 속에서 자신을 위장하는 근대인의 위선을 훌쩍 넘어서고 있다. 그는 근대사회에서 근대를 넘어선 멜랑콜리의 주체였다.

보이는 대로
받아들이지 않고
의식을 현상하다

후설과
피카소

피카소, 현상학을 그리다

20세기 미술에 조금만 관심이 있는 사람이라면 〈칸바일러의 초상〉을 보고
그것이 피카소Pablo Picasso, 1881~1973의 작품이라는 사실을 한눈에 알아볼
것이다. 이 작품은 일생 동안 끊임없이 자신의 스타일을 바꾸었음에도 피
카소의 트레이드마크처럼 여겨지는 '분석적 큐비즘analytic cubism'의 대표
작이다. 여기서 잠시 미술 용어와 관련된 한 가지 오해만을 언급하고 넘어
가자. 흔히 큐비즘을 '입체주의'라고도 번역하지만 이 번역은 적절하지 않
을뿐더러 오해를 불러일으킬 소지가 많다. 왜냐하면 이 시기 피카소의 그
림은 결코 입체적인 형태를 지향하는 그림이 아니기 때문이다. 〈칸바일러
의 초상〉만 보더라도 그림은 결코 입체적이지 않을뿐더러 미술이론가 클레

피카소, 〈칸바일러의 초상〉 Daniel-Henry Kahnweiler, 1910
칸바일러라는 화상을 그린 그림이다. 피카소의 그림은 대상이 아니
라 우리가 그 대상을 보는 방식을 화면에 펼치고 있다. 미술평론가
이기도 했던 칸바일러는 자신의 초상화를 보고 난 후 대상을 다각도
에서 현상한 것이라며 '현상학적 그림'이라고 평했다. 현상학은 후설
이 창시한 사조로 유럽 지성계에 절대적인 영향을 끼쳤다.

멘트 그린버그Clement Greenberg, 1909~1994가 예리하게 지적한 것처럼 오히려 평면적이다. 큐비즘이란 입체주의가 아닌 그리는 대상을 큐브cube 형태의 미세한 단면으로 나누어 표현한 것이다. 그래서 '입체주의'보다는 '입방체주의'라는 말이 더 정확하다. 다만 입방체의 모습이 발견되지 않는 종합적 큐비즘synthetic cubism 시기에도 여전히 큐비즘이라는 용어를 사용한다는 점에서 입방체라는 번역도 완전하지 않으므로 그냥 큐비즘이라는 말을 사용하고자 한다.

이 그림에 대한 정확한 정보가 없는 관객이라면 이 그림이 무엇을 그리고 있는지 쉽게 파악할 수가 없다. 이 그림에서 발견할 수 있는 것은 명암의 대비가 다소 분명한 기하학적인 도형들이다. 그러나 시간적 여유를 가지고 유심히 들여다본다면 이 그림은 그저 기하학적인 도형들의 어울림이 아니며, 어떤 대상을 묘사하고 있음을 알아차릴 수 있다. 제목이 암시하듯이 이 그림은 칸바일러Daniel-Henry Kahnweiler, 1884~1979라는 인물의 초상이다. 물론 그림을 아무리 들여다보아도 그것이 칸바일러인지 혹은 다른 사람인지 확인할 수는 없다. 만약 여러분이 화가에게 초상화를 의뢰했는데 그 화가가 자신의 모습을 이렇게 모호하고 식별 불가능하게 그렸다면 어떤 생각이 들까? 대부분의 사람들은 못마땅해할 것이다. 그러나 이 그림의 주인공인 칸바일러는 정반대의 태도를 보였다. 그는 피카소의 그림에 만족했을 뿐만 아니라 당시 미술계의 전반적인 비난에도 불구하고 열렬하게 피카소를 옹호하였다.

사실 이 그림의 주인공 칸바일러는 단순한 모델이 아니다. 그는 당시 독일에서 가장 영향력 있는 화상이자 미술평론가였다. 큐비즘의 절대적 옹호자이자 오늘날 피카소의 명성을 가능하게 만든 장본인이기도 한 그는 피카소의 그림이 회화의 향방을 완전히 바꾸어놓았다고 주장하였다. 이는 피카소의 그림이 대상을 재현하는 것이 아니라 대상의 형식을 재현하는 것이라는 말로 요약된다. 다소 난해한 이 말은 의외로 간단하게 설명할 수 있다. 가령 자동차를 그릴 경우 단순히 자동차의 외형을 그리는 것이 아니라 우리에게 자동차가 전반적으로 보여지는 방식, 가령 위에서 보거나 아래에서 볼 때 드러나는 단면, 비스듬하게 볼 때 드러나는 단면, 혹은 질주할 때 느껴지는 자동차의 속도감, 바퀴의 탄력, 날렵하게 보이는 각도 등을 모두 표현하는 것이다. 한마디로 피카소의 그림은 대상이 아니라 그 대상이 우리에게 나타나는 방식, 달리 말하면 우리가 그 대상을 보는 방식을 화면에 펼치고 있는 것이다.

칸바일러는 피카소의 그림을 옹호하면서 이러한 피카소의 새로운 회화 방식을 '현상학적 phänomenologisch'이라고 말한다. 현상학 phänomenologie이란 독일 태생의 유대인 철학자 에드문트 후설 Edmund Husserl, 1859~1938이 창시한 20세기 철학 사조로 유럽의 지성계에 거의 절대적이라고 할 만큼 많은 영향을 끼쳤다. 이러한 영향력에 비해서 우리에게 현상학의 실체가 뚜렷하게 알려져 있지 않다는 것은 기이한 일이다.

칸바일러가 피카소의 그림을 현상학적이라고 부른 이유는 다음과 같다. 후에 다시 좀 더 자세하게 설명하겠지만, 우리가 어떤 사물을 지각할 경우 그것은 하나의 단일한 장면으로 이루어지는 것이 아니다. 지금 내 책상 위에 있는 컵을 볼 때 나는 그것을 당연히 컵으로 지각한다. 그 이유는 내가 컵이라고 지각하는 이 사물을 이미 보았던 것(과거의 지각)과 동일하게 보기 때문이며, 비록 지금 내 눈에 컵의 뒷면이 보이지 않더라도 똑같은 원기둥의 모양일 것이라고 예상(미래의 지각)할 수 있기 때문이다. 게다가 지금 내 눈에는 컵의 밑면이 보이지 않지만 컵을 들어서 밑에서 보면 구멍이 뚫려 있지 않을 것이라는 사실을 알고 있다. 말하자면 내가 컵을 지각할 때 현재의 지각 속에는 지금 눈으로 보는 정면의 상 말고도 밑면의 상, 비스듬한 상, 후면의 상, 나아가 과거의 지각, 미래의 지각 등이 중층적으로 얽혀 있는 것이다. 따라서 지각이란 과거, 미래, 다양한 관점들이 현재라는 하나의 지평에서 '현상'되는 것이다. 피카소의 그림은 모델을 정지된 하나의 시점에서 본 모습을 그린 것이 아니라 무수히 많은 관점들을 미세한 단면(큐브)으로 쪼개서 동일한 화면에 중첩시킨 것이다. 이렇게 보면 피카소는 현상학의 핵심을 회화로 표현하고 있다 보아도 과언이 아니다.

우리가 감각하는 모든 것은 우리 의식 안에 있다

후설은 이후 자신의 모든 철학적 기획 방향을 포괄하는 내용을 담은 《순수현상학과 현상학적 철학의 이념들 1》 Ideen zu einer reinen Phänomenolgie und phänomenologischen Philosophie, 1913 을 썼다. '순수현상학의 일반적 입문'이라는 부제가 암시하듯이 이 책은 후설 현상학의 핵심적인 체계를 모두 담고 있지만 전공자를 제외한 일반인들이 읽기란 쉽지가 않다.

후설의 현상학을 이해하기 위해서는 현상학에서 사용되는 '현상 phänomena'이라는 말의 뜻을 정확히 알아야 한다. 현상이란 말 그대로 '나타남'이다. 이 세상에 존재하는 것은 어떠한 방식으로든 나타나야 한다. 만약 어느 누구에게도 나타나지 않는 존재가 있다면 그것은 존재하지 않는 것과 마찬가지다. 가령 벌거숭이 임금님의 옷은 아무에게도 나타나지 않았다. 그것은 존재하지 않는 것이다. 물론 이런 의문도 가능하다. 그렇다면 진짜로 아무에게도 보이지 않는 옷이 가능할까? 가능할 수도 있다. 단지 보이지만 않고 촉감이 느껴지는 옷이라면 그것도 어떤 의미로든 우리에게 나타난 것이다. 하지만 우리가 존재한다고 말할 만한 단서가 하나도 없다면 실제로 그것이 존재하는지 아닌지에 상관없이 그것은 우리에게 존재하지 않는 것이나 마찬가지이다. 따라서 존재한다는 것은 어떠한 방식으로든 우리에게 '나타나는', 달리 말하면 '현상하는' 것이다.

이렇게 보면 현상이라는 말이 그렇게 어렵게 느껴지지 않을 것이다. 그런데 여기서 우리는 한 가지 의문을 제기할 수 있다. 어떤 것이 존재하기만 한다면 그것은 반드시 나타나는 것, 즉 현상하는 것일까? 그렇지 않다. 존재한다고 반드시 나타나는 것은 아니다. 가령 적외선은 분명히 존재하지만 우리 눈에는 나타나지 않는다. 따라서 나타난다는 것은 우리에게 나타난다는 말이다. 보다 더 정확하게 말하자면 우리의 '의식 Bewußtsein'에 나타나는 것을 말한다. 만약 우리의 의식에 나타나지 않는다면, 결국 그것이 나타난다는 말이 없을 것이고 이 경우 우리는 그것이 존재하는지 아닌지도 모를 것이다.

여기서 오해의 소지가 생길 수 있다. 후설의 현상학은 모든 것을 인간의 의식이 만들어낸 결과물로 간주하는 소박한 관념론이 아닌가 하는 의문이다. 물론 후설의 현상학은 모든 것이 의식에 의해서 만들어진 것이라는 소박한 관념론과 아무런 상관이 없다. 현상이란 단순히 의식이 만들어낸 가공물이 아니며, 의식에 나타나는 현상은 분명히 의식 외부의 대상으로부터 나온 것이다. 예를 들면, 나무토막이 부딪치는 소리는 나무토막이라는 의식 외부에 존재하는 실제 사물들의 충돌과 그 진동이 우리의 고막을 통해서 의식 속에 떠오르는 청각적 심상으로 나타나는 것이다. 나무토막의 충돌이 없다면 소리라는 현상은 발생하지 않을 것이며, 마찬가지로 나무토막의 충돌이 내는 진동을 뇌에서 지각하는 의식 작용이 없다면 소리라는 현상은 발생하지 않을 것이다. 현상은 반드시 의식 외부의 대상과 의식의 결합에 의해서 만들어진다. 의식 혼자서 단독적으로 현상을 만들어내는 것이 아니다. 설혹 실제로 존재하지 않는 것을 의식이 허구로 만들어낸다 하더라도 그 허구적 현상

역시 이미 존재하였던 어떤 기억이나 조합에 의해 만들어진 것이다.

그러나 현상학이 의식 외부의 실제 세계를 반드시 전제함에도 불구하고 현상은 반드시 우리의 의식 내부에서 발생할 수밖에 없다는 사실에 주목해야 한다. 예를 들어서 고흐의 〈별이 빛나는 밤〉The starry night, 1889 에 표현된 그 감동스러운 느낌을 주는 파란색 물질은 분명 우리의 의식에 현상하기 이전에 고흐의 손에 의해 칠해진 물감이다. 하지만 그 파란색이 감동스럽다고 느끼는 현상은 언제나 그것을 바라보는 우리의 의식 안에서 발생한다. 현상학은 바로 우리가 감각하거나 인지하는 모든 것의 열쇠가 바로 우리의 의식 안에 있다는 데에서부터 출발한다. 후설의 현상학은 우리가 보는 세계, 자연, 물질, 소리, 색 등의 모든 것이 바로 우리의 의식에서 일어나는 현상이라는 사실에서 출발한다. 후설이 보기에 이 사실만큼은 누구도 부정할 수가 없는 것이었다. 일부의 학자들은 후설의 현상학을 관념론으로 비판하지만, 현상학이 20세기 초반부터 오늘날까지도 막강한 영향력을 지니는 것은 바로 관념론과 실재론 어느 한 곳에도 치우치지 않을뿐더러 그 두 항을 종합하고 있기 때문이다.

그렇기 때문에 후설의 현상학이 항상 강조하는 것은 바로 의식에 떠오르는 현상이다. 그 현상은 의식 내에 있지만 의식이 자의적으로 만들어낸 관념적인 창조물이 아니다. 후설은 이렇게 의식 내에 나타나는 객관적인 현상을 '사상Sache'이라고 부르며, 현상학의 목표란 바로 '사상 그 자체로zu den Sachen selbst' 다가서는 것이라고 주장한다.

의식은 항상 무엇인가를 지향한다

이 세상의 모든 것을 의식 내에 나타나는 현상으로 보는 현상학의 특성은 현상으로 나타나는 그 대상에 대해서도 전통적인 철학과는 다른 태도를 갖게 한다. 종래에는 대상을 의식과 독립된 대상으로 보았다. 이에 반해서 대상이 항상 의식 내에서 현상으로 나타난다면, 그 대상은 의식 내에서 '의미 Sinn'를 지니는 것으로 나타난다. 여기서 후설은 의미를 두 가지 용어로 구분한다. 우리말로 동일하게 번역되는 의미는 '지시적 의미 Bedeutung'와 '맥락적 의미'로 구분된다. 가령 자동차의 지시적 의미는 사전적인 의미로 운송수단이다. 하지만 자동차는 어떤 사람에게는 능력이나 재산의 척도라는 의미일 수도 있다. 심지어 영화 〈크래쉬〉Crash, 2004에서 자동차는 성적인 대상이라는 의미를 지니기도 하다. 현상학이 주목하는 대상의 의미는 이렇게 맥락적인 의미로서 하나의 기호로 나타난다.

　그렇다면 자동차라는 대상이 능력 혹은 성적 대상이라는 의미 기호가 되는 근거는 어디에 있을까? 후설에 따르면 대상을 의미 있는 기호로 만드는 그 비밀의 열쇠는 바로 의식 내부에 있다. 그는 대상의 의미를 산출하는 의식의 이 비밀스러운 작용을 '의식의 지향성 Intentionalität des Bewußtseins'이라고 말한다. '의식의 지향성'이라는 말은 현상학을 압축적으로 표현하는 말 중의 하나이다. 원래 의식의 지향성이라는 말은 심리학자이자 후설의 스승이었던 프란츠 브렌타노Franz Brentano, 1838~1917 의 용어이다. 의식의 지향성이란 말은 의식이 그 자체로 독립적인 어떤 존재가 아니라는 사실을 함축한다. 의식은 항상 '무엇에 대한 의식 Bewußtsein von Etwaß'이다. 즉 대상이 없는 의식은 뇌사 상태에 빠진 의식이며, 그것은 더 이상 의식이 아니다. 따라서 인간의 의식 활동을 단순히 뇌라는 물질의 활동으로만 국한시킬 수 없다. 이는 컴퓨터 프로그램을 단순히 컴퓨터라는 하드웨어적 특성으로만 설명할 수 없는 것과 마찬가지이다.

　현상학에서 대상이 단순한 대상이 아니라 의미를 띠게 되는 것도 다 의식의 이러한 지향작용 때문이다. 지향성이란 사실 의도성이란 말로도 번역될 수 있다. 말하자면 대상은 항상 의식의 지향작용(혹은 의도성)과 맞물려 있다. 다이아몬드는 그 자체로는 그저 한갓 돌에 불과하지만 사람들이 그렇게 보고자 하는 의식 작용 때문에 귀중한 보석이라는 의미를 지닌 대상이 된다. 앞서 말한 영화 〈크래쉬〉에서 자동차가 어처구니없이 성적 대상의 기호가 되는 것도 그렇게 보고자 하는 의식의 지향성 때문이다. 이렇게 의식의 지향 활동에 의해서 대상이 의미 있는 대상이 되는 것이다.

이 의식의 지향성 속에는 또 다른 중요한 기제가 숨어 있다. 그것은 우리가 지각하는 대상이 항상 의미 있는 대상으로 드러나기 위해서는 어떤 일관성을 지녀야 한다는 것이다. 그런데 이러한 일관성은 단일한 지각으로 주어지는 것이 아니라 과거와 미래가 함께 중첩된 맥락적 상황에 놓인 현재의 지각에 의해서 만들어지는 것이다. 여기서 피카소의 그림에 대한 칸바일러의 해석과 관련하여 간단하게 언급한 내용을 다시 떠올릴 필요가 있다. 가령 현재 우리가 공을 보고 있다고 치자. 앞면만 보고도 공이 구의 형태라는 것을 알 수 있다. 왜 그럴까? 우리의 인식 대상은 현재 바라보고 있는 순간의 인상만으로 구성되지 않는다. 대상에 대한 현재의 의식은 항상 과거의 의식(과거지향, Retention)과 미래의 의식(미래지향, Protention)이 얽혀 있다. 이러한 지향작용은 매우 중요하다. 횡단보도에서 파란불 보행 신호가 켜졌는데도 자동차가 빠른 속도로 다가온다. 거리나 속도로 보아 횡단보도를 지나칠 수밖에 없을 것이 분명하다. 그러면 우리는 파란색 신호임에도 불구하고 잠시 멈춰서 차가 지나가기를 기다린다. 이 모든 판단이 의식의 지향작용에 의해서 가능한 것이다.

눈에 보이는 모든 것을 괄호 속에 넣어라

지금까지 논의를 보면 한 가지 피할 수 없는 의문이 든다. 의식의 지향성에 따라서 대상의 의미가 결정된다는 주장은 결국 어떤 지향성을 갖느냐에 따라 제각기 다른 세계를 살 수 있다는 뜻이므로, 현상학이란 상대주의의 또 다른 포장술에 불과한 것이 아닌가 하는 의문이 그것이다. 예를 들어, 공이 어떤 사람에게는 놀이의 도구로, 다른 사람에게는 장식의 수단으로 현상한 다면 결국 공의 보편성은 사라지는 것이 아닌가?

후설의 대답은 당연히 '아니다'이다. 그는 이러한 공의 다양한 쓰임새나 의미들과 상관없이 공은 공일 수밖에 없으며, 그것은 모든 사람들의 의식에 보편적으로 나타난다는 것을 주장하고 그것을 증명하고자 한다. 말하자면 어떤 대상 혹은 현상은 그것이 다양한 맥락으로 이해되기 전에 보편적인 의미의 차원을 지닌다. 예컨대 공을 놀이 도구로 보든 장식물로 보든, 공자체의 근원적인 차원이 존재한다고 보는 것이다.

그는 이러한 공 자체, 혹은 사상 자체를 위해서는 그 근원적인 차원의 진정한 모습(현상)이 나타나는 것을 방해하는 요소들을 의식에서 제거해야 한다고 보았다. 우리의 일상적인 의식에는 그러한 진정한 모습, 순수한 현상을 방해하는 무수한 요소들이 존재하기 때문이다. 극단적인 사례 하나만 들어보자. 밤에 산길을 걷던 어떤 사람이 뒤에서 누군가가 자신의 옷을 잡고 놔주지 않는 것을 느꼈다. 뒤를 돌아보니 웬 귀신이 자신의 옷을 붙잡고 있었다. 그는 옷이 찢어지는 줄도 모른 채 줄행랑을 쳤다. 이게 어찌 된 일인지 궁금해서 다음 날 낮 그곳에 가보니 나뭇가지에 찢어진 그의 옷 쪼가리가 걸려 있었다. 어제 저녁 그의 의식에는 나뭇가지가 귀신으로 현상되었던 것이다. 왜일까? 두려움과 공포라는 우리 의식의 나약한 태도 때문이다.

후설은 우리가 우리 의식에 떠오르는 순수한 현상, 즉 대상의 보편적인 실재의 모습을 보기 위해서는 이러한 적합하지 않은 우리 의식의 태도를 벗어던져야 한다고 말한다. 순수한 현상을 발견하고자 하는 과정을 '현상학적 환원 phänomenologische Reduktion '이라고 부른다. 현상학적 환원이란 한 마디로 대상의 본래적인 모습, 즉 순수한 현상의 모습에 도달하기 위해 의식의 불순한 태도를 제거하는 과정을 의미한다. 그러므로 현상학적 환원은 우리 의식의 태도 변경이라고 할 수도 있다. 후설은 현상학적 환원, 즉 순수한 현상에 도달하기 위해서 가장 먼저 버려야 할 태도를 '자연적 태도 natürliche Einstellung '라고 부르며 이를 '현상학적 태도 phänomenologische Einstellung '와 구분한다.

후설이 현상학적 환원을 위해서 가장 먼저 버려야 한다고 본 자연적 태도란 우리의 가장 일상적인 의식의 관행과 관련이 있다. 우리의 일상 의식은 눈에 보이는 모든 것들이 이미 주어진 것들이며 객관적으로 그러한 것이라고 믿는다. 이렇게 우리 앞에 있는 세계가 우리의 의식과 상관없이 이미 주어진 vorausgegeben 것으로 받아들이는 태도가 자연적 태도이다. 후설이 보기에 이러한 자연적 태도야말로 허위의식의 근원이다. 가령 중세인들은 태양이 움직이는 것을 직접 목격하였기 때문에 그것이 자연의 질서라고 믿었다. 하지만 그러한 믿음은 과학자들에 의해서 부정되었다.

미술이론가 노먼 브라이슨 Norman Bryson, 1949~ 은 회화에서 이러한 자연적 태도가 회화의 역사를 얼마나 왜곡하였는지에 대해서 언급한 바 있다. 다음의 두 그림을 보자. 하나는 중세시대의 그림 (47쪽 왼쪽)이며 다른 하나는 르네상스 시대의 그림 (47쪽 오른쪽)이다. 상식적으로 보자면 이 두 그림은 성모 마리아와 예수라는 동일한 대상을 묘사하고 있다. 그래서 미술평론가나 사학자들의 관심은 동일한 대상을 어떻게 재현하는가에 관심을 둔다. 중세 화가는 조형적으로 볼 때 다소 조야한 방식으로 대상을 재현한다면 르네상스 화가의 재현 방식은 조형적으로 매우 세련된 것이다. 그런데 바로 이러한 상식적 구분이 자연적 태도와 연결된 것이라고 브라이슨은 비난한다.

두초, 〈성모자 상〉 Madonna and child (왼쪽)

레오나르도 다빈치, 〈리타의 성모〉 The litta modonna, 1490년 경 (오른쪽)

중세시대 화가 두초의 〈성모자 상〉이 인물 자체를 표현하여 관객들에게 종교적 느낌을 주려했던 데 반해, 르네상스 시대 화가 레오나르도 다빈치의 〈리타의 성모〉는 인물과 다른 소품들을 정확히 묘사하고 원근법을 통해 공간적 위치도 재현하고자 하였다.

왜냐하면 실제로 두 그림이 묘사하는 것은 동일한 대상이 아니라 그들의 지향적 태도이기 때문이다.

예컨대 중세의 그림은 실제로 마리아와 예수라는 인물 자체를 재현하는 데는 관심이 없으며 이들 인물이 관객들에게 줄 수 있는 광채나 종교적 느낌만을 표현하고자 했을 뿐이다. 이에 반해서 르네상스의 화가는 자신의 그림을 통해서 인물들이나 다른 소품들을 정확하게 묘사하고자 하였다. 이들은 원근법이라는 장치를 통해서 인물들 간의 배치 혹은 사물들의 공간적 위치를 엄격하게 재현하려 한 것이다. 브라이슨이 보기에 결국 두 그림은 동일한 대상을 다르게 표현한 것이 아니다. 이 두 개의 그림이 보여주는 것은 그림을 그리는 다른 두 가지 태도, 아니 화가가 사물을 파악하는 두 가지 태도를 묘사하는 것이다.

다시 후설의 이야기로 돌아오자. 후설은 현상학적 환원을 위해서 자연적 태도를 버려야 한다고 주장하였는데, 이는 곧 우리가 일상적으로 믿고 있는 모든 믿음이나 지식을 괄호 속에 넣어버려야 한다는 것을 뜻한다. 이는 중세인들이 순수한 진리에 도달하기 위해서 눈에 보이는 사실, 태양이 지구 주위를 움직인다는 사실을 괄호 속에 넣어야 하는 것과 마찬가지이다. 후설은 이 '괄호 속에 넣음'의 행위를 달리 '에포케 epoche'라고 부른다. 에포케라는 말은 '판단중지'라는 뜻을 지니는데 이는 자연적 태도에서 비롯된 우리의 모든 일상적이고 상식적인 지식이나 믿음에 대해서 판단을 중지해야 한다는 말이다.

진리는 상상에 의해서 새롭게 발견된다

자연적 태도로부터 벗어나고자 하는 현상학적 환원은 그 자체가 현상학의 목표는 아니다. 그렇다면 현상학의 결론은 모든 것을 의심하고 판단중지하는 회의주의가 되고 말 것이다. 후설의 현상학이 추구하는 것은 오히려 이러한 회의주의로부터 벗어나서 의심의 여지가 없는 확실한 학문의 토대를 발견하는 '엄밀한 학문 strenge wissenschaft'이 되는 것이다. 그리하여 현상학의 궁극적 목표점에 도달하기 위해서는 판단중지라는 현상학적 환원 이후의 또 다른 관문이 필요하다. 후설은 이 두 번째 진리의 관문을 '형상적 환원 Phänomenologische Reduktion'이라고 부른다.

이 두 번째 관문의 핵심은 '자유변경 frei Variation'이다. 자유변경이란 사물의 본질에 도달하기 위해 후설이 제시한 방법인데 매우 설득력이 있는 반면 다소 모호한 것이기도 하다. 예들 들어 우리 눈앞에 탁자가 있다고 치자. 이것이 탁자인 이유는 무엇인가? 아무 의심 없이 내 눈앞의 사물을 탁자라고 받아들인다면 그것은 자연적 태도이다. 물론 그렇다고 여기에 있는 탁자를 오징어라고 말할 수는 없을 것이다. 만약 여기에 있는 탁자를 탁자라고 부를 수 있다면 그 근거는 무엇일까? 그것은 이 앞에 있는 사물이 탁자라고 부를 수 있는 탁자의 보편적 성질을 가지고 있기 때문일 것이다. 자유변경이란 바로 이 탁자의 보편성, 즉 본질을 발견하는 장치이다.

가령 탁자를 마음속에서 마음껏 변형시켜보자. 네 개의 다리가 달린 탁자에 다리를 덤으로 다섯 개 더 달 수도 있다. 또 네모난 상판을 원형이나 취향에 따라서 별 꼴로 변형시킬 수도 있다. 후설은 이렇게 상상에 의해서 의식이 마음껏 대상의 모습을 변경해보는 것을 '자유변경'이라고 부른다. 그런데 이렇게 다리를 다섯 개 더 달거나 상판의 모양을 원이나 별 꼴로 바꾸는 변경을 가하여도 우리는 이것을 탁자라고 할 수 있을 것이다. 하지만 아예 네 다리를 다 떼어내고 상판에 원을 그려서 벽에 매달면 이것은 탁자가 아닌 다트판처럼 보일 것이다. 말하자면 변경이 어떤 범위를 넘어설 때 탁자는 탁자가 아닌 것이 된다. 이를 거꾸로 생각해보자. 탁자를 아무리 변경해보아도 탁자임이 변하지 않는 어떤 범위가 있다는 뜻이다. 이 범위와 한계가 바로 탁자를 탁자로 만드는 어떤 본질인 것이다.

후설이 말하는 이 현상학적 본질이 무엇인가를 둘러싸고 무수히 많은 해석과 반론, 그리고 비판이 존재한다. 얼핏 보면 후설은 또 다시 눈에 보이지 않는 사물의 본질이 있다고 믿는 플라톤적 본질주의로 후퇴하는 것처럼 보인다. 하지만 이는 후설의 현상학에 대한 표면적 이해에서 비롯된 오해에 불과하다. 후설의 본질은 자유변경에 의해서 얻어지는 것이다. 여기서 자유변경이란 어느 고정된 관점에 머무르지 않음을 뜻한다. 허구적인 가정이지만 사람들이 정삼각형의 형태만을 삼각형이라고 배우고 그렇게 믿었다고 치자. 그들에게 삼각형이란 정삼각형 형태밖에 없을 것이다. 하지만 그러한 지식과 믿음에 괄호를 치고 의식의 자유로운 상상력에 의해서 삼각형을 자유롭게 변형시켜보자. 이 경우, 이등변삼각형이나 둔각삼각형, 예각삼각형으로 그 범위가 확장될 것이다. 물론 네 개의 각을 가진 도형으로까지 삼각형을 확장하여 상상할 수는 없다. 이것이 바로 자유변경의 핵심이다. 삼각형을 다른 도형과 구분하는 본질은 분명히 존재하지만 우리가 아는 삼각형의 형태가 단순히 삼각형의 모든 것은 아니다. 따라서 사물의 본질을 찾아나가고자 하는 후설의 현상학적 탐험은 본질주의로 회귀하는 것이 아닌 우리의 편협한 지식의 틀을 벗어나서 새로운 미지의 세계로 탐험하고자 하는 급진적이고도 미래지향적인 모험이다.

통념을
넘어서기 위한
혁명적 시도

레닌과
말레비치

말레비치는 왜 추상화를 포기해야 했을까?

'쉬프레마티슴Suprématisme'으로 대표되는 러시아 화가 말레비치Kazimir Severinovich Malevich, 1878~1935 가 그린 1930년대 이후의 작품을 본다면 사람들은 그 작품이 과연 말레비치의 작품이 맞는지에 대해서 의심이 들 것이다. 회화에 그다지 관심이 없는 사람이라도, 혹은 말레비치나 쉬프레마티슴이라는 용어에 익숙하지 않은 사람이라도 마치 몬드리안Piet Mondrian, 1872~1944 의 작품처럼 한 번쯤은 그의 그림을 보았을 가능성이 높다. 쉬프레마티슴을 대표하는 작품 중 하나인 〈검은 사각형〉은 그저 흰 바탕에 검은 사각형이 그려져 있는 작품이다. 쉬프레마티슴은 우리말로 '절대주의'라고 번역되는데 이 추상화 같아 보이는 말레비치의 작품은 추상화와도 구별되

말레비치, 〈검은 사각형〉 Black square, 1915 (위)
리시츠키, 〈붉은 쐐기로 흰색을 쳐라〉 Beat the whites with the red wedge, 1919 (아래)
러시아의 급진적 화가들은 말레비치의 급진적인 시도에서 프롤레타리아트 혁명의 예술적
수단을 발견했다. 그들은 원, 사각혁과 삼각형 등 추상적 이미지를 그림으로써 어떤 사회 통
념이나 이데올로기를 배제한 프롤레타리아트 세계관을 표현했다. 레닌은 자본주의 사회의
구습을 타파하기 위한 이러한 예술적 관행에 관대하였으며, 이를 새로운 사회 건설을 위한
실험으로 생각했다.

는 더욱 급진적인 작품이다. 추상화의 경우에는 말 그대로 어떤 대상의 추상이지만 말레비치의 작품에서는 그저 흰 바탕과 어떠한 대상의 추상도 아닌 그저 하나의 대상인 검은 사각형이 있을 뿐이다. 말하자면 말레비치의 절대주의는 추상화마저도 추상해버린 것이다.

말레비치의 이러한 급진적인 예술적 태도는 이후 젊은 러시아 예술가들에게 엄청난 반향을 일으켰으며, 로드첸코Alexander Rodchenko, 1891~1956나 리시츠키 El Lissitzky, 1890~1941 등 일련의 혁명적 화가들은 이러한 말레비치의 급진적 시도 속에서 진정한 프롤레타리아트 혁명의 예술적 수단을 발견하였다. 얼핏 말도 안 되는 것처럼 들릴 수도 있겠지만 말레비치의 예술적 시도는 당시 러시아의 젊은 혁명적 예술가들에게는 낡고도 진부한 부르주아지 예술로부터 벗어나는 탈출구로 받아들여졌다. 리시츠키가 꾸준히 제작한 일련의 실험적 작품들 '프라운'Proun (프라운은 '새로운 예술작품'을 뜻하는 러시아어를 리시츠키가 줄여서 만든 조어이다)은 이를 잘 보여준다. 그는 원, 사각형, 삼각형 등과 같은 기하학적인 추상의 조합만으로 그림을 그렸다.

그가 이러한 기하학적 추상을 선호한 데는 분명한 이유가 있다. 원, 사각형, 삼각형 등의 기하학적 추상은 구상적 이미지와 달리 어떠한 사회적 통념이나 이데올로기도 배제할 수 있기 때문이다. 예를 들면 과거에 구체적인 대상을 그리는 화가들은 귀족을 그리거나 호수나 바다를 그릴 때, 귀족이라는 통념에 사로잡혀 그들을 위엄 있게 그리거나, 호수의 쓸쓸함을 표현하기 위해서 자연을 고독하게 그리기도 하였다. 이러한 회화는 궁극적으로 보자면 당시의 부르주아지 지배계급의 편견에서 자유롭지 못한 것이었다. 이에 반해서 리시츠키의 '프라운'은 어떠한 선입견도 배제된 기하학적인 도형으로 구성된 것이므로 그 구성의 원리는 체계적이고 과학적인 것으로 간주되었다. 이러한 계급적 편견으로부터의 해방은 곧 과학적 세계관을 의미함과 동시에 프롤레타리아트의 세계관을 의미하는 것이다.

말레비치를 추종하는 일련의 이러한 아방가르드 예술가들은 자신을 '구성주의자constructivist'라 자처하며 새로운 사회의 건설을 위한 온갖 전위적인 예술 실험을 감행하였다. 물론 이러한 예술적 실험이 가능하였던 것은 블라디미르 레닌Vladimir Ilich Lenin, 1870~1924의 예술관과도 밀접한 관련이 있다. 그는 자본주의 사회의 구습을 타파하기 위한 예술적 관행에 대해서 관대하였으며 이를 새로운 사회 건설을 위한 실험으로 여겼다. 그러나 러시아의 이러한 과감한 예술적 실험들, 흔히 말하는 구성주의자들의 실험적 예술은 스탈린Iosif Vissarionovich Stalin, 1879~1953이 집권한 후인 1934년 이윽고 '사회주의 리얼리즘'이 공식적으로 선언된 이후 강제적으로 퇴각하고 말았다. 스탈린 정부가 공식적으로 표방하여 유일하게 인정한 사회주의 리얼리즘 예술이란 말 그대로 러시아의 발전된 사회주의 사회의 모습을 생생하게 묘사하고 알리는 것이었다. 스탈린은 이것이야말로 인민의 예술이며 과거의 구성주의자들이 행한 온갖 예술적 실험들은 서구 부르주아지 퇴폐 예술의 아류이자 모방으로 사회주의를 좀먹는 세균과도 같은 것이라고 취급하였다. 그리하여 러시아의 회화는 현실 대상을 재현하는 사실주의realism의 회화라는 19세기 이전의 회화로 되돌아가게 되었다.

아이러니한 사실은 스탈린주의가 표방한 사회주의 리얼리즘은 그 이론적 기초가 레닌의 예술 원칙인 현실에의 충실성, 사상성, 당파성에 바탕을 두고 있다는 점이다. 그러나 레닌이 생각하는 현실에의 충실성과 프롤레타리아트 당파성은 새로운 세계를 위한 과감한 혁명적 시도와 배치되는 것이 아니었다. 오히려 레닌의 사상은 부르주아지 세계와 급진적으로 단절된 혁명적 시도를 추구한다는 점에서 근대적인 사상의 굴레를 넘어서는 지적인 면모를 보인다고 할 수 있다. 전체주의와 획일성을 강조하는 스탈린주의와는 전혀 딴판이다. 레닌이 집권한 이후 러시아는 근대 자본주의 사회를 넘어서려는 일련의 혁명적인 실험의 장이라고 할 수 있다. 그러나 근대를 넘어서려는 이러한 일련의 실험은 스탈린의 집권과 더불어 일소되었으며, 현실 사회주의는 획일화된 전체주의와 동일한 말로 전락해버리고 말았다.

구시대의 전통회화를 넘어서려는 말레비치 역시 스탈린의 사회주의 리얼리즘 선언 이후 스탈린 정부가 허용하는 유일한 형태의 회화인 사실주의 회화로 퇴화하고 만다. 1930년대 이후 그는 쉬프레마티슴이 아닌 구상회화를 그리는데 이 당시 그린 〈자화상〉은 바로 이러한 퇴행을 상징적으로 보여준다. 더군다나 이 그림을 보면 구상화를 그리면서도 여전히 옷의 주름이라든지 목을 둘러싼 흰색 컬러 등의 모양을 기하학적으로 강조하는 방식으로 기존의 기하학적 도상을 포기하지 않으려는 말레비치의 안쓰러운 흔적마저 보인다. 그는 외압에 의해서 자신의 실험적인 시도들을 거세당한 현

말레비치, 〈자화상〉
Self-portrait, 1933
스탈린의 사회주의 리얼리즘 선언 이후 쉬프레마티슴에서 사실주의 화화로의 퇴행을 상징적으로 보여주는 그림이다.

실에 대해서 수치를 느꼈다. 어쩌면 이는 레닌의 혁명적 실험이 스탈린주의에 의해서 좌절당하는 상징의 하나일지도 모른다.

근대 자본주의 사회를 어떻게 넘어설 것인가

프랑스의 경제학자이자 사회학자인 샤를 베틀레임 Charles Bettelheim, 1913~2006 은 그의 저서 《경제적 계산과 소유의 형태》 Calcul économique et formes de propriété. 1971 에서 자본주의 사회와 사회주의 사회를 소유 형태로 구분하는 밑바닥에는 보다 심층적인 경제적 차원이 놓여 있음을 주장한다. 그것은 다름 아닌 경제적 계산의 형태이다. 그는 부르주아지 사회의 사적 소유가 무엇보다도 모든 재화를 상품으로 취급하고 이를 화폐의 형태로 환원시키는 화폐적 계산 체계에 바탕을 두고 있다고 해석하였다. 그래서 베틀레임은 부르주아지 자본주의 사회를 넘어선 새로운 사회를 만든다는 것은 새로운 경제적 계산의 체계를 창출하는 것이지 외관상 소유의 형태를 국가 소유의 형태로 만드는 것이 아니라고 보았다. 새로운 경제적 계산의 형태를 창출하지 않고서 모든 재산을 국가의 소유로 전환하는 것은 새로운 형태의 기형적인 지배 권력을 창출할 뿐이다. 그의 주장은 스탈린 시대 이후의 소련 사회에 정확하게 적용된다.

실제로 레닌은 1917년 러시아 혁명과 더불어 정권을 장악한 이후 단지 국유화라는 형식적 제도에 집착하지 않았다. 그는 근대 부르주아지 국가가 프롤레타리아트와 농민의 착취에 기반한 사회였다고 해서 이러한 사회의 전복이 곧 프롤레타리아트와 농민이 역으로 다른 계급을 착취하고 억압하는 사회로의 전환은 아니라고 생각했다. 오히려 근대 부르주아지 사회를 넘어선다는 것은 착취와 억압이 없는 사회를 만든다는 의미였다. 모든 토지와 산업 기반, 그리고 토지를 단순히 국가의 소유로 강제한 스탈린의 정책과 달리 레닌은 착취 일반을 없앨 수 있는 새로운 제도가 어떻게 가능한 지에 대해서 고민하였다. 국제사회에서의 고립을 피하기 위해서 어쩔 수 없이 일시적으로 화폐 및 시장경제를 일부 수용하게 된 1920년대의 '신경 제정책 NEP, New Economic Policy'으로 전환하기 이전까지 레닌은 실험적이고 도 혁명적인 사회 정책을 시도하였다.

가령 그는 화폐를 없애기 위해서 현물 중심의 경제를 운영하기도 하며 화 폐에 의한 자본의 가치증식과 착취 일반의 가능성 자체를 차단하려는 시도 를 하였다. 물론 이러한 실험이 성공적인 것은 아니었다고 할지라도, 레닌 의 의도가 외관상 평등을 지향하면서 착취를 정당화하는 부르주아지 근대 사회의 모순을 극복하고자 했던 것임에는 틀림없다. 이러한 노력이 비록 성공적이지는 못했다 하더라도 레닌의 머릿속에서는 부르주아지 자유주의 라는 관념론적 체계를 어떻게 극복하는가 하는 것이 너무나도 중요한 문제 였다. 부르주아지 자유주의는 겉으로는 시민의 자유, 만인의 평등을 떠들 어대지만 그것은 밑바닥에 존재하는 착취의 현실을 은폐하거나 미화하는 데 그치는 관념적 허울에 지나지 않기 때문이다.

사이비 유물론인 '경험비판론'을 공격하다

레닌은 철저한 유물론 신봉자, 보다 정확하게 말하면 변증법적 유물론의 신봉자였으며 그의 사상적 적은 관념론이었다. 레닌이 생각하기에 관념론 은 물질세계를 의식의 한 형태로 간주하며 의식이야말로 세계를 변형시키 는 힘이라고 보는 이론이었다. 이러한 관념론적 세계관은 현실이 아닌 복 잡하고도 고차원적인 인간의 정신적 힘을 최고의 덕목으로 삼으며, 일반인 들은 그러한 관념으로부터 철저하게 배제된다. 관념론은 지배계급의 이익 과 불가분의 관계를 맺고 있는 것이다. 레닌이 관념론을 배격하고자 하는 것은 그것에 전제된 계급적 이해관계 때문이기도 하거니와 유물론적 세계관은 관념론과 달리 누구나 이해할 수 있는 세계에 대한 명쾌한 이해 방식이기 때문이다.

레닌이 자신의 유물론 철학을 설파하고자 한 대표적인 저서는 《유물론과 경험비판론》Materializm i empiriokrititsizm, 1909 이다. 레닌은 자신의 유물론 교리를 설명하기 위해서 유물론과 대비되는 '경험비판론'이라는 이론을 비판한다. 흥미로운 사실은 이 경험비판론이 대표적인 관념론이라기보다는 스스로 유물론 혹은 경험론을 자처하는 철학이라는 점이다. 더군다나 경험비판론은 오스트리아의 사회주의적 성향을 지닌 과학자이자 철학자 에른스트 마흐Ernst Mach, 1838~1916 에 의해서 창시된 것으로서 당시 레닌이 소속되었던 러시아 사회민주당의 많은 사람들이 신봉하던 이론이었다.

레닌이 마흐의 경험비판론을 공격한 것은 사회주의 혁명을 신봉하던 러시아 사회민주노동당의 다수파, 즉 멘셰비키가 신봉하던 철학이기 때문이었다. 소수파 볼셰비키를 대표하는 레닌이 보기에 멘셰비키가 추종하는 경험비판론은 결코 유물론의 형태가 아니며 관념론의 변형에 지나지 않는 것이었다. 따라서 그는 경험비판론이 유물론의 교의와는 전적으로 다른, 아니 정반대인 관념론의 성격을 지닌다는 사실을 명확하게 밝히는 것을 자신의 책의 목표로 삼았다. 레닌의 말에 따르자면 그가 《유물론과 경험비판론》을 쓴 동기는 '마르크스주의 옹호'라는 허위적인 슬로건으로 마르크스주의를 왜곡하여 관념론으로 둔갑시킨 마흐주의의 오류를 폭로하는 것이었다.

레닌에 따르면 경험비판론이 유물론을 빙자하고 있으나 관념론의 특성을 지니는 것은 다음과 같은 이유에서이다. 유물론의 가장 기본적인 교의는 물질과 의식의 관계에서 물질이 우리의 의식과 관계없이 존재한다는 사실이다. 우리가 눈을 뜨고 있건 감고 있건 태양은 그대로 존재하며 동쪽에서 떠서 서쪽으로 진다. 물은 위에서 아래로 흐르고 사과는 그 물질적 특성 때문에 빛에 반사되면 대표적으로 붉은색 파장을 띠어 우리에게 붉은색으로 지각된다. 이 모든 것은 우리가 물질을 어떻게 보느냐에 따른 것이 아니라 물질 그 자체의 특성들이다. 유물론은 물질과 의식의 관계에서 물질에 우선성을 부여한다.

이에 반해서 마흐의 경험비판론은 매우 교묘한 방식으로 유물론의 교의를 관념론으로 바꾸어놓는다. 경험비판론에서 핵심은 경험이다. 이때 경험은 물질세계에 대한 우리의 경험을 뜻한다. 그런데 우리가 경험하는 물질세계는 오로지 감각을 통해서만 알려진다. 가령 사과는 우리가 만져봤을 때 일정한 공간을 점하고 있으며, 빨간색을 띠고, 시고 단맛이 난다. 사과에 대한 이 모든 정보는 우리의 감각을 통해 알 수 있다. 따라서 마흐는 존재란 감각이라고 주장한다. 그런데 마흐에 따르면 이때 감각은 단지 우리의 주관적인 의식 활동에 국한되지 않는다. 감각 자체가 물질을 이루는 요소이기 때문이다. 따라서 빨간색, 신맛, 구형 등의 요소는 사과라는 물질의 특성이자 동시에 우리의 감각에 의해서 지각되는 이중적인 특성을 지니는 것이다. 한마디로 마흐가 말하는 이러한 감각적 요소는 물질이자 동시에 의식이다.

레닌이 보기에 이러한 마흐의 주장은 하나의 궤변이자 궁극적으로 관념론의 변형에 지나지 않았다. 그것은 우리 인간과 상관없이 자연과 물질 자체가 독립적으로 가지고 있는 합법칙적 특성을 부정하는 것이기 때문이다. 감각이란 인간의 의식 활동에 지나지 않지만 마흐는 감각을 의식과 물질이라는 두 항 모두를 포괄하는 것으로 설명한다. 결국 마흐의 감각이론, 즉 경험비판론은 물질세계의 독자성을 거부하는 것이다. 이는 유물론의 교의와 양립할 수 없는 관념론의 한 양태에 불과하다.

철학은 정치에 복무한다

레닌은《유물론과 경험비판론》을 통하여 치열한 철학적 논쟁을 벌인다. 하지만 흥미롭게도 그는 자신의 지인에게 보낸 편지에서 다음과 같은 고백을 한다. 그는 결코 철학 전문가가 아니며 철학적 논쟁을 벌이는 이유도 진리를 설파하기 위해서가 아니라는 것이다. 레닌이 이 책을 통하여 치열하게 경험비판론을 공격하는 것은 정치적인 목적 때문이었다. 말하자면 그의 사상투쟁은 일종의 정치투쟁인 셈이다. 레닌에 따르면 유물변증법이야말로 유일하게 모든 인민들이 상식적으로 받아들이고 이해할 수 있는 가장 자명한 철학적 학설이자 이론이다. 그것이 단지 진리이기 때문에 지지하고 이를 위해 목숨 걸고 정적들과 투쟁한 것만은 아니라는 것이다. 진리가 특정한 사람들만 볼 수 있는 비밀의 언어로 쓰여 있다는 것은 마치 바티칸의 미사를 특별한 사람들만 알아들을 수 있는 것과 마찬가지이다. 미사가 반드시 라틴어로만 진행되어야 하느님에게 그 뜻이 전달될 수 있을까?

그는 아카데믹한 철학 논쟁을 벌이고자 한 것이 아니다. 결국 레닌이 보기에 철학이란 사상의 형태로 이루어진 계급투쟁에 불과했다. 레닌의 이러한 생각은 근대적인 사유를 뛰어넘은 것이라 할 수 있다. 근대의 많은 사상가들은 철학이란 진리를 추구하는 것이며 진리란 곧 어떠한 특정 관점이나 편견에도 좌우되지 않는 객관적이고 의심의 여지없는 것이라고 믿었기 때문이다. 이에 반해서 레닌에게 철학이란 하나의 사상적 투쟁 수단에 지나지 않았으며, 진리란 바로 현실 국면에서 그것이 어떻게 기능하고 어떤 의미를 지니는가에 따라서 결정되는 것이었다.

레닌에게 철학이란 그저 진리 탐구나 앎의 활동이 아니다. 그것은 정치적 활동과 관련이 있다. 이러한 점에서 레닌의 철학적 태도는 니체나 푸코의 태도와도 일맥상통한다. 주지하다시피 니체에게 철학이란 진리 탐구라기보다는 이를 빙자한 하나의 권력 행위이며, 푸코에게도 앎이란 '앎의 의지', 즉 권력을 바탕에 두고 있기 때문이다. 레닌은 자신의 책에서 니체와 푸코처럼 지식을 권력투쟁이라는 말로 명시적으로 정의하고 있지는 않지만 이미 이들의 생각을 실행하고 있다고 할 수 있다. 그런 점에서 레닌의 철학은 근대 철학의 관행을 훌쩍 뛰어넘은 것이기도 하다.

추상과 구체를 결합시킨 변증법적 방법론의 초석을 놓다

레닌의 강점은 추상적인 교리에 맹목적으로 빠지거나 혹은 구체적인 현실 자체에 매몰되지 않고 추상과 구체를 적절하게 조화하여 사고하는 것이었다. 그는 이를 변증법적 유물론의 사고라고 믿었다. 가령 멘셰비키는 마르크스의 역사유물론 공식을 추상적으로 대입하여 현 러시아 사회가 봉건제 농노사회이므로, 부르주아지 시민사회 혁명을 통하여 자본주의를 발전시키는 것이 가장 시급한 혁명적 과제이며, 그 후에 사회주의 혁명으로 진입해야 한다고 주장하였다. 이는 자신들이 알고 있던 마르크스 텍스트나 교리를 기계적으로 적용한 것이었다. 반면 레닌은 《러시아에 있어서 자본주의의 발전》Razvitiye kapitalizma v Rossi, 1899이라는 책을 통하여 마르크스의 《자본론》Das Kapital, 1862을 철저하게 분석하고 이를 융통성 있게 적용하여 러시아에서 봉건제 농업 양식의 형태와 더불어 시장경제가 발생하고 있음을 학술적으로뿐만 아니라 구체적으로 증명하였다. 그리하여 그는 당시가 사회주의 혁명의 시기임을 명맥하게 밝히고 이를 실행하고자 하였다. 거대 이론이라는 추상에 사로잡힌 근대적인 방식에 일침을 가하는 것이었다.

또한 제국주의나 독점자본주의의 문제에 있어서도 그는 추상에 사로잡혀 구체적 현실의 가능성을 묵과한 로자 룩셈부르크Rosa Luxemburg, 1871~1919나 정반대로 일시적이고 구체적인 현상을 일반론으로 확장한 루

돌프 힐퍼딩 Rudolf Hilferding, 1877~1941 을 비판적으로 수용한다. 룩셈부르크
는《자본의 축적》Die Akkumulation des Kapitals, 1913 에서 제국주의의 정치경제
학적 토대를 명쾌하게 다룬다. 그녀는 마르크스의《자본론》2권에 나타난
'확대재생산의 표식'을 전제로 추가적인 자본의 공급, 즉 확대재생산이 자
본주의 경제의 필수불가결한 조건임을 증명한다. 제국주의란 서구 사회가
이미 포화된 국내 시장의 범위를 벗어나서 추가적인 이윤을 습득하기 위해
서 불가피하게 비서구적인 시장을 개척하는 과정이다. 말하자면 자본주의
가 살아남기 위해서 확대재상산을 하는 과정이 제국주의인 것이다. 그녀에
따르면 제국주의는 자본주의의 마지막 단계이다. 제국주의의 과정이 완성
되면, 즉 비서구 시장이 모두 자본주의 시장으로 전환되면 더 이상 자본의
축적이 불가능해져서 자본주의는 붕괴하고 말 것이다. 레닌은 이러한 룩셈
부르크의 생각이 마르크스의 확대재생산 표식을 추상적이고 기계적으로
적용한 결과이며 현실의 구체를 무시한 것이라고 보았다. 현실에서 제국주
의 국가는 내수를 통해서도 얼마든지 확대재생산이 가능하다.

　한편 힐퍼딩은 그의 주저主著《금융자본론》Das Finanzkapital, 1910 을 통해
서 자본주의 사회가 발전하며 금융자본이 산업자본을 지배하여 금융자본
의 독점이 도래하여 자본주의 사회는 금융자본에 의한 독점자본주의로 이
행하게 된다고 주장하였다. 그의 분석은 실제로 19세기 말 독일의 자본주
의 상황에 의해서 충분히 증명되는 것처럼 보였다. 하지만 레닌에 따르면
이는 오로지 19세기 말 독일의 자본주의 현상을 일반화한 것에 불과하며
자본의 근본적인 출처는 산업자본이라는 마르크스의 전제와 상충되는 것
이었다. 이는 21세기 자본주의 사회에서도 충분히 목격된다. 미국이나 아
이슬란드, 아랍에미리트와 같은 국가는 20세기 후반 들어 금융산업에 집중
하였다. 이들은 한때 번성할 수 있었지만 어느 순간 모두 마치 사상누각처럼

허물어지고 말았다. 그 이유는 아무리 금융자본이 힘을 발휘한다고 해도 산업자본이 이익을 발생시키지 못한다면 일순간 파산하고 말기 때문이다.

레닌은 룩셈부르크의 분석이 지나치게 마르크스의 이론을 교조적으로 해석하고 이를 추상화하여 현실에 적용한 반면, 힐퍼딩은 구체적인 상황을 성급하게 일반화하여 마르크스의 원칙으로부터 일탈하여 현실을 왜곡하는 오류를 범하였다고 보았다. 레닌이 추구하고자 하는 것은 바로 추상과 구체의 결합, 즉 변증법적 통일이었으며 레닌의 이러한 이상은 단순히 근대적인 합리성의 추구나 거대이론의 집착을 넘어선 것이라고 할 수 있다.

레닌이 변증법적 유물론을 왜곡과 속류화로부터 구해낸 대표적인 철학서 《유물론과 경험비판론》을 쓰게 된 동기는 '마르크스주의 옹호'라는 기만적 기치 아래 마르크스주의 철학을 잡탕 속으로 왜곡, 속류화한 마하주의를 폭로하기 위해서였다. 당시 오스트리아, 러시아 등의 마르크스주의자들에게 악영향을 미치고 있던 이 기만적 마하주의로부터 마르크스주의의 이론적 원칙을 지켜내지 않으면 안 되는 실천적 의무가 부여되었던 것이다.

참된 현실은
약자의 눈으로
바라볼 때
드러난다

루카치와
졸라

자연주의 소설 속에는 현실이 없다

자신의 의도와 상관없이 병약한 남자 카미유와 결혼한 테레즈 라캥은 현실
에 만족하지 못하고 살아간다. 그러던 중 로랑을 만난 라캥은 그와 격정적
인 사랑에 빠져든다. 결국 이들은 라캥의 남편인 카미유를 살해한다. 이 막
장 드라마 같은 이야기는 프랑스 문학의 거장 에밀 졸라Émile François Zola,
1840~1902의 소설 《테레즈 라캥》Thérèse Raquin, 1867의 줄거리이다. 에밀 졸
라는 자연주의Naturalism를 대표하는 소설가로서, 이 소설은 바로 졸라의 자
연주의를 연 최초의 작품으로 평가받는다. 대강의 줄거리에서 알 수 있듯
이 라캥과 로랑은 격렬한 육체적 욕정에 사로잡히는데, 이러한 애정 행각
을 담은 소설의 내용은 독자들에게 강한 감정적 반응을 일으킬 것이라고

에밀 졸라의 《테레즈 라캥》 표지
이 소설에서 졸라는 두 주인공의 격정적인 욕정을 아무
감정 없이 관찰하듯 서술한다. 루카치는 졸라의 이런 자
연주의적 태도에 현실 비판 의식이 결여되어 있다고 지적
한다. 루카치에게 현실은 인간과 무관한 것이 아니라 인
간에 의해 만들어지는 것이었다.

예상할 수 있다. 그러나 정작 졸라는 이 소설을 독자들의 격정적이고도 정서적인 반응을 일으키기 위해서 쓴 것이 아님을 강조한다. 그는 이 소설에 대해서 다음과 같은 유명한 말을 남겼다. "나는 해부학자가 시체에 대하여 행하는 것과 같은 분석적인 작업을 살아 있는 두 육체에 대하여 행한 것뿐이다."

이 말은 자연주의 소설의 경구가 되었으며, 졸라의 문학세계를 한마디로 요약하는 것이기도 하다. 졸라는 이 소설에 등장하는 두 인물이 욕정에 사로잡혀서 격렬한 관계를 맺는 과정을 마치 우리에 갇힌 두 마리 돼지의 교미를 관찰하듯이 아무런 감정 없이 관찰하고 기록한다. 그는 해부학자나 외과의사가 시신이나 환자의 환부를 어떤 감정도 개입시키지 않고 관찰하듯이 그것을 들여다볼 따름이다. 이것이 바로 자연주의의 핵심이다. 자연주의는 현실을 아무런 감정의 개입 없이 있는 그대로 보여준다. 이렇게 보자면 자연주의는 당연히 사실주의의 극단적인 경향으로 보일 것이다.

이른바 사회주의 리얼리즘을 대표하는 헝가리 출신의 마르크스주의 철학자이자 예술이론가인 게오르크 루카치György Lukács, 1885~1971는 졸라의 이러한 자연주의적 태도를 강력하게 비판한다. 흥미로운 점은 그가 자연주의를 비판하는 핵심 이유이다. 그는 자연주의가 사실주의와 아무런 상관이 없다고 주장한다. 그는 졸라의 자연주의가 현실을 정직하게 묘사하는 사실주의의 한 형태라기보다는 사실주의와 대립되는 것으로 본다. 루카치에 따르면 심지어 자연주의란 현실을 가장 교묘한 방식으로 왜곡시킨 부르주아지 세계관을 대표하는 것이다.

루카치는 도대체 왜 자연주의를 비판적으로 바라보는 것일까? 자연주의는 말 그대로 있는 그대로의 자연, 즉 있는 그대로의 현실을 주체의 개입 없이 묘사하고 기술하는 것을 뜻한다. 루카치가 보기에 자연주의의 문제점은 바로 이것이다. 현실을 주체의 아무런 개입 없이 중립적으로 본다는 것은 결국 현실에 대한 어떤 비판 의식도 결여되어 있음을 의미한다. 소설《테레즈 라캥》의 경우에 여주인공이 하층민 출신이라는 것이나 부르주아지 가정의 허구적 모습 등은 어떤 의미도 지니지 않는다. 그저 라캥 및 로랑의 애욕과 몰락의 과정만을 두 인물에 현미경을 대고 관찰할 뿐이다. 한마디로 자연주의 소설 속에는 소외되고 억압받는 계급에 대한 시각이 결여되어 있다. 그 과정에서 현실은 그저 하나의 객관적인 사실처럼 취급된다. 착취와 억압이 발생하는 현실은 자연주의 소설 세계에서는 실종되고 만다.

루카치에게 현실이란 자연주의 소설 속에 그려진, 인간과 무관한 것이 아닌 인간에 의해서 만들어지는 것이다. 그렇기 때문에 중립적이고 객관적인 현실은 존재하지 않는다. 예컨대 자본주의 사회에서 억압받는 한 노동자 '가'의 일상을 현미경을 대고 아무리 들여다본다 하더라도 그것은 평범한 사람의 일상을 보여줄 뿐이다. 아침에 출근하여 저녁에 퇴근할 때까지 작업장에서 일하고 저녁에는 맥주를 마시고 잠자리에 든다. 이 평범한 일상의 모습 어느 곳에 자본주의 사회의 착취와 억압이 드러나는가? 그것은 오로지 자본주의 사회의 노동자 계급이라는 특정한 관점이 들어갈 경우에만 가능하다. '가'가 사회 속의 한 개인이 아닌 노동자라는 관점에서 접근할 경우에만 '가'의 일상 속에서 자본주의의 억압과 착취가 드러난다. 루카치가 보기에 주체와 아무런 상관없는 객관적 현실을 묘사하고자 하는 자연주의적 관점이야말로 착취와 억압의 흔적을 교묘하게 없애는 부르주아지의 세계관과 맞닿아 있다.

진리는 프롤레타리아트의 관점에 설 때 보인다

루카치에게 객관적 현실이란 외과의사처럼 세계를 그저 자세하게 들여다보고, 있는 그대로 관찰한다고 해서 드러나는 것이 아니다. 현실의 사회는 이미 특정한 계급에 의해서 그들의 이해관계를 관철하기 위해서 구성되어 있기 때문이다. 그렇기 때문에 눈에 드러나는 그대로의 모습을 현실로 받아들인다는 것은 이미 지배계급의 세계관을 인정하고 그것을 자신의 것으로 내면화한다는 말이다. 루카치가 자연주의적 세계관에 동의할 수 없었던 이유도 바로 여기에 있다.

그렇기 때문에 현실의 모습을 똑바로 드러낸다는 것은 현실세계에 은폐되어 있는 본래의 모습을 들추어내는 것이다. 이러한 현실의 참된 모습은 지배계급의 관점에 동의하지 않고 다른 눈으로 볼 경우에 드러난다. 이 다른 시각이란 다름 아닌 사회의 피지배계급의 시각을 의미한다. 말하자면 자본주의 사회의 현실은 흔히 말하는 가치중립적이고 객관적인 시각에서 접근할 때가 아니라 자본주의 사회에서 억압받는 피지배계급의 시각에 접근할 때 그 참된 모습이 드러난다.

이 점에서 루카치의 사상은 니체의 '관점주의Perspektivismus'와도 일정 부분 관련이 있는 듯하다. 니체의 관점주의에 내재한 핵심은 진리란 객관적이고 절대불변적인 것이 아니며 특정한 관점에 의해서 만들어진 것에 불과하다는 사실이다. 물론 루카치의 사상은 니체의 관점주의와 명확하게 구별된다. 니체가 모든 진리를 일종의 만들어진 허구로 보았다면 루카치는 어떤 특정한 관점에 서게 될 때 절대적인 진리가 드러난다고 보았기 때문이다. 이 진리를 볼 수 있는 관점은 바로 자본주의 사회에서 억압받는 계급인 프롤레타리아트의 관점이다. 세상을 제대로 본다는 것은 바로 '당파성'을 지니는 것을 의미한다. 당파적 이해관계를 전제하지 않는 시각은 이미

지배계급의 시각일 뿐이다.

당파성에 대한 루카치의 생각은 어떤 점에서 보자면 엥겔스 Friedrich Engels, 1820~1895 의 생각과 충돌하며 러시아의 구성주의자들의 생각과도 상충한다. 엥겔스는 프롤레타리아트의 세계관이란 곧 이 세상에 대한 어떠한 선입견도 배제한 과학적 세계관을 의미하며 이는 곧 자연변증법이라는 과학을 의미한다고 보았다. 한편 긴즈부르크 Moisei Ginzburg, 1892~1946, 리시츠키, 베르토프 Dziga Vertov, 1896~1954 등 러시아의 구성주의자들 역시 프롤레타리아트의 세계관이란 곧 과학적 세계관으로서 어떠한 이데올로기나 관념도 철저하게 배제된 현실 그 자체를 과학적으로 드러내는 것이라고 믿었다. 당파성을 강조한 루카치의 생각이 '프롤레타리아트의 세계관은 당파성을 초월한 과학적 세계관'이라는 엥겔스나 러시아 구성주의자들의 생각과 상반된 것임은 분명하다.

실제로 루카치의 사실주의는 흔히 사회주의 리얼리즘의 원형으로 간주된다. 루카치의 사회주의 리얼리즘은 러시아 구성주의자들의 모든 예술적 시도를 퇴폐적이며 부르주아지 예술이라고 간주하여 폐지한 스탈린의 사회주의 리얼리즘의 원칙과 공통된 부분이 많다. 물론 스탈린식 사회주의 리얼리즘과 루카치의 사회주의 리얼리즘이 정확하게 일치하는 것은 아니다. 그럼에도 불구하고 루카치의 사실주의 이론은 소련의 사회주의 리얼리즘과 겹치는 부분이 많다는 사실을 부정할 수는 없다.

물론 루카치의 사실주의는 자본주의 사회를 비판하고 소비에트 사회주의 사회를 미화하기 위한 선전 도구로 사용되었던 스탈린식 사회주의 리얼리즘과 확연히 구분되는 점이 있다. 스탈린의 사회주의 리얼리즘은 예술을 자본주의 사회 자체를 분석하고 드러내고자 하기보다는 자본주의 사회에 대한 일방적인 비판을 통해서 자신의 체제를 정당화하기 위한 수단으로 활용하였다. 이는 곧 소비에트 사회에서 나타나는 많은 현실적 모순을 은폐하는 지배계급의 세계관으로서 자신들이 비판하는 부르주아지 세계관과 하등 다를 바가 없음을 보여주는 것이다.

'문제적 개인'을 통해서 근대사회의 이중성을 드러내다

루카치는 현실 속에 은폐된 진짜 현실의 모습을 들추어서 이를 드러내 보이는 것이야말로 진정한 의미에서의 '사실주의'라고 보았다. 원래 루카치는 공산주의자도 마르크스주의자도 아니었다. 그는 러시아에서 활동하면서 이윽고 헝가리에 공산당을 창립한 쿤 벨러 Kun Béla, 1886~1939와 관계를 맺은 이후 갑작스럽게 마르크스주의자로 변신하여 주위의 사람들을 당황하게 만들었다. 그러나 그가 본격적인 마르크스주의자를 자처하기 이전에 이미 그의 사상은 마르크스주의 이후의 사상과 거의 같은 궤적을 보여주었다.

이러한 징후를 분명하게 보여주는 것이 마르크스주의자가 되기 이전의 가장 중요한 저서로 손꼽히는 《소설의 이론》Theorie des Romans, 1916의 핵심적인 내용이다. 루카치는 여기서 소설을 근대적인 문학 형식으로 규정한다. 루카치는 스스로를 헤겔주의자로 자처한 만큼 헤겔의 철학을 자신의 이론에 적용하였다. 헤겔적 유산 중의 하나가 《소설의 이론》에서 소설을 고대나 중세의 문학적 형식이 아닌 바로 근대적 문학의 형식으로 본 것이다. 그는 헤겔의 예술철학이 남긴 유산을 '미적 범주의 역사화'라는 말로 집약한다. 미적 범주의 역사화란 말 그대로 미적인 범주들은 각각 역사적 산물로서 해당 사회구조와 밀접한 관련이 있음을 의미한다. 여기서 미적 범주란 조각, 건축, 회화, 문학 등과 같은 예술의 장르를 의미할 수도 있고, 나아가 문학 내에서도 서정시, 서사시, 소설, 로망스 문학, 희곡 등과 같은 장르

내의 장르를 의미할 수도 있다. 헤겔은 한 역사적 시대마다 특정한 장르가 대표성을 지닌다는 사실에 주목하며 이러한 사실이 사회구조나 인간 지성의 필연적인 진화 과정과 맞물려 있음을 강조하였다.

루카치 역시 소설이란 미적 범주, 즉 장르가 전적으로 근대사회의 역사적 산물이라는 점을 강조한다. 그 이유는 최초의 소설로 간주되는 새뮤얼 리처드슨 Samuel Richardson, 1689~1761의 《파멜라》Pamela, 1742만 보더라도 명백하게 나타난다. 서간체로 이루어진 이 소설은 중세의 로망스 문학과 달리 매우 현실적으로 현실을 묘사하고 있다. 소설에 드러난 이야기들은 황당한 이야기가 아닌 마치 현실에서 일어나고 있는 이야기처럼 진실성을 담고 있다. 그렇기 때문에 소설가는 매우 정교하고도 합리적인 체계에 의해서 소설 세계를 구축한다. 이 세계는 예전의 문학 장르와는 달리 매우 합리적이고 설득력 있는 세계이다. 그리하여 소설가는 마치 자연과학자가 체계적이고도 합리적으로 세계의 질서를 설명하듯이 소설의 세계를 구축한다. 과거의 문학 장르와 달리 독자들은 소설에 나타난 가상적 세계를 마치 현실의 세계로 착각하여 받아들인다.

바로 이 점에서 소설 속의 세계는 하나의 객관화되고 독립된 현실 세계가 된다. 그리고 그것은 전적으로 소설이 지닌 합리적인 체계성 때문이다. 로망스 문학과는 달리 소설에서는 주인공이 축지법을 써서 먼 거리를 순간 이동하거나 입에서 불을 뿜는 용과 싸움을 벌이지 않는다. 작가는 매우 정교한 방식으로, 그리고 합리적으로 소설의 세계를 구축한다. 소설의 세계는 근대의 자연과학자들에게 세계가 마치 독립된 자연 질서를 지닌 자족적 세계로 나타나듯이 독자에게 독립된 하나의 세계를 보여준다. 이는 근대 경제학자들이 발견한 시장경제의 법칙이 마치 현실 자체의 법칙인 것처럼 받아들여지는 것과도 상통한다. 이렇게 보자면 소설이 왜 근대적인 미적 범주에 속하는가를 이해할 수 있다.

물론 이렇게 구축된 소설 속의 세계는 실제가 아니며 근대인들이 꿈꾸는 허위적인 세계일 뿐이다. 이는 애덤 스미스Adam Smith, 1723~1790 가 꿈꾸는 가장 합리적이고 현실적인 세계는 시장의 법칙이 지배하는 세계이지만 그 것은 오로지 자본주의 사회의 가상에 지나지 않는 것과 마찬가지이다. 그 렇기 때문에 위대한 소설가들의 소설에는 항상 가장 완벽하게 구축된 세계 가 하나의 가상일 뿐임을 보여주는 모순된 요소들이 존재한다. 그러한 균 열은 바로 소설의 주인공을 통해서 드러난다. 루카치는 이렇게 소설에 내 재된 균열, 다시 말하면 근대 사회 자체의 균열을 드러내는 소설의 주인공 을 '문제적 개인'이라고 부른다. 루카치에 따르면 근대소설은 결국 문제적 개인이 문제를 해결해나가는 과정이다.

문제적 개인은 합리적인 이성이 지배하는 사회와 그것으로부터 일탈 하는 일종의 신비로운 힘, 즉 마성에 대한 매혹이라는 이중성을 지닌다. 도스토옙스키Fyodor Mikhailovich Dostoevskii, 1821~1881 의 소설 《죄와 벌》 Prestuplenie i nakazanie, 1866 에서 주인공 라스콜니코프는 합리적이고 이성적 인 판단을 하는 지적인 인물이지만 동시에 합리성을 넘어 '초인'이라는 마 성에 지배된다. 이는 곧 근대사회의 합리적인 특성과 그것이 지닌 허구성 의 괴리를 보여주는 것이라 할 수 있다. 여기서 우리는 루카치의 사실주의 는 단순히 눈에 보이는 현실을 묘사하는 것이 아닌 문제적 개인이라는 정 형화된 인물을 통해서 근대사회의 근원적 균열을 드러내는 것임을 알 수 있다.

총체성은 프롤레타리아트의 계급의식을 통해 실현된다

《소설의 이론》의 첫 구절은 너무나도 많은 사람들에게 인용되었다. "별이 총총 빛나는 밤하늘을 지도로 삼아 길을 찾아가는 고대 그리스인들은 얼마나 행복하였는가."라는 구절은 곧 자연이 인간에게 낯선 외부가 아닌 포근한 공간임을 뜻한다. 사회와 자연은 인간에게 낯선 것이 아닌 인간과 하나의 덩어리를 이루는 것이다. 인간은 사회 속에서 편안함을 느끼며, 사회는 인간에게 질곡이 아닌 요람과도 같다. 개인과 사회가 하나의 유기적 통합을 이루는 상태야말로 가장 이상적인 사회일 것이다. 모든 사람들이 신화와 서사시를 외우고 이를 통해서 하나의 공동체를 지향한 고대사회는 그러한 유기적 통합을 이룬 이상적인 사회라고 할 수 있을 것이다.

루카치는 개인과 사회의 이러한 통합을 '총체성Totalität'이라는 말로 요약하며, 마르크스주의자가 된 이후에도 총체성은 그의 사상을 이끄는 데 결정적인 역할을 하는 개념이 된다. 루카치는 그의 가장 대표적인 저서인《역사와 계급의식》Geschichte und Klassenbeßustsein, 1923에 수록된 '정통 마르크스주의란 무엇인가'라는 글에서 마르크스주의의 요체를 총체성의 복구로 규정한다. 루카치에 따르면 근대 부르주아지 사회는 부르주아지라는 말 자체가 의미하듯이 시민사회로 규정할 수 있다. 근대 시민사회에서 시민이라는 개념은 사회화된 개인, 즉 사회와 개인의 통합을 함축하고 있다. 그러나 루카치가 보기에 시민사회에서 개인과 사회의 통합은 항상 가상적으로만 이루어진다.

이미 살펴본 대로 소설은 이러한 가상적 총체성을 묘사하고 있다. 근대 소설은 개인과 사회의 통합이라는 총체성의 이념을 구현하고자 하면서 동시에 근대사회가 지향하는 이념과 현실 사이의 괴리를 적나라하게 보여준다. 이는 철학에서도 동일하게 나타난다. 칸트 철학은 세계와 개인의 완전한 통합을 꿈꾸면서도 주관의 세계와 객관의 세계를 철저하게 분리시켜 놓았다. 근대사회가 그러하듯이 칸트의 철학 역시 객관의 세계에서 주관적인 요소를 철저하게 분리함으로써 객관적 세계와 주관적 세계의 통합을 꿈꾸었다. 그리하여 세계란 객관적인 세계이면서 동시에 인간적인 세계일 수 있었다. 소설가에 의해서 철저하게 계산된 소설의 세계가 어떠한 인위적인 허구도 제거된 객관적인 현실처럼 보이는 것과 마찬가지이다.

루카치는 이러한 가상적 총체성을 현실적인 총체성으로 실현하는 것이 마르크스주의의 임무라고 보았다. 루카치에 따르면 헤겔은 근대 부르주아지 사회의 총체성이 허구적이라는 것과 오로지 주관의 개입에 의해서만 현실적인 총체성이 실현될 수 있음을 깨달았다. 그러나 헤겔은 자신이 살았던 시대적인 제약 때문에 그것을 현실적으로 어떻게 실현해야 하는지에 대해서는 알 수가 없었다. 루카치에 따르면 이러한 총체성을 실현시킬 현실적인 방안을 제시한 사람이 다름 아닌 마르크스이다.

루카치는 그 유명한 〈사물화와 프롤레타리아트의 의식〉이라는 글에서 프롤레타리아트야말로 총체성을 실현할 수 있는 역사적 임무를 맡은 주체라고 천명하였다. 앞서 살핀 대로 현실에 감춰진 진실은 오로지 피지배계급의 시각에 의해서만 볼 수 있다. 마르크스주의의 관점에서 볼 때 자본주의 사회에서 피지배계급은 당연히 프롤레타리아트 계급을 의미한다. 따라서 자본주의 사회의 진실을 드러내고 이를 극복할 수 있는 힘은 프롤레타리아트 계급으로부터 나온다.

그런데 매우 흥미로운 사실은 자본주의 사회의 근본적인 구조 탓에 프롤레타리아트는 그 자신이 자본주의 사회를 추동하는 근원적인 요소가 되었다는 것이다. 마르크스가 《자본론》에서 밝히고 있듯이 자본주의 사회의 핵심은 모든 생산물이 시장에서 교환을 위한 상품으로 생산된다는 것이다. 여기서 상품은 이윤을 추구하는 자본의 가치 증식 수단으로 기능한다. 그런데 마르크스에 따르면 상품의 이윤은 근본적으로 상품을 생산하는 노

영화 〈모던 타임스〉의 한 장면. 자본가는 노동자의 노동에 지불한 가치보다 더 큰 가치를 창출하여 이윤을 얻기 위해 노동자를 고용한다. 노동력, 그러니까 노동자 개인이 상품이 된 것이다. 루카치는 인격체인 노동자가 사물과 같은 상품으로 전락한 현상을 '사물화'라고 부른다.

동을 착취하는 데서 비롯된다. 상품을 생산하는 노동력을 착취하지 않고 노동력의 가치대로 임금을 지불한다면 자본의 이윤은 발생하지 않기 때문이다.

여기서 마르크스는 노동력을 착취하기 위해서는 노동력 자체가 이미 하나의 상품이 되어야 함을 날카롭게 분석하였다. 상품이란 가치를 지녀야 한다. 노동력의 가치는 노동자가 자신의 노동력보다 더 큰 가치를 생산해 내는 데 있다. 말하자면 자본가가 노동자를 고용하는 목적은 노동자의 노동이 그 노동에 지불한 임금보다 더 큰 가치를 창출하여 이윤을 얻기 위함이다. 그리하여 노동력 자체가 상품이 된다. 이는 달리 말하면 노동자 자신이 하나의 상품이 된 것이다. 루카치는 인격체인 노동자가 사물과 같은 상품으로 전락한 현상을 '사물화Verdinglichung'라고 부른다.

루카치에 따르면 자본주의 사회가 통합적이고 유기적인 하나의 전체를 이루기 위해서는 노동자의 상품화, 즉 사물화의 과정이 필수적이다. 루카치는 프롤레타리아트야말로 자본주의적 질서를 벗어나서 완전한 통합적 사회, 즉 총체성을 달성하는 데 절대적인 특권을 가진 존재임을 강조한다. 《자본론》1권에서 언급되는 것처럼, 마르크스의 사유가 상품의 분석에서부터 출발하는 것은 상품이야말로 자본주의 사회의 모순을 그대로 반영하는 세포와도 같은 것이기 때문이다. 그런데 루카치에 따르면 프롤레타리아트가 상품이 되었다는 것은 그 자신이 자본주의 사회의 모순을 그대로 반영하는 존재가 되었음을 의미한다.

여기서 우리는 루카치가 《소설의 이론》에서 언급한 근대소설의 주인공인 '문제적 개인'이라는 예외적 존재자가 〈사물화와 프롤레타리아트의 의식〉에서는 프롤레타리아트라는 보편적 개인으로 확장되고 있음을 추론할 수 있다. '문제적 개인'이 총체성을 지향하는 근대사회 혹은 근대소설의 가상과 그로부터 벗어난 현실 사이의 괴리를 보여주는 예외적 인물이라면, 프롤레타리아트는 그의 존재적 기반 자체가 자본주의 사회의 가상과 현실 사이의 괴리를 나타내는 보편적인 존재라고 할 수 있다.

《소설의 이론》에서 근대소설의 주인공은 결코 가상과 현실의 괴리를 극복하지 못하는 비극적 인물이다. 소설의 결말은 오로지 비극일 뿐이다. 하지만 마르크스주의자가 된 루카치에게 자본주의의 현실은 비극적 결말로 치닫지 않는다. 프롤레타리아트는 소설 속의 '문제적 개인'과 달리 가상과 현실의 괴리를 극복할 수 있다. 그것은 오로지 프롤레타리아트가 자신의 처지, 즉 자신이 모순에 처할 수밖에 없는 상황을 깨달음으로써 가능하다.

이는 프롤레타리아트가 자신의 계급적 각성을 통하여 계급의식을 갖게 됨을 뜻한다. 이렇게 하여 비극적 운명을 피할 수 없었던 문제적 개인은 계급적 연대를 통하여 비극적 상황을 벗어나 세상을 구원하게 될 임무를 지니게 된다. 여기서 독자들은 루카치의 마르크스주의가 왜 낭만주의적이고도 관념적일 수밖에 없는지에 대해서 어렴풋하게 짐작할 수 있을 것이다.

인위적 논리의 세계를 구축하기 위하여

비트겐슈타인과 에스허르

떨어진 물이 다시 위로 올라가는 가상의 논리 세계

네덜란드 화가 에스허르Maurits Cornelis Escher, 1898~1972의 그림 〈폭포〉는 매우 역설적인 광경을 묘사하고 있다. 분명 물이 위에서 아래로 떨어지면서 물레방아가 돌아가지만, 밑으로 떨어진 물은 다시 위로 올라가고 있다. 얼핏 보면 충분히 현실적인 것처럼 보이는 이 그림은 실상 비현실적이다. 중력의 지배를 받고 있는 현실 공간에서는 밑으로 떨어진 물이 다시 위로 올라갈 수는 없는 법이다. 그렇다면 이 그림은 현실과 동떨어진 비현실적인 상황을 묘사하고 있는 것일까? 이 그림이 우리의 일상적인 현실세계를 묘사하고 있다고 생각하는 사람은 없을 것이다. 에스허르의 그림은 현실이 아닌 역설적인 사태, 즉 가상의 논리적 사태를 묘사하고 있다. "모든 크

에스허르, 〈폭포〉 Waterfall, 1961
이 작품은 역설적인 광경을 묘사하고 있다. 언뜻 현실적으로
보이지만 비현실적인 그림인 셈이다. 이 그림은 "어떤 것은 P
이면서 동시에 −P이다."라는 모순명제를 떠올리게 하는데, 이
또한 사실은 하나의 인위적인 논고에 불과하다. 비트겐슈타인
은 이러한 인위적인 논리의 세계를 구축하고자 했다.

레타인은 항상 거짓말을 한다고 한 크레타인은 말했다."라는 문장이 그러하듯 에스허르의 그림은 논리적 법칙의 세계를 묘사하고 있다.

만약 어떤 명제가 언제나 참일 수밖에 없다면 그것은 '진리'로 간주되어야 할 것이다. 그런데 흥미로운 사실은 논리학의 견지에서 볼 때 이렇게 언제나 참일 수밖에 없는 것은 어떤 현실적 함의도 갖지 못하는 공허한 형식에 불과하다. 가령 "어떤 것은 P이거나 -P이다."라는 명제가 그러하다. "철수는 사람이거나 사람이 아니다."라는 명제는 항상 참일 수밖에 없다. 이 명제는 시간과 공간을 초월해서 절대적으로 참인 명제이다. 그렇다면 이 형식이야말로 태고부터 인간이 그토록 갈망하던 진리라고 할 수 있을까? 당연히 그렇지 않다. 이 명제는 현실에 대해서 아무것도 설명하지 않기 때문이다.

오스트리아 출신의 철학자 루트비히 비트겐슈타인Ludwig Wittgenstein, 1889~1951은 자신의 대표적인 초기 저서인 《논리철학 논고》Tractatus logico-philosophicus, 1921(이하 《논고》로 약칭함)에서 항상 진리인 이러한 명제를 '항진명제Tautology'라고 부른다. 그리고 이러한 항진명제는 인간이 추구하던 현실의 진리가 아닌 그저 인간 사고의 법칙에 불과한 것이다. 말하자면 항상 참의 값이 나오는 항진명제란, 현실의 구체적 진리가 아니라 논리적 사태에 불과하다. 항진명제는 항상 진리가 될 수밖에 없는 사고의 법칙으로 현실에 대한 어떠한 정보도 제공하지 않는다. 이러한 항진명제는 하나의 인위적인 법칙이다.

모순명제 역시 마찬가지이다. 모순명제란 항진명제와 반대로 항상 거짓이 될 수밖에 없는 명제이다. "어떤 것은 P이면서 동시에 -P이다."라는 명제가 여기에 해당한다. "철수는 사람이면서 동시에 사람이 아니다."라는 명제는 현실적으로 성립할 수 없다. 항진명제가 항상 참이듯이 모순명제는 항상 거짓이다. 여기서 철수 대신 어떤 것을 대입시켜도 결과는 마찬가지이다. 더군다나 모순명제는 현실과 전혀 대응이 되지 않는다. 사람이면서 동시에 사람이 아닌 것을 충족시키는 현실대상은 상상할 수 없기 때문이다. 따라서 모순명제는 하나의 인위적인 논리적 형식 혹은 법칙에 불과하다.

비트겐슈타인의 《논고》는 이러한 인위적인 논리의 세계를 구축하는 것을 목적으로 한다. 흔히 말하는 '인공언어artificial language'를 구축하고자 하는 것이다. 그런데 비트겐슈타인이 이러한 인공언어를 구축하고자 한 데에는 뚜렷한 목적이 존재한다. 비트겐슈타인은 우리가 세계를 경험할 수 있는 모든 가능성과 불가능성이 논리적 형식에 의해서 제약된다고 확고하게 믿었다. 언어로 표상할 수 없는 것은 확실한 것이 아니기 때문에 그에 대한 참된 경험은 불가능하다. 따라서 비트겐슈타인은 가장 확실한 논리적 형식을 구축함으로써 우리가 경험하는 세계에 대한 참된 모습을 구현하고자 하였다. 물론 후에 언급하겠지만 그의 이러한 생각이 결코 논리적으로 해결할 수 없는 전통적인 철학 문제들, 가령 신과 영혼의 문제 혹은 아름다움을 다루는 예술의 세계나 도덕적 판단을 배제하는 것이 아니다.

세계는 그림이다

비트겐슈타인이 《논고》에서 논리적으로 완벽한 인공언어의 세계를 구축하고자 하는 데는 분명한 동기가 존재한다. 세계에 대한 인간의 경험이 언어 혹은 논리적 형식에 의해서 결정되는 한, 비록 인공적인 언어라 할지라도 그것은 정확하게 현실의 세계에 대응할 수밖에 없다. 언어가 정확하게 세계와 대응한다는 비트겐슈타인의 가정은 세계가 하나의 그림으로 묘사될 수 있다는 가능성에서 출발한다. 여기서 그의 유명한 이른바 '그림이론

picture theory'이 등장한다. 세계는 하나의 그림이며, 이 그림은 정확하게 언어로 나타낼 수 있다. 왜냐하면 그림과 언어의 구조는 정확하게 일치하기 때문이다.

세계가 하나의 그림으로 묘사될 수 있다면 세계라는 그림의 가장 기본 단위는 하나의 개별적 사물들, 즉 대상일 것이다. 이는 언어 체계의 단어에 해당한다. 그리고 대상들은 하나의 관계를 이루고 있다. 가령 책이 책상 위에 놓여 있는 것이 이에 해당한다. 이러한 가장 기본적인 대상들의 관계를 비트겐슈타인은 '사태a state of affairs'라고 부른다. 이러한 사태는 언어로 보자면 가장 단순한 명제, 즉 원자명제에 해당한다고 볼 수 있다. 그런데 현실세계의 그림은 하나의 사태로 이루어진 것이 아니라 무수히 많은 사태들로 이루어져 있다. 가령 책이 책상 위에 놓여 있으며, 책상은 네 개의 다리에 의해서 지탱되며, 다리는 대리석 바닥과 맞닿아 있으며, 책상 위의 책은 천장을 향해 펼쳐져 있는 등 무수히 많은 사태들의 결합에 의해서 이루어진다. 비트겐슈타인은 이렇게 사태들의 결합에 의해서 이루어진 복합적인 실상을 '사실fact'이라고 부르는데, 사실이라는 그림에 대해서는 복합명제가 대응한다. 비트겐슈타인은 마치 사실이 사태의 결합에 의해서 이루어지듯이 복합명제는 단순명제(원자명제)들의 함수관계로 나타낼 수 있다고 생각하였다.

논지를 약간 벗어난 얘기가 될 수도 있지만, 비트겐슈타인의 그림이론은 넬슨 굿맨Nelson Goodman, 1906~1998 이나 윌리엄 미첼William Mitchell, 1944~2010 과 같은 미학이론가들에게도 큰 영향을 끼쳤다. 굿맨은 그림과 언어가 불가분의 관계임을 주장하고, 미첼 또한 그림의 성격을 띠지 않는 언어는 존재하지 않으며 역으로 언어의 성격을 띠지 않은 그림이 존재할 수도 없음을 주장한다. 이들의 이론은 모두 비트겐슈타인의 그림이론에 바탕을 두고 있다. 예를 들면 "문을 닫아라."라는 명령을 받은 자는 문을 닫는 장면을 떠올리지 않고서는 문을 닫을 수 없다. "책상 위에 책이 있다."는 명제 또한 책상 위에 책이 있는 사태, 즉 그림을 떠올리지 않고서는 이해될 수 없다.

이는 역으로도 마찬가지이다. 책상 위에 책이 있다는 사태를 이해하기 위해서는 책상과 책이라는 사물을 개념적으로 구분해야 하며 책이 책상 '위'에 있다는 논리적 관계를 이해해야 한다. 어떠한 논리적 판단이나 언어적 개념이 형성되지 않은 아이들은 망막에 어떤 상이 맺힌다 하더라도 그것을 하나의 완전한 그림으로 파악할 수 없다. 세계를 그림으로 본다는 것은 궁극적으로 그것을 논리적으로 이해한다는 것과 동일한 말이다. 물론 언어와 이미지(그림)의 관계를 증명하는 것이 비트겐슈타인의 그림이론의 핵심은 아니며, 오히려 이러한 대응의 관계는 《논고》에서 증명의 대상이기보다는 당연한 것으로 전제되어 있다.

다시 논의로 되돌아오자. 비트겐슈타인은 세계를 언어로 명제화할 수 있다고 믿었다. 이러한 전제에서 그는 언어를 최대한 명확하게 다듬는 것이야말로 세계에 대한 우리의 경험적 가능성을 확고하게 만든다고 생각했다. 언어에 대한 논리적인 규명과 철저한 분석적 태도야말로 세계의 경험 가능성에 대한 가장 확고한 기반을 놓는 셈이다.

사실 단어와 사물이 대응하고, 사물들의 관계로 이루어진 단순한 사태가 원자명제에 대응하며, 복합적인 사태로 이루어진 사실이 복합명제에 대응한다는 생각은 순진할 정도로 소박한 믿음에 기초한 듯하다. 그러나 알고 보면 이 순진한 생각이 생각지도 못한 엄청난 결과를 가져왔다고 볼 수도 있다. 만약 단어를 숫자 단위로 정보화할 수 있다면 단어들의 관계 역시 숫자 단위로 가공하여 원자명제를 정보화할 수 있다. 나아가 원자명제들의 함수관계를 숫자 단위로 정보화할 수 있다면 복합명제까지 완벽하게 정보화할 수 있게 된다. 오늘날 컴퓨터는 이렇게 탄생한 것이다. 모니터 상에 나타나는 색상이나 그림, 음성 등 모든 것이 명제와 명제의 함수관계로 처리된 결과이며 이것이 바로 디지털의 핵심이기 때문이다. 세계가 하나의 그림이고 이 그림이 명제화될 수 있다는 전제가 바로 디지털의 세계를 탄생시켰다. 고틀로브 프레게Gottlob Frege, 1848~1925 와 앨런 튜링Alan Turing, 1912~1954 은 세계라는 그림을 명제화하는 수학적인 방법을 찾아냈다. 그리하여 컴퓨터의 인공언어가 곧 세계를 대신하게 된 것이다.

말할 수 없는 것에 대해서는 침묵하라

초기 비트겐슈타인의 그림이론에 대해서 갖는 가장 큰 오해 중의 하나는 그의 모든 철학이 오로지 논리학에 집중되어 있다고 믿는 것이다. 이러한 오해는 어쩌면 너무나도 당연하고 자연스러운 것이다. "저 대리석 조각의 색감이 너무 아름답다."는 미학적 판단이나, "인간은 자신의 부조리한 운명을 겸허히 받아들여야 한다."는 형이상학적 판단은《논고》에 나타난 엄격한 논리주의와는 양립할 수 없기 때문이다. 그러나《논고》에서 철저하게 배격하고 있다고 해서 비트겐슈타인이 형이상학적 물음이나 예술의 차원을 무시하는 것은 결코 아니다. 다른 철학자들의 책을 읽지 않는 것으로 유명했던 비트겐슈타인이 가장 탐독한 책 중의 하나가 키르케고르라는 사실은 이를 잘 뒷받침한다. 그는 도저히 논리적으로 설명되지 않는 삶의 절대적 역설을 강조한 키르케고르를 찬양하였다. 게다가 일생을 통틀어서 그가 일관되게 흥미를 가진 것이 음악이었다. 이런 비트겐슈타인이 형이상학과 예술을 배격하였다는 것은 말이 되지 않는다.

그렇기 때문에《논고》에서 그가 매우 치밀한 인공언어의 세계를 구축한 것은 이러한 세계만이 유일하게 참된 세계임을 밝히기 위해서가 아니다. 그는 《논고》를 통해서 인간이 논리적으로 접근할 수 있는 것의 한계를 분명하게 밝히고자 하였다. 이 책의 마지막 구절은 이를 확실하게 보여준다. "말할 수 없는 것에 대해서는 침묵해야 한다 Wovon man nicht sprechen kann, darüber muß man schweigen ." 마치 아포리즘과도 같은 이 말은 《논고》가 의도하는 바를 함축적으로 나타내고 있다. 명제를 다듬고 언어를 분석하여 논리적으로 완전무결한 인공언어의 세계를 구축한다고 하더라도 그것이 지닌 한계는 명확하다. 말하자면 우리가 논리적으로 검증할 수 있는 세계와 그렇지 않은 세계는 구분되어야 한다. 미학적 세계나 도덕적, 형이상학적 세계에 논리적 잣대를 댈 수는 없다. 말할 수 없는 것, 즉 논리적으로 완벽하게 명제화할 수 없는 것이 결코 무의미한 것은 아니다. 오히려 이렇게 말할 수 없는 것에 대해서 말하고자 할 때, 즉 형이상학이나 예술을 명제화하려고 할 때 철학자의 오만함과 월권 행위가 발생한다. 이런 점에서 비트겐슈타인은 오로지 논리적인 것만을 절대적으로 옳은 것으로 보는 편협한 사상가가 결코 아니다.

그러나 비트겐슈타인의 이러한 면모가 결코 《논고》에 나타난 논리주의의 딜레마를 해결해주지는 못한다. 앞서 본 대로 그는 완전무결한 논리적 세계로서의 인공언어를 구축하고자 하는데, 이러한 논리적 세계는 그 자체로 이미 이론적 균열을 지니고 있는 것이기도 하다. 다소 지엽적일 수도 있지만 '색color'에 대한 그의 생각은 이를 잘 드러낸다. 비트겐슈타인은 《논고》에서 색에 관해 간헐적으로 언급하는데, 이들 언급에 나타난 핵심적인 주장 중의 하나는 "한 장소에서 두 가지의 색을 경험하는 것이 불가능하다"는 점이다. 말하자면 하나의 사과가 여러 개의 색을 지니고 있을 수는 있지만, 어느 특정한 공간의 한 점에서는 반드시 하나의 색만을 지니고 있어야 한다는 것이다. 사과가 여러 색을 띠는 것은 한 점에서 동시에 여러 색을 띠기 때문이 아니라 각각 다른 색을 띠는 지점들이 복합적으로 얽혀 있기 때문이다. 그는 한 장소에서 두 가지 색을 경험하는 것이 마치 "어떤 것이 P이면서 동시에 −P이다."라는 명제만큼이나 논리적으로 불가능한 사태라고 생각한다.

비트겐슈타인의 이러한 생각이 현실적으로 맞는 것일까? 프랑스 낭만주의 화가였던 들라크루아 Eugène Delacroix, 1798~1863 는 잔디를 표현하기 위해 녹색뿐만 아니라 녹색의 보색인 보라색을 칠하였다. 물론 비트겐슈타인의 주장처럼 화면의 한 점에는 녹색과 보라색이 공존할 수 없다. 그러나 우리

들라크루아, 〈해 질 녘의 하늘〉 Study of the sky at sunset, 1849
비트겐슈타인에 의하면 한 장소에 두 가지 색은 공존할 수 없다. 그러나 들라크루아가 잔디를 표현하기 위해 두 가지 색을 썼듯이 우리는 어떤 것을 시각적으로 경험할 때 여러 파장의 중첩으로 받아들인다.

가 그 잔디를 시각적으로 경험할 경우, 그것은 한 장소에서 녹색과 보라색이 중첩된 것이라고 받아들여진다. 어떤 공간이든 다양한 파장이 공존하기 때문이다. 한 장소에 특정한 파장만 존재하는 것이 아니라 다양한 파장이 존재한다. 그렇기 때문에 잔디를 녹색이라는 파장의 특성만으로 이해할 경우 오히려 잔디는 현실과는 다른 것이 되고 만다.

비트겐슈타인의 《논고》가 지닌 가장 취약한 부분이 바로 이 점이다. 그가 《논고》에서 구축한 논리적 세계는 인공언어의 세계이며 이는 애초에 현실과 다른 세계일 수밖에 없다. 그림이론은 현실과 언어의 대응을 전제로 하지만 이 그림이론은 《논고》에서 전제된 것이지 결코 증명된 것이 아니다. 그러나 이러한 취약성은 위대한 사상가이자 진정한 인간인 비트겐슈타인에게 있어서 어떠한 감점 요인으로도 작용하지 않는다. 왜냐하면 비트겐슈타인은 스스로 자신의 이론이 지닌 취약점과 한계를 자각하였으며, 이를 겸허히 인정하고 극복하고자 하였기 때문이다.

언어는 게임이다

비트겐슈타인의 초기 사상을 대표하는 저서가 《논고》라면 후기 사상을 대표하는 저서는 그의 사후에 출간된 《철학적 탐구》Philosophische Untersuchungen, 1953(이하 《탐구》로 약칭함)이다. 두 저서를 관통하는 일관성은 두 저서 모두 언어의 문제에 집중하고 있다는 사실이다. 그러나 언어에 대한 태도는 완전히 상반된다. 초기의 저서가 인공언어에 집중하고 있다면, 《탐구》에서 고찰되는 것은 일상적인 언어라고 할 수 있다. 이러한 관점의 변화는 무엇보다도 언어가 지닌 규칙성에 대한 상반된 접근과 맞물려 있다. 《논고》에서 언어의 규칙은 엄격한 논리적 법칙으로서 어떠한 오류도 용납할 수 없는 보편타당한 것으로 간주되었다. 이에 반해서 《탐구》에 나타난 언어의 규칙은 엄격한 법칙이라기보다는 게임의 규칙과도 같은 것이다.

《탐구》에서 비트겐슈타인은 인간의 언어 활동을 종종 게임에 비유한다. 게임에서 규칙은 미리 정해진 것이 아닌 게임을 원활하게 진행하기 위해서 만들어진 유동적인 규칙에 불과하다. 가령 땅따먹기와 같은 게임의 규칙은 절대불변의 법칙이 아니라 땅따먹기라는 게임을 원활하게 진행하기 위해서 만들어진 것이다. 이 규칙은 항진명제나 모순명제의 성격을 지니는 것도 아니며, 엄격한 함수관계에 의해서 만들어지는 것도 아니다. 그저 놀이를 하는 과정의 일부로 자연스럽게 형성되는 것이다. 오늘날 흔히 사용하는 단어를 빌자면 게임의 규칙은 그것에 참가한 사람들이 게임을 수행할 수 있도록 만드는 '인터페이스'에 불과하다.

이렇게 언어를 게임에 빗대어 설명한다는 것은 곧 언어가 그것을 사용하는 구체적인 사람들의 언어 활동과 관련해서만 의미가 있다는 것을 전제한다. 언어의 의미나 규칙은 전적으로 언어 활동에 의해서 만들어지는 것이다. 그렇기 때문에 언어의 규칙은 그 언어를 사용하는 사람들의 공통된 '삶의 양식forms of life'에 기반한다. 비트겐슈타인의 '삶의 양식'이라는 개념은 후설의 '생활세계Lebenswelt'라는 개념을 떠올리게 한다. 후설에게 모든 언술적 판단을 가능하게 하는 심층적 지층이 '생활세계'였다면, 비트겐슈타인에게는 언어적 특성을 형성하는 기반이 '삶의 양식'이다.

또한 비트겐슈타인이 언어의 규칙을 더 이상 보편적인 법칙으로 간주하지 않는다는 사실은 널리 알려진 '가족 유사성Family resemblance'이라는 개념에서 잘 드러난다. 모든 언어는 제각기 그것을 사용하는 사람들의 '삶의 양식'과 맞물려 있으므로 다양한 특성을 나타낸다. 따라서 삶의 양식이 지닌 다양성만큼이나 언어는 다양할 수밖에 없다. 그러나 이러한 다양성에도 불구하고 현실적으로 살펴보면 언어는 공통적인 특성을 지니기도 한다. 이러한 공통적 특성은 더 이상 논리적인 보편성이라고 부를 수는 없을 것이다. 그리하여 비트겐슈타인은 다양한 언어들이 지닌 공통적 특성을 지칭하기 위해서 '가족 유사성'의 개념을 사용한다.

가령 외견상 한국인과 일본인을 구분해주는 엄격하고도 보편적인 잣대는 존재하지 않는다. 그럼에도 불구하고 왠지 모르게 한국인들에게는 어떤 외모적 유사성이 존재한다. 가족들 간에도 매우 엄격하게 규명할 수 있는 어떤 동질적 특성은 없지만 왠지 모를 외모상의 유사성이 존재한다. 바로 이러한 유사성을 '가족 유사성'이라고 부른다. 다양한 언어들은 서로 다르고 구분되지만 왠지 모를 유사성이 존재한다. 이는 결코 논리적 보편성이 아닌 어떤 직관적이고도 모호한 유사성인 것이다.

정보이론에서 소통이론으로

비트겐슈타인의 초기 언어이론은 그림이론에서도 나타나듯이 세계와 언어의 대응 관계에 초점이 맞추어져 있었다. 그러나 《탐구》에 나타난 언어이론은 게임의 개념에서도 분명히 드러나듯이 언어의 활동과 소통에 맞추어져 있다. 이는 매우 급진적인 변화라고 할 수 있다. 초기의 사상은 언어를 세계의 재현, 즉 정보로서의 활동에 주목하는 반면 후기의 사상은 단순한 정보이론이 아닌 소통이론으로 이동하였다.

이는 비트겐슈타인이 《탐구》에서 언어를 근본적으로 공적인 특성을 지닌 것으로 간주하는 데서 잘 나타난다. 비트겐슈타인은 언어의 사적인 사용 혹은 '사적 언어private language'란 근본적으로 불가능하다고 주장한다. 사적 언어란 다른 사람과 공유하지 않는 오로지 자기 자신만의 언어를 의미한다. 가령 누군가가 공사장을 지나다가 못에 팔이 긁혀서 '아야!' 하고 비명을 질렀다고 치자. 이 '아야'라는 말은 단지 자신의 아픔에서 비롯된, 결코 누군가를 겨냥하지 않은 사적인 언어일까? 비트겐슈타인에 따르면 결코 그렇지 않다. '아야'라는 비명은 자신의 아픔을 표현하는 발화 활동이며, 이 발화 활동은 누군가에게 자신의 아픔을 드러내는 행위인 것이다. 옆에 누군가가 없다 하더라도 사태는 다르지 않다. 설혹 아무도 없다 하더라도 발화하는 순간 이미 잠재적인 누군가를 가정하고 있기 때문이다.

비트겐슈타인은 '사적 감정private feeling'과 '사적 언어'를 구분한다. 그는 사적 감정은 얼마든지 가능하다고 본다. 배가 콕콕 쑤시는 느낌이 들었다면 그 감정은 다른 어떤 사람과도 공유할 수 없는 사적인 감정일 것이다. 하지만 '배가 콕콕 쑤신다.'라고 표현할 경우 이 말은 이미 사적인 말이 아니다. 수신자의 공감을 전제로 하기 때문이다. 따라서 언어 활동이라는 것은 이미 사적인 활동이 아니라 공적인 활동이다.

비트겐슈타인은 결코 언어에 대한 관점의 변화를 '정보이론'으로부터 '소통이론'으로의 전환으로 생각하지도 않았다. 그러나 오늘날의 관점에서 보자면 비트겐슈타인의 사상이 드러내는 언어철학에서의 전환을 정보이론으로부터 소통이론으로의 패러다임 전환으로 읽을 수 있다. 언어의 의미가 세계를 재현하는 정보라는 특성에서 비롯되는 것이 아니라 언어를 사용하는 사람들의 소통에 의해서 만들어진다는 소통이론은 매우 현대적인 발상이다. 이런 점에서 비트겐슈타인의 철학은 매우 현대적인 면모를 보여준다.

고흐의
구두는
세계를
담고 있다

하이데거와
고흐

고흐가 구두를 그린 까닭은?

네덜란드 출신의 화가 고흐 Vincent van Gogh, 1853~1890는 여러 차례에 걸쳐 구두를 그렸다. 비록 정규 수업을 받지도 않았으며 늦게 그림을 시작하였지만, 습작 시기를 지난 이후의 그림들은 일관되게 고흐의 고유한 서명이라고 할 수 있는 독특한 스타일을 보여준다. 그가 그린 구두 그림들도 예외는 아니다. 고흐의 그림에 관심을 가져본 사람이라면 누구라도 한눈에 알아볼 듯한 그의 독특한 서명은 무엇보다도 거친 붓 터치라고 할 수 있다. 그는 화면에 인물이나 사물 혹은 풍경을 묘사할 때 큰 붓이나 나이프 혹은 직접 손가락을 사용하여 거칠고 투박한 면으로 물감을 두툼하게 칠하였다. 그리하여 그의 거친 붓질이 화면에 적나라하게 드러날 뿐만 아니라, 그 붓

고흐, 〈구두〉 A pair of shoes, 1886
하이데거는 사물과 사물의 존재는 다른 것이라고 말한다. 그
는 고흐의 구두가 구두 주인의 삶의 궤적을 잘 묘사하고 있다
고 본다. 이 그림이 구두라는 사물이 아닌, 누군가의 발에 신겨
신발의 역할을 하는 구두라는 존재 자체를 드러내고 있다고 본
것이다.

질은 대상을 정밀하게 묘사하기보다는 그 자체가 하나의 독립된 면처럼 보이게 한다. 우리가 고흐의 그림에서 느끼게 되는 감명은 그가 그린 대상의 섬세함보다는 그의 거친 붓질과 색들로부터 나온다고 할 수 있다. 고흐가 단순히 불운한 삶을 살다 간 진정성 있는 예술가로 대접받는 것을 넘어서 시대를 앞서간 천재 화가로 불리는 이유가 여기에 있다.

고흐의 붓질은 단순한 묘사의 차원을 넘어서 그 자체가 하나의 독립적인 색을 나타낸다는 점에서 그의 회화가 20세기 추상미술의 시작을 예고한다고 할 수 있다. 그의 대표작으로 알려진 〈해바라기〉Sunflowers, 1888 나 〈별이 빛나는 밤〉 등의 작품은 이러한 특징을 분명하게 드러낸다. 그런데 이 그림들에 나타난 거친 붓질로 이루어진 색들을 구체적인 대상으로부터 완전하게 독립시킨다면 화면에는 구체적인 사물이 없어지고 색만 남게 될 것이다. 아마도 고흐의 그림에서 색만 남고 구체적인 사물의 형상이 없어진 상태를 가정해본다면 우리는 그것이 궁극적으로는 로스코Mark Rothko, 1903~1970 의 그림처럼 될 것이라는 사실을 논리적으로 추론할 수 있다. 고흐가 그린 구두 그림들 역시 다른 작품에 비해서 다소 사실적이기는 하지만 예외는 아니다. 고흐의 그림은 이미 20세기 추상미술을 선구적으로 취하고 있다.

하지만 독일의 철학자 마르틴 하이데거Martin Heidegger, 1889~1976 는 이러한 미술사적인 맥락과는 동떨어진 관점에서 고흐가 그린 구두 그림에 관심을 갖는다. 《예술작품의 근원》Der Ursprung des Kunstwerks, 1950이라는 책에서 하이데거는 예술의 본질이 무엇인가를 설명하기 위한 사례로 고흐가 그린 〈구두〉를 들고 있다. 그는 고흐가 구두라는 '존재'를 매우 충실한 방식으로 묘사하고 있다고 보았다. 고흐의 그림이 구두라는 존재를 충실하게 묘사하고 있다고 보는 관점은 틀림없이 앞에서 설명한 미술사적 관점과는 다소 동떨어진 것이다. 고흐의 그림이 지니는 미술사적 의미는 존재를 충실하게 묘사하기보다는 붓질 자체가 독립적이고 조형적 의미를 갖는다는 사실에 있기 때문이다. 그렇기에 고흐의 〈구두〉가 존재를 충실하게 묘사한다는 하이데거의 주장은 미술에 관한 문외한의 주장처럼 느껴질 수도 있다.

그러나 여기서 고흐의 구두 그림이 구두의 존재를 묘사하고 있다고 말할 때 하이데거가 강조하는 것은 구두라는 사물이 아닌 구두라는 사물의 '존재(있음)'라는 점을 분명하게 이해해야 한다. 하이데거에게 구두라는 사물과 구두라는 사물의 존재는 완전히 다른 차원이기 때문이다. 어찌 보면 구두라는 사물과 구두라는 사물의 존재가 지닌 차이를 분명히 밝히는 것이 하이데거가 자신의 이론적 토대를 구축하기 위해서 근본적으로 수행하는 가장 기본적인 작업이라고 할 수 있다.

도대체 구두라는 사물과 구두라는 사물의 '존재'는 어떻게 다른 것일까? 하이데거가 사용하는 용어에 친숙하지 않은 사람이라 할지라도 이 구분은 의외로 쉽게 이해될 수 있다. 구두라는 사물과 구두라는 사물의 존재는 완전히 다르다. 구두라는 사물은 그저 우리 앞에 놓여 있는 하나의 사물을 뜻한다. 누군가가 열심히 신고 다니게 되는 구두든 혹은 그저 쇼윈도에 전시되었다가 소각장에서 처분되는 구두든 상관없이 그것은 그 자체로서 하나의 사물이다. 하지만 하이데거는 그저 이렇게 하나의 사물로서 존재하는 구두는 진정한 의미에서 '존재'하는 것이 아니라고 생각한다. 하이데거가 생각하는 진정한 의미에서 구두의 존재란 어느 누군가가 실제로 신고 다닐 때 발생하는 사건과도 같은 것이다. 가령 하얀색 남성 정장 구두가 멋쟁이 남성의 발에 신겨져서 화려한 도시의 밤거리를 배회할 때 그 구두는 실제로 '존재'하는 것이 된다. 이때 구두의 존재는 그저 하얀색 남성 정장 구두라는 사물이 아니라 그 구두를 신고 도시를 배회한 멋쟁이 남성의 삶의 궤적을 함축하는 무엇이다.

　하이데거는 고흐의 〈구두〉가 바로 구두 주인의 삶의 궤적을 잘 묘사하고 있다고 본다. 하이데거는 고흐가 그린 구두의 주인을 소박한 한 농부의 아내로 생각하고 이 구두 그림이 고단하지만 소박한 농촌의 삶을 묘사한 것으로 설명한다. 널리 알려진 대로 미술사학자 마이어 샤피로Meyer Schapiro, 1904~1996는 하이데거가 예를 든 그림 속 구두의 주인이 파리 도심을 활보한 고흐 자신일 것이라는 반박의 편지를 하이데거에게 보냈다. 그렇지만 구두 주인이 누구인가와는 별개로 하이데거가 의도하는 바가 무엇인지는 분명하다. 고흐의 그림에 있는 구두는 그저 하나의 사물을 드러내는 것이 아닌 그 구두가 현실의 세계에서 겪게 되는 삶의 흔적, 즉 존재를 드러낸다는 것이다. 이렇게 사물이 아닌 사물의 존재(있음)를 드러내는 것이 하이데거가 말하는 예술작품을 예술작품이게 만드는 열쇠인 것이다.

존재자와 존재는 완전히 다르다

고흐의 그림에 나타난 구두라는 사물과 구두라는 사물의 존재라는 두 차원을 좀 더 면밀하게 분석해본다면 하이데거의 사상에 훨씬 용이하게 접근할 수 있다. 하이데거는 '존재자das Seiende'와 '존재das Sein'를 구분하며, 이것이야말로 지금까지 모든 철학이 간과하였던 가장 중요한 구분이라고 생각하였다. 여기서 '존재자'란 좀 더 쉽게 풀어 설명하자면 존재하는 사물이라고 보면 된다. 구두의 예를 들자면 우리 눈앞에 있는 하나의 사물로서 구두가 바로 존재자라고 할 수 있다. 이에 반해서 존재란 단순한 사물로서의 구두가 아닌 고흐의 그림이 묘사하고 있는 차원의 존재, 즉 구두가 현실의 세계에서 만들어내는 상황들을 뜻한다고 보면 될 것이다.

　그는 세계와 인간의 존재를 다루는 철학의 핵심적인 분야라고 할 수 있는 지금까지의 존재론Ontologie이 사실은 진정한 의미에서 '존재'론이라고 할 수 없으며 단지 존재자에 관한 이론에 불과하였다고 주장한다. 지금까지 존재론은 우주를 구성하는 요소들이 무엇인가 혹은 인간의 육체나 정신세계는 어떠한 요소들로 이루어졌는가 하는 것으로 사물, 즉 존재자를 분석하는 데 맞추어졌을 뿐이다. 하이데거가 보기에 이러한 것들은 세계에 대한 진정한 물음이라고 할 수 없다. 그는 존재론이란 존재자, 즉 사물에 관한 물음이 아닌 그러한 사물들이 존재하고 있음에 대한 물음이 되어야 한다고 본다.

다시 말하면 구두라는 사물이 무엇으로 만들어졌으며 구두의 생김새는 어떠해야 하며, 구두는 어떤 기능을 위해서 만들어졌는가 하는 것이 과거의 존재론적 물음이라고 할 수 있다. 하이데거가 보기에 이러한 물음의 차원은 단지 구두라는 사물의 차원, 즉 존재자로서의 구두에 대한 물음일 뿐이다. 그러나 구두의 존재는 단지 구두처럼 만든다고 해서 발생하는 것이 아니라 그것을 누군가가 신고 다닐 경우에만 발생하는 것이다. 즉 존재자로서의 구두는 공장에서 가공되었을 때 만들어지는 것이지만, 그 사물이 현실적으로 있게 되는 것, 즉 존재하는 것은 누군가의 발에 밀착되어서 대지에 닿게 될 때이다.

이는 그라운드를 한 번도 밟지 않은 사람을 우리가 축구선수라고 부를 수 없는 것과 마찬가지다. 아무리 열심히 연습을 하고 기량을 쌓았으며 발재간이 있다 하더라도 그라운드를 한 번도 누비지 못한 사람이라면 그는 아직 축구선수가 아니다. 축구선수의 존재는 축구 시합에 앞서서 존재하는 것이 아니라 축구 시합과 더불어 존재하는 것이다. 축구선수의 존재란 축구 시합이라는 현실적 상황과 맞물려 탄생한다. 축구선수라는 존재자가 현실적으로 있다는 것, 즉 존재한다는 것은 축구 시합이라는 현실적 상황에서만 만들어진다. 그렇기 때문에 세계란 축구 시합에 앞서 존재하는 축구 선수들, 즉 존재자의 집합이 아닌 이러한 존재자들이 실제로 존재하는 구체적인 상황들인 것이다. 세계란 존재자들, 즉 사물들로 이루어진 총체가 아닌 존재의 상황이다.

세계는 사물이 아닌 도구로 이루어져 있다

이쯤 되면 하이데거의 존재론이 현상학에 바탕을 두고 있다는 사실을 어느 정도 짐작할 수 있을 것이다. 그는 프라이부르크 대학에서 현상학의 창시자인 후설을 스승으로 모시고 조교로 근무하였으며, 후설의 대학교수직을 계승한 애제자이기도 하였다. 하이데거는 자신의 대표적인 주저 《존재와 시간》Sein und Zeit, 1926을 후설에게 헌정하였을 뿐만 아니라 '현상학의 존재론적 시도'라는 부제를 달기도 하였다. 현상학에 따르면 인간에 앞서 자립적으로 존재하는 것도 아니며 단순히 인간의 의식 속에서 만들어지는 것도 아닌 두 개의 항이 만들어내는 상황들, 즉 현상들이 인간의 현실세계다. 하이데거가 말하는 존재 또한 인간에 앞서 미리 존재하는 사물의 차원이 아니라 사물, 즉 존재자가 인간과의 관계에서 만들어내는 삶의 상황들을 의미한다고 볼 수 있다.

그가 사물을 자립적인 존재자가 아닌 인간 존재와의 관계에서 숙고하고 있음을 분명히 알 수 있는 것은 '눈앞에 있는 것Vorhandenes'과 '손안에 있는 것Zuhandenes'의 구분을 통해서이다. 여기서 '눈앞에 있는 것'이란 우리와 상관없이 우리에 앞서 이미 존재하고 있는 것으로, 그 자체로 존재하는 것을 의미한다. 고흐의 구두는 그 구두의 주인이 신든지 신지 않든지 상관없이 그 자체로 존재하는 것, 즉 분명히 '눈앞에 있는 것'일 수 있다. 그러나 하이데거에 따르면 우리 눈앞에 있는 이 자립적인 사물이 구두인 이유는 그것이 누군가의 손에 들어가서 발에 신겨지는 상황을 전제하기 때문이다. 구두가 단순히 가죽 덩어리가 아닌 구두라는 사물로 받아들여지고 있다는 것은 이미 누군가의 손안에 들어가서 구두로 사용될 것이라는 사용 가능한 존재, 즉 용재用在임을 의미한다.

하이데거는 '손안에 있음'이야말로 '그 자체로 존재하는 것(눈앞에 있는 것)'을 규정하는 범주라고 일컫는데, 간단히 말해서 이 말은 곧 사물의 존재는 그것의 사용과 관련하여서만 실제로 존재할 수 있다는 것이다. 여기서 사용의 주체는 당연히 인간이므로 사물의 존재란 인간의 삶과 떨어뜨려서 생각할 수 없다. 이는 하이데거의 존재론이 왜 현상학적일 수밖에 없는지 분명하게 보여주는 단적인 사례라고 할 수 있을 것이다. 궁극적으로 하이데거는 사물의 존재는 독립적으로 파악될 수 없으며 항상 인간 존재와의 관계 속에서 파악되어야 한다고 여겼다. 이제 세계를 이루는 사물들은 더 이상 순수한 의미에서의 존재자라고 할 수 없을 것이다. 그것은 인간에 의해서 실현되는 도구적 존재들이다.

이때 반드시 유의해야 할 사실이 있다. 존재자를 도구로 본다는 하이데거의 주장을, 사물을 인간이 자신의 목적을 달성하기 위한 수단으로 본다는 뜻으로 오해해서는 안 된다. 오히려 하이데거의 주장은 정반대의 사태를 나타내기 위한 것이다. 다소 반복적인 설명인 듯하지만 오해를 막기 위해서 다시 한 번 구두의 사례를 언급할 필요가 있다. 하이데거에 따르면 구두라는 사물은 이미 도구로서 존재하는 것이 아니다. 이 경우 세계는 구두와 같은 도구적 사물들로 구성된다. 하이데거가 말하고자 하는 바는 사물이 구두가 되는 것, 즉 도구적 존재가 되는 것은 인간이 구두를 신고 삶을 영위할 때 발생하는 사건이라는 점이다. 따라서 도구가 된다는 것은 삶에 앞서서 미리 발생하는 것이 아니다. 나아가 이 세계를 이루는 요소들 또한 구두와 같은 사물들(존재자)이 아니라, 그것이 인간과 도구적 관계를 맺으며 발생하는 상황들(존재)이다. 세계란 사물들의 총합이 아닌 인간이 사물과 도구적 연관을 맺으며 살아가는 상황들, 즉 존재의 연속인 것이다.

인간이라는 현존재는 죽음의 존재

이미 보았듯이 하이데거의 존재론이 다른 존재자들에 비해서 인간이라는 존재자에게 특권을 부여하고 있는 것은 틀림없는 사실이다. 그것은 사물의 근본적인 존재 양태를 도구적 존재, 즉 '손안에 있는 것'으로 설명하려는 순간 이미 전제된 것이나 다름없다. 하이데거는 도구적으로 존재한다는 것, 즉 손안에 있는 것이란 다른 존재자를 위한 도구를 뜻하는데 이때 다른 존재자란 결국 인간 이외의 다른 어떤 존재자일 수가 없기 때문이다. 그리하여 하이데거는 인간이라는 존재자의 존재를 다른 존재자들의 존재와 구분하기 위해서 '현존재現存在, das Dasein'라고 부른다.

하이데거가 인간이라는 현존재에 부여한 가장 근본적인 특권은 '존재물음 Seinsfrage'이다. 그에 따르면 인간만이 자신의 존재에 대해서 물음을 제기할 수 있다. 구두는 스스로 자신이 왜 존재하는지 어떻게 존재해야 하는지를 물을 수가 없다. 하지만 인간은 자신의 존재에 대해서 물음을 제기할 수 있으며 실제로 그렇게 한다. 이러한 물음을 한 번도 떠올려보지 않은 사람은 없을 것이다. 자신의 존재에 대해서 물음을 제기한다는 것은 그러한 물음을 제기할 수 없는 다른 존재자들과는 완전히 다른 차원의 존재라는 점을 드러낸다.

'현존재'를 영어로 표기하면 '거기에 있음being there'이 될 것인데, 거기에 있음이란 구체적으로 어떤 특정한 상황에 놓여 있음을 뜻한다. 인간이라는 존재자는 정지된 사물이 아닌 항상 특정한 상황에 놓여 있는 존재자이다. 이는 곧 인간이 시간의 흐름 속에 놓인 존재라는 의미이기도 하다. '현da(거기)'은 공간적으로 거기에 있음이라는 특정한 장소적 의미를 갖는다고 볼 수도 있지만, 하이데거가 궁극적으로 말하고자 하는 것은 특정한 공간이라기보다는 특정한 상황을 뜻한다는 점에서 시간의 흐름과 더 본질적인 관계를 맺고 있다고 해야 할 것이다.

역설적이게도 실제로 거기에 존재한다는 것, 즉 시간의 흐름 속에 살아간다는 것은 단순히 현재의 한순간에 머물러 있지 않고 과거와 미래의 중첩 속에서 살아가고 있음을 뜻한다. 인간은 누구나 과거를 떠올리고 미래를 예측하면서 현재의 순간을 경과해나간다. 그런데 미래에 대한 예측이나 선구는 자신이 더 이상 존재하지 않는 순간, 즉 죽음의 순간에까지 이른다. 그렇기 때문에 죽음은 항상 인간에게 내재해 있다. 고대 로마 시대 스토아 철학자였던 에픽테토스Epiktētos, ?55~?135는 죽음이란 살아 있는 동안 결코 일어나지 않는다고 말함으로써 죽음을 현재와는 상관없는 미래의 사건으로 취급했다. 그러나 우리는 살아 있는 동안에도 항상 언젠가는 죽게 될 것이라는 사실을 알고 있다. 그렇기 때문에 죽음이란 살아 있는 현재와 무관한 것이 아닌 살아 있는 동안에도 항상 경험하는 것이다.

현존재로서의 인간이 존재물음을 제기하는 이유도 자신이 죽는다는 것, 즉 유한한 존재에 대한 자각에서 비롯된다. 이러한 죽음에 대한 각성은 인간이 결코 피할 수 없으며, 이는 인간에게 까닭을 알 수 없는 불안감으로 나타난다. 그런데 이러한 불안감은 인간에게 주어진 불행과 고통의 징표가 결코 아니다. 하이데거는 불안감을 궁극적으로 인간이 사물과 같은 존재자로 전락하지 않고 끊임없이 존재의 본래 모습에 귀를 기울이게 만드는 동력을 제공한다고 말한다. 존재의 본래 모습이란 '진리'를 의미할 것이며, 죽음에 대한 각성은 인간에게 진리를 찾아 나서게 하는 견인 요소가 된다.

예술은 은폐된 존재의 모습을 드러낸다

다시 예술 Kunst 의 문제로 돌아오자. 하이데거는 고흐의 구두가 농촌 아낙네의 삶, 즉 존재의 참모습을 드러내는 것으로 보았다. 여기서 존재의 참모습이란 진리를 의미한다. 하이데거는 진리의 참된 정의를 고대 그리스어 '알레테이아 Aletheia '에서 발견하는데, '알레테이아'는 말 그대로 풀자면 '숨어 있지 않음 Unverborgenheit '으로 해석할 수 있다. 존재란 원래 숨어 있지 않은 것이지만 인간의 협소한 눈에는 항상 왜곡되고 감춰져서 은폐되고 만다. 하이데거에게 예술이란 바로 이렇게 왜곡된 인간의 시야에서 벗어나서 존재의 모습을 드러내는 것을 말한다. 고흐가 그린 시골 아낙네의 구두 (샤피로가 이의를 제기하였듯이 설혹 그것이 아낙네의 구두가 아닌 고흐의 구두라도 상황은 다르지 않을 것이다)는 우리의 왜곡된 시야로 본 세계와는 다른 새로운 세계를 드러낸다.

우리는 아낙네의 고단한 삶에 가려진 농촌의 소박한 삶이라는 존재의 참된 모습을 알지 못한다. 비록 고단하고 남루하지만 농부들은 소박한 일상 속에서 항상 경건한 태도로 발을 대지에 디딘 채 삶을 영위한다. 하이데거에 따르면 고흐의 그림은 도시의 삶 속에서 은폐된 이러한 소박하고도 경건한 세계를 드러낸다. 예술작품이란 은폐된 삶, 즉 존재의 모습을 '숨기지 않고' 드러내는 것이다. 그러므로 하이데거에게 예술이란 아름답게 치장하거나 미적 쾌감을 주는 것이 아닌 은폐된 존재의 본래 모습, 즉 진리를 드러내는 활동이다.

흥미롭게도 하이데거는 예술이 존재의 은폐된 모습을 드러내는 진리의 과정이라는 점에서 궁극적으로 '기술 Techne '과 그 의미가 동일하다고 말한다. 그는 실제로 고대 그리스에서 예술은 곧 기술과 동일한 의미로 쓰였다는 사실에 주목한다. 고대 그리스어에서 '테크네 thechne '는 오늘날의 용어로 번역하자면 '기술technic'과 '예술art'을 동시에 일컫는 말이라고 할 수 있다. 이는 곧 고대 그리스에서는 기술과 예술이 구분되지 않았다는 것을 의미한다. 기술과 예술이 서로 다른 의미를 지니게 된 것은 역사의 산물이며 인위적인 것이다. 하이데거는 고대 그리스에서 테크네라는 말이 궁극적으로 '알레테이아(탈은폐, 진리)'와 같은 의미를 지니고 있음을 강조한다. 테크네라는 것은 세계, 즉 존재의 합법칙성을 발견하고 이를 드러내는 작업의 과정이다.

오늘날 기술은 미리 주어진 법칙을 엄격하게 적용하는 공학적 분야인 반면, 예술은 자유로운 상상에 의해서 만들어진 허구로서 서로 상반된 분야로 간주된다. 특히 근대 이후 기술은 인간의 자유로운 상상력에 바탕을 둔 알레테이아의 활동이라기보다 실용적 목적을 위해서 인간을 '닦아세우는 gesteen' 것이 되었다. 하이데거에 따르면 기술과 예술의 이분법 혹은 대립은 허구적이고 인위적인 역사의 산물이다. 그렇기 때문에 뒤집어서 말하자면 기술과 예술은 서로 대립적인 것이 아닌 하나의 뿌리를 지니는 것이다. 이는 기술과 예술을 포괄하는 '테크네'라는 말이 예술과 완전히 상반된 '테크닉'의 의미로 받아들여지는 오늘날의 관행에 대해서 시사하는 바가 매우 크다고 할 수 있다.

파편화된
대도시의
모습에서
진리를 찾다

베냐민과
아제

사진은 예술이다

영화사에서 리얼리즘 이론을 대표하는 영화이론가 앙드레 바쟁André Bazin, 1918~1958은 사진이 사람들에게 예술로 받아들여지지 않았던 이유를 간단하게 설명한다. 사진은 셔터를 누르는 순간 저절로 이미지를 복사하는 '자동기계'이다. 회화와 달리 인간의 노력이 필요치 않다. 사진은 특별한 기술을 연마한 화가가 아니라도 작동법만 알면 누구나 찍을 수 있다. 그러니 사진은 예술이 아니라고 믿을 수밖에 없었다. 하지만 바쟁은 사진에는 사람들이 간과한 특별한 무언가가 있다고 보았다. 그는 영화도 근본적으로 연속 사진이기 때문에 사진의 그 특별한 무언가가 영화의 특별함을 만든다고 생각했다. 사진이 지닌 그 특별한 것이 무엇일까? 이 특별함을 처음으

반 에이크, 〈아르놀피니 부부의 초상〉 The Arnolfini portrait, 1434 (위)
다우텐다이, 〈다우텐다이 부부의 초상 사진〉 The photographer Karl Dauthendey with his betrothed Miss Friedrich, 1857 (아래)
회화 작품인 〈아르놀피니 부부의 초상〉과 사진 작품인 〈다우텐다이 부부의 초상 사진〉 두 작품 모두 작가의 의도가 개입되어 있지만, 그 성격은 반대로 나타난다.

로 발견한 사람은 파쟁이 아닌 유대계 독일인 발터 베냐민Walter Benjamin, 1892~1940 이다. 베냐민은 〈사진의 작은 역사〉Kleine Geschichte der Photographie, 1931 에서 사진의 특별함이 무엇인지를 잘 보여준다.

왼편의 두 이미지를 보자. 하나는 네덜란드의 화가 얀 반 에이크Jan Van Eyck, 1395?~1441 가 그린 〈아르놀피니 부부의 초상〉이라는 그림이며 다른 하나는 〈다우텐다이 부부의 초상〉이라는 사진이다. 두 이미지는 각각 회화와 사진이라는 다른 매체로 만들어졌지만 부부의 초상이라는 공통점이 있다. 그렇기 때문에 두 이미지를 비교하면 회화와 사진의 차이를 확연하게 알 수 있다. 반 에이크의 회화는 당시 초상화의 관행대로 그림에 등장한 인물인 아르놀피니의 주문을 받아서 제작한 것이다. 그림의 주인공인 부호 아르놀피니는 자신의 혼인(사실은 재혼) 장면을 남기기 위해서 당대의 실력 있는 화가에게 그림을 의뢰하였다. 이때 실력이 있다는 말은 그대로 그리는 능력을 뜻한다. 반 에이크에게는 이 신성한 부부의 결혼식 장면을 있는 그대로 기록하여 그것을 역사적 사실로 증명하기 위한 임무가 주어졌다. 화가의 임무는 있는 그대로 그리는 것이다.

이에 반해서 다우텐다이 부부의 사진은 정반대의 성격을 지닌다. 이 사진은 당시 사진사였던 카를 다우텐다이가 직접 찍은 것이다(이 사진이 오늘날 유행하는 셀카의 원조라고나 할까). 다우텐다이 부부의 사진은 부부 사진이 으레 그러하듯이 애써 다정함을 연출하고 있다. 가족이나 연인과 함께 사진을 찍을 때 혹은 기념사진을 찍을 때 억지로 상황을 연출하기 위해서 '김치' 하고 웃던 기억이 다들 있을 것이다. 다우텐다이 부부 또한 상황을 연출하고 있음을 한눈에 알 수 있다. 대개의 부부 사진이 그러하듯 이 사진의 인물도 카메라 앞에서 자유롭지 못한 어색한 웃음과 손동작, 그리고 경직된 몸을 그대로 노출한다. 그런 점에서 사진은 단지 있는 그대로가 아닌 인위적으로 만들어진 어떤 이미지이다. 말하자면 사진에는 작가의 의도가 들어가 있다.

그러나 앞에서 예로 든 회화와 사진에는 반전이 발생한다. 반 에이크 그림의 미덕은 아르놀피니 부부의 모습을 있는 그대로 재현하는 것이다. 하지만 이 그림을 자세히 보면 사실을 재현하려는 화가의 노력에도 불구하고 불가피하게 화가의 선입견이 드러난다. 이 그림의 주인공인 아르놀피니는 당시 네덜란드가 해상무역이 번성함에 따라 급작스럽게 부를 축적한 나이 많은 졸부인 반면, 왼쪽의 신부는 몰락한 귀족 집안 출신의 어린 소녀이다. 게다가 아르놀피니는 재혼이었으므로 이 결혼식은 사람들에게 환영받을 만큼 떠들썩하게 치러질 수 없었다. 반 에이크의 눈에도 이 커플의 모습이 아름답게 보일 리가 없었다. 마치 달걀귀신처럼 창백한 아르놀피니의 얼굴을 강조한 것이나 신부의 모습이 수줍게 보인다기보다는 다소 어리석고 멍청하게 보이는 것도 이러한 이유 때문이다. 말하자면 이 그림은 원래 화가의 주관성을 배제하고 있는 그대로 그리고자 하였으나 화가의 주관이 개입될 수밖에 없음을 보여준다. '얀 반 에이크가 여기 있었다Johannes de Eyck fuit hic'는 문장을 그림 속(정확히 그림의 중앙 상단 거울 바로 위)에 새겨놓은 점도 그림은 화가가 그린 것이라는 자의식을 분명하게 보여준다.

이에 반해서 다우텐다이의 사진은 정반대의 반전을 나타낸다. 다우텐다이는 분명 부부의 다정함을 보여주고 과시하기 위해서 이 사진을 찍었다. 이 세상에 불편한 부부 사이를 적나라하게 드러내고자 사진을 찍는 사람은 없을 것이다. 다우텐다이 부부의 사진도 예외는 아니다. 다우텐다이의 사진은 애초에 사진사인 그의 의도가 개입된 것이다. 하지만 유감스럽게도 이 사진은 사진사의 의도를 비껴간다. 그것은 이 사진의 주인공인 좌측의 다우텐다이 부인이 얼마 후 가정불화 때문에 자살한 사실에서도 짐작할 수 있다. 행복한 부부의 모습을 이미지로 만들고자 하였던 다우텐다이의 의도와 달리 사진은 야속하게 다우텐다이 부인의 어두운 모습까지 담고 있다. 베냐민의 표현을 빌리자면 다우텐다이는 아내와 다정히 손을 잡고 있는 듯 보이지만 '그녀의 시선은 그를 비껴가고 있고, 마치 뭔가 빨아들이듯이 불길하게 먼 곳을 응시하고 있다.' 반 에이크 그림과 정반대로 다우텐다이는 사진 속에서 자신이 의도한 것을 드러내려 하였지만 사진은 그의 의도를 벗어나고 만다. 말하자면 반 에이크의 회화는 작가의 의도를 배제하고 있는 그대로의 모습을 재현하려 했으나 불가피하게 작가의 주관이 개입되었다. 이에 반해 다우텐다이의 사진은 사진사가 의도를 지니고 그것을 표현하고자 하였으나 그 의도를 벗어났다. 여기서 베냐민은 사진의 특별한 무엇을 발견한다. 그 무엇이란 인간의 눈으로 볼 수 없는 현실의 모습이다. 화가가 사물을 객관적으로 그리지 못하는 것은 자신의 선입견 때문이다. 가령 앞에 있는 코스모스 꽃을 그릴 경우 화가는 자신이 알고 있는 코스모스 이미지를 떠올리며 눈앞의 코스모스를 그린다. 그렇기 때문에 눈앞의 코스모스의 특이한 모습을 놓치기 마련이다. 해변에 있는 자갈을 볼 때 우리는 머릿속의 자갈 이미지를 떠올려서 그 대상에 적용할 뿐이지 실제로 돌 하나하나의 특이한 생김새에 주목하지 않는다. 이에 반해서 사진은 자신이 보는 대상이 자갈인지 모래인지 흙인지 구분하지 않는다. 그저 대상을 있는 그대로 재현할 뿐이다. 그렇기 때문에 사진의 이미지에서는 주관이 배제되며, 인간의 눈이 볼 수 없었던 세상의 모습과 질서를 보여준다. 말하자면 사진은 인간이 보고 싶은 대로 보고자 하는 선입견의 장막을 걷어내고 현실의 적나라한 모습을 보여주는 것이다. 바쟁이 사진의 특별한 어떤 것으로부터 영화의 리얼리즘을 이끌어내려는 이유도 여기서 명확하게 드러난다.

예술작품에서 더 이상 아우라를 찾을 수는 없다

베냐민은 〈사진의 작은 역사〉를 쓰던 20세기 초반에 이미 사진이 예술인 가 아닌가의 논쟁은 케케묵은 말장난에 불과하다고 주장하였다. 19세기 말부터 유럽의 귀족이나 부호는 이미 자신의 집에 화가의 초상화 대신 사진을 걸어놓기 시작하였다. 심지어 많은 공공장소에서 사진이 회화를 대체하기도 하였다. 현실에서는 이론가들의 공허한 논쟁과 상관없이 이미 사진이 예술작품으로 받아들여지고 있었다. 그렇기 때문에 사진이 예술인가 아닌가의 논쟁은 사실 예술에 대한 케케묵은 관념과 새로운 현실 사이의 충돌을 보여주는 관념적인 사건에 불과한 것이다. 이 논쟁의 답은 이미 정해져 있다. 사진은 이미 예술작품이다. 그렇다면 베냐민이 보기에 남는 문제는 확실하다. 예술작품 혹은 예술이라는 기존의 고정관념을 바꾸어야 한다. 사진이 이미 현실적으로 예술작품이 되었다는 것은 예술작품의 성격 자체가 바뀌었다는 의미이다.

전통적으로 예술작품에는 단지 눈에 드러난 것 외에 눈에 드러나지 않는 어떤 심오한 것이 담겨 있어야 한다고 간주되었다. 지금은 사라졌지만 한때 극장에 걸릴 영화 간판을 그리는 사람을 예술성 없는 간판쟁이라고 비하한 적이 있다. 사람들은 간판쟁이라는 말을 그저 포스터만 그릴 뿐 그 속에 어떤 심오한 생각이나 예술적 아이디어도 담지 않는 화가를 칭하기 위해서 사용하였다. 간판쟁이는 작품에 눈에 보이는 것 이상을 담지 않기 때문에 예술가가 아니라는 말이다. 전통적인 관점에서 보자면 사람이 그린 대부분의 그림도 예술작품으로 인정받지 못하는데 셔터를 누르면 알아서 처리되는 기계의 이미지가 어떻게 예술작품으로 인정받을 수 있었겠는가?

베냐민은 이러한 기계 이미지인 사진이 이미 예술작품이 되었다면, 이제 예술작품의 기준 자체가 바뀔 수밖에 없다고 주장하였다. 말하자면 사진과 같은 기계 이미지는 예술작품의 성격을 바꾸어놓았다. 그는 이러한 예술작품의 변화를 아우라Aura라는 그 유명한 개념과 관련지어 설명하였다. 우리에게 가장 잘 알려진 그의 글 중 하나인 〈기술복제시대의 예술작품〉Das Kunstwerk im Zeitalter seiner technischen Reproduzierbarkeit, 1936년 2판에서 그는 20세기 이후 변화된 예술작품의 성격을 소상하게 설명한다.

　베냐민은 사진이나 영화와 같이 복제기술이 등장한 이후 예술작품에서 발생한 가장 큰 변화를 아우라의 소멸로 이해한다. 베냐민은 아우라를 '공간과 시간으로 짜인 특이한 직물로서, 아무리 가까이 있더라도 멀리 떨어져 있는 어떤 것의 일회적인 현상'이라고 정의한다. 아우라에 대한 정의가 매우 모호하기 때문에 아우라의 해석과 관련하여 많은 논쟁이 발생하였다. 가장 광범위하고 통속적인 해석은 아우라의 정의에서 '일회적인 현상'이라는 표현에 특별히 주목하는 것이다. 특히 이러한 해석은 글의 제목에 나타난 기술복제시대와 일회성을 매우 논리적으로 설명할 수 있는 장점이 있다. 사진과 영화는 원본과 구별되지 않는 이미지를 대량으로 복제하기 때문에 하나라는 희소성이 주는 원본의 신비감을 없앤다. 따라서 이러한 신비감이 사라지면 과거에 예술작품이 지녔던 가치인 종교적인 '제의가치 Kultwert'는 없어진다.

　여기서 제의가치란 숭배의 대상이 되는 가치를 말한다. 과거 예술품은 다른 어떤 것으로도 대체할 수 없는 자신만의 고유한 가치를 지닌 것이어야 했다. 그렇기 때문에 그것은 유일한 것이며, 그 유일한 것을 보기 위해서 사람들은 먼 거리를 달려오고 숭고한 마음으로 작품을 감상한다. 그리하여 작품을 대하는 순간 아무리 가까운 거리에서 감상하더라도 자신의 손에 닿을 수 없는 먼 거리에 있는 것처럼 느껴진다. 그러나 더 이상 원본이라고 부를 수 없는 똑같은 것들이 수도 없이 있다면 어떨까? 작품의 신비감이 감소하거나 아예 없어질 것이다. 이것이 바로 예술작품에서 아우라가 붕괴되었다는 말의 뜻이다.

여기서 흥미로운 사실은 베냐민이 아우라의 붕괴를 부정적인 현상으로 보지 않고 오히려 긍정적으로 보았다는 사실이다. 예술작품이 제의가치를 지닌다는 말은 마치 그것이 엄숙하고도 장엄한 어떤 종교적인 가치를 지닌다는 의미이다. 그렇기 때문에 예술의 체험은 마치 종교적 체험과 마찬가지로 엄숙한 것으로 여겨진다. 이러한 전통은 아직까지 남아 있어서 사람들은 예술작품을 감상할 때 매우 엄숙한 표정을 짓거나 태도를 보인다. 이는 일종의 허구이며 이데올로기이다. 그러한 점에서 마치 중세의 교회예술이 그랬던 것처럼 예술은 정치적 기능을 지니는 것이다. 베냐민이 아우라의 붕괴를 긍정한 이유는 바로 예술의 이데올로기적 기능이 파괴되었음을 의미하기 때문이다.

이제 아우라가 붕괴된 예술작품에는 어떤 신비한 힘도 남아 있지 않다. 그 안에 남겨진 것은 마치 쇼윈도에 진열된 많은 상품들처럼 우리의 오감을 충족시켜주는 표면적인 것들에 불과하다. 베냐민은 이렇게 흔하게 볼 수 있는 예술작품에 남겨진 가치를 그것의 감각적인 표면적 가치, 즉 '전시가치Ausstellungswert'라고 불렀다. 사진과 영화와 같은 복제기술의 등장에 따라 변화한 예술작품은 아우라를 상실함으로써 더 이상 제의가치를 지니지 못하고 전시가치를 지니게 되었다는 것이 일반적인 해석의 결론이다.

복제기술의 핵심은 복제가 아닌 변형 가능성

그러나 그의 글을 꼼꼼히 읽어보면 이러한 일반적인 해석으로 가둘 수 없는 많은 이야기들이 등장한다. 어쩌면 우리가 흔히 연상하는 복제와 대량생산의 이미지, 일회적인 것으로서의 원본성의 상실이 그가 아우라의 붕괴에 대해서 말하고자 하는 초점이 아닐 수도 있다. 가령 여기서 복제기술의 대표적인 사례로 거론되는 영화의 경우 그가 주목하는 것은 한 영화를 수많은 필름으로 복제한다는 사실이 아닌 '개선능력Verbesserungsfähigkeit'이다. 여기서 개선능력이란 영화의 편집에 의한 재구성을 의미한다. 알다시피 영화는 편집 예술이다. 무수히 많은 필름들을 오리고 붙여서 하나의 통일된 흐름을 만든다. 완성된 영화가 마음에 들지 않으면 재편집할 수 있다. 과거 아날로그 시대에 찍은 필름이라도 보관만 잘하고 있다면 이미 상영된 영화와는 전혀 다른 영화를 만들 수도 있다. 이러한 변형 가능성이 바로 베냐민이 말하는 개선능력이다.

과거의 예술작품은 이러한 개선능력이 불가능하거나 제한적이었다. 물론 렘브란트는 그의 대표작 〈야경〉을 그리면서 여러 차례 그림을 수정하고 심지어 원래 있었던 인물을 아예 지우기도 하였다. 그러나 이러한 변형은 매우 제한적일 뿐만 아니라 예외적인 것이었다. 이에 반해 영화는 미리부터 변형을 전제하고 촬영하거나 편집한다. 최종 편집이 이루어지는 순간까지 영화가 어떻게 만들어질지 아무도 모를뿐더러, 상영된 이후에도 얼마든지 변형이 가능하다. 사진 또한 마찬가지이다. 만약 한 인물이 의자에 앉아 넋을 놓고 있는 모습을 찍었다고 치자. 그 장면은 필요에 따라 식사 장면과 결합하여 배고픈 모습으로 쓰일 수도 있고 혹은 군대 간 아들의 사망 소식을 듣는 장면과 결합하여 충격을 받은 모습으로 쓰일 수도 있다. 이는 예술작품은 예술가의 완벽한 이념과 두뇌 활동의 산물이라는 전통적인 예술관을 뒤흔들 만한 것이다.

이러한 개선능력 혹은 변형 가능성은 이미 조각에서도 나타났다. 가령 우리가 너무나 잘 아는 로댕만 하더라도 한 인물을 완벽하게 구현하기 위해서 모든 부분을 총체적이고도 유기적으로 조각하지 않았다. 그는 팔과 몸통, 그리고 다리와 얼굴들을 많이 만들어놓은 후 그것을 임의로 결합하였다. 로댕의 조각에 대해서 아우라를 가지고 숭배하는 사람들에게는 깜짝 놀랄 만한 이야기일 것이다. 말하자면 로댕의 조각은 처음부터 우리가 보는 그대로의 모습으로 의도된 것이 아니다. 의도는 제작 과정 중에 만들어졌거나 아예 처음부터 존재하지 않았다. 이렇게 의도가 부재한 작품에서 뭔가 숨은 보물을 발견하고자 하는 사람처럼 심각하게 숨은 의도를 찾아내려는 관객들의 진지한 모습은 어쩌면 가장 심오한 코미디일지도 모른다. 관객은 숨겨진 초월적인 의도를 찾기 위해 작품을 진지하게 감상하고 이를 숭배하고 스스로 아우라를 작품에 부여하지만 그러한 아우라는 애초에 존재하지 않는다.

의도란 처음부터 작품에 초월적으로 내재하는 것이 아니라 부재하는 것이다. 만약 그것이 존재한다면 단지 매 순간, 지금 여기서 만들어질 뿐이다. 이러한 베냐민의 통찰은 복제기술을 통한 일회성 파괴와 아우라 붕괴라는 틀에 박힌 해석이 아니다. 변형 가능성의 문제는 오늘날 디지털 기술과 관련하여 매우 예리한 통찰을 제시한다. 가령 오늘날 디지털 사진합성과 관련된 가장 근본적인 문제는 그것이 현실적인가 아닌가의 문제가 아니라 변형 가능성의 문제이다. 베냐민은 원본과 사본의 일치라는 틀에 박힌 시각이 아닌 변형 가능성에 주목하였다는 점에서 이미 디지털 기술의 핵심적인 문제까지도 본의 아니게 예견했던 것이다.

초현실적인 공간 속의 도시인

다시 사진 이야기로 잠시 돌아가보자. 사진이 예술로 받아들여질 수 없었던 가장 근본적인 이유는 사진이 기계에 의해서 만들어진 이미지라는 사실 때문이다. 이는 예술작품에서 작가의 숨은 초월적 의도나 의미를 찾고자

아제, 〈몽마르트, 생 뤼스티크 거리〉 Rue St. Rustique, Montmartre, 1922
대도시의 가공되지 않은 모습을 그대로 드러낸 아제의 사진은 초현실적인 분
위기를 띤다. 그의 사진이 질서나 혼란 자체를 넘어서 공허함을 드러내고 있기
때문이다. 베냐민에게 파리는 초현실적인 공간이었다. 그는 대도시가 과거의
전통과 의미를 파편화시켜 파국을 맞지만, 그러한 파편 속에서 진리를 찾을 수
있다고 생각했다.

하는 강박관념을 지닌 예술 애호가들의 기준에 전혀 부합하지 않았다. 그러나 거꾸로 바로 그러한 이유 때문에 베냐민은 사진에 주목하였다. 과거에 사람들은 예술작품 속에 예술가가 진리를 숨겨놓았을 것이라 믿고 그것을 발견하고자 했다면, 사진은 그러한 믿음을 산산조각 내고 말았다. 현실 자체는 공허한 것이며 진리란 총체적인 모습으로 표현될 수 있는 것이 아니다. 만약 진리가 존재한다면 매우 단편적이고 순간적인 모습으로 드러날 수밖에 없을 것이다. 그것은 사람들이 진리라고 단정짓고 믿고 있는 것들이 파괴될 때, 그러한 파편 속에서 얼핏 부분적으로 섬광처럼 드러날 뿐이라고 베냐민은 믿고 있었다.

그는 외젠 아제Eugène Atget, 1857~1927 의 사진에 주목하였다. 아제는 주로 프랑스 파리의 사람 없는 빈 골목을 주로 촬영하였다. 그의 사진은 화가의 그림과 달리 대도시의 전혀 가공되지 않은 공간을 드러낸다. 그런데 흥미로운 사실은 그의 사진에 드러난 대도시의 공간이 매우 초현실적인 분위기를 띠고 있다는 점이다. 아제의 사진 속 대도시 공간이 초현실적 분위기를 띠는 이유는 분명하다. 그것은 어떠한 질서나 혼란도 넘어선 공허함을 드러내고 있기 때문이다. 말하자면 아제의 사진은 비현실적인 모습이 아니라 지극히 현실적인 모습을 보여주기 때문에 초현실적이다. 이는 곧 현실 자체란 공허하며 거기에는 어떠한 의도나 질서도 결여되어 있음을 보여주는 것이다.

베냐민은 바로 이러한 이유에서 파리와 같은 대도시의 본질을 아제의 사진이 잘 보여주고 있다고 믿었다. 그에게 파리는 초현실적인 공간이었다. 초현실주의 작품에서 사물들은 단편적인 모습을 띠고 있으며 그 의미가 명확하지 않다. 그림 속의 모든 것들이 파편적이며 어떤 유기적 통일도 이루고 있지 못하다. 따라서 그 그림에서 의미가 발생한다면 그저 우연적이고 즉흥적이며 순간적일 뿐이다. 프랑스의 상징주의 시인 보들레르Charles Baudelaire, 1821~1867는 자신의 시대를 '우울spleen'이라는 말로 요약하였는데, 이 우울은 대도시가 가져온 전통적인 가치 및 의미의 파괴에서 비롯된 정서와 관련이 있다. 베냐민에게 대도시란 바로 파국의 현장이자 매혹의 현장이다. 대도시는 과거의 전통과 의미를 파편화시켜 파국으로 몰고 가지만 동시에 그러한 의미를 파편으로 남겨둠으로써 무한한 상상의 조합을 가능하게 하기 때문이다. 그리하여 대도시를 여행하고 산책한다는 것은 그에게 상상의 미로를 걷는 것과 마찬가지의 즐거움을 주었다.

진리란 비극적인 것이다

베냐민에게 대도시는 일종의 폐허ruine이다. 하지만 그러한 폐허는 단순한 종말을 의미하는 것이 아니다. 침몰한 해적선의 폐허가 종말과 비극이 아닌 흥미와 상상력을 자극하듯이 과거의 유산을 파편화한 대도시는 그 흔적을 통하여 흥미와 상상력을 자극한다. 상상력이란 단편적인 것들을 나름대로 결합하여 그림을 그리는 데서 나오는 것이지 이미 총체적으로 갖추어진 대상을 인식하는 데서 나오는 것이 아니다. 만들어지거나 탄생하고 다시 사멸하여 흔적을 남기는 이러한 덧없는 과정과 그 폐허의 흔적이야말로 진리인 것이다.

　흥미롭게도 베냐민은 진리를 '알레고리allegory'라는 개념과 관련하여 설명한다. 흔히 베냐민의 사상 전체를 관통하는 핵심을 담고 있는 책으로 알려진 초기 저서 《독일 비애극의 원천》Ursprung des deutschen Trauerspiels, 1925에서 그는 알레고리 개념을 상징symbol 개념과 대비하여 설명한다. 상징이란 뚜렷한 의미를 지닌 대상화이다. 가령 비둘기는 평화의 상징이며 한복은 한국의 상징이다. 이에 반해서 알레고리는 상징과 달리 애초에 대상화할 수 없는 것을 대상화하고자 한다. 그렇기 때문에 매우 역설적이다. 베냐민이 보기에 진리란 상징화할 수 있는 것이 아니며 역설적인 방식으로 알레고리화할 수 있을 따름이다.

이 황당한 말을 쉽게 풀어보자. 어떤 한 영웅이 저 너머 높은 얼음 산 동굴에 절세미인이 갇혀 있다는 말을 듣고 그녀를 구하기 위해 나선다. 무수히 죽을 고비를 넘기고 자신의 절친한 동료마저도 희생하여 이윽고 절세미인이 갇힌 동굴에 도달했다. 그런데 절세미인을 본 순간 그는 졸도할 지경에 이른다. 그녀는 자신이 본 최고의 추녀였기 때문이다. 이 이야기는 비극일까 혹은 희극일까? 비극이기도하고 희극이기도 하다. 결과로 보자면 허무하지만 과정으로 보자면 숭고하기까지 하다. 삶과 죽음, 그리고 창조와 폐허가 이 이야기 속에 공존한다. 그런데 이 이야기 속에는 간과할 수 없는 사실이 있다. 이 이야기는 피할 수 없는 우리 자신의 모습이라는 점이다. 삶과 죽음이라는 모순 자체를 이 이야기는 담고 있다. 그런 점에서 이 이야기는 삶과 죽음의 알레고리이며 진리의 알레고리인 것이다.

베냐민은 이러한 알레고리의 구조를 독일의 바로크 비극에서 발견한다. 그리고 이 독일 바로크 비극의 특징을 우리가 흔히 알고 있는 그리스 비극 Tragödie 과 구별하기 위해서 '비애극Trauerspiel, sad play'이라고 부른다. 그가 비극과 비애극을 구별하는 이유는 간단하다. 비극은 그리스 비극에서 정형화된 것처럼 어떤 윤리적 교훈을 전제한다. 가령 근친상간이나 가족 간의 패륜을 저지를 경우 비극이 발생하는데, 여기에는 인간의 나쁜 마음을 견제하려는 계몽적인 의도가 깔려 있다. 말하자면 비극은 도덕의 상징인 것이다. 이에 반해서 독일 바로크 비애극은 매우 복잡한 특징을 보인다. 등장인물들의 일관성도 없으며 주인공은 우유부단하고 항상 혼란스럽다. 악과 선이 공존하며 때로는 악이 승리하기도 한다. 어쩌면 셰익스피어William

Shakespeare, 1564~1616의 《햄릿》Hamlet, 1601년경도 비극이 아닌 비애극의 범주에 포함될 수 있을 것이다.

　말하자면 독일의 바로크 비애극은 오늘날의 막장 드라마와도 비슷하다. 음모와 배신, 끊임없는 갈등, 등장인물의 양면성, 선과 악의 혼란스러움 등이 공존한다. 이런 점에서 독일 바로크 비애극은 통속적이거나 비윤리적인 것으로 무시되었다. 그러나 베냐민은 이러한 독일의 비애극 속에서 삶의 진정한 비(애)극을 발견한다. 삶에서 비극이란 방금 전 예를 든 절세미인을 향한 영웅의 이야기처럼 비극이자 동시에 희극이다. 이것이 바로 진리의 알레고리이다. 진리란 상징으로 구현될 수 있는 것이 아닌 알레고리로서 파편적으로 드러날 뿐이다. 베냐민의 철학은 바로 이러한 파편을 끊임없이 생산한다. 그리고 독자들은 자신의 상상력을 통하여 무한한 가능성이 있는 퍼즐 조각을 모으게 된다.

예술은 계몽주의로부터 벗어날 수 있는 출구이다

아도르노와 퇴폐 미술전

나치의 '퇴폐 미술전'이 오히려 퇴폐 미술에 대한 관심을 불러일으키다

독일의 나치 정권은 1937년 7월 19일 뮌헨에서 '퇴폐 미술전'을 개최하였다. 퇴폐 미술전은 퇴폐 미술을 선전하기보다는 말 그대로 당시 새로운 예술을 표방하고 나선 진보적인 예술들이 얼마나 타락하였는지를 보여주고자 하는 것이 목적이었다. 퇴폐 미술전에 전시된 작품은 나치 정권이 전국의 미술관에서 강제로 약탈한 것들로, 상당수가 초현실주의나 러시아 구성주의 혹은 오늘날 모더니즘의 거장으로 불릴 만한 화가들의 작품이었다.

게다가 나치 정권은 은근슬쩍 이러한 예술의 흐름을 주도하는 러시아 사회주의자들이나 유대인들의 저급함을 폭로하고자 하는 의도도 지니고 있었다. 가령 구성주의는 러시아 사회주의의 직접적인 산물이며, 샤갈Marc

Chagall, 1887~1985 과 칸딘스키 Wassily Kandinsky, 1866~1944 , 말레비치 등 적잖은 모더니즘 화가들이 유대인 출신이었다. 나치는 균형과 절제미를 상실한 채 퇴폐적이고 타락했으며 도덕적으로도 저급하기 짝이 없는 이 모던한 작품들이 사회적 반항아로서 사회의 혼란만을 부추긴다는 사실을 대중에게 각인하고자 하였다. 이 전시를 통해서 나치는 진보를 가장하고 있는 반사회적인 예술가들의 선동에 대중이 현혹되지 않고 자신들이 내세우는 새로운 사회 건설에 동참하도록 유도하고자 한 것이다. 나치의 이러한 계몽적 의도는 다음의 두 가지 점에서 아주 명백하게 드러난다.

먼저 나치는 뮌헨에 국한하지 않고 독일과 오스트리아의 13개 도시를 순회하며 이 전시를 열었다. 뮌헨에서만 200만 명의 관객이 이 전시를 관람하였으며, 나머지 도시 전시에서는 100만 명의 관객이 더 모여들었다. 흔히 블록버스터 전시로 일컬어지는 오늘날의 성공적인 전시에 비하면 아무것도 아닐지 몰라도 당시로서는 상상하기 힘든 엄청난 성과였다.

두 번째로는 이 전시와 함께 전시된 또 다른 전시와의 관련성이 이 전시의 계몽적 의도를 잘 드러낸다. 퇴폐 미술전이 열리기 하루 전에 나치는 퇴폐 미술전이 열리는 곳 바로 건너편에 자신들이 모범적이라고 간주한 작품을 전시하였다. 여기에 전시된 작품들은 그들이 퇴폐적이라고 폄하한 모더니즘 예술과 달리 전통적인 특징을 지닌 것들이었다. 이 전시의 목적은 게르만족의 우위를 드러내고자 하는 것으로 고대 그리스 로마의 전통을 계승하는 것처럼 보이고자 했다.

흥미롭게도 나치의 이 두 가지 계몽적 의도는 사실상 모두 실패로 끝났다. 우선 이 전시회가 300만 명의 관객을 동원할 수 있었던 것은 계몽적 의도와는 거리가 멀다. 대다수의 관객은 이 전시물들이 얼마나 퇴폐적인가를 단순히 확인하기 위해서 왔다기보다는 전시 작품에 흥미를 느껴서 왔기

칸딘스키, 〈소〉 The Cow, 1910 (왼쪽)
키르히너, 〈군인 차림의 자화상〉 Self-portrait as a soldier, 1915 (오른쪽 위)
클레, 〈피렌체 빌라〉 Villas florentines, 1926 (오른쪽 아래)
나치에 의해 '퇴폐 미술가'로 낙인찍혔던 작가들의 작품이다. 나치는 게르만족의 우월성
을 드러내고자 수많은 작품들을 퇴폐 미술로 선전하여 민중을 계몽하고자 했다. 하지만
그들의 이런 의도는 실패로 돌아갔고, 관객들은 오히려 퇴폐 미술전의 작품에 관심을 갖
게 되었다. 아도르노의 문제의식은 퇴폐 미술전의 모순과 비슷하다. 합리적인 계몽주의
가 어떻게 비합리적인 모습으로 변질될 수 있는가 하는 것이다.

때문이다. 설혹 많은 관람객들이 나치의 계몽적 전략에 설득당해서 이 전시를 보러 왔다 하더라도 정작 전통과 단절된 이 이상한 작품들에 어느 정도 매혹을 느꼈던 것이다. 또한 퇴폐적인 미술과 대비하여 민족적 우수성을 선전하고자 했던 작품들의 효과 역시 그다지 성공적이지 않았다. 가령 이른바 퇴폐 미술과 대비하여 건전한 독일 미술의 전형으로 내세운 작품인 아르노 브레커Arno Breker, 1900~1991의 〈준비되어 있음〉Be prepared, 1939은 고대 그리스 로마의 전통을 따르고 있지만 왠지 모르게 나치의 군국주의를 표상하고 있는 듯한 느낌을 준다. 실제로 이 작품의 분위기는 근대화 초기 시절 우리나라의 많은 동상들이나 현재 북한 곳곳에 설치된 위압적이고도 경직된 동상들의 분위기와 크게 다르지 않다.

당시의 나치 정권은 자신들의 실패를 결코 인정하지 않겠지만 퇴폐 미술전의 실패가 주는 교훈은 아마도 다음과 같다. 계몽이란 비이성적인 주술의 세계로부터 벗어나는 것을 의미하지만 때로는 계몽 자체가 주술 못지않게 신화의 모습을 띠고 나타날 수도 있다. 말하자면 계몽은 나치나 군부독재의 광기를 정당화하는 알리바이가 될 수 있는 것이다. 또한 나치는 예술을 효율적인 계몽의 선전 도구로 활용하였지만, 정작 예술은 단순한 선전의 역할에 종속되지 않는 그 이상의 힘을 지닌다. 나치가 계몽을 위해서 보여준 퇴폐 예술 속에서 정작 사람들은 어떤 예술적 매력을 느꼈던 것이다. 그것은 예술작품만이 지닐 수 있는 힘이다.

막스 호르크하이머Max Horkheimer, 1895~1973와 함께 독일의 '비판이론die kritische Theorie'을 대표하는 사상가로 알려진 테오도어 아도르노Theodor Adorno, 1903~1969의 가장 큰 문제의식은 바로 앞에서 언급한 퇴폐 미술전의 모순과도 흡사하다. 이는 아도르노의 가장 큰 지적 관심이 서구의 가장 위대한 특성인 합리적인 계몽주의가 어떻게 나치와 같은 가장 비합리적인 모습으로 변질될 수 있는가에 대한 수수께끼를 풀고자 하는 것임에서 알 수 있다. 또한 아도르노가 예술이야말로 변질된 계몽주의의 위협으로부터 벗어날 수 있는 최상의 출구라고 생각한 데서도 잘 나타난다. 유대인이었던 아도르노는 나치의 위협을 피부로 느꼈으며 원하지 않았지만 미국으로 이주해야만 했다. 나치의 광기는 그에게 단순한 이론적 호기심 이상의 무엇이었다. 또한 어릴 적부터 음악가가 되기를 갈망하고 전문적인 음악 수업을 받은 아도르노에게 예술은 고난한 삶을 구원할 수 있는 힘이기도 하였다.

다시 신화의 세계로 되돌아간 계몽주의의 운명

칸트는 계몽이란 인간이 지적인 미성숙의 상태로부터 벗어나서 스스로 사유하게 됨을 일컫는다고 말했다. 여기서 미성숙이란 자기 스스로 생각하지 않고 어떤 외부의 힘에 의존하는 것을 말한다. 아도르노는 이러한 과정을 단순화하여 계몽이란 신화로부터 깨어나는 것이라고 정의한다. 신화는 자신이 설명할 수 없는 어떤 초자연적이고도 비이성적인 힘이나 존재를 상정하고 이를 통해서 세상을 설명하는 데서 만들어진다. 말하자면 신화란 이성과 사유의 반대 극인 셈이다. 그렇다고 해서 아도르노가 고대 혹은 원시 시대의 신화를 무조건 폄하한 것은 아니다. 가령 그리스 신화는 신들의 육체적 탐닉, 사랑, 질투, 배신, 복수 등의 비합리적인 줄거리를 지니고 있지만 그 속에 존재하는 나름의 합리적인 논리에 의해서 전개된다. 따라서 과거의 신화 역시 이미 계몽이라고 할 수도 있다. 따라서 아도르노가 계몽과 대립되는 것으로 상정한 신화는 신화가 지닌 부정적인 모습, 즉 설명되지 않는 어떤 외부의 것을 절대적인 것으로 받아들이는 태도를 의미한다.

　계몽에 대한 아도르노의 관심은 그의 선배이자 동료인 호르크하이머와 함께 저술한《계몽의 변증법》Dialektik der Auflälung, 1944 에서 상세하게 논구

되고 있다. 여기서 계몽에 관한 논의의 핵심은 계몽이 신화로부터 벗어나는 것을 의미하였지만, 거꾸로 계몽이 신화로 되돌아가고 말았다는 사실을 밝히고자 하는 것이다. 그들은 "진보적 사유라는 가장 포괄적인 의미에서 계몽은 예로부터 인간에게서 공포를 몰아내고 인간을 주인으로 세운다는 목표를 추구해왔다. 그러나 완전히 계몽된 지구에는 재앙만이 승리를 구가하고 있다."라고 주장한다. 말하자면 계몽은 미성숙의 상태로부터 벗어나서 인간이 스스로 주인이 되는 것을 의미하는데, 이러한 계몽을 통하여 인간은 스스로 주인이 되기는커녕 거대한 권력의 노예가 되어버리고 만 것이다. 아도르노와 호르크하이머는 이러한 전도 현상을 신화로부터 벗어나고자 한 계몽이 다시 신화로 돌아간 것이라고 표현한다.

그렇다면 계몽이 어떻게 해서 신화로 되돌아가게 된 것일까? 이 의문에 대한 답은 의외로 간단하다. 그것은 계몽 자체가 숭배의 대상이 되었기 때문이다. 어떤 것이 숭배의 대상이 된다는 말은 그것이 어떤 힘, 즉 권력을 지니게 된다는 뜻이다. 계몽이 함축하는 이러한 권력욕은 이미 근대 철학의 창시자인 프랜시스 베이컨Francis Bacon, 1561~1626 에게서도 분명하게 드러난다. "인간이 자연으로부터 배우고 싶어 하는 것은, 자연과 인간을 완전히 지배하기 위해 자연을 이용하는 법이다. 오직 그것만이 유일한 목적이다."라는 베이컨의 단호한 주장은 이를 잘 뒷받침한다.

근대 시민사회 이후 계몽은 그 자체가 광신적 숭배의 대상이 되었다. 여기에는 세상을 '계몽적 이성이 궁극적으로 분석해서 밝혀낼 수 있는 기계적인 사물의 세계'로 본다는 전제가 깔려 있다. 계몽의 바탕이 되는 인간의 이성 능력은 무한하므로 언젠가는 이 세상의 모든 모습을 샅샅이 밝혀내고 말 것이라는 생각이 계몽주의에 내재되어 있는 것이다. 이는 곧 세계는 인간의 사유가 분석할 수 있는 사물들로 이루어졌다고 보는 관점이다. 그렇기 때문에 계몽주의는 곧 세계를 유한한 사물들의 합으로 보는 것과 같다. 계몽주의 앞에서의 세계란 아직 드러나지 않았지만 언젠가는 계몽주의적 사고의 위엄 앞에 무릎 꿇게 될 사물의 세계이다.

이러한 계몽주의의 변증법이야말로 왜 그토록 이성적이고 합리적인 서구의 문명이 나치즘이라는 극단적 비합리주의와 광기로 치닫게 되고 말았는지를 설명한다. 서구의 문명은 근대 이후 서서히 계몽주의라는 집단적인 광기에 빠지게 된 것이다. 과거의 신화가 죽은 사람의 혼령이나 사물을 살아 있는 것처럼 믿고 숭배하였다면, 거꾸로 계몽주의는 세계의 살아 있는 생명체들을 기계처럼 분석하고 해부할 수 있는 대상으로 여기며 죽은 사물처럼 취급했다.

살아 있는 것들을 죽은 사물처럼 취급하는 태도

아도르노는 이렇게 세계를 죽은 사물들의 세계처럼 취급하는 태도를 '사물화 Verdinglichung' 현상이라고 부른다. 사물화란 한마디로 세계를 사물처럼 취급하는 것을 뜻하는데, 이 사물화는 결국 왜곡된 계몽주의가 만들어낸 산물인 셈이다. 그렇기 때문에 세계를 사물의 세계로 보는 사물화 현상에 대해서는 계몽주의의 변증법과 똑같은 논리가 적용된다. 계몽의 변증법에서 광신적 숭배의 대상이 된 계몽적 이성의 실체는 다름 아닌 인간의 이성, 즉 사고능력이다. 따라서 계몽주의는 결국 인간의 사유가 자기 자신을 숭배하는 신화로 되돌아간 것이다. 마찬가지로 사물화 현상 또한 인간의 정신에 의해서 만들어진 것으로 궁극적으로는 인간의 정신을 사물처럼 취급한다는 의미이다.

이 복잡한 변증법적 전도의 과정을 좀 더 쉽게 풀어보자. 이미 아도르노에 앞서 사물화 현상을 설명한 마르크스의 '물신주의 Fetischismus'에 대한 논의를 살펴보면 사물화의 변증법을 쉽게 이해할 수 있다. 마르크스에게 물신주의란 흔히 물질이나 금전을 최고의 가치로 여기는 배금주의를 일컫는 말이 아니다. 마르크스에게 물신주의는 자본주의 사회에서 나타나는 고유한 현상을 설명하기 위한 엄밀한 방법론적 틀이다. 마르크스가 내린 물신주의의 정의는 인간의 관계가 사물의 관계로 나타난다는 것을 의미한다.

가령 자본주의 사회에서 시장의 모든 교환 행위는 인간들에 의해서 이루어지지만 경제학은 이를 상품들의 관계로 설명한다. 화폐 또한 인간들이 관계 맺는 하나의 양상일 뿐이지만 자본주의 사회에서는 마치 자연적인 사물화 과정으로 간주된다. 엄밀하게 말해서 상품 교환 체계는 인간에 의해서 만들어진 특정한 시기의 특정한 경제 체계에 불과하지만 일반인들뿐만 아니라 경제학자들마저도 이러한 인위적 경제의 법칙을 마치 자연과학의 법칙처럼 사물의 법칙으로 다루는 것이다. 한마디로 물신주의란 인간에 의해서 만들어진 인위적인 사회의 법칙을 마치 사물 자체의 법칙인 양 다루는 것이다. 이런 점에서 물신주의의 변증법은 계몽주의의 변증법과 일맥상통한다. 그렇기 때문에 물신주의로서 사물화 현상은 곧 자본주의 사회가 만들어낸 불가피한 현상이기도 하다.

아도르노가 자본주의 사회의 사물화 현상을 통해서 궁극적으로 지적하고자 하는 핵심 사항은 다음의 두 가지로 집약할 수 있다.

첫째, 사물화 현상이 우리가 만든 인위적인 것을 자연적이고 객관적인 사물로 둔갑시킬 경우 계몽주의에 대한 광신적 태도와 마찬가지로 인간의 사유는 궁극적으로 위축된다. 본래 인간의 사유는 사물의 세계를 창출할 만큼 위대하지만 정작 사물의 세계는 인간의 사유에 의해서 만들어진 것이 아니며 사물 자체로 나타난다. 결국 인간의 사유는 사물의 세계를 만드는 것이 아닌 단지 그것을 분석하고 파악하는 수동적인 역할을 할 뿐이다. 아도르노가 보기에 사물화 현상은 곧 인간의 사유 능력이 지닌 위대함을 위축시킨다.

둘째, 사물화 현상은 세계를 동일성의 논리에 가둔다. 사물은 고유함을 추구하지 않는다. 가령 하나의 책상과 똑같은 모양새와 기능을 갖춘 책상은 동등한 것으로 취급된다. 특히 그것이 동일한 상품으로서 가격마저 동일할 때 두 책상의 차이에는 아무런 의미가 없으며 같은 물건으로 간주된다. 사물이란 곧 그것과 동일한 다른 사물로 교환되거나 혹은 대체될 수 있는 것이다. 그렇기 때문에 세계를 사물의 총체로 간주한다는 것은 곧 세계를 동일성의 틀로 파악하는 것을 말한다.

아도르노는 이러한 사물화 현상이 어느 정도는 인간의 사유가 만들어낸 불가피한 결과라고 생각한다. 왜냐하면 인간의 사유 자체가 사물을 언어에 의해서 파악하는 경향이 있으며, 언어는 대상을 동질화하기 때문이다. 가령 사유의 대상이 되는 언어로서의 '사과'는 이 사과든 저 사과든 개별적인 사과에 대해서는 무관심하며 이 모든 사과들을 하나로 묶는 추상적인 개념에 불과하다. 따라서 만약 우리가 이 사물화된 세계로부터 벗어나고자 한다면 동일성의 논리에 바탕을 둔 개념적 사고로부터 벗어나야 한다. 아도르노는 사물화가 만들어낸 동일성에 갇히지 않는 사고의 가능성을 예술로부터 찾고자 한다. 그렇기 때문에 아도르노의 사상에 접근할 때는 그의 주저인《미학이론》Ästhetische Theorie, 1973을 천착하게 된다.

예술이 세상을 구원하리라

아도르노는 예술작품과 사물을 분명하게 구분한다. 사물은 그것이 인위적으로 만들어졌더라도 눈에 보이는 것 이상이 아니다. 사물은 그저 사물일 뿐이다. 우리는 일상생활에서 사물로 간주하는 것, 가령 신발, 칫솔, 책상, 연필 등을 보면서 예술작품이라고 하지 않는다. 예술작품은 그것이 단지 눈에 보이는 '그 이상의 것the more'으로 여겨질 때 예술작품이 되는 것이다. 그래서 아도르노가 보기에 마티스Henri Matisse, 1869~1954가 만든 작은 조각품은 길거리에서 파는 그저 기계로 찍어낸 조각인형과는 다르다. 마티스의 조각에는 단순한 사물 이상의 무엇이 있다는 것이다. 설혹 일상적 사물, 예를 들어 칫솔이 예술작품이 된다면 이미 그것이 단순한 사물 이상의 것으로 간주되고 있음을 뜻한다는 말이다.

그렇기 때문에 아도르노가 제일 경멸하는 예술작품은 '그 이상의 것'을 지니지 못하고 사물로 전락해버린 예술이다. 예술작품이 사물을 넘어서 '그 이상의 것'을 지니고 있다는 말은 사물과 달리 어떤 다른 것으로도 대체될 수 없는 자신만의 고유함을 지니고 있다는 것을 의미한다. 이러한 고유함을 지니고 있지 못하고 다른 것으로 대체될 수 있다면 예술작품은 더 이상 예술작품이 아니다. 따라서 대량생산된 조각품이나 일러스트 이미지는 다른 것으로 대체할 수 있으므로 사물일 뿐 예술작품이 아니다. 아도르노가 보기에 아르누보와 같은 작품은 그저 장식품일 뿐 예술작품이 아니다. 그것은 마치 기계로 사물을 만들 듯, 똑같은 제작 원리에 따라서 만들기 때문이다. 이렇게 주어진 매뉴얼에 따라 만들어진 것은 기계에 의해서 만들어진 사물에 불과할 뿐, 어떤 다른 것으로 대체될 수 없는 예술작품이라고 할 수 없다.

아도르노는 예술작품을 이루는 원리인 형식이 결코 기계적인 메커니즘으로 설명될 수 없다는 사실을 강조한다. 가령 베토벤Ludwig van Beethoven, 1770~1827의 〈교향곡 5번〉Symphony no.5 C minor 운명의 1악장은 형식적으로 짧은 프레이즈로 이루어진 단순한 주제 동기와 변형으로 분석될 수 있다. 그러나 아도르노가 보기에 이러한 분석이 〈운명 교향곡〉의 독특한 예술적 감흥을 설명할 수는 없다. 베토벤의 교향곡이 발산하는 예술적 마력은 사물처럼 분석될 수 있는 것이 아닌 사물 이상의 어떤 것에서 비롯된다. 그것은 사물과 달리 어떤 다른 것과도 동등한 것으로 간주될 수 없는 '비동일성 Nicht-Identität'을 간직하고 있다. 그렇기 때문에 예술작품은 근본적으로 사물화의 논리에 위배될 수밖에 없다.

아도르노가 보기에 예술작품은 비동일성의 논리를 함축하고 있으므로 동일성의 논리에 갇힌 개념적 사고보다 훨씬 우월하다. 개념적 사고보다 예술을 우위에 두는 아도르노의 이러한 태도는 당시에는 매우 급진적인 것이었다. 물론 아도르노에 앞서 니체가 이미 철학에 대한 예술의 우위를 주장하였지만, 아도르노는 예술이야말로 사회적 변혁의 모델이라고 간주하기에 이르렀다. 위대한 예술작품은 곧 사물화의 동일성 논리에 대한 '부정 Negation'을 의미한다. 여기서 부정이란 현실을 있는 그대로 받아들이지 않고 그 이상의 것으로 보는 태도와 연관이 되므로 예술은 불가피하게 현실에 대한 부정의 사유로 이어진다.

그렇다고 해서 아도르노는 모든 예술작품이 변증법적인 부정의 사유를 대변한다고 보지는 않는다. 그는 오히려 기존의 많은 예술이 사물화의 논리에 의해 지배되었다고 주장한다. 특히 대중매체가 등장한 20세기 이후의 대중음악은 그 특성상 사물화의 논리에 갇힐 수밖에 없다. 대중매체에 의해서 대중음악은 상품이 되었으며, 이미 문화산업에 종속된 대중음악은 대량소비를 위해서 저급한 대다수 대중의 기호에 맞춰질 수밖에 없다. 그 결과 대중음악은 미리 정해놓은 단순한 화음의 전개 법칙에 맞추어 형식적으로는 아무런 차이가 없는 획일화된 음악만을 생산할 뿐이라는 것이다. 이는 곧 음악이 사물로 전환되어버렸음을 의미한다.

이렇게 단순한 규칙에 의해서 끊임없이 재생산되는 음악의 대표적인 사례를 아도르노는 재즈 음악으로 보았다. 그의 표현에 따르자면 재즈 음악은 베토벤의 곡 중 주제가 되는 매우 짧은 모티프만 따와서 그것을 저급한 형식으로 반복할 뿐이다. 아도르노에 따르면 재즈 음악은 이렇게 음악적으로 조야한 형식을 반복함으로써 오히려 대중의 귀를 하향평준화시켜 버릴 뿐이다. 재즈 음악에 대한 아도르노의 악명 높은 부정적 평가에 대해서는 많은 이론異論의 여지가 있을 것이다. 무엇보다도 아도르노는 재즈 음악에 대해 그다지 깊이 있는 관심을 보이지 않았으며, 형식적으로도 온당한 평가를 하고 있지 못하다. 가령 코드(화음)가 매우 단순하다는 것은 그것이 형식적으로 저급하다고 판단하는 기준이 될 수도 있겠지만 다른 한편으로는 당시 블루스에 바탕을 둔 재즈 음악에서는 코드 자체가 그다지 중요하지 않았음을 의미하는 것이기도 하다. 더군다나 쿨재즈cool jazz 나 비밥bebop 의 등장 이후 재즈 음악은 그야말로 엄청나게 복잡하고 형식적으로도 난해한 음악이 되었으므로 아도르노의 재즈 음악에 대한 평가는 여전히 논란의 여지가 많다.

물론 아도르노는 예술의 사물화 현상이 20세기 대중음악에 국한되는 것으로 보지는 않았다. 그는 심지어 베토벤의 음악마저도 사물화의 경향을 띤다고 보았다. 말년의 시기를 제외하고 베토벤은 당시의 고전주의 원칙을 너무나도 엄격하게 준수하였다. 화음(조화)의 전개로 이루어지는 고전주의 음악은 모든 개별 음들이 화음이라는 거시적 구조를 이루는 일부분으로 존재하였다. 이는 개인이란, 사회라는 총체의 한 구성원으로서 의미를 지닌다는 시민사회의 원칙을 음악적으로 구현한 것이라고 할 수도 있을 것이다. 그러나 말년의 베토벤은 이러한 엄격한 화음의 전개 자체를 문제시하고 그것을 대상화하였다. 그렇게 함으로써 그는 더 이상 음악적 형식을 이미 주어진 객관적 법칙으로 받아들이지 않았고 그것을 주관적 법칙으로 대상화하였다. 말하자면 말년의 베토벤에게 고전주의 음악의 형식은 반드시 따라야 할 명령이 아닌, 하나의 표현 수단에 불과한 것이었다.

아도르노가 예술, 특히 자신이 일관되게 관심을 가졌던 음악에서 기대한 가능성은 바로 이것이다. 예술은 고유한 어떤 것을 표현하고자 하며 그러한 이유에서 기존의 통념이나 법칙과는 마찰을 빚는다. 말하자면 예술은 사물화에 끊임없이 저항하며 새로운 것을 추구한다. 아도르노는 서양의 전통적 조성음악 형식을 거부한 쇤베르크의 음악을 이상적인 모델로 간주하였다. 하지만 아도르노는 말년에 쇤베르크가 무조음악atonal music의 시도를 넘어서 12음 기법이라는 새로운 법칙을 제시함으로써 사물화의 경향을 띠는 것에 대해서 비난하였다. 이는 사물화 현상에 빠져버린 총체적 난국을 돌파할 수 있는 예술의 구원 가능성을 스스로 저버리는 일처럼 보였기 때문이다.

다른 사람의 시선은 나에게 지옥이다

사르트르와 마네

올랭피아의 시선은 왜 부담스러울까?

보티첼리Sandro Botticelli, ?1445~1510 의 그림 〈비너스의 탄생〉과 마네Édouard Manet, 1832~1883 의 그림 〈올랭피아〉는 여성의 누드라는 공통점이 있는 작품이다. 그러나 둘 다 여성의 누드화임에도 불구하고 보티첼리의 그림이 많은 사람들의 탄성을 자아내고 찬사를 받은 반면, 마네의 그림은 전문가들이나 일반인들 모두에게 많은 비난을 받아야만 했다. 보티첼리의 그림에 등장하는 여성은 비너스 여신인 반면 〈올랭피아〉에 등장하는 여인은 천한 매춘부였기 때문이다. 물론 마네는 이러한 반응을 예상치 못했다. 여인의 누드에 고귀하다거나 천하다는 등급이 매겨질 줄이야 당연히 몰랐을 테니까. 마네의 그림은 누드에 대한 음탕한 시선을 여신이라는 고상함으로 정

보티첼리, 〈비너스의 탄생〉 The Birth of Venus, 1485 (위)
마네, 〈올랭피아〉 Olympia, 1863 (아래)
두 그림 모두 여성의 누드화이지만 〈올랭피아〉는 사람들의 질타를 받았다. 그
것은 〈올랭피아〉에 그려진 여인이 매춘부라는 이유도 있었지만, 〈올랭피아〉
가 작품을 감상하려는 관람객의 자유를 빼앗고 관람객이 오히려 감시당한다
는 느낌을 주기 때문이다. 사르트르는 인간은 누구나 자유를 갈망하지만, 그
렇기 때문에 역설적으로 구속과 억압의 상태에 빠져든다고 말했다.

당화하려는 관행에 대한 도발적인 반항이었던 셈이다.

그러나 마네의 그림이 관람객의 신경을 거스르는 또 다른 이유가 있다. 그것은 보티첼리의 비너스와 마네의 매춘부의 시선을 보면 알 수 있다. 보티첼리의 비너스는 얼핏 정면을 바라보는 것 같지만 자세히 보면 다소 쑥스러운 듯 정면을 피해서 시선을 아래로 떨어뜨리고 있다. 이렇게 여성, 특히 옷을 벗은 여성이 정면을 응시하지 않고 관람객의 시선을 피하는 것은 화가들에게 내려오는 일반적인 관행이었다. 여기서 관람객은 남성적인 시선을 대변하기 마련이다. 이에 반해서 마네의 그림은 옷을 벗은 여인이 대담하게 정면을 응시하고 있다. 아무리 그림이라 하더라도 관람객은 자신을 바라보는 그 대담한 여인의 시선에 순간적으로 움칫할 수밖에 없을 것이다.

그림 속 여성이 정면을 응시할 경우 관람객은 곧 자신이 그녀의 벗은 몸을 보고 있음을 적나라하게 들키고 만다. 그림의 여인이 관람객을 정면으로 바라보고 있다는 것은 곧 관람객이 그 시선의 대상이 되고 있음을 의미한다. 그렇기 때문에 관람객은 불편할 수밖에 없는 것이다. 전통적인 관행대로라면 벗은 여인이 관람객을 바라보지 않음으로써 마치 사물을 보는 것처럼 어떤 시선으로부터도 감시받지 않아야 한다. 그러나 마네의 〈올랭피아〉는 관람객이 음탕한 시선으로 쳐다보는 순간 오히려 관람객 자신이 그러한 음탕한 의도를 들킨 것처럼 감시당하는 느낌을 받게 된다. 감추고 싶은 모습이 드러나는 것처럼 수치스러운 일도 없을 것이다. 마네의 그림은 이렇게 수치심을 유발시키다 보니 불순한 작품일 수밖에 없었다.

프랑스 실존주의 철학자로 알려진 장 폴 사르트르Jean Paul Sartre, 1905~1980의 일관된 관심은 근본적으로 자유롭고자 하는 인간과 그러한 자유를 억압하는 현실의 간극에 관한 것이었다. 사람은 누구나 마음속 깊은 곳에서 자유를 갈망한다. 그러한 자유는 어느 누구에게도 구속받지 않을 때 가능하다. 그러나 마치 〈올랭피아〉를 자유롭게 감상하려는 관람객이 은밀한 자유를 누리려는 순간 오히려 매서운 감시와 구속을 느끼듯이, 우리는 자유를 갈망하기 때문에 역설적으로 구속과 억압의 상태에 빠져들고 만다. 사르트르의 일관된 관심은 이러한 자유와 억압의 간극을 어떻게 메울 수 있을까에 관한 것이었다.

말은 소통의 수단이 아닌 단절과 절망의 표현

자유와 자유로부터 비롯된 좌절이라는 부조리absurdité에 대한 사르트르의 자각은 그의 유년기부터 시작되었다. 사르트르는 자신의 유년기 시절을 다룬 회고록《말》les Mots, 1964에서 삶의 원초적인 부조리가 어떻게 발생하는지에 대해서 개인적이지만 동시에 보편적 의미를 지닌 일화를 세세하게 들려준다. 사르트르의 아버지는 해군이었는데 그가 태어난 이듬해인 1906년에 사망하였다. 사르트르의 회고에 따르면 아버지의 죽음은 그의 삶 전체에 걸쳐서 결정적인 영향을 끼친 사건이었다. 그는 이에 대해서 '아버지가 몇 방울의 정액을 흘려서 아이 하나를 서둘러 만들어놓고는 달아나버린 사건'이라고 다소 냉소적으로 묘사하고 있다. 이러한 냉소는 어쩌면 그의 삶의 일관된 태도였는지도 모른다. 물론 그는 누구보다도 사회의 부조리와 모순, 부정의가 있는 곳이면 개입하였던 실천적인 지식인이었지만, 그의 마음 한편에는 항상 이러한 냉소적인 태도가 자리 잡고 있었다.

아버지의 죽음으로 사르트르는 유년기에 외갓집에서 성장하였다. 그의 외할아버지는 슈바이처 가문 출신의 지식인이었으며, 그의 식견과 서재에 진열된 책은 어린 사르트르의 정신적인 성장에 절대적인 영향을 끼쳤다. 사르트르는 한편 억압적인 아버지의 부재가 가족의 짐과 초자아의 억압으로부터 면책된 특권이었다고 서술하였다. 말하자면 가부장제 사회에서 아버지라는 억압적 존재의 부재는 곧 절대적인 자유를 의미하는 것이기도 하다. 그러나 얼마 되지 않아 그러한 자유는 곧 무의미한 것임이 밝혀지고 만다. 아버지의 빈자리로부터 비롯된 자유는 곧 외손자의 재롱을 삶의 낙으로 삼았던 외할아버지의 기대와 욕망 앞에서 사라지고 말았기 때문이다.

　사르트르는 자신의 모든 행동이 할아버지를 기쁘게 하기 위한 연극이었음을 고백한다. 심지어 말을 하거나 글을 쓰는 것도 예외가 아니었다. 그가 하는 행동은 할아버지의 기대에 부응하고자 하는 것이었으며, 어휘 선택이나 어투 역시 할아버지의 마음에 들기 위한 것이었다. 말하자면 그에게 말은 자신의 내면에 있는 생각을 상대방에게 전달하기 위한 수단이라기보다 상대방의 마음에 들기 위한 수단이라는 성격이 더 강하였다. 말은 한 사람의 내면을 표현하기 위한 소통의 수단으로 간주된다. 그러나 어린 사르트르에게 말은 소통의 수단이라기보다 상대방에게 자신을 맞추고 인정받고자 하는 수단에 불과했다.

　유년시절 말이 형성되는 과정에서 겪은 사르트르의 경험은 매우 사적인 것이다. 그러나 한편 사르트르의 경험은 지극히 보편적인 것이기도 하다. 처해 있는 구체적인 상황이나 맥락이 다를 뿐 모든 사람들이 겪는 말의 습득 과정 또한 사르트르의 사례와 크게 다르지 않기 때문이다. 프로이트가 이미 언급하였듯이 언어란 욕망의 대체물이며 이때 욕망은 곧 타인에 대한 애정과 인정에 대한 갈구이다. 사르트르는 언어란 그것을 사용하는 당사자들 사이에 자유로운 의견 교환을 매개하는 중립적인 수단이라는 순진한 믿음을 구조주의자들에 앞서서 이미 거부하고 있었던 셈이다.

　이런 점에서 보자면 사르트르의 철학을 구조주의나 포스트구조주의와는 대립되는 진부한 이론으로 보는 관점을 수정해야 할 필요가 있다. 물론 구조주의 철학은 20세기 중반 프랑스의 철학적 흐름을 주도한 사르트르의 실존철학에 대한 비판으로부터 출발한 것이 사실이다. 이들은 사르트르가 사회 혹은 체계라는 구조를 무시하고 개인적 삶의 차원에만 초점을 맞추고 있다고 사르트르의 철학을 비판한다. 구조주의자에게 개인의 삶은 구조라는 거시적 지형의 한 양태에 불과하다. 이들이 보기에 주체란 구조 앞에서 무기력한 존재에 불과하다. 그러나 바로 그러한 점에서 구조주의는 사르트르의 철학과 만난다. 사르트르 역시 고전적인 의미에서 주체를 강조하기보다는 그러한 주체를 해체하고 있기 때문이다. 사르트르에 따르면 자신이 스스로 사유하고 판단하며 행동하는 이성적 주체란 허구에 불과하다. 인간은 언어의 주체가 아니며, 언어 또한 인간을 이어주는 매개가 아니다. 그것은 인간을 더욱 무기력하게 만들며 자신이 아닌 것, 혹은 다른 사람의 노예로 만들 뿐이다.

더군다나 사르트르의 《말》에 나타난 분석은 데리다의 텍스트 이론을 선구적으로 보여주기도 한다. 어린 사르트르가 할아버지를 위해서 단어를 선택하고 말의 강약과 억양을 조정한 것은 궁극적으로 말의 주체가 발화자가 아닌 수신자에 있음을 보여주기 때문이다. 데리다에 따르면 텍스트란 전통적인 의미에서 저자가 쓰는 것이 아니다. 텍스트의 주체는 저자보다는 오히려 독자에 가깝다. 저자가 텍스트를 쓰는 순간 이미 그것을 읽을 독자가 저자의 머릿속에 개입한다. 저자의 머릿속에 있는 가상의 독자가 저자를 지배하고 조종하며 어휘를 선택하고 문장을 만들어내는 것이다. 텍스트의 저자와 독자 간에 발생하는 이러한 전도는 《말》에 나타난 어린 사르트르의 경험과 정확하게 일치한다.

그렇기 때문에 어린 사르트르는 할아버지 앞에서 말을 많이 하면 할수록 역설적이게도 스스로로부터 멀어지는 경험을 한 것이다. 말이란 자신을 드러내는 자유로운 표현의 수단이 아니다. 오히려 타인의 애정과 인정을 향한 저절한 몸부림이며 이러한 몸부림이 격렬해질수록 그로부터 놀아오는 대가는 허탈과 좌절뿐이다. 자유롭고자 하는 몸부림은 곧 타인에 대한 예속과 자유의 좌절이라는 정반대의 결과를 가져올 뿐이다.

없음은 있음에 대한 부정

사르트르가 자신의 사유를 철학적으로 집대성한 저서는 《존재와 무》L'être et le néant, 1943 이다. 이 책은 말년까지 이어진 그의 사상을 관통하는 실마리를 제공하는 텍스트이다. '현상학적 존재론을 위한 시론'이라는 부제에서도 알 수 있듯이, 사르트르의 사상은 현상학에 바탕을 두고 있다. 하지만 이때 사르트르의 현상학은 현상학의 창시자인 후설의 현상학보다는, 그것을 존재론적 층위로 확장한 하이데거의 현상학에 더 근접한 듯하다. 사르트르는 이 책에서 삶 혹은 존재의 기본적인 양태를 분석하고 있는데, 여기서 인간의 삶이나 존재는 전적으로 '의식'의 차원에 국한되어 있다. 사르트르는 우리 앞에 펼쳐진 세계는 대상과 의식이 마주쳐서 나타나는 현상이라는 현상학적 원칙을 그대로 따르고 있는 것이다. 다만 그는 의식에 의해서 만들어지는 현상들이 단순한 관념이 아니라 우리 존재가 삶의 과정에서 펼치는 근본적인 활동이며 몸도 그 일부라는 점에서 이 책이 존재론의 성격을 띤다는 사실을 분명하게 밝히고 있다.

존재론이라는 측면에서 접근하자면 《존재와 무》는 과거의 철학이 인간의 존재, 즉 실제의 삶보다는 공허한 추상적 관념에만 머물러왔음을 비판하고자 하는 목적을 가지고 있다고 할 수 있다. 예컨대 이 책은 '무néant'라는 개념에 대한 설명으로부터 출발하는데, 여기서 논의의 초점은 기존의 철학에서 다루어온 '무'의 개념을 비판하고 그것을 존재론적 층위로 확장하는 것이다. 사르트르는 헤겔의 '무' 개념을 정면으로 반박하는데, 이는 헤겔의 '무' 개념이 전통적 견해를 대변할 뿐만 아니라 그것의 가장 극단적인 관념론적 형태를 나타낸다고 생각하였기 때문이다. 그런데 흥미로운 사실은 《존재와 무》의 핵심적 개념인 '즉자존재', '대자존재', '대타존재' 등은 헤겔의 철학에서 유래한다는 점이다.

사르트르는 헤겔이 '무'와 '존재'를 매우 공허한 추상적 개념으로 전락시키고 있음을 비난한다. 사르트르는 "존재란 존재하는 것이며, 무란 (비존재로서) 존재하지 않는 것이다 l'être est, le néant n'est pas."라는 현실적으로 자명해 보이는 명제를 제기한다. 그런데 전통적인 철학에서의 '존재', '무'와 같은 개념은 있는 것은 있고 없는 것은 없는 것이라는 이 당연한 사실을 위배하고 그것을 극단적인 형태로 관념화하였다. 가령 헤겔의 논리학은 "순수한 존재(있음)란 순수한 없음(없음, 무)이다."라는 주장으로부터 출발한다. 사르트르가 보기에 이는 존재하지 않는 것(없음, 무)에 존재하는 것(있음, 존재)이라는 특권을 부여하였기 때문에 발생한 궤변일 뿐이다. 헤겔에 따르면 순수한 있음이 순수한 없음과 동일한 이유는 다음과 같다. 만약 우리가 어떤 것에 대해서 그저 순수하게 있다는 사실만을 알 수 있다고 치자. 그 어떤 것에 대한 정보나 특성, 가령 크기, 색깔, 냄새 등의 어떠한 정보도 없이 그저 있다는 사실만을 안다고 치자. 그렇다면 그러한 있음은 우리에게 사실상 아무것도 아닌 셈이다. 즉 없는 것과 마찬가지라는 말이다.

사르트르가 존재와 무에 관한 헤겔의 변증법에 제기하는 문제의식은 매우 명확하다. 원래 무란 비존재인데 헤겔의 철학에서는 이러한 비존재가 존재하는 것으로 간주된다는 것이다. 사르트르는 '무'란 비존재이기 때문에 그것은 존재하지 않는다는 사실을 명확히 하고자 하였다. 그렇다면 무란 무엇일까? 사르트르에 따르면 무는 실제로 존재하는 것이 아니다. 즉 무는 스스로 존재하는 어떤 것이 아니다. 그것은 없다고 생각될 뿐이다.

이 주장은 얼핏 보면 매우 간단해 보이기도 하지만 한편으로는 고개를 갸우뚱하게 만들지도 모른다. 그러나 이는 알고 보면 명쾌한 논리를 담고 있다. 우리는 흔히 어떤 것이 없다고 말한다. 이때 없다는 것은 '있음에 대한 부정négation'이다. 가령 지금 내 지갑에 만 원이 없고 삼천 원만 있다고 하자. 지갑에 있는 것은 삼천 원이다. 이때 만 원이 없다고 한다면 그 만 원의 없음은 삼천 원이라는 현재의 있음에 대한 부정적 양상에 불과한 것이다. 없음, 즉 결핍은 우리가 있음의 상태를 어떤 다른 상태와 비교해볼 때 발생하는 가상적인 상태에 불과하다. 만 원이라는 가상적인 상태를 상정하지 않는다면 당연히 만 원이 없다는 생각, 즉 무의 상태는 발생하지 않을 것이다. 따라서 사르트르는 '무'란 그 자체가 존재하는 어떤 것이 아닌 단지 만들어진 것에 불과하다고 주장한다.

여기서 '무'가 존재하는 것이 아닌 부정에 불과하다는 주장은 곧 세상의 존재는 원래 충만한 것이라는 사실을 함축한다. 이때 충만하다는 것은 풍요롭다는 뜻이 아니다. 이는 단지 세계 자체가 풍요로움이나 결핍 없이 그저 존재할 뿐이라는 뜻에 가깝다. 결핍은 어떠한 상황 자체가 아니라 그 상황에 대해서 부족함을 느낄 때, 즉 그 상황을 부정할 경우에 발생하는 것이다. 가령 삼천 원을 가지고 있다는 것에 부족함을 느끼는 경우는 삼천 원을 그보다 더 큰 돈과 비교할 경우이다. 그렇기 때문에 존재 자체는 애초에 어떠한 결핍이나 무도 없는 그저 그렇게 있는 존재일 뿐이다.

사르트르는 그저 원래부터 이렇게 있는 존재를 '즉자존재être-en-soi'라고 부른다. 원래 모든 존재는 즉자존재이다. 땅에 있는 흙이나 산의 나무, 내 앞의 컴퓨터 등 모든 것들은 그저 그렇게 있을 뿐이다. 설혹 내 앞의 컴퓨터가 고장 났다 하더라도 그것은 잘 작동하는 컴퓨터가 필요한 나에게 결핍이자 무일 뿐, 그 컴퓨터 자체는 그저 존재하는 것이다. 따라서 존재하는 것 자체, 즉 세계에는 어떠한 결핍도 없으며 존재 자체는 충만하다.

그런데 무 혹은 결핍이 실제로 존재하지 않는 만들어진 것이라 한다면 그러한 무를 만드는 존재가 있어야 할 것이다. 그 존재는 논리상 스스로 충만한 존재, 즉 즉자존재이기를 거부하는 존재이다. 사르트르는 이러한 존재를 '대자존재être-pour-soi'라고 부른다. 대자존재란 간단히 말하면 의식존재, 즉 인간존재를 의미한다. 즉자존재와 달리 대자존재는 부정(무, 없음)의 계기를 자신의 속에 반드시 지니고 있다. 가령 인간은 지갑에 삼천 원이 들어 있을 경우 그것을 항상 다른 액수와 비교한다. 또한 자신의 외모를 충만한 상태로 받아들이지 못하며, 자신의 환경에 대해서도 충만한 상태로 받아들이지 못한다. 인간은 결코 돌, 나무, 심지어 말이나 낙타와 같은 즉자존재가 될 수 없으며 현상태를 부정하는 무의 계기를 자신 속에 지닐 수밖에 없다.

여기서 사르트르는 '부정'을 '자유liberté'의 개념과 연결 짓는다. 왜냐하면 부정이란 현재의 상태를 벗어나는 것이기 때문이다. 현재의 상태에 대해서 아무런 불만 없이 존재하는 나무, 돌, 강아지와 같은 즉자존재와 달리 대자존재인 인간은 현재의 상태에 안주하려 할 경우 오히려 왠지 모를 불안을 느끼게 된다. 이는 곧 대자존재가 근본적으로 지금, 여기라는 현재의 상태에 안주할 수 없음을 의미한다. 현재의 상태가 불안하다는 것은 곧 다른 상태를 갈구함이며, 이는 달리 말하면 현 상태로부터 벗어나고자 하는 바람이다. 이것이 자유의 의미이다. 자유란 대자존재를 즉자존재와 구분 짓는 본질적 특성이다. 자유란 부정이기에 충만한 현재의 있음(존재)이 아닌 지금 없는 것을 향한다. 따라서 자유 또한 결핍이고 무이며, 존재하지 않는 것이다. 그러한 이유에서 사르트르는 "인간은 자유롭도록 선고받았다."라고 말하며, 이러한 선고는 인간에게 주어진 축복이 아니라 비극임을 주장한다.

사르트르에 따르면 자유라는 비극적 선고는 대자존재인 인간에게 내려진 운명이며, 이러한 비극은 대자존재가 다른 대자존재와 마주칠 때 더욱 확실하게 나타난다. 대자존재인 인간은 다른 대자존재와의 마주침을 피할 수 없다. 현실에서 다른 인간과 만나지 않는다 하더라도 다른 인간은 이미 우리의 의식 속에 들어와서 우리를 지배한다. 가령 대자존재인 인간은 즉자존재와 마주쳐도 불안해하지 않는다. 심각한 정신착란이나 분열증 환자가 아닌 이상 길거리의 돌을 보거나 나무를 볼 때 불안감을 느끼지는 않을 것이다. 이에 반해서 대자존재인 다른 사람을 쳐다볼 때는 익숙해지기 전까지 불안하다. 자신이 그 사람을 바라보는 순간 자신 또한 그 사람의 시선의 대상이 되기 때문이다. 인간은 자신이 그에게 어떻게 보일까 하는 원초적 불안에서 완전히 자유로울 수 없다.

사르트르에 따르면 이러한 타인의 시선은 외부의 시선이 아닌 내부의 시선이다. 가령 어린 사르트르가 어휘를 선택하거나 억양을 조절할 때 그것은 외할아버지에게 맞추기 위함이다. 외할아버지라는 다른 대자존재가 사르트르를 주시하고 있는 것이다. 그런데 이러한 외할아버지의 시선은 사실상 사르트르 내부에서 만들어졌다. 사르트르는 외할아버지에게 사랑을 갈구하였기에 스스로 할아버지의 시선으로 자신을 감시한 것이었다. 이는 사르트르만의 얘기가 아니다. 자유롭고자 욕망하는 대자존재인 인간의 내부에는 근본적으로 다른 사람의 시선이 자리 잡을 수밖에 없다. 자유롭고자 갈망할수록 사랑받고자 갈망할수록 그는 다른 사람의 노예가 되는 것이다. 내가 글을 쓰고 있는 이 순간에도 이 글을 읽게 될 독자의 시선이 내 머릿속에서 나를 감시하고 있다. 다른 사람의 눈초리는 나에게 지옥이다. 내가 다른 사람들을 즉자존재인 양 무시할 수 있다면 다른 사람의 눈초리가 지옥이지 않겠지만 그러한 일은 불가능하다. 마네의 〈올랭피아〉는 다른 대자존재인 여성을 즉자존재처럼 편안하게 볼 수 있는 관행을 박탈하고 그림 속의 여성 또한 나를 노려보는 대자존재라는 사실을 각인시켰다.

우리는 우연히 같은 버스를 탄 사람들일 뿐이다

《존재와 무》에서 그려진 비극적인 인간의 모습과 달리 사르트르 자신은 사회참여적인 인간이었다. 그는 프랑스 내에 사회적 불평등과 모순이 있는 곳이라면 어디든지 달려가서 약자의 편에 섰으며, 프랑스에 반대해서 알제리 독립운동 역시 적극적으로 지지하였다. 게다가 게릴라 투쟁 중인 체 게바라 Che Guevara, 1928~1967를 만나기 위해 남미의 오지까지 마다하지 않고 찾아갔다. 또한 그는 상당 기간 공산당원으로 활동하였으며, 공산당에서 탈퇴한 이후에도 마르크스주의에 대한 신념을 꺾은 적이 없다. 얼핏 《존재와 무》의 결론은 사르트르의 현실적 모습과 맞지 않는 것처럼 보일지도 모른다. 그러나 그가 사람들에게 현실참여와 사회적 연대의식을 강조한 순간에도 여전히 《존재와 무》에 나타난 인간관계의 원초적인 비극은 유효하다.

사르트르는 후기 미완성 저서인 《변증법적 이성 비판》Critique de la raison dialectique, 1960 에서 대자존재인 인간이 어떻게 집단을 형성할 수 있는가에 대한 문제에 관심을 갖는다. '실천적 총체들의 이론'이라는 부제에서도 알 수 있듯이 이 저서의 핵심은 개인의 사회적 연대의식과 실천에 관한 것이다. 그러나 여기서도 그의 근본적인 인간관은 크게 변하지 않고 일관성을 유지하고 있다. 이는 그가 인간의 사회 혹은 집단의 근본적인 형태를 '수열체groupe-série'라고 부르는 데서 쉽게 알 수 있다. 수열체란 인간들 간에 어떤 필연적인 끈도 존재하지 않는 관계를 뜻한다. 수열체를 이루는 인간들은 단지 우연히 같은 시간이나 공간에 처해 있을 뿐이다.

수열체의 설명을 위해서 사르트르는 버스의 예를 든다. 그는 인간의 집단을 파리의 생제르맹데프레 버스 정류소에서 버스를 기다리는 사람들의 모임과 같다고 본다. 이들은 각각 버스를 타기 위해서 같은 시간 같은 장소에 모여 있을 뿐이다. 잠시 후 이들은 같은 버스를 타든가 혹은 다른 버스를 타게 될 것이다. 버스를 타면 다른 사람들과 하나의 집단을 형성하게 된다. 그러나 그들을 집단이라고 부를 수 있게 맺어주는 끈은 버스 노선이다. 이들은 제각기 자신의 길을 가다가 잠시 모였을 뿐이다. 가족을 포함하여 학교, 국가 등 모든 사회는 근본적으로 이러한 수열체일 뿐이다.

자코메티Alberto Giacometti, 1901~1966의 작품은 사르트르의 수열체를 잘 보여준다. 자코메티의 작품에서 사람들은 하나의 바닥이라는 공통된 지평에 모여 있지만 누구도 서로를 향해 있지 않다. 더군다나 기이할 정도로 왜소하게 보이는 각각의 인물들은 이 작품에 아무리 다가서서 보더라도 거리감이 느껴진다. 실제로 사르트르는 자코메티의 작품 〈걷는 세 사람〉Three walking men, 1848에 관하여 그의 작품이 멀리 떨어진 인간의 모습을 있는 그대로 묘사하였다고 평하였다. 하나의 공통된 지평에 있으면서도 서로 제각기인 그러한 상태는 사르트르가 말한 '각자 스스로에게 타자인 만큼 타자와 동일한' 수열체의 모습을 완벽히 구현한 것이다.

물론 우연히 같은 버스를 탔다 하더라도 사고가 나서 승객 모두가 위험에 처했을 때는 상황이 달라질 수 있다. 이때는 휴머니즘이 발생하며 심지어 타인을 위해서 자신을 희생하는 경우도 생긴다. 이러한 집단을 사르트르는 '융합집단groupe en fusion'이라고 부른다. 이 융합집단의 가장 완벽한 형태는 혁명집단일 것이다. 그러나 사르트르에 따르면 문제가 해결될 경우, 즉 사고 처리가 완료될 경우 다시 사람들은 수열체의 모습으로 돌아가고 만다. 근본적으로 대자존재인 인간은 고독하다.

세상을
바라보는
두 가지 시점

매클루언과
와이어스

크리스티나가 보는 세계와 관람객이 보는 세계

와이어스Andrew Wyeth, 1917~2009의 그림 〈크리스티나의 세계〉는 다리가 불편한 자신의 친구 올슨이 언덕 위의 집을 올려다보는 장면을 묘사하고 있다. 이 그림에서 와이어스는 올슨이라는 여인이 자신의 힘으로는 도저히 오를 수 없는 언덕 위의 집을 매우 절실하게 바라보고 있는 듯한 느낌을 탁월하게 포착했다. 그래서인지 화가는 이 그림을 단순한 초상화 이상의 의미를 지니는 것이라고 하였다. 그림 속 여인은 언덕 위의 집을 단순히 바라보기보다는 마치 닿을 수 없는 집을 향해서 나약한 팔로 노를 저어가는 듯하다. 이 모습은 보는 이를 크리스티나의 절박한 마음속으로 끌어들이기에 충분하다.

CHRISTINA'S WORLD, 1948 tempera on panel © Andrew Wyeth

와이어스, 〈크리스티나의 세계〉 Christina's World, 1948
작가는 다리가 불편한 지인 올슨이라는 여인이 평소에 가
끔씩 꾸는 꿈 이야기를 듣고 그 장면을 그림으로 표현하였
다. 꿈의 주인공 올슨은 매우 간절한 마음으로 언덕 위의
집에 오르려고 하지만 불편한 다리 때문에 언덕 위의 집에
도달하지 못한 채 집을 바라보기만 하고 있다. 이 그림에는
영화라는 미디어의 영향으로 나타난 주관적 시점과 객관점
시점의 중첩을 보여준다. 매클루언은 영화와 텔레비전 등
뉴미디어의 등장에 주목하였다.

그런데 처음 이 그림을 봤을 때 정작 나의 마음을 사로잡은 요소는 다른 곳에 있었다. 그것은 이 그림이 20세기 이전에는 거의 발견되지 않았던 미디어적 특성을 담고 있다는 사실이다. 이 그림을 잘 보면 언덕 위의 집은 크리스티나가 바라보고 있는 주관적 대상이다. 만약 이 집을 바라보고 있는 크리스티나의 시선을 그리지 않았다면 언덕 위의 집은 그저 흔한 풍경화 속의 한 대상이 될 것이다. 그런데 이 그림은 객관적인 시점을 담은 단순한 풍경화가 아닌 크리스티나의 절박함이 담긴 주관적 시점을 담고 있다. 동시에 이 그림의 전체적인 장면, 즉 크리스티나가 언덕 위의 집을 바라보는 장면은 크리스티나의 주관적인 시점이 아닌 객관적인 시점 또한 담고 있다. 말하자면 이 그림은 크리스티나의 주관적 시점과 동시에 그 누구의 시점도 아닌 객관적인 시점을 동시에 담고 있는 것이다.

19세기 이전만 하더라도 한 화면에 주관적 시점과 객관적 시점이 공존하는 것은 거의 생각할 수 없었다. 그렇다면 한 화면 속에 주관적 시점과 객관적 시점이 공존하는 이러한 모순적 상황이 발생한 이유는 무엇일까? 그것은 바로 영화라는 미디어의 영향이다. 영화에서 흔하게 사용되는 '오버 더 숄더 숏Over the Shoulder Shot'을 보면 쉽게 이해할 수 있다.

옆쪽의 이미지를 보면 알 수 있듯이 이 화면은 여자를 바라보는 남자의 주관적 시점과 그 광경을 담은 객관적 시점이 공존한다. 이러한 주관적 시점과 객관적 시점의 공존은 예전의 소설에서는 발견될 수 없었던 영화라는 미디어의 고유한 관행이기도 하다. 이러한 점에서 보자면 와이어스는 자신도 모르는 사이에 영화적 시선의 관행을 회화에 실행하고 있다. 20세기 회화 속에 이미 영화라는 미디어가 침투하여 사물과 대상을 표현하는 방식을 변화시킨 것이다.

매체 철학의 창시자로 일컬어지는 마셜 매클루언Marshall McLuhan, 1911~1980

오버 더 숄더 숏은 카메라의 객관적 시점과 화면 속 주체의 주관적 시점이 공존하는 촬영 기법이다. 여자를 바라보는 남자의 주관적 시점과 그 광경을 담은 객관적 시점이 공존한다.

은 미디어를 단순한 정보 전달 수단이 아닌 세상을 보는 방식의 근본적인 틀로 이해하였다. 그렇기 때문에 미디어는 어느 곳에나 침투해 있다. 가령 피카소의 큐비즘 회화 역시 미디어의 변화에 의해서 설명할 수 있다. 매클루언은 큐비즘이 인쇄매체가 아닌 텔레비전과 같은 뉴미디어 혹은 이전의 영화를 선구적으로 표현하고 있다고 본다. 우리에게 잘 알려진 분석적 큐비즘 시기의 피카소 작품은 대상을 고정된 시선으로 보지 않고 다양한 각도 혹은 다양한 시간에서 본 시선들을 한 화면에 중첩시키고 있다. 이는 시간적 논리적 순서에 따라서 순차적으로 엄격하게 정보를 전달해야 한다는 문자 매체의 특성과는 어긋난다. 그보다는 우발적으로 다양한 요소들을 결합하여 자의적으로 의미를 만들어내는 비문자적인 정보, 즉 텔레비전 화면이나 영화 이미지와 연관성이 더 분명하게 나타난다.

매클루언의 대표적인 저서인 《미디어의 이해》Understanding media, 1964는 미디어가 정보 전달 수단이라는 통념을 깨고 미디어를 의사소통의 체계 자체를 반영하는 매개물로 확장하였다. 오늘날 알게 모르게 그의 생각이 지극히 일반화되어서 그렇게 대단한 것으로 보이지 않을 수도 있지만, 당시 매클루언의 아이디어는 매우 충격적인 것이었다. 그가 이 책을 발표한 시기는 당시 대표적인 뉴미디어였던 텔레비전이 생활필수품으로 자리 잡고 있던 때였다. 당시 사람들에게 텔레비전은 정보를 전달하는 대표적인 미디어로 간주되었다. 그러나 한편으로는 이러한 대표적인 정보 전달 수단으로서 텔레비전은 예전의 신문이나 인쇄매체와 달리 매우 피상적이고 획일적인 특성을 지닌 부정적인 것으로 평가받았다. 그것은 텔레비전이 지적인 언어가 아닌 다소 비논리적인 이미지의 형태로 정보를 전달하고자 하는 경향이 있기 때문이었다. 그러나 매클루언이 주목한 것은 텔레비전이라는 새로운 미디어의 등장은 단순히 새로운 정보 전달 수단의 출현이 아니라 정보의 특성 자체를 바꾸었다는 사실이다.

미디어가 다르면 정보 자체도 달라질 수밖에 없다는 사실은 다음과 같은 사례를 통해서도 설명할 수 있을 것이다. 미술사학자 브라이슨은 근대 서양 회화와 전통적인 동아시아 회화(한국, 중국, 일본의 전통 수묵화)의 특징적 차이를 미디어의 차이에서 찾는다. 캔버스와 유화라는 미디어를 사용한 근대 서양 회화는 미디어적 특성 때문에 덧칠이 가능하다. 색이나 윤곽이 잘못된 경우 덧칠로 교정할 수 있으며, 렘브란트의 대표작 〈야경〉에서처럼 심지어 애초에 그렸던 등장인물을 아예 덧칠하여 없애버리는 경우도 있었다. 그렇기 때문에 유화는 캔버스라는 표면을 감추고 마치 현실의 사물과 거의 구별되지 않는 듯한 이미지를 만들어낼 수 있다. 이에 반해 동아시아의 수

렘브란트, 〈야경〉 The nightwatch, 1642
캔버스와 유화라는 미디어를 이용한 근대 서양 화가들은 그림을 자유롭게 수정할 수 있었다. 때문에 현실의
사물과 거의 구별되지 않는 이미지를 만들어내는 것 또한 가능했다.

묵화는 한지에 먹이 스며들기 때문에 덧칠이 불가능하다. 이러한 특성상
사물을 재현하기보다는 먹의 농담이나 붓질의 강도를 표현한다.

　브라이슨은 유화를 소거적 미디어라고 칭하는 반면 수묵화를 지시적 미
디어라고 칭한다. 소거적이라 함은 덧칠을 통하여 붓자국을 없애기 때문이
며, 지시적이라 함은 붓질 자체가 그대로 나타남으로써 붓질한 사람의 기
상을 그대로 드러내기 때문이다. 브라이슨은 서양의 유화와 동아시아의 수
묵화의 특성을 미디어의 차이를 통해서 설명하고 있다. 그런데 여기서 더
흥미로운 사실은 이러한 '차이'가 단순한 표현의 차이가 아니라 그 속에 담

긴 정보의 특성 자체의 차이를 나타내며 나아가 그러한 정보를 공유하는 사람들 간의 소통 체계의 차이를 나타낸다고 볼 수 있다는 점이다. 가령 근대 유화는 그것이 재현하고자 하는 세계라는 정보를 보여주는 반면, 수묵화는 그것을 그린 화가의 성질이나 기운을 담은 정보를 보여준다. 그렇기 때문에 수묵화를 통해서 수신자는 발신자의 정황이나 기운을 전달받는 데 반하여, 유화를 통해서는 수신자와 발신자가 단지 세계에 대한 객관적인 정보만을 공유할 뿐이다. 이는 서양의 합리적인 소통 체계와 동양의 정서적인 소통 체계의 구분과도 상응한다.

매클루언이 미디어에서 주목하고자 하는 사실은 바로 이것이다. 미디어의 변화는 단순한 기술 및 소통 수단의 변화가 아닌 세계를 보는 방식 혹은 사람들이 서로 관계를 맺는 방식 자체의 변화를 함축한다는 것이다. 영화나 텔레비전이 인쇄매체와 다른 것이 바로 이러한 점이다. 헝가리의 영화이론가 벨라 발라즈Bela Balazs, 1884~1949는 영화가 예전의 인쇄매체와 달리 사람들의 잃어버린 표정을 되찾아주었다고 했다. 인쇄매체의 대표적인 미디어인 책은 문자의 형태로 정보를 전달하는데, 문자의 미덕은 특정한 장소나 시간에 상관없이 혹은 독자가 누구이든지 글을 읽고 이해하는 사람에게 동일한 의미를 전달하는 것이다. 그렇기 때문에 주관적이고 정감적인 요소는 배제될 수밖에 없다. 이에 반해서 영화는 카메라의 클로즈업을 통하여 생생한 얼굴 표정을 보여준다. 등장인물의 모습은 보는 이에 따라 슬프게 보일 수도 혹은 슬픔을 절제하는 것처럼 보일 수도 있다. 인쇄매체에서는 추방되었던 비문자적인 요소들이 뉴미디어에서는 오히려 더 중요한 의미의 구성 요소가 된다. 매클루언은 영화나 텔레비전과 같은 뉴미디어가 인쇄매체를 통해서 사라져 버렸던 사람들 간의 직접적이고도 정감적인 소통체계를 회복시킨다고 보았다.

미디어는 메시지이다

여기서 우리는 매클루언의 책《미디어의 이해》가 전달하고자 하는 핵심적인 명제를 이해할 수 있다. 그것은 "미디어는 메시지이다."라는 간결하고도 분명한 명제로 요약된다. 이 명제는 자칫 미디어는 메시지를 전달한다는 매우 평범한 뜻으로 오해될 수도 있다. 하지만 이는 매클루언이 공격하고자 하는 미디어에 대한 전통적이고도 가장 잘못된 접근 방식이다. 미디어가 메시지라는 말은 미디어 자체가 곧 메시지라는 의미이다. 말하자면 텔레비전이라는 단순히 메시지를 전달하는 미디어 그 자체가 메시지라는 것이다. 예를 들면 기독교인들에게 하나님의 메신저인 메시아로서의 예수가 이 땅에 왔을 때 그가 어떤 말을 하는가 하는 내용(메시지) 자체가 중요한 것이 아니라 예수라는 존재 자체가 복음의 메시지인 것과 마찬가지이다. 텔레비전이라는 뉴미디어가 과거의 인쇄매체와 달리 사람들의 새로운 소통 체계를 가져왔다면 그것이 바로 텔레비전이 주는 메시지인 것이다.

이는 달리 말하면 매클루언이 미디어를 단순한 정보 전달 수단이 아닌 소통 체계와 동일한 맥락에서 이해하고 있음을 의미한다. 미디어를 소통 체계와 관련 짓는 매클루언의 접근 방식은 근본적인 철학적 사유의 전환을 내재하고 있다. 이는 미디어가 실재 세계를 재현하는 정보를 전달하는 것이 아니라 거꾸로 우리가 접하고 있는 세계가 미디어의 산물임을 암시하기 때문이다. 여기서 매클루언이 말하는 미디어라는 개념은 매우 포괄적인 의미로 사용된다는 것을 이해해야 한다. 우리는 미디어라는 단어를 접할 때 신문, 텔레비전, 인터넷과 같은 대중매체를 항상 떠올리기 마련이다. 그러나 매클루언에게 미디어란 말 그대로 두 항을 연결하는 중간자이자 동시에 매개물로서의 매체이다. 가령 우리가 대화를 할 때 발성기관을 통해서 공기의 진동을 만들고 두뇌의 사고 작용을 상대방의 귀에 전달하면, 상대방의 귀는 진동을 흡수하여 고막의 떨림을 통해서 전기신호를 만들어 대뇌에 전달한다. 이때 말이 대화의 매체(미디어)라고 할 수 있지만, 말이란 공기의 진동이므로 그러한 진동을 만들어내는 공기라는 매질 또한 매체라고 할 수도 있다. 우리의 입도 매체일 것이다. 따라서 매체로서 미디어는 매우 포괄적인 의미를 지닌다.

여기서 매클루언은 매개물인 미디어에 따라서 세계와 관계를 맺는 방식 혹은 세계의 모습 자체가 달라진다는 사실에 주목한다. 가령 우리가 공간을 이동할 때 바닥과 우리 몸을 연결하는 매개물은 우리의 다리일 수도 있고, 자전거나 자동차를 탔을 경우와 같이 바퀴일 수도 있다. 그런데 운송 미디어가 다리인지 바퀴인지에 따라서 우리의 공간 구성은 엄청나게 바뀐다. 근대의 전지구적 공간을 상징하던 메르카도르 도법은 전적으로 배라는 미디어의 발전에 의한 산물이다. 메르카도르 도법은 실제 항해라는 현실적인 목적을 위해서 제작되었으나 실제 공간과 일치한다고 볼 수는 없다. 그것은 원래 곡면인 지구의 표면을 이차원적인 평면으로 환원시켰기 때문이다. 다만 이 도법에 따른 공간 구성은 대륙 간의 소통이나 운송을 위해서 최적화된 것이었으며 실용적인 것이었다. 사람들은 지도에 매겨진 좌표를 현실의 공간으로 믿는다. 근대인에게 세계라는 공간은 곧 기하학적인 좌표로 분할된 공간이었다. 그리고 그러한 근대적 공간의 탄생은 근대적 미디어의 산물이기도 하다. 이렇게 보자면 소통의 체계로서 미디어가 세계를 창출한다고 볼 수 있는 근거는 충분하다. 따라서 매클루언의 "미디어는 메시지이다."라는 명제가 주는 궁극적 의미는 우리가 어떠한 방식으로 소통 체계를 이루고 있으며 어떠한 세계를 구성하며 살고 있는지를 알려주는 메시지가 미디어에 담겨 있다는 것이다.

쿨미디어와 핫미디어

매클루언은 뉴미디어가 등장하기 이전의 대표적인 미디어를 인쇄매체로 보았으며, 원시부족 사회의 해체 이후 서양의 문화와 소통 체계에서는 줄곧 이러한 인쇄매체의 성격이 강화되는 것으로 보았다. 인쇄매체는 활자 인쇄술이라는 구체적인 미디어를 지칭하는 것이기도 하지만 한편으로는 알파벳 문자를 지칭하는 은유의 뜻을 담고 있기도 하다. 여기서 매클루언이 주목하는 인쇄매체 혹은 알파벳 문자가 지닌 가장 근본적인 특성은 선형성linearity이다. 선형성이란 엄격하게 짜여진 공간적 혹은 시간적인 순서에 따라 일사분란하게 짜여진 체계를 의미한다.

체코 출신의 철학자 빌렘 플루서Vilém Flusser, 1920~1991는 알파벳 문자의 소통 체계를 그림의 소통 체계와 비교하여 그 특성을 설명하였다. 플루서에 따르면 알파벳 문자는 전적으로 선형성에 기초한다. 우리는 문장을 읽을 때 왼쪽 혹은 오른쪽, 또는 위에서 아래로 정해진 순서에 따라서 읽어나가야 한다. 순서의 배열이 바뀌면 의미가 바뀌거나 혹은 의미 자체가 소멸될 수도 있다. 가령 영어의 경우, 주어와 동사의 위치가 바뀌면 평서문이 의문문으로 바뀌게 된다. 이렇게 단어 혹은 정보를 이루는 단위들을 시간 혹은 공간적 순서에 따라 논리적으로 구성하는 것이 바로 선형성에 기초한 알파벳 문자의 소통 체계인 것이다.

이에 반해서 알파벳 문자 이전에는 그림이 문자를 대신하였다. 그런데 그림은 그 특성상 선형적인 체계를 이루고 있지 못하다. 그림에는 화면의 요소들, 즉 세부적인 이미지를 반드시 특정한 순서에 따라서 배열해야 한다는 규칙이 정해져 있지 않다. 말하자면 알파벳 문자로 이루어진 문장처럼 선형적인 배열이 불가능하다. 그렇기 때문에 사람들은 저마다 각각 임의대로 그림의 각 부분들을 결합하여 의미를 만들어낸다. 플루서는 이렇게 만들어지는 의미의 탄생을 마법에 비유한다. 이러한 마법과도 같은 소통 체계가 문자 체계이다. 이는 알파벳 문자의 경우에는 생각할 수 없는 것이다. 왜냐하면 단어들을 엄격한 순서에 따라 배열하지 않고 임의대로 배열한다면 그것은 무의미한 말이 되든지 혹은 미치광이의 말이 되어버릴 것이기 때문이다. 이 경우 오히려 소통은 사라진다.

매클루언이 인쇄매체에 대해서 지닌 생각은 바로 이것이다. 선형적인 알파벳이라는 문자에 바탕을 둔 소통 체계는 매우 기계적이며 일사분란하다. 마치 기계가 그러하듯 동력을 전달하는 어떤 한 부분이 고장 날 경우 전체가 마비되어 작동을 멈춘다. 기계는 미리 짜인 설계에 따라 정확하게 움직여야 한다. 이를 정보의 전달 과정에 대입하면 이렇게 설명할 수 있을 것이다. 발신자는 정보를 정확하게 선형적인 규칙에 따라서 기계처럼 정확하게 텍스트에 담는다. 그리고 수신자는 동일한 규칙에 따라 기계처럼 짜인 텍스트의 정보들을 정확하게 읽어낸다. 이것이 바로 인쇄매체의 의사소통 과정이다. 그렇기 때문에 사실상 소통의 과정은 소통에 참여하는 사람들 사이에 발생하는 직접적이고 정서적인 만남의 과정이라기보다는 인코딩(기호화하는 과정)과 디코딩(기호를 읽어내는 과정)을 하는 과정일 뿐이다.

매클루언은 인쇄매체 혹은 알파벳 문자가 가진 이러한 선형적 체계의 특성을 기계적인 미디어 혹은 '외파explosion'라는 말과 관련지었다. 기계적이라는 말은 이미 설명한 대로 선형성을 뜻한다. 그런데 외파라는 말도 이러한 선형성과 관련이 있다. 외파란 폭발의 진원지로부터 점차 확산되는 과정을 나타내는 은유적 표현이기 때문이다. 가령 연못에 돌을 던질 경우 돌이 물 표면에 떨어진 최초의 지점은 폭발의 진원지일 것이며 이 진원지를 중심으로 동심원을 그리면서 파문은 점차 커지지만 엷어질 것이다. 인쇄매체에서 정보는 정보의 발신자라는 최초의 진원지로부터 점차적으로 확장된다. 따라서 정보의 진원지는 분명하며 정보의 의미는 발신자로 나온다. 정보를 정확하게 파악한다는 것은 그 진원지인 발신자가 발화한 의미를 정확하게 간파한다는 말이다. 이것은 우리가 책을 읽을 때 전통적으로 지니고 있는 독해 방식을 상징적으로 보여준다. 우리는 책이 확고부동한 의미를 지니고 있다고 믿으며 그 의미를 이해한다는 것은 궁극적으로 그 책을 쓴 저자의 의도를 이해하는 것으로 믿기 때문이다.

그러나 매클루언은 뉴미디어가 인쇄매체의 이러한 외파적인 특성을 붕괴시켰다고 본다. 그 이유는 뉴미디어가 지닌 쿨미디어cool media 라는 특성과도 관련이 있다. 매클루언은 미디어를 크게 핫미디어hot media 와 쿨미디어로 분류하고 대표적인 핫미디어로 인쇄매체를 들고 있다. 핫미디어의 가장 큰 특성은 하나의 단일한 감각을 고밀도로 압축하여 정보를 전달한다는 것이다. 인쇄매체야말로 이러한 특성을 분명하게 보여준다. 왜냐하면 문자를 통하는 인쇄매체는 자의적으로 해석될 수 있는 가능성을 최소화하기 때문이다. 인쇄매체 시대에 좋은 책의 기준은 글을 쓴 저자의 생각이 곧 독자의 생각과 일치하는 것이다. 가령 아름다운 여인 샤로테에 대한 괴테Johann Wolfgang von Goethe, 1749~1832의 완벽한 묘사를 제대로만 읽어낸다면 독자는 괴테가 머릿속에 떠올린 샤로테의 모습을 똑같이 볼 수 있으리라 믿었다. 그렇기 때문에 인쇄매체 시대의 작가는 세세한 이미지, 소리, 색감, 분위기 등을 객관화하여 문자로 담아내려고 했다. 인쇄매체 시대의 문자는 이렇게 말 그대로 과열된 임무를 지고 있던 것이다.

진원지가 없는 정보, 인터넷 미디어를 예견하다

매클루언은 이렇게 데이터가 하나의 감각에 고밀도로 집중된 상태에서 정보는 발신자에 의해서 수신자에게 일방적으로 전달될 뿐이라는 사실에 주목한다. 인쇄매체는 정보의 일방적인 전달 과정이며 수신자는 고밀도로 압축된 정보를 수동적으로 해독할 뿐이다. 이는 근대사회의 보편적인 모습을 묘사하고 있는 것이기도 하다. 가령 근대사회에서 판사는 치밀하게 짜인 법전을 읽고 사건을 그것에 적용하는 역할을 한다고 인식되었다. 말하자면 판결은 소통의 행위가 아니라 미리 주어진 법조항을 해독하는 행위일 뿐이다. 정치적 영역에서의 공론화 과정 또한 이와 다르지 않다. 그런 점에서 매클루언의 미디어 이론은 사회정치적인 차원으로까지 확장될 수 있다.

그는 뉴미디어가 인쇄매체와 달리 쿨미디어적인 특성을 갖는다고 보았다. 쿨미디어란 한마디로 '쿨'한 특성을 지닌 미디어를 의미하는데 이때 쿨하다는 것은 과도하지 않음과 관련이 있다. 인쇄매체는 지나치게 의미를 치밀하게 구성하려고 노력하였다. 그러나 쿨미디어는 어떤 하나의 감각에 치우쳐서 정보를 과밀하게 구성하려 하지 않는다. 텔레비전이나 영화는 소설과 달리 문자라는 단일한 요소에 집착하지도 않으며 지나치게 설명적이지도 않다. 그렇기 때문에 영화나 텔레비전에서 얻는 정보는 극히 주관적이며 관객에 따라서 얼마든지 그 의미가 달라질 수 있다. 말하자면 뉴미디어에 의해서 전달되는 정보 자체가 의미론적인 측면에서는 매우 개방적인 특성을 지닌다. 이때 개방적이라 함은 그 의미가 독자의 해석에 따라 변할 수 있다는 가능성을 열어두었다는 뜻이다. 매클루언이 보기에 정보의 이러한 개방성으로 인해 정보의 과정은 일방적인 전달의 과정이 아닌 직접적인 만남이나 참여의 과정으로 이어진다. 그가 뉴미디어를 통해서 민주주의의 부활을 꿈꾸는 것도 이러한 맥락에서이다.

그런데 매우 흥미롭게도 인쇄매체에 대한 매클루언의 분석과 뉴미디어에 대한 해석은 디지털 혹은 인터넷 미디어의 시대의 특징에 잘 적용된다. 그는 인쇄매체의 외파적인 특성과 대비하여 뉴미디어의 특성을 '내파

implosion'라는 용어로 설명한다. 내파란 진원지가 분명하며 선형적으로 그 힘이 전달되는 기계적인 인쇄매체와 달리 진원지 없이 동시적으로 폭발하는 전기적인 매체를 나타내는 은유이다. 여기서 내파적 특성으로 주목해야 할 사항은 진원지의 부재와 동시성이다. 그리고 인터넷이라는 미디어는 이러한 특성을 매우 분명하게 보여준다.

소셜 네트워크가 발전한 인터넷 미디어 시대의 정보는 인쇄매체 시대와 달리 그 진원지가 불확실하다. 가령 과거의 주요한 정보는 기자들의 취재나 언론사의 데스크로부터 나온 것이다. 하지만 오늘날 주요 정보는 이와 달리 현장에 있던 사람들의 스마트폰을 통해서 나오거나 위키리크스와 같이 해커들로부터 나온다. 오히려 취재기자는 이 익명의 정보를 흥미롭게 가공하는 엔터테이너가 되는 경향이 있다. 또한 정보를 소개하는 기사의 댓글에서도 알 수 있듯이 독자들은 더 이상 정보를 세계에 대한 진실한 재현으로 받아들이지 않으며, 정보를 정정하기도 하고 변형하며 평가한다. 정보의 진원지는 더 이상 의미가 없다.

또한 인터넷의 특성상 정보는 시간적으로나 공간적으로 제약받지 않고 동시에 폭발한다. 이러한 동시적인 막강한 폭발 현상에 대해서 외파라는 용어를 갖다 대는 것은 매우 어색하며, 내파라는 용어 외에는 별달리 설명할 길이 없을 것이다. 이런 맥락에서 볼 때 텔레비전이 일반화되던 1964년의 시대를 분석한 매클루언의《미디어의 이해》는 그 시대적 한계를 오늘날 인터넷 미디어의 근본적인 특성을 이해하는 데도 유효한 분석 틀을 제시하는 고전의 면모를 보여준다.

**갈등이
아름다움을
만든다**

**리오타르와
인상주의**

선을 깨뜨리고 색을 취하다

고전주의라고 일컬어지는 모차르트Wolfgang Amadeus Mozart, 1756~1791나 초
기 베토벤의 음악이 지극히 폭력적이고 남성중심주의 음악이라고 말한다
면, 이에 동의하는 사람들은 그다지 많지 않을 것이다. 그러나 적어도 형식
적인 측면에서 보자면 이들의 음악을 폭력적이라고 말할 만한 충분한 이유
가 있다. 이러한 극단적인 주장에 대한 근거는 이들 음악이 매우 수직적인
구조로 짜여 있다는 사실이다. 여기서 말하는 수직적 구조란 여러 개의 성
부voice 들로 이루어진 음악에서 한 성부가 지배적인 역할을 하는 구조를 뜻
한다. 우리가 듣는 대부분의 음악은 여러 개의 성부로 이루어진다. 가령 교
향곡의 경우 제1바이올린과 제2바이올린, 비올라, 첼로, 오보에, 플롯, 타

악기 등의 여러 성부들로 이루어져 있다. 그런데 이들 중 멜로디를 담당하는 하나의 성부가 지배적인 역할을 하며, 나머지 성부는 멜로디 성부의 화음에 따라 종속적인 역할만 수행한다. 그렇기 때문에 모든 성부(혹은 악기)가 수평적인 관계를 맺지 못한다. 고전주의자들은 성부들이 화음이라는 대통합의 원칙에 의해서 수직적 결합을 이루지 못한 음악을 조화가 무너진 나쁜 음악으로 간주하였다. 이들의 음악에서 통합은 철저하게 수직적으로 이루어졌다.

이에 반해서 20세기 중반 이후의 재즈 음악은 매우 수평적인 구조를 띠고 있다. 가령 드럼, 콘트라베이스, 피아노의 세 성부로 이루어진 음악의 경우 전통적인 고전주의의 문법에 따르자면 피아노가 멜로디를 담당하며 콘트라베이스는 멜로디를 밑에서 받쳐주는 역할을 할 것이다. 그러나 재즈 음악의 경우 콘트라베이스는 수직적인 위계를 이탈한 것처럼 피아노의 멜로디와는 별개의 멜로디를 이루고 독립적으로 진행한다. 말하자면 콘트라베이스 자체가 피아노에 종속되지 않고 독립적인 성부가 되는 것이다. 이렇게 각각의 성부가 서로 독립성을 이루는 음악의 구조를 흔히 폴리포니polyphony 형식이라고 부른다. 고전주의 전통에 익숙한 사람들에게 이러한 음악은 매우 이질적이고 혼란스러우며 조화가 깨진 것처럼 들렸을 것이다. 재즈 음악은 실제로 화음이라는 기준에서 보자면 때로는 서로 통합되지 않고 어긋나서 이질적인 것처럼 보인다. 고전음악이 수직적인 위계질서에 의해서 갈등과 분쟁을 완전히 제거하고 통합을 이룬다면, 재즈 음악은 성부들의 갈등과 분쟁을 기반으로 형성된다. 재즈 음악의 아름다움을 만드는 것은 위계적 통합이 아닌 갈등과 분쟁에 기반한 공존이다.

한때 포스트모더니즘의 전도사로 알려진 프랑스의 장 프랑수아 리오타르Jean François Lyotard, 1924~1998의 철학은 바로 수직적 통합이 아닌 분쟁과

다비드, 〈생베르나르 고개를 넘는 나폴레옹〉 Napoleon at the saint-bernard pass, 1800 (왼쪽)
모네, 〈인상 : 해돋이〉 Impression : Sunrise, 1872 (오른쪽)
신고전주의 화가인 다비드의 작품에서는 회화가 재현하려는 대상을 시각적으로 가장 잘 드러낼 수 있는 요소로서 선이 강조되었다. 반면 인상주의 회화 작품인 모네의 〈인상 : 해돋이〉는 선이 지닌 폭력성을 전복하고자, 사물의 불변적인 모습을 데생으로 묘사하기보다는 시시각각 변하는 사물의 표면적인 모습을 색으로 표현했다. 인상주의 회화는 선이라는 요소에 종속되어 있던 색을 독립적인 표현 수단으로 사용함으로써 위계질서에 반발했다. 리오타르는 수직적 위계질서에 의한 통합이 아닌 분쟁과 갈등이 포스트모더니즘의 조건이라고 말했다.

갈등의 옹호로 집약할 수 있다. 우리에게 가장 잘 알려진 그의 대표적인 저서 《포스트모던의 조건》La condition postmoderne, 1979에서 그는 모더니즘을 "세상을 하나의 거대한 원리 혹은 '이야기grand récit (거대서사)'에 의해서 수직적으로 통합하려는 시도"로 간주한다. 이에 반해서 그가 말하는 포스트모더니즘의 조건은 세상을 묶을 수 있는 이러한 거대한 이야기를 포기하고 오로지 작은 이야기들이 서로 자신의 정당성을 주장함으로써 갈등의 상태를 이루는 것이다. 이러한 갈등의 상태야말로 그가 말하는 포스트모더니즘의 조건이며, 갈등의 제거는 곧 폭력을 의미한다. 말하자면 어느 하나의 특권적 담론이 진리라는 절대적 지위를 지니면 다른 담론들은 그 특권적 담론에 부합하는지 아닌지에 따라서 그 정당성이 결정된다. 이러한 수직적 통합은 폭력적이며 갈등과 분쟁의 소지를 남기지 않는다. 리오타르의 철학은 이러한 폭력적 통합이 알고 보면 근대가 낳은 이데올로기적 환상에 지나지 않는다는 사실을 지적한다.

리오타르의 이러한 생각을 회화의 사례에 적용하는 것도 매우 흥미로울 듯하다. 회화에서 어느 한 요소가 거대담론의 지위를 갖게 되면 오히려 균형이 깨지며 갈등의 요소를 드러낼 수밖에 없다. 가령 르네상스로부터 신고전주의에 이르면서 회화에서 '선ligne'에 대한 중시가 중요한 견해로 부상하였다. 특히 다비드Jacques-Louis David, 1748~1825와 같은 신고전주의 화가에게 가장 중요한 요소는 선이다. 왜냐하면 선이야말로 회화가 재현하려는 사물 혹은 대상 세계를 시각적으로 가장 분명하게 드러낼 수 있는 요소로 간주되었기 때문이다. 르네상스 회화에서 '선'원근법이 강조되는 것이나 신고전주의 회화에서 데생이 회화의 가장 기본적인 원칙이 되는 것도 이러한 이유에서이다. 이들에게 색이란 선에 의해서 만들어진 대상에 적합한 채색을 하거나 혹은 사물의 실루엣을 분명하게 드러내는 보조적인 역할을 수행하는 것에 지나지 않았다. 따라서 색 자체가 사실상 회화에서 독립적인 표현의 수단으로 간주될 수 없었으며, 선이라는 요소에 위계적으로 종속되어 있었다.

인상주의 회화는 바로 이러한 선의 위계적 질서에 대해 반란을 꾀하였다. 인상주의는 회화에서 선이 지니는 폭력성을 전복하고자 하였는데, 이는 곧 데생에 의해서 표현되는 사물의 항구적인 묘사를 거부하는 것과 관련이 있다. 달리 말하면 이들은 불변적인 사물의 모습을 데생으로 묘사하기보다는 망막에 비춰지는 대로 시시각각 변하는 사물의 표면적 모습에 관심을 두었다. 이러한 가변적인 표면의 모습은 빛에 의해서 시시각각 변하였기 때문에 선이 아닌 색에 의해서만 나타낼 수 있었다. 모네Claude Monet, 1840~1926의 그림에서 여실히 드러나듯이 인상주의 회화는 (드가를 제외하고) 데생을 아예 무시하고 색채에 의한 표면적 효과에 치중한다. 심지어 실제 사물의 색이 빛의 반사 효과에 의한 것이며 하나의 단일색이나 고유색으로 환원할 수 없는 무한한 색의 결합이듯이, 이들은 팔레트에서 색을 배합하지 않고 무수히 많은 색을 캔버스에 병렬적으로 분산시키고 있다.

그러나 세잔Paul Cézanne, 1839~1906에 따르면 인상주의 회화는 고전주의자들과는 또 다른 편향을 보인다. 세잔이 보기에 인상주의 회화는 선이라는 특권적 담론으로부터 벗어나려고 노력하였지만, 결코 이를 극복하지 못하였다. 왜냐하면 이들은 철저하게 사물의 표면적 효과에 치중하거나 색에만 치중함으로써 대상이 지닌 중량감마저도 배제시켰기 때문이다. 세잔이 보기에 인상주의 화가들의 그림에서 대상은 현실적인 중량감을 상실하고 마치 허공에 떠도는 신기루와 같은 것이 되었다. 세잔은 인상주의자들이 비현실적인 색이라고 배척한 회색을 의도적으로 사용함으로써 회화의 대상에 중량감을 부여하였으며 사물의 실루엣도 (비록 기하학적으로 단순화하였지만) 분명하게 표현하였다. 신고전주의나 인상주의는 모두 선 혹은 색이라는 위계적 기준을 제시하였지만, 세잔은 이 두 가지 요소 모두를 갈등의 소지가 있는 공존의 상태로 끌어올린 것이다.

'재현할 수 없는 것'의 재현

'숭고sublime'라는 개념은 리오타르의 포스트모더니즘 철학을 이해하는데 절대적인 요소이다. 리오타르는 숭고라는 개념을 칸트의 미학이론에서 빌려왔지만, 그 개념을 자신의 포스트모더니즘 철학을 설명하는 핵심 개

세잔, 〈정물, 박하병〉 La bouteille de menthe poivrée, 1893~1895
세잔은 인상주의 회화가 색에만 치중하여 현실적인 중량감을 상실했고 '선'이라는 담론을 뛰어넘지 못했다고 했다. 그는 일부러 인상주의자들이 배척한 회색을 사용함으로써 회화에 중량감을 부여하고, 사물의 실루엣도 분명하게 표현하였다.

넘 중 하나로 확장시켰다. 리오타르는 《칸트의 숭고미에 대하여》Leçons sur l'analytique du sublime 라는 책에서 칸트의 숭고 개념을 매우 치밀하게 분석하기도 하였다. 물론 미학에서도 숭고라는 개념은 칸트가 가장 먼저 사용하지 않았다. 로마의 롱기누스Dionysius Cassius Longinos, 217~273 나 영국의 경험주의 철학자 에드먼드 버크Edmund Burke, 1729~1797 에게 숭고는 아름다움과 더불어 이미 미학의 핵심 범주로 다루어졌다. 다만 칸트에 이르러 숭고라는 개념은 더 체계화되었으며 그 의미가 명확해졌다. 롱기누스나 버크에게 숭고라는 개념은 우리가 예술작품에서 느끼는 아름다움 이외의 또 다른 감정을 설명하기 위한 것이다. 숭고함은 아름다움과 달리 위대함 혹은 거대함과 관련된 감정을 나타낸다. 가령 어마어마하게 큰 폭포를 볼 때 우리가 느끼는 감정은 단순히 아름다움이 아닌 그 이상의 무엇이다. 이는 엄청나게 크거나 위력적인 것에 대한 감정이다.

칸트는 이렇게 압도적으로 큰 것과 위력적인 것에 대한 숭고의 감정을 종교적인 감정과 연관 짓는다. 그에 따르면 숭고의 느낌을 일으킬 만큼 크거나 위대하다는 것은 수적으로나 역학적으로 나타낼 수 없다. 오히려 거꾸로 어떤 대상이 그 크기를 헤아릴 수 없을 만큼 우리를 압도할 때 우리는 숭고함을 느낀다. 칸트가 보기에 숭고의 실체는 그 대상이 아니라 내가 그 대상을 결코 완전히 파악하거나 헤아릴 수 없다는 불가능함, 즉 나의 무능력에 있다. 우리가 숭고를 느끼는 대상은 우리가 결코 극복할 수 없는 대상이며, 이는 곧 나의 무능력에 대한 자각이다. 칸트가 숭고에서 발견한 것은 바로 자연 속에는 우리들 인간이 넘어설 수 없는 어떤 위대함이 있다는 사실과 이를 통하여 얻은, 인간이 하나의 불완전하고 왜소한 존재에 지나지 않는다는 종교적 자각이다.

물론 리오타르가 칸트의 숭고론에서 관심을 갖는 부분은 종교적인 측면과

거리가 멀다. 리오타르의 관심사는 숭고를 통해서 인간의 왜소함을 깨닫고 도덕적 혹은 종교적으로 성숙한 인간이 되어야 한다는 칸트의 교훈적인 철학이 아니다. 리오타르의 관심은 숭고미가 지닌 독특한 메커니즘에 있다. 그것은 숭고의 메커니즘이 결코 재현할 수 없는 것을 재현하려는 일종의 역설(패러독스) 구조를 지니고 있다는 것이다. 가령 자연의 엄청난 위력 앞에서 숭고미를 느끼는 이유는 그러한 자연을 우리가 결코 재현할 수 없다는 사실 때문이다. 리오타르에게 숭고미의 본질은 재현할 수 없는 것을 재현하는 데서 오는 역설적 체험이다. 우리가 곧잘 자연에 대해서 숭고미를 느끼는 것도 자연은 우리가 재현할 수 있는 범위를 넘어서 있기에 가능하다. 숭고미란 이렇게 근본적으로 재현할 수 없는 것을 재현하고자 할 때 발생한다.

　따라서 칸트와 달리 리오타르에게 숭고미의 범위는 무한히 확장된다. 그에게 재현할 수 없는 대상은 근본적으로 숭고의 대상이 된다. 따라서 숭고의 대상은 자연이 될 수도 있지만 인간이 될 수도 있고, 경우에 따라서는 우리 눈앞에 있는 현실 세계 전체가 될 수도 있다. 왜냐하면 어떤 인간도 심지어 이 현실 세계의 모습을 완전하게 재현할 수 없기 때문이다. 어쩌면 가장 숭고한 대상은 바로 지금 이 순간에 있는 모든 것 혹은 지금 이 순간에 나타나는 사건 자체일 것이다. 리오타르가 보기에 우리가 가장 확실하다고 믿고 있는 지금 이 순간의 세계야말로 재현할 수 없으며 가장 숭고하다. 따라서 이러한 숭고한 순간을 이미지로 표현한다면 그것은 어떤 구체적인 형상화도 불가능한 이미지일 것이다. 미국의 추상주의 화가 바넷 뉴먼Barnett Newman, 1905~1970 의 작품 〈숭고는 지금이다〉The sublime is now, 1950~1951는 이를 잘 구현한다. 어떤 사물도 재현하지 않는 형상을 나타내는 수직선 이외에 빨간색으로 뒤덮인 거대한 화면에서 관객이 경험하는 것은 지금 이 순간의 현실적 체험이지만 어떤 재현적인 체험도 아니다.

리오타르에게 숭고의 개념이 중요한 이유는 바로 현실 자체가 숭고한 것이며 어떠한 담론에 의해서도 현실은 재현될 수 없다는 사실에 있다. 그가 보기에 거대 담론은 자신이 세계 자체를 재현하고 있다고 자처하면서 숭고한 현실을 은폐한다. 말하자면 거대 담론 그 자체가 현실을 은폐하는 일종의 이데올로기인 셈이다. 그렇기에 숭고의 체험이란 이러한 허구적 거대 담론의 위선을 드러내고 거짓된 통합을 해체시키는 기제이기도 한 것이다. 따라서 현실에 대한 어떠한 재현이나 주장도 그 자체가 현실을 재현하는 것이 아니며 하나의 단편적이고도 불완전한 부분 주장일 뿐이다. 숭고란 이렇게 거대 담론의 제왕적 지위를 해체하고 많은 소소한 담론들을 분쟁의 상태에 빠뜨리는 기능을 한다.

리오타르는 바로 이러한 숭고의 본성을 잘 드러내는 매체를 언어나 담론이 아닌 이미지에서 찾는다. 재현할 수 없는 숭고의 대상을 말로 나타내는 것은 불가능하기 때문이다. 대상을 말로 표현한다는 것은 이미 그것을 한정 지어서 규정한다는 뜻이다. 가령 어떤 숭고한 대상을 선하다고 한다면, 그것은 그 대상을 우리가 선하다고 생각하는 특성으로 한정 짓는 동시에 선하지 않다고 생각하는 모든 요소들을 배제하는 것이다. 그러나 숭고함이란 이런 규정마저 넘어선다. 숭고함을 언어로 규정한다는 것은 자기모순적인 일이 되고 만다. 한마디로 말해서 숭고란 언어로 정의할 수 없는 것이다.

이에 반해서 이미지는 숭고를 간접적으로 표현할 수 있다. 그것은 언어와 달리 이미지가 갖는 근본적인 특성 때문이다. 가령 어떤 선한 이미지를 만든다고 치자. 그 이미지가 과연 선한 특성만을 표현할 수 있을까? 누군가가 선한 이미지를 위해서 선한 사람의 얼굴을 그린다고 하더라도 그러한 선한 얼굴에는 결코 선하지 않은 요소들, 턱선, 날카로운 콧방울, 파인 볼 등이 개입하게 된다. 아무리 선한 사람의 모습을 그려도 그 이미지를 위선적이고 사악한 사람의 모습으로 해석하는 사람도 있을 것이다. 혹 선함을 나타내기 위해서 흰색으로 화면을 채운다 하더라도 사람들은 그 상태를 선함이 아니라 해석하지 않고 비어 있음이나 착란의 의미로 해석할 수도 있다.

리오타르는 이렇게 대상에 대해서 단편적으로 묘사할 수밖에 없으며 수많은 이질적인 것을 포함하는 이미지야말로 역설적으로 숭고를 표현하기에 적합한 매체라고 보았다. 나아가 이미지 자체는 근본적으로 어느 한 가지 특성으로 규정하거나 정의할 수 없으므로, 수많은 해석을 가능하게 하며 다양한 해석들 사이에 분쟁을 낳는다. 이렇게 볼 때 말이 아닌 이미지야말로 숭고를 구현하는 모델이다. 리오타르는 담론의 이상적인 형태도 이렇듯 근본적으로 이미지의 특성을 지향해야 한다고 생각했다.

담론 대 형상

이미지가 이러한 숭고한 특성을 지니고 있음에도 불구하고 유감스럽게도 서양의 합리주의 전통은 담론 혹은 언어를 더 우월한 것으로 간주하여 사실상 이미지를 철저하게 억압해왔다고 리오타르는 주장한다. 리오타르는 초기 저서 《담론, 형상》Discours, Figure, 1971에서 언어를 나타내는 담론과 이미지를 나타내는 형상을 구분하고 서로 대립시킨다. 이 저작은 리오타르 자신이 매우 중요하게 생각하는 저작임에도 불구하고 다소 난삽하고 난해한 특성 때문에 큰 주목을 끌지는 못했다. 그러나 이 저작에 나타난 담론(언어)과 형상(이미지)의 이분법은 서양의 정신사를 새롭게 보는 틀을 제시할 뿐만 아니라 리오타르 자신의 포스트모더니즘 철학을 단적으로 보여준다는 점에서 매우 중요하다.

이 책에서 리오타르는 궁극적으로 담론과 형상을 서로 이질적인 것으로 철저하게 구분하고 지금까지의 역사가 형상을 억압하는 측면을 지니고 있다는 사실을 보여주고자 한다. 이는 곧 담론의 우위에서 벗어나 형상(이미지)을 복귀시켜야 한다는 생각을 함축하는 것이기도 하다. 이 책에서 리오타르는 우선 담론의 기초가 되는 언어에 대한 분석부터 시작하는데, 이는 곧 언어의 한계를 밝히고 형상의 세계를 복원하기 위한 목적을 지닌다. 여기서 리오타르가 염두에 두고 있는 언어는 소쉬르의 구조주의 언어학과 관련이 있다.

소쉬르 언어학의 특징은 언어를 세계에 존재하는 실재 대상을 지칭하는 것으로 보지 않고 실재 세계와 관계없는 자족적인 영역으로 자립화했다는 것이라고 집약적으로 말할 수 있다. 소쉬르에 따르면 언어는 기표signifiant 와 기의signifié의 결합으로 구성된다. 이때 기표란 말, 불, 자동차 등과 같은 소리 기호이다. 한편 기의란 이러한 기표가 나타내는 개념 혹은 뜻을 의미한다. 여기서 소쉬르 언어학의 특이성은 이러한 기표나 기의가 세상에 있는 실재 대상과는 직접적인 관련이 없다는 사실을 주장하는 데 있다. 소쉬르의 언어학은 이를 두 가지 차원에서 해명하고자 한다. 우선 '말'이라는 기표는 실재하는 말이라는 대상에서 만들어진 것이 아닌 살, 불, 물 등의 다른 기표들과 음운적으로 변별적인 차이를 두기 위해서 만들어졌을 뿐이다. 또한 기표가 나타내는 개념인 기의의 경우에도 그것은 실재 대상을 지칭하기 위한 것이라기보다는 일종의 분류 체계라고 볼 수 있다. 가령 파란색을 지칭하는 단어가 하나밖에 없는 언어 체계에서 남색, 코발트 블루, 청색, 군청색 등은 모두 그냥 파란색일 뿐이다. 남색이라는 기표의 기의는 파란색 자체에서 만들어지는 것이 아니라 군청색, 코발트색, 자주색 등과의 변별적 차이에 의해서 만들어진다. 따라서 우리가 경험하는 세계란 우리가 만들어낸 언어의 세계라는 것이 소쉬르의 언어학적 결론이다. 코발트색이라는 언어가 없는 사람들에게는 코발트색에 대한 경험이 없을 것이다.

리오타르가 보기에 이러한 소쉬르의 언어학은 세계를 언어로 대체하는 것이 아니라 세계의 진정한 모습을 도외시하는 것이다. 리오타르는 언어가 사실상 감각의 세계를 추방함으로써 세계를 추상화하고 투명하게 만들어 버린다고 비판한다. 그는 "담론의 의미화가 모든 감각을 다 포괄할 수 있다는 것은 사실이 아니다. 가령 나무가 푸르다고 말하는 것은 가능하지만 푸른색 자체를 말로 표현할 수는 없다."라고 말한다. 담론은 푸른 나무를 보고 푸르다고 말하며, 그에 반하는 '푸른 나무는 붉다'는 명제를 비진리로 배격한다. 하지만 푸름이라는 단어 자체 혹은 그에 대한 어떠한 담론도 정작 푸름 자체를 재현하거나 지시할 수는 없다. 현실적으로 푸름에 대한 경험은 언어적으로는 표현될 수 없는 또 다른 경험이다. 인간은 언어적 방식 이외에 다른 방식으로도 세계를 경험할 수 있다. 여기서 다른 방식의 경험이란 형상을 통해 세상을 보여주는 방식을 말한다. 리오타르가 보기에 언어 혹은 담론은 세계의 표피만을 드러낼 뿐 정작 감각적으로 경험하는 우리의 세계 자체를 지시하거나 재현하지 못한다.

이에 반해서 형상은 언어의 한계가 드러나는 지점에서 출현한다. 푸름에 대해서 말할 수 없을 때 푸름이 무엇인지 보여주는 이미지가 출현하는 것이다. 따라서 리오타르가 보기에 형상은 언어로 드러나지 않는 표면의 배후에 있는 깊숙한 영역의 세계이다. 말하자면 이미지란 언어처럼 투명하지 않고 뭐라고 단언하여 규정할 수 없는 불투명한 심연의 세계를 보여준다. 따라서 이미지란 언어와 달리 단편적일 수밖에 없다. 이러한 파편성은 이미지가 비체계적이거나 무능하기 때문에 발생하는 것이 아니라, 오히려 현실 자체가 재현될 수 없기 때문에 발생한다. 그러므로 이미지의 파편성은 무능함이 아니라 진리라는 파편으로만 드러날 수 있다는 진리 자체의 역능 puissance적 표현인 것이다. 지금까지의 역사가 형상, 즉 이미지를 억압하고 담론을 숭상하는 전통을 유지해왔다면 이는 곧 거짓의 진리를 숭배해온 것과 다르지 않다.

통합이 아닌 분쟁을 향한 정치

지금까지 담론과 형상에 대한 리오타르의 논의를 살펴보면 그의 철학에서 나타나는 형상 혹은 이미지에 대한 찬양이나 전복이 담론 자체에 대한 거부로 귀결될 것이라고 생각할 수도 있다. 하지만 이는 사실이 아니다. 리오타르는 형상의 근본적인 특성이 담론에도 적용되어야 한다고 말한다. 말하자면 담론 또한 형상의 모델을 지향해야 한다는 것이다. 형상의 근본적인 특성이 그가 말하는 포스트모던한 조건을 함축하고 있기 때문이다.

이미지와 달리 담론의 생명은 진리 주장에 있는 것으로 간주된다. 가령 '이것은 책이다.'라는 문장은, 이것을 책 이외의 다른 것으로 언명하는 주장 혹은 책이 아니라는 주장과 배리의 관계에 있음으로써 성립한다. 이 주장은 여기에 있는 이것, 즉 우리가 흔히 책이라고 부르는 사물의 의미를 한정하기 때문에 성립하는 것이기도 하다. 이것을 책이라고 의미화하는 것은 베개로 사용하거나 필기용 공책으로 사용하거나 장난감으로 사용하는 것을 무의미하다고 배제하는 과정이다. 사실 우리가 책이라고 부르는 사물도 맥락에 따라서는 얼마든지 다른 문장으로 의미화할 수 있다. 즉 하나의 문장으로 의미화하는 것은 다른 잠재적 가능성이 있는 의미화를 배제하는 과정이다. 때문에 분쟁의 가능성이 남는다.

리오타르는 이러한 분쟁의 가능성이야말로 진정한 담론, 즉 형상을 모델로 한 담론의 형태라고 생각한다. 왜냐하면 진리를 주장하는 담론은 무엇이든 '이것은 책이다.'의 경우처럼 다른 의미화의 가능성을 배제함으로써만 성립하기 때문이다. 리오타르가 보기에 지금까지 담론은 형상과 완전히 다른 것으로서, 다른 가능성을 배제하여 자신의 정당성을 주장해왔다. 이에 따라 가장 이상적인 담론은 어떠한 분쟁의 가능성도 남기지 않는 것으로 간주되었다. 하지만 리오타르가 보기에 이러한 담론은 거대 담론으로서 모더니즘의 환상이 만들어낸 허구적 이데올로기일 뿐이다.

리오타르는 현실의 정치가 담론에 의해서 이루어짐을 인정한다. 정치인들은 누구나 한결같이 자신의 담론이 정당하다는 사실을 내세운다. 우리 사회의 경우도 마찬가지이다. 어떤 정당의 후보든 자신이 제시하는 정치적 담론이 정당하다는 사실을 강조하며 끊임없이 거대 담론을 쏟아낸다. 아마도 현재 한국 사회의 가장 거대한 정치 담론은 사회 대통합일 것이다. 국민적 대통합, 정치적 대통합은 당파적 이해 혹은 보수 진보를 넘어선 보편적인 과제이자 담론으로 간주된다. 그러나 리오타르의 관점에서 보자면 이러한 통합이야말로 허구적이고 폭력적인 담론에 불과하다. 여전히 거대 담론의 유산을 완전히 청산하지 못한 우리는 통합이 아니라 분쟁의 가능성을 열어야 한다는 리오타르의 생각에 대해서 적대적일 수밖에 없다. 그러나 생각해보면 우리 사회가 당면한 과제는 통합이 아닌 분쟁의 가능성을 인정하지 않는 배타성을 제거하는 것이다. 배타성을 제거한다는 것은 타자를 자신의 기준에 맞추지 않고 분쟁의 가능성 자체를 인정하는 것이다. 이에 반해서 통합은 통합을 가로막는 어떤 것에 대해서도 강력한 조치를 취해야 한다는 배타적인 논리이다. 이러한 현실은 우리로 하여금 리오타르의 포스트모더니즘을 다시 읽어보게 하는 계기를 제공한다.

반복이
만들어낸
주름의
아름다움

들뢰즈와
렘브란트

바로크에는 있고 고전주의에는 없는 것

사람의 피부에는 주름이 있다. 사람의 신체 부위 중에서 주름이 제일 많은 곳은 대개의 경우 얼굴과 손바닥일 것이다. 그만큼 많이 움직이는 곳이기 때문이다. 일을 하든 잠을 자든 심지어 명상을 하든 언제나 손은 미세하게 나마 움직이고 있다. 손금이라고 부르는 손바닥의 주름은 서로 비슷해보여도 제각기 다르다. 하나의 큰 선으로 보이는 주름도 무수히 많은 미세한 주름으로 이루어져 있기 때문이다. 흔히 운명을 결정하는 것으로 믿는 손금도 알고 보면 무수히 많은 작은 주름들이 중첩된 것이다. 얼굴도 마찬가지이다. 다른 사람을 만나는 순간, 음악을 듣는 순간, 사색에 잠긴 순간, 심지어 격렬한 동작을 취하는 순간에도 매 순간 다양한 표정을 지으며 미세하

렘브란트, 〈자화상〉 Self-portrait, 1659
이 그림에서 렘브란트는 자기 얼굴의 주름, 즉 삶에 내
재된 굴곡을 거침없이 드러냈다. 미세한 선들로 이루
어진 주름의 중첩은 렘브란트를 기쁨과 분노, 환희와
절망, 공포와 용맹 같은 세계의 모든 속성을 내재한 무
한한 존재로 보이게 한다. 들뢰즈는 이런 바로크의 주
름이 내재적 무한성을 의미한다고 보았다.

게 움직이고 있다. 그렇기에 사람마다 주름의 모양은 다르다. 미세한 표정이나 움직임이 모두 다르기 때문이다.

바로크 시대 예술의 특징은 이러한 무수히 많은 주름을 표현한다는 것이다. 대표적인 바로크 화가 중의 한 사람인 렘브란트Harmensz van Rijn Rembrandt, 1606~1669의 〈자화상〉이 갖는 위대함은 자신의 얼굴에 내재한 삶의 굴곡을 거침없이 드러내었다는 점에 있다. 이 굴곡은 다름 아닌 주름이며, 이 주름은 하나의 뚜렷한 실선이 아닌 무수히 많은 미세한 선들로 이루어져 있다. 그가 그린 〈자화상〉에는 뚜렷한 실선으로 구획된 실루엣보다 삶의 애환을 담은 주름의 중첩만이 발견될 뿐이다. 이러한 이유에서 렘브란트의 〈자화상〉에 담긴 렘브란트 자신은 하나의 무한한 존재가 된다. 이때 무한한 존재라는 것은 흔히 말하는 신과 같은 초월적인 존재를 의미하지 않는다. 오히려 정반대로 삶의 무게를 넘어서지 못하고 그 무게에 짓눌려 감당할 수 없는 무게의 흔적을 담고 있는 존재이다. 기쁨과 분노, 환희와 절망, 공포와 용맹과 같은 세계의 모든 속성이 내재해 있기 때문에 어느 하나로 근접할 수 없는 무한한 존재인 것이다. 이렇게 무한한 주름으로 이루어진 존재는 초월적인 의미에서 무한한 존재가 아니라 모든 것을 다 포함하고 있다는 점에서 내재적인 무한의 존재이다.

질 들뢰즈Gilles Deleuze, 1925~1995의 바로크에 대한 찬양은 바로크가 이러한 내재적인 무한 존재를 발견했다는 사실에 있다. 하나의 실선으로 환원될 수 없는 무수한 주름들의 발견이 곧 바로크의 실체인 셈이다.《주름, 라이프니츠와 바로크》Le Pli, Leibniz et le baroque, 1988에서 들뢰즈는 이렇게 말했다. "바로크는 무한한 주름의 작업을 발명하였다. 문제는 주름을 어떻게 유한하게 만들 것인가가 아니라 그것을 어떻게 무한하게 이어나갈 것인가이다. 즉 주름을 어떻게 무한히 실어 나를 것인가가 문제다."

들뢰즈에게 바로크의 주름은 내재적인 무한성을 의미하는 것이다. 그는 바로크적인 주름을 라이프니츠의 모나드monad라는 개념과 연관 짓고 있는데, 모나드란 바로 무한한 속성을 지닌 사물의 실체를 가리키는 말이다. 인간이든 사물이든 모든 것이 모나드로 이루어져 있다는 뜻은 이들이 겉으로 드러나지 않는 무수히 많은 주름으로 겹겹이 이루어져 있다는 의미이다. 모나드란 제각기 무수한 속성을 지닌 내재적 무한성의 존재인 것이다.

그런데 들뢰즈가 찬양하고 있는 바로크의 시각은 서양의 지적 전통에서 매우 이례적인 현상에 불과하다. 서양의 지적 주류는 바로크가 아닌 고전주의이다. 고전주의는, 미술에서는 주름보다는 분명한 실선을 중시하는 데생의 강조로 나타나며, 음악에서는 미묘한 리듬보다 수학적이고 체계적인 화음의 우위로, 철학에서는 모호한 감성이나 직관보다는 개념적 사고의 우위로 나타난다. 그렇기 때문에 바로크의 현대적 부활은 곧 서양의 전통적 주류에 대한 폄하와 전복을 의미하는 것이다.

바로크 음악만이 지닌 가장 큰 특징 중의 하나는 '계속저음basso continuo(통주저음, through bass)'의 사용이다. 통주저음이란 말 그대로 끊임없이 이어지는 저음부를 말한다. 일반인들에게는 잘 들리지 않을지도 모르지만, 록음악에서 기타 소리에 묻혀서 끊임없이 규칙적으로 반복되는 베이스 기타 음을 떠올리면 될 듯하다. 하지만 꾸준한 베이스 소리가 있느냐 없느냐에는 엄청난 차이가 있다. 바로크 음악에는 마치 심장박동 소리처럼 잘 들리지는 않지만 긴장감을 유발하는 일정하게 반복되는 저음이 깔려 있다.

고전주의 음악은 바로 이러한 통주저음을 없애버렸다. 여러 이유가 있겠지만 마치 시작도 끝도 없이 계속 진행되는 저음의 반복이 곡의 서사적 완결성을 방해하는 것처럼 보였기 때문이라고 추측해볼 수 있다. 끊임없이 진행되는 심장박동 소리는 긴장감을 줄 수는 있지만 결코 형식을 갖춘 음악처럼 들리지는 않는다. 고전주의 음악이 정착시킨 제시부-발전부-재현부라는 매우 체계적이고도 완결적인 소나타 형식을 고려해볼 때 이렇게 비형식적으로 반복되는 저음의 소리는 적절한 것이 아니었다. 결국 정서적 강도intensity를 유발하는 음의 긴장감은 화음과 선율의 형식에 의해서 밀려나고 만다.

이는 근대 서양음악이 얼마나 자기완결적이며 거시적 체계와 형식에 얽매여 있었는지를 단적으로 증명한다. 근대 음악에서는 멜로디가 분명한 두 개의 주제들 그리고 그것의 형식적인 변형과 이탈, 다시 대단원의 화합으로 이어지는 형식적 스토리에 대한 집착이 분명하게 나타난다. 좋은 음악이란 매우 복잡하고도 치밀하게 짜인 거대한 체계이며, 매우 혼란스러워 보이지만 화성을 이탈하지 않는 거시적인 구조물이다. 음악은 마치 치밀한 설계도면 위에 세워진 건축물과도 같다.

특히 계속저음은 숫자표저음이라고도 부르는데, 숫자표저음은 이후의 고전주의 음악에서와 달리 저음 위에 숫자로 음을 표기하는 것을 말한다.

바흐의 〈요한 수난곡〉 악보에 나타난 통주저음. 통주저음은 바로크 음악의 특징 중 하나이다. 어쩌면 그것이 바로크 음악의 모나드일지도 모른다.

이 숫자표저음은 악보에 주어진 저음 외에 연주자가 임의로 음을 더하여 연주를 할 수 있는 형태이다. 이는 곧 연주자에 따라서 혹은 동일한 연주자라 하더라도 때와 상황에 따라서 다른 연주가 가능함을 의미한다. 말하자면 같은 곡이라도 매번 다른 곡이 될 수도 있는 것이다. 물론 고전주의는 이러한 가능성을 아예 차단하고자 한다. 하나의 곡은 정해진 악보에 의해서 작곡자가 표기해놓은 그대로 정확하게(?) 연주되어야 한다. 작곡자는 연주자가 임의로 연주하는 것을 막기 위해서 가능한 한 모든 사항을 악보에 표기한다. 정해놓은 대로 똑같이 반복하는 것이 연주자의 미덕이다.

고전주의자에게 악보는 마치 항상 동일한 의미를 전달해야 하는 언어적 개념과도 같은 것이다. '사랑'이라는 말 혹은 개념이 있다면, 고전주의자들에게는 그것을 다양한 뉘앙스로 발음하여 말의 여러 의미를 표현하는 것이 아니라 언제나 동일한 의미로 개념화하는 것이 중요하다. 개념의 동일성이 지니는 권위 앞에서 차이는 질식하고 만다. 들뢰즈에게 바로크적인 것이란 바로 개념의 동일성에 깔려 죽은 차이의 복원이다. 그에게 바로크의 현대적 부활은 동시에 차이의 부활이기도 하다.

다른 모든 것과 절대적으로 다른 나

들뢰즈의 철학적 관심사는 자신의 주요 초기저작 《차이와 반복》Différence et répétition, 1968의 제목에서 나타나듯이 '차이différence'와 반복의 개념이다. 그는 이 두 개념을 다루는 것이 결코 공상적 창작이 아니며, 철학을 비롯해서 문학, 정치 등 당시 새롭게 공유되고 있는 조짐을 집약한 것이라고 말한다. 그리고 이 모든 조짐을 한마디로 '반헤겔주의'로 집약할 수 있다고 단언한다. 그가 생각하기에 헤겔주의야말로 겉으로는 차이의 논리를 긍정하고 이를 적극적으로 확장한 듯 보이지만 알고 보면 지극히 세련된 형태로 위장된 동일성의 논리에 불과한 것이었다. 헤겔의 변증법은 동일성의 논리가 발전하여 정점에 다다른 고전주의의 또 다른 얼굴인 셈이다. 헤겔의 변증법에서는 동일자와 부정적인 것, 혹은 동일성과 모순이 최고의 권위를 지닌다. 하지만 들뢰즈는 이제 동일성과 모순의 자리를 차이와 반복이 대신한다고 본다.

　동일성 혹은 동일성의 논리에 대한 반감은 들뢰즈의 전유물이 아니다. 들뢰즈가 재차 언급하듯이 그것은 자연스러운 시대적 흐름과도 같은 것이며, 당시의 많은 사상가들도 동일성의 논리에 대한 거부감을 노골적으로 표시하였다. 여타 사상가들과 다른 들뢰즈의 특이성은 이러한 동일성의 논리를 '재현représentation'의 논리로 규정한다는 점에 있다. 여기서 재현이란 미리 주어진 개념(표상)에 맞추어 사고하거나 대상을 파악하는 것을 말한다. 가령 눈앞에 표면이 붉은 구형의 단맛을 지닌 어떤 과일이 있다고 치자. 우리는 이를 '사과'라고 말할 것이다. 이때 사과는 우리가 만든 표상으로서의 언어이자 개념이다. 어떤 사물을 파악하거나 정보를 공유하기 위해서는 이러한 언어 혹은 개념의 사용이 불가피하다. 그러나 문제는 개념이 사물을 대체하게 되고 오히려 우리가 만든 개념에 사물을 포섭시킴으로써 세상을 오로지 개념의 틀에 가두게 될 때 발생한다.

　어떤 사물을 사과라고 부를 경우 그것은 사과 이외의 어떤 것이 아니다. 타원형이든 단맛이 적든 붉은색이 부족하든 그것은 사과이다. 사과라는 표상에 완전히 부합하지 않아도 사과는 분명 사과다. 다만 이는 품질이 떨어지는 사과일 뿐이다. 만약 고전주의 화가라면 이런 사과는 그리지 않았을 것이다. 그들은 가장 사과다운 사과, 즉 우리의 표상에 가장 부합하는 사과를 그릴 것이다. 이렇게 표상을 미리 정해놓고 보자면 그러한 표상에 부합해야만 좋은 것이며, 그렇지 않다면 돌연변이, 기형, 우발적인 것이 된다.

어떤 사물 자체가 가지는 고유한 가치나 차별성은 무시될 수밖에 없다. 세상은 표상 혹은 개념의 재현 정도에 따라 그 가치가 결정된다. 이러한 '재현의 논리'에서 학생은 학생이라는 개념에 부응할 경우 참된 개체로 간주되며, 여성은 여성이라는 개념에 부응할 경우 참된 개체로 간주된다. 이때 학생이든 여성이든 하나의 개별적 존재로서 지니는 고유한 차별성은 중요하지 않게 된다. 말하자면 표상적 사고는 세상에 제각기 다른 모든 사물들을 자신이 만든 표상에 따라 분류하고 동일하게 적용하는 것이다. 이러한 재현의 논리로는 개체의 진정한 차별성, 즉 차이가 무시된다.

들뢰즈가 헤겔주의를 공공연하게 적으로 간주하는 것은 헤겔의 변증법이 가장 세련된 재현의 논리라는 사실 때문이다. 헤겔의 변증법은 겉으로는 차이의 논리를 표방하지만 속으로는 동일성과 재현의 논리를 지닌다. 변증법은 어떤 한 개체의 정체성identity(헤겔에게 이는 동일성의 의미를 지님)을 규명하기 위해서 차이의 전략을 사용한다. 변증법의 논리는 이러하다. 한 개체가 지닌 특이성을 규명하기 위해서는 그것만이 지닌 자신의 정체성을 해명해야 할 것이다. 이때 자신만이 지닌 정체성을 해명하려면 그 개체만을 탐구해서는 안 된다. 하나의 개체가 지닌 특이성은 오로지 다른 개체와의 차이를 통해서만 발견할 수 있다. 가령 소금은 짠맛을 내지 않는 다른 사물과의 차이, 흰색이 아닌 사물과의 차이, 안정된 결정체를 이루는 고체가 아닌 사물과의 차이 등의 비교를 통해서 그 정체성을 확보할 수 있을 것이다. 변증법에서는 이를 '부정否定'이라고 부른다. 왜냐하면 어떤 개체를 규정하기 위해서는 그 자신이 아닌 것과 자신을 비교해야 하며, 자신이 아닌 것에 대한 부정을 통해서만 스스로를 규정할 수 있다는 점에서 그것은 자신의 일부를 이루기 때문이다. 말하자면 자신과 무관하다고 여긴 것, 가령 단맛의 설탕, 검은 숯, 불안정한 증기 등은 이제 자신의 특이성을 규명하기 위한 조건이나 계기가 되는 것이다. 그래서 변증법의 논리에 따르면 이렇게 무관하게 보이는 다른 것들이 사실은 자신과 '대립 Gegensatz'을 이루는 것들로 간주된다. 대립이란 서로 무관한 것이 아닌 긴장관계에 있는 것을 의미한다. 한국과 폴란드는 서로 무관한 국가이지만 한국과 일본은 대립관계를 이루는 것과 같은 이치이다. (변증법의 궁극적 목적은 한국과 폴란드가 서로 무관한 국가처럼 보이지만 실은 서로 대립관계를 이룬다는 사실을 밝히는 것이다.)

그런데 흥미로운 사실은 이러한 대립의 관계란 사실상 차이의 논리라기보다는 동일성의 논리를 전제하고 있다는 점이다. 가령 한 인간을 남성으로 규정할 경우 그는 여성이 아니라는 점에서 남성이라고 말할 수 있다. 왜냐하면 남성이라는 규정은 여성이라는 대립되는 규정 없이는 결코 성립할 수 없기 때문이다. 남성이 존재하기 위해서는 남성이 아닌 것, 즉 여성이 존재해야 하므로 남성의 존립성은 자신의 타자에 의존한다. 이것이 바로 모순인 것이다. 들뢰즈가 여기서 주목하는 사실은 이 모순의 관계에 동일성의 지평이 놓여 있다는 점이다. 남성과 여성은 오로지 성이라는 지평에서만 모순적 관계를 지닌다. N극과 S극의 모순도 자기磁氣라는 동일한 지평을 전제하며, +극과 -극의 모순은 전기라는 동일한 지평을 전제한다. 헤겔은 이를 모순의 '근거Grund (영어로는 ground로 토대나 지평이라는 해석이 가능하다)'라고 보며, 궁극적으로 모순은 근거라는 동일한 지평으로 해소되는 과정에 불과하다. 여성과 남성의 모순은 인간이라는 동일한 지평으로 해소되어야 하는 것이 그 한 예이다. 결국 변증법이 실행하는 모순과 차이의 메커니즘은 동일성의 논리에 지나지 않는다.

이러한 사이비 차이의 논리를 극복하기 위해서 들뢰즈는 차이를 '개념적 차이différence conceptuelle'와 '차이 자체différence elle-même'로 구분한다. 개넘적 차이란 변증법적 구분의 논리에서와 같이 개념적 종차種差에 의해서 하나의 개체를 다른 개체와 구분하는 것을 의미한다. 이미 언급한 소금의 사례는 개념적 차이의 한 사례가 될 것이다. 여기서 또 하나의 흥미로운 사실은 차이란 개념에 의해서 만들어지지 않는다는 사실이다. 가령 소금이라는 개념은 지금 여기 있는 이 소금에만 해당되지 않는다. 그런데 같은 소금이라도 모든 소금은 그 맛이나 염도, 빛깔이 다를 것이다. 이러한 차이는 종차적 구별에 근거한 개념으로부터 얻어질 수 없다. 어떤 개체이든 다른 모든 것과 절대적으로 다른 자신만의 차이를 지닌다. 한 개체로서의 '나'라는 인간은 다른 누구와 어떤 점에서 종차적으로 구분되어 다른 것이 아니라, 그냥 절대적으로 다른 존재이다. 그러한 절대적 차이는 동일한 지평으로 환원되지 않는다. 나는 내가 아닌 어떤 존재와도 절대적으로 다른 존재이다. 이러한 절대적 다름이 차이 자체인 것이다.

들뢰즈는 이러한 차이를 설명하기 위해서 '분화 différenciation '와 '미분화 différentiation, 微分化 '를 구분한다. 분화란 종차적 구분 혹은 개념적 구별을 뜻하는 반면, 미분화는 수학에서의 미분의 개념과 상관이 있다. 수학에서 미분은 어느 한순간의 속도를 계산하거나 혹은 곡선의 기울기를 구하는 장치이다. 움직이는 물체의 한 점 혹은 순간의 속도를 구한다는 것은 종차적 구분에 의해서 만들어지지 않는다. 한순간의 속도란 사실상 존재하지 않기 때문이다. 속도란 이동한 거리와 시간의 관계에 의해서 결정된다. 그런데 한순간이란 정지된 한 점으로 나타나며, 정지된 한 점은 이동이 없으므로 시간의 경과는 없다. 따라서 미분이란 한 점으로부터 가장 근사치에 있는 점, 즉 가장 0의 거리에 가까운 점을 상정한다. 곡선의 기울기도 마찬가지이다. 기울기란 두 점을 연결하여 만들어지는 것이지만, 곡선의 기울기는 한 점에서의 기울기를 의미하기 때문이다. 이 역시 0에 가까운 무한소를 가정한다. 그런데 이러한 무한은 사실상 종차적으로나 개념적으로 규정할 수 있는 어떤 것이 아니다. 가령 속도란 다른 속도와 종차적으로 구분될 수 있는 개념이 아니다. 10미터는 5미터의 두 배라는 개념적 구분이 가능하지만, 섭씨 10도나 5도는 객관화할 수 있는 구분이 아니다. 섭씨 10도와 5도의 차이는 오로지 '강도intensité'에 의해서만 구분할 수 있을 뿐이다. 이러한 강도의 차이는 개념적으로나 종차적으로 얻어질 수 있는 것이 아니다. 들뢰즈에게서 중요한 것은 바로 이러한 '강도'에 의한 차이다.

차이는 반복의 결과

다시 바로크 이야기로 돌아가자. 바로크 음악가들은 고전주의 음악가와 달리 연주할 때마다 자신의 방식대로 새롭게 연주한다. 항상 다르게 연주한다는 것은 차이를 만들어낸다는 뜻이며, 이때 차이란 분화가 아닌 미분화를 의미한다. 모든 연주의 차이를 악보나 개념으로 파악할 수 없기 때문이다. 그러한 차이는 오로지 '감각될 수밖에 없는 것ce qui peut être que senti'이다. 이러한 강도의 차이는 그저 만들어지는 것이 아니다. 오랜 반복의 결과로서 만들어진다.

한 연주자의 독특한 음색과 연주는 악보가 아닌 감각을 통해서만 지각할 수 있는데, 이러한 특이한 음색을 가능하게 한 것은 반복이다. 흔히 사람들은 반복을 동일성의 메커니즘으로 이해한다. 해가 매일 동쪽에서 떠서 서쪽으로 지는 것처럼, 같은 것의 회귀를 반복이라고 본다. 하지만 들뢰즈는 이를 '일반성généralité'의 논리이자 개념적 동일성의 논리라고 본다. 그의 창의성은 반복을 일반성의 논리가 아닌 오히려 차이를 생산하는 기제로 본다는 점에 있다. 예를 들면, 동일한 악보를 연주하는 연주자는 결코 같은 연주를 하는 것이 아니다. 그는 매번 반복함으로써 항상 다른 경지에 이른다. 처음에는 어떤 강도도 느낄 수 없던 연주가 점차 강도로 느껴지기 시작하는 것이다. 처음 먹어보는 음식에서는 사실상 그 음식의 고유한 맛을 느낄 수 없다. 먹으면 먹을수록 그 맛의 고유한 차이를 새롭게 발견해나가는 것이다. 반복이란 강도의 지각을 통한 차이를 발견해나가는 과정이다. 따라서 차이는 반복에 의해서 만들어진다. 들뢰즈에게 차이란 이렇듯 반복에 의해서 얻어지는 강도의 차이다.

반복의 과정에서 그때마다 일어나는 것을 들뢰즈는 '사건événement'이라고 부른다. 사건이란 나름대로 고유한 차이와 강도를 지닌 것이다. 그래서 고전음악 연주가 아니라 바로크 음악 연주에서 사건이 발생한다. 고전음악은 모든 연주가 오로지 이미 작곡자가 만든 각본(표상)에 들어맞는 동일한 '사례'가 되기만을 바란다. 이러한 일반성의 한 사례로 반복은 들뢰즈가 말하는 반복과 거리가 멀다. 바로크 음악은 모든 연주가 각각 고유한 연주가 되는 것을 허용하고 장려한다. 따라서 바로크 음악의 연주는 매번 상이한 사건인 셈이다.

음악에서 사건은 박절mesure와 리듬rythme의 구분에서도 나타난다. 들뢰즈에게 박절(박자)이란 마디를 구분하기 위해서 만들어놓은 거시적인 구조로서 분화의 논리와 관련이 있다. 이에 반해서 리듬이란 박절과 전혀 다른 특성을 지닌다. 리듬은 강도를 나타낸다. 획일적으로 개념화할 수 있는 박절과 달리 리듬은 심장을 동요하게 하여 몸으로 반응하게 만든다. 리듬은 반복되는 상황에 따라서 정황적情況的으로 만들어지고 강도로 느껴지는 감각적인 것이다. 리듬은 종차의 차이가 아닌 미분적 차이를 지닌다. 그것은 속도나 곡선의 기울기와 같은 것이다.

화성이라는 거대한 형식과 구조에만 치중하였던 고전음악에서 리듬은 실질적으로 무시되었다고 해도 과언이 아니다. 고전음악에서는 박자와 템

포 혹은 화성과 화음 같은 거시적이고도 개념적인 종차의 체계만 강조되었다. 리듬은 화성, 박자, 조성 등의 거시적 구조가 아닌 음색이나 세기, 강도와 같은 음 자체의 미시적인 차원에서 발생한다.

일상의
합리성이
우리를
자유케 하리라

하버마스와
브뤼헐

현실에는 소실점이 정해져 있지 않다

네덜란드 화가 브뤼헐Peter Bruegel, 1525~1569의 그림 〈농가의 결혼식〉과 이탈리아 르네상스 회화를 대표하는 레오나르도 다빈치Leonardo da Vinci, 1452~1519의 그림 〈최후의 만찬〉은 둘 다 식탁에서의 만찬이라는 공통의 소재를 다루고 있다. 그런데 두 그림이 식탁의 광경을 표현하는 방식은 매우 다를 뿐만 아니라 상반된다고 할 수도 있다. 레오나르도가 그린 식탁의 모습은 매우 치밀하게 구성되어 있다. 화면의 정중앙은 예수의 미간이며, 천장의 격자무늬 횡선들과 양쪽 벽에 있는 사각틀들의 윗면을 일직선으로 이어서 연장하면 정확하게 예수의 미간에서 하나로 만난다. 이는 소실점 vanishing point이라는 원근법 장치에 의해서 정확하게 짜인 결과이다. 〈최후

브뤼헐, 〈농가의 결혼식〉 The peasant wedding, 1568 (위)
레오나르도 다빈치, 〈최후의 만찬〉 The last supper, 1495~1497 (아래)
소실점이 특정한 인물(주인공)에 맞춰진 〈최후의 만찬〉과 달리 〈농가의 결혼식〉은 보는 이의 시점이 한 인물로 수렴되지 않고 여기저기를 자유롭게 탐색할 수 있다. 일상의 광경을 치밀하게 구성하기보다 눈에 보이는 대로 소박하게 기록한 작품이다. 하버마스는 거창한 구호나 관념적인 추상으로서의 이성이 아닌 바로 브뤼헐의 그림에 나타나는 것과 같은 일상생활 속에서 발견되는 합리성에 주목한다. 하버마스의 사상적 목표는 억지스럽고도 강제적인 방식보다 자유로운 방식으로 개인들이 합리적인 공동체를 이루는 것이다.

의 만찬〉은 레오나르도의 머릿속에서 엄격하게 구상된 것이라고 할 수 있다. 그렇기 때문에 그림의 모든 부분은 엄격하게 통제되고 있으며, 관객의 눈 또한 불가피하게 소실점으로 귀결되고 만다.

브뤼헐의 그림에도 형식적으로는 분명 소실점이 존재하기는 하지만, 그 소실점은 〈최후의 만찬〉에서처럼 특정한 한 명의 인물에 맞추어지지 않는다. 결혼식 이후 피로연이 펼쳐지고 있는 시골의 소박한 광경을 담은 〈농가의 결혼식〉은 말 그대로 시골의 농가처럼 자유로움이 넘쳐흐른다. 우리의 시선은 화가가 정해놓은 한 점으로 수렴되지 않고 자유롭게 화면 곳곳을 탐색할 수 있다. 이 그림이 주는 가장 큰 자유로움은 무엇보다도 주인공의 묘사에 있다. 결혼식 피로연인 만큼 그림의 주인공은 당연히 신랑과 신부가 되어야 할 것이다. 그런데 이 그림을 처음 보는 사람이라면 신랑과 신부를 한눈에 찾아내기란 쉽지 않다. 화면 정중앙에서 약간 오른쪽으로 치우친 위치에 화관을 쓰고 있는 통통한 여성이 신부인데, 신랑이 누구인지에 대해서는 다소 의견이 분분하다. 신부로부터 좌측 세 번째 자리에 앉아서 그릇을 든 채 음식을 게걸스럽게 먹고 있는 남자가 그나마 가장 유력하게 신랑으로 추정될 뿐이다. 레오나르도와 달리 브뤼헐은 일상생활의 풍경을 치밀한 체계로 구성하기보다는 눈에 보이는 대로 소박하게 기록하고 있다.

미술사학자 스베틀라나 앨퍼스 Svetlana Alpers, 1936~ 는 네덜란드의 풍경화에 나타난 특징을 '묘사의 기술 art of describing '이라는 말로 요약한다. 한마디로 체계적으로 치밀하게 구성한 이탈리아 르네상스 회화와 달리 네덜란드의 풍경화는 일상을 눈에 보이는 대로 '묘사'하고자 한다. 이러한 점에서 보자면 우리의 현실을 잘 드러내고 있는 것은 인위적인 체계에 의해서 만들어진 레오나르도의 그림보다는 다소 산만하지만 눈에 보이는 대로 일상을 묘사한 브뤼헐의 그림일 것이다. 이는 우리의 일상 자체가 자유롭고도 산만한 활동으로 구성되어 있기 때문이다. 그러나 브뤼헐이 그린 시골 피로연의 풍경은 자유롭고 산만해 보이는 와중에도 통일감이 있으며 나름대로의 질서를 지닌다. 이 그림에서는 인물들 모두가 멋대로 행동하는 것 같아 보이지만 그들의 행동에는 '결혼식 피로연'이라는 공동의 합의가 전제되어 있다. 즉 자유로운 결사를 이룬다. 이처럼 일상은 체계적으로 형성되어 있지 않고 산만하지만 자세히 들여다보면 모든 행동이나 사물들 역시 나름대로 통일성을 이루고 있다.

비판이론으로 널리 알려진 독일 프랑크푸르트 학파의 계보를 잇는 위르겐 하버마스 Jürgen Habermas, 1929~ 가 주목하는 것은 거창한 구호나 관념적인 추상으로서의 이성이 아닌 바로 브뤼헐의 그림에 나타나는 것과 같은 일상 속에서 발견되는 합리성이다. 하버마스는 우리의 일상세계를 철학에서 전통적으로 사용하는 '생활세계Lebenswelt, the world of life'라는 용어로 표현한다. 그리고 그는 인간의 진정한 이성능력이나 합리성은 레오나르도의 그림에서와 같은 인위적인 체계의 구성 능력에서가 아니라 얼핏 비체계적이고 난삽해 보이는 생활세계 속에서 발견하고자 한다.

하버마스의 사상적 목표는 억지스럽고 강제적인 방식이 아닌 자유로운 방식으로 개인들이 합리적인 공동체를 이루는 것이다. 이러한 공동체란 단순히 제도에 의해서 만들어진 통합적 체계가 아닌 공동체를 이루는 개인들의 소통적 합의에 의해서 이루어지는 의사소통의 체계를 의미한다. 하버마스는 바로 우리가 살아가는 일상의 세계가 소통의 장이라는 사실에 주목하며, 이 생활세계에 내재한 합리성이라는 잠재력을 해방시키는 데 주력하고자 한다.

인식의 바탕에는 관심이 놓여 있다

하버마스는 호르크하이머와 아도르노의 비판이론을 계승하지만 비판이론의 목적을 달성하고자 하는 노선에서는 선배 이론가들과 확실하게 갈라진다. 비록 전통적인 의미에서 마르크스주의 사상을 계승한다고 할 수는 없지만, 적어도 선배 사상가들은 자신들이 스스로 마르크스주의자임을 분명하게 자처하였다. 그들에게 마르크스는 한 특정 계급의 이해관계만을 대변하는 편협한 혁명가라기보다는 자본주의 사회가 만든 왜곡된 의식(물화된 의식)을 통찰할 수 있는 비판적 이성의 가능성을 열어놓은 사상가였다. 따라서 근대사회 이후 자본에 굴복하여 이성 본연의 힘을 상실하고 자본 증식의 도구로 전락해버린 이성의 비판적 능력을 복원하는 것이 비판이론가로서 호르크하이머와 아도르노의 사명이었다. 하버마스는 선배 이론가들이 도구적 이성으로부터 이성 본연의 힘을 해방하고자 하는 근본적인 취지에는 동의했지만 그 취지를 실현하고자 하는 노선에서는 다른 길로 들어섰다.

하버마스는 〈역사유물론의 재구성을 위하여〉Zur Rekonstruktion der historischen Materialismus, 1976라는 논문을 발표하면서 사실상 마르크스주의가 재구성의 대상이라기보다는 시대착오적인 이론에 불과하다는 것을 공표하였다. 이 논문의 핵심은 마르크스의 이론이 사회를 인간과 인간의 관계로 확장하지 못하고 인간과 세계의 관계 틀로 환원시키고 마는 근대사상의 규범 안에 갇혀 있다는 것이다. 이는 그의 초기 주저인 《인식과 관심》Erkentnis und Interesse, 1968에 내재한 근본적인 문제의식이기도 하다. 이 책에서 하버마스는 인식을 객관적인 활동으로 간주하는 근대철학을 비판하고 어떠한 인식도 '관심'에 의해서 영향을 받을 수밖에 없음을 역설한다. 전통적으로 비판이론가들은 인식 활동을 어떠한 주관적 가치나 선입견도 배제된 객관적인 활동으로 간주하는 실증주의Positivism에 대해서 매우 비판적이다. 아마도 인식 활동이 전적으로 객관적인 것이라면 이러한 인식 활동의 가장 이상적인 모델은 완벽한 성능을 지닌 계산기나 컴퓨터가 될 것이다. 이는 곧 인간 자체가 컴퓨터와 같은 기계, 즉 사물이 된다는 것을 의미한다.

호르크하이머와 아도르노는 이렇게 인간의 인식 활동이 컴퓨터처럼 훌륭한 계산기가 된 것을 가리켜 이성의 도구화, 즉 도구적 이성이라는 표현을 사용하였다. 인간의 이성이 도구화되었다는 것은 컴퓨터처럼 인간이 더 이상 인간이 아닌 기계, 즉 사물로 변질되었음을 뜻한다. 그들에게 도구적 이성에 대한 비판은 곧 실증주의에 대한 비판과 맥락이 동일하다. 하버마스 역시 인식을 철저하게 객관적인 활동으로 간주하는 실증주의를 비판한다. 그런데 실증주의에 대한 아도르노의 비판은 단순히 이성을 도구적 이성으로 전락시켰다는 추상적 주장에 머무르지 않는다. 그는 어떠한 경우에도 인간의 인식 활동에는 '관심'이 선행해 있음을 주장한다. 인간에게 순수한 인식이나 관찰은 존재하지 않으며 인식은 항상 관심에 의해서 유도된다. 예를 들면 목이 마른 사람이 마주치는 물과 며칠 동안 씻지 못해서 몸이 가려울 지경에 이른 사람이 마주치는 물은 동일한 대상이라 하더라도 그 의미가 완전히 다르다. 관심이 다르기 때문이다. 과학자가 보는 별과 시인이 보는 별 역시 다르다. 이 또한 관심이 다르기 때문이다.

하버마스는 관심의 층위를 크게 세 가지로 나누는데, 실증주의나 과학적 태도 역시 관심의 한 층위로 설명할 수 있다. 인간은 사물이나 세계를 과학적이고 체계적인 방식으로 보고 이로부터 과학적 법칙을 이끌어내고자 한다. 이러한 과학적 태도를 우리는 흔히 과학적 인식이라고 부른다. 하버마스는 이렇게 세계에 대해서 과학적으로 고찰하고 어떠한 주관적 가치도 배제한 채 관찰하고자 하는 전통적인 인식론에는 이미 관심이 내재해 있다고 본다. 인식론에 내재된 관심이란 자연을 지배하여 인간의 삶에 필요한 방식으로 가공하려는 관심, 즉 노동 차원에서의 관심이다. 하버마스는 이를 '기술적 관심'이라고 부른다. 이러한 기술적 차원에서의 관심이야말로 전통적인 과학관에 내재된 것이다. 우리가 자연의 법칙을 발견하고자 하는 것은 이러한 법칙을 발견하여 자연을 우리의 목적에 맞게끔 가공하려는 관심에서 비롯된다. 이 기술적 관심이야말로 전통적인 인식론에 내재한 것이며, 마르크스의 이론 또한 기술적 관심에 제약되어 있다.

하버마스는 이러한 관심 외에 인간의 활동에는 또 다른 관심의 영역이 있음을 주장한다. 이 새로운 영역의 관심은 자연 혹은 대상에 대한 것이라기보다는 인간 상호작용의 차원과 관련이 있다. 가령 어느 누군가 아름다운 곡을 쓰거나 작품을 만들어 발표한다면 이는 자신이 느낀 감정을 다른 사람에게 전달하고 공유하고자 하기 위함이다. 이러한 활동의 궁극적인 목표는 대상 자체를 지배하거나 합목적적으로 가공하는 것이 아니라 다른 사람과 소통하는 것이다. 여기서 소통의 문제가 등장한다. 전통적인 인식론은 세계나 대상을 완전한 파악하고자 했으며, 이 밑바닥에는 이러한 파악을 통해서 세계를 인간의 것으로 도구화하려는 관심이 숨어 있다. 하지만 전통적 인식론에서는 소통과 상호이해라는 근본적인 관심의 차원이 무시된다. 마르크스의 이론 또한 예외가 아니다. 마르크스 역사유물론은 자연에 대한 지배력의 상승, 즉 생산력의 발전이 인간 해방의 원동력임을 주장함으로써 기술적 관심의 차원에서 벗어나지 못한다. 하버마스가 마르크스 이론의 한계를 발견한 것은 바로 이 지점이다.

이는 곧 하버마스가 제시한 세 번째 관심의 차원에서 좀 더 분명하게 드러난다. 그는 기술적 관심과 소통적 관심 외에 이 두 차원을 추동하는, 보다 근본적인 차원으로서 해방적 관심을 제시한다. 해방적 관심이란 말 그대로 인간이 스스로 해방되기를 바라는 관심이다. 물질적 재화를 추구하는 등의 기술적 관심이나 다른 사람에게 인정받고 상호이해를 추구하는 소통적 관심이 생기는 궁극적인 원인은 인간이 스스로 해방된 주체가 되기를 바라기 때문이다. 인간은 누구나 해방된 주체이기를 바란다. 하버마스에 따르면 마르크스 이론이나 실증주의는 모두 이러한 해방적 관심을 기술적 관심의 차원에만 한정하였다. 하지만 인간의 진정한 해방은 단순히 많은 재화나 자연을 지배하는 것에 국한되지 않으며 다른 사람으로부터 인정받고 서로 소통할 때만이 가능하다. 어쩌면 특정한 재화를 소유한다는 것 역시 그 재화의 획득 자체가 목적이 아니라 다른 사람의 인정을 받기 위해서라는 점에서 근본적으로는 소통적 관심의 차원으로 볼 수도 있다.

언어 활동의 궁극적인 목적은 상호이해

아마도 하버마스 사상이 기여한 가장 큰 공적은 인간의 근원적인 활동을 인간과 세계 혹은 인간과 대상이라는 관계로부터 인간들 상호간 소통의 관계로 옮겨놓았다는 점에 있다. 그리하여 우리는 하버마스 이론을 의사소통 이론이라고 집약적으로 표현할 수 있는 것이다. 의사소통 이론의 관점에서 보자면 대상을 객관적으로 관찰하는 전통적 인식론이든 대상을 노동의 대상으로 간주하는 마르크스주의든 둘 다 의사소통의 차원이 결여되어 있다는 점에서 치명적인 한계가 있다. 이러한 자각은 하버마스로 하여금 의사소통 행위야말로 인간의 가장 궁극적인 행위라는 통찰로 이어지게 만든다. 《의사소통 행위 이론》Theorie des kommunikativen Handelns, 1981은 그의 의사소통 이론을 이론적으로 체계화한 대표적인 저서라고 할 수 있다.

우리는 여기서 의사소통 행위의 목적이 소통 행위에 참여한 사람들의 합의라는 것을 충분히 예상할 수 있다. 그리고 이러한 합의가 가능한 것은 인간에게 궁극적으로 이성의 능력이 내재되어 있기 때문일 것이다. 그렇기 때문에 하버마스에게 이성이나 합리성이라는 용어는 포스트모더니즘을 대변하는 사상가들과 달리 부정적인 의미가 아니다. 가령 자신과 동시대 사상가들의 사상을 검토하고 평가하는 《현대성의 철학적 담론》Der philosophische Diskurs der Moderne, 1985에서 푸코를 포스트모더니즘 사상가로서 비중 있게 다루면서 그의 이론을 신랄하게 비판한다. 비판의 핵심은 푸코가 이성을 근대 권력의 한 형태로 취급함으로써 결국 근대 이성이 추방한 광기라는 타자 속에서 대안을 찾을 수밖에 없다는 것이다.

물론 푸코에 대한 이러한 비판이 정당하다고만 할 수는 없다. 그러나 이로부터 명백하게 알 수 있는 사실은 하버마스가 근대적 이성을 부정적으로만 평가하지 않는다는 것이다. 그는 근대사회, 심지어 자본주의 사회를 부정적으로만 평가하지 않으며 이성이나 합리성이 과도하게 편향된 방향으로만 사용되는 것을 견제할 따름이다. 심지어 그는 근대 자본주의 사회가 이성의 가능성을 크게 확장하였다고 본다. 특히 권력을 감시하고 견제하는 여론이 형성되는 공론영역Öffentlichkeit의 확장은 근대적 이성의 산물이다. 더군다나 근대 계몽주의를 대표하는 칸트의 비판철학은 이성의 자기비판이라는 비판이론적 모델의 선구가 될 뿐만 아니라, 기술적 관심에 제약된 실증주의와 인식론적 전통을 넘어서 소통이론의 맹아적 모습을 드러낸다. 예술작품의 감상과 관련된 판단력을 다루는 《판단력 비판》Kritik der Urteilskraft, 1790에서 칸트는 인간의 내면적 활동이 지향하는 보편성의 근원이 다른 사람들과의 교감이나 소통에 있음을 명백하게 보여주고 있기 때문이다.

하버마스는 인간의 활동에는 도구적 활동인 합목적적 활동과 교감을 위한 의사소통적 활동이라는 두 가지 서로 다른 영역이 존재한다는 전제를 명백하게 밝히고 있다.《의사소통 행위 이론》에서 그는 인간의 활동을 합리성이라는 큰 틀에서 해명하고자 하는데, 이때 합리성은 목적을 위해서 수단을 합리화하는 것에 국한되지 않는다. 합리화의 범위에는 상호주관적 이해를 통해서 교감이 이루어지는 도덕적 성숙함 또한 포함된다. 하버마스의 합리성은 신고전주의 경제학의 전제이기도 한 '자신의 이해관계를 실현하기 위해서 최선의 방법을 선택한다'는 좁은 의미의 도구적 합리성을 넘어서는 개념이다. 하버마스의 관점에서 보자면 인간이 다른 사람과 교감하기 위한 비영리적인 예술적 활동 역시 합리적인 활동인 것이다. 이러한 포괄적이고도 보편적인 합리성의 개념을 그는 막스 베버 Max Weber, 1864~1920 에게서 찾는다. 베버의 합리성은 신고전주의자들이나 실증주의자들이 지닌 도구적 합리성의 틀을 넘어선다.

그런데 흥미롭게도 하버마스는 도구적 활동이 아닌 소통지향적 활동을 언어적 활동에서 찾고자 한다. 이는 그의 독특한 언어관과 연관이 있다. 하버마스는 영국의 언어철학자 존 오스틴 John Austin, 1911~1960 의 언어철학에 주목하여, 언어는 행위 수행적 차원을 지닌다고 본다. 우리가 어떤 문장을 말할 때 대개 사태를 중립적으로 기술한다고 생각하지만 거기에는 청자의 반응을 유발하는 수행적 차원이 개입한다. 가령 어떤 사실을 교과서적으로 기술하는 것과 감상적으로 묘사하는 것 사이에는 상당한 차이가 있다. 이 수행적 차이는 정보 자체라기보다는 화자와 청자 사이에 합의를 이끌어내는 방법의 차이와 관련이 있다. 그렇기 때문에 언어 활동이란 궁극적으로 상호이해를 위한 소통 활동인 것이다.

식민지화된 생활세계를 해방시켜라

하버마스가 보기에 상호이해와 소통을 지향하는 활동이 일어나는 곳이 바로 우리의 일상, 즉 생활세계이다. 우리는 일상에서 주로 언어 활동을 통해서 교감하고 소통한다. 그런데 이러한 교감이나 소통이 가능한 이유는 언어 활동이 수학이나 과학 이론처럼 논리적으로 완전무결하고 체계적이어서가 아니다. 어쩌면 거꾸로 우리는 언어 활동을 통해서 교감과 상호이해의 가능성을 확인하고 있을지도 모른다. 화자가 청자에게 특정한 사실을 억지로 강요하거나 일방적으로 전달한다면 상호이해와 소통의 가능성은 사라지게 될 것이다. 따라서 언어 활동은 이미 그 자체에 상호이해와 소통 가능성이라는 이념이 전제되어 있다. 하버마스가 언어 활동에서 주목하는 것은 바로 이러한 사실이다. 언어 활동이란 단지 정보를 주고받는 행위가 아닌 상호이해를 겨냥한 소통의 행위이기 때문에 여기에는 가장 완전한 소통과 상호이해라는 궁극적인 목적이 전제될 수밖에 없다. 말하자면 모든 언어 활동에는 완전한 소통과 상호이해의 가능성이라는 가장 이상적인 소통의 상태가 전제되어 있다. 하버마스의 표현을 빌자면 모든 언어 활동은 '이상적 담화der idealisische Diskurs'를 전제하는 것이다.

하버마스는 언어 활동이 일어나는 생활세계에 특별한 의미를 부여한다. 왜냐하면 언어 활동을 통해서 추구하는 상호이해와 소통은 강제적이 아닌 매우 자발적인 방식으로 수행되기 때문이다. 물론 현실적으로 볼 때 우리의 언어 활동에는 편견이나 관습 혹은 이데올로기가 은근슬쩍 침투하여 눈에 보이지 않게 우리의 활동을 강제하고 있을 수도 있다. 따라서 하버마스가 관심을 갖는 것은 이러한 강제나 편견으로부터 자유롭게 상호이해에 도달할 수 있는 언어 활동의 보편적인 조건들이다. 그는 성공적으로 언어 활동을 수행할 수 있는 조건들을 다루며 그것을 '보편적 화용론'이라고 부른다.

그럼 앞에 언급하였던 그림으로 다시 돌아가보자. 브뤼헐의 〈농가의 결혼식〉에 등장하는 인물들은 매우 자연스러운 방식으로 소통하고 있다. 이들의 대화나 행위가 서로 어떠한 연관이 있는지 확실히 결정되어 있지 않고 외관상 뚜렷한 체계도 없지만 질서를 지니고 통합적 체계를 이루고 있음에는 틀림없다. 이렇게 외관상 눈에는 띠지 않지만 자유로운 형태로 존재하는 소통적 합일이야말로 하버마스가 말하는 생활세계의 모습이자 이상적인 언어적 소통일지도 모른다. 반면 레오나르도 다빈치의 그림은 매우 강압적인 방식으로 체계를 이루고 있다. 등장인물들이나 식탁의 위치, 심지어 천장의 격자무늬에 이르기까지 외적인 체계에 의해서 의도적으로 구성되어 있다. 하버마스는 이러한 비언어적이고 생활세계 외적인 통합적 기제를 생활세계와 대비하여 '체계System'라고 명명한다.

하버마스에게 체계와 생활세계는 삶을 합리화하고 통합하는 서로 대립된 질서이다. 여기서 생활세계는 바람직한 질서이며 체계는 바람직하지 않은 질서라는 이분법은 결코 성립하지 않는다. 하버마스는 생활세계 못지않게 체계 역시 사회통합의 질서로서 반드시 필요한 것임을 강조한다. 어쩌면 여기서 하버마스는 도구적 이성이나 강제적 통합 질서를 강력하게 비난하였던 선배 비판이론가와 갈라지는지도 모른다. 하버마스는 자본주의 사회의 강력한 자본의 논리가 체계적인 측면에서 사회를 합리화하는 데 기여했음을 명백하게 인정한다. 다만 하버마스는 자본주의가 발전하고 국가의 행정력이 비대해지면서 체계의 질서가 일상생활 속에까지 침투해버렸다는 사실을 강조한다. 후기 자본주의 사회에 들면서 국가는 마치 레오나르도가 그림의 구석구석을 미리 체계적으로 분할하고 구성하였듯이 생활세계를 체계화한다. 하버마스는 이를 '체계에 의한 생활세계의 식민지화'라고 부른다. 국가는 모든 행위를 효율과 기능이라는 잣대로 사전에 정당화한다.

이러한 강제적 정당화의 기제가 생활세계에 침투할 경우 우려되는 상황은 분명하다. 생활세계를 이루는 언어 활동의 정당성은 오로지 참여한 당사자들의 상호이해를 통해서만 얻어진다. 정당성이 미리 결정되거나 강제로 주어질 때 이는 폭력적이고 기만적인 것이 된다. 하버마스가 보기에 오늘날 가장 시급한 과제 중 하나는 바로 생활세계를 식민지 상태에서 해방시키는 것이다.

욕망은 현실보다
더 현실적인
가상의 세계를
만든다

보드리야르와
거스키

현실보다 더 현실적인 그림

미국의 화가 척 클로스Chuck Close, 1940~를 대표하는 그림은 〈자화상〉Self
-portrait, 1997이다. 그의 〈자화상〉은 얼핏 보면 마치 사진을 보는 듯 매우 정
밀하다. 누가 보더라도 그림이라기보다는 사진인 듯한 느낌을 준다. 그런
데 클로스의 그림에서 매우 흥미로운 역설을 발견할 수 있다. 일정한 거리
를 두고 볼 때는 사진 같은 그의 그림에 관객이 한 발 다가가면 갈수록 사진
의 모습은 온데간데없고 매우 엉성한 비정형적인 형체들만이 나타난다. 말
하자면 사진과 같은 그의 얼굴 모습은 사라지고 형체가 깨져버리고 만다.
마치 컴퓨터 화면에 저장된 이미지를 크게 확대하면 형태가 깨지고 사각형
의 흐릿한 픽셀만 드러나는 것과 비슷하다.

클로스의 역설적이고도 흥미로운 그림은 이른바 하이퍼리얼리즘 hyperrealism(극사실주의)을 대표한다. 하이퍼리얼리즘이란 1960년대 후반부터 회화를 중심으로 유행했으며, 현실보다도 더 현실과 같은 극도의 정밀함을 추구하는 경향이다. 하이퍼리얼리즘 회화는 오늘날에도 여전히 관객들에게 인기가 많다. 최근 한 아트페어에서는 실물과 구별되지 않을 정도로 정밀한 사과 그림이 박스에 포장된 채로 벽에 걸려 전시되었는데, 알고 보니 그 박스 역시 그림인 걸 알고 많은 관람객들이 놀란 적이 있다. 그림을 통해서 세상을 재현하고자 하는 욕망이 하이퍼리얼리즘에 이르러서 극에 달한 것이라고 할 수 있다.

그런데 여기서 우리는 이러한 의문을 떠올려볼 수 있다. 하이퍼리얼리즘은 왜 20세기가 되어서야 생겨난 것일까? 과거의 화가들은 20세기 이후 등장한 하이퍼리얼리즘 화가들만큼 정밀하게 그리지 못했기 때문일까? 물론 그렇지 않다. 레오나르도 다빈치나 미켈란젤로Michelangelo Buonarroti, 1475~1564 혹은 쿠르베Gustave Courbet, 1819~1877 가 기술이 부족하여 극사실적인 그림을 그리지 못했다고 가정할 수는 없다. 하이퍼리얼리즘이 탄생하게 된 비밀을 알 수 있는 그림이 있다. 찰스 벨Charles Bell, 1935~1995 이 그린 〈구슬〉Marble 연작 그림은 얼핏 보면 사진 같지만 매우 정밀하게 그려진 회화 작품이다. 이 그림을 잘 보면 우리는 하이퍼리얼리즘의 비밀을 찾을 수 있다.

벨의 그림은 투명구슬을 그 속에 있는 조형이나 구슬 표면에 반사된 형태들에 이르기까지 매우 정교하게 묘사하고 있다. 그런데 잘 생각해보면 이 정교한 이미지들은 사실상 우리가 구슬을 맨눈으로 들여다볼 때의 이미지가 아니다. 이 이미지들은 매우 근접해야만 볼 수 있는데 우리 눈은 초근접 이미지를 볼 수 없다. 대상의 표면에 너무 가까이 접근하면 눈의 구조적 한계 때문에 초점을 맞출 수가 없기 때문이다. 이에 반해서 카메라는 접사촬영이 가능하다. 우리가 대상을 매우 근접한 거리에서 정밀하게 보고자 한다면 카메라로 접사촬영을 한 후 그것을 확대하여 일정한 거리를 두고 보아야 할 것이다. 따라서 벨의 그림은 우리 눈에 드러난 현실이 아닌 카메라의 접사촬영에 의해서 드러난 이미지이다. 그렇기 때문에 대상의 매우 디테일한 부분까지도 정밀하게 그리는 하이퍼리얼리즘의 이미지는 근본적으로 사진의 이미지인 것이다. 하이퍼리얼리즘이 사진이 발명되고 그것이 널리 보급된 이후에야 나타날 수밖에 없었던 이유를 우리는 여기서 찾을 수 있다. 그렇기 때문에 하이퍼리얼리즘이란 우리 눈에 나타난 세계보다 더 리얼한 세계를 보여준다. 다시 클로스의 작품을 언급하자면 그의 그림은 바로 하이퍼리얼한 이미지가 사진의 픽셀처럼 인위적으로 만들어진 이미지일 뿐이라는 것을 역설적으로 보여주고 있는 것이다.

프랑스의 철학자이자 사회학자인 장 보드리야르 Jean Baudrillard, 1929~2007 는 하이퍼리얼리즘이 단순히 회화의 한 조류를 의미하는 것을 넘어 오늘날 우리가 살고 있는 사회 자체가 이미 하이퍼리얼하게 되었다고 주장하였다. 하이퍼리얼한 사회란 벨이 그린 〈구슬〉의 경우처럼 인위적으로 만들어진 이미지가 현실보다 더 현실적인 것으로 받아들여지는 사회를 말한다. 그는 이렇게 인위적으로 만들어진 가상적 이미지가 현실의 세계를 뒤덮고 있는 하이퍼리얼한 세계를 '시뮬라시옹 simulation '이라는 말로 압축하여 표현한다.

디즈니랜드의 바깥은 현실세계라고 할 수 있을까

보드리야르의 주저 중 하나인 《시뮬라시옹》 Simulacres et simulation, 1981 은 디즈니랜드에 관한 언급에서 논의를 출발한다. 디즈니랜드란 온갖 시뮬라크르들로 뒤덮인 시뮬라시옹의 세계이다. 원래 시뮬라크르란 '모사물'이라는 의미인데 여기서 말하는 시뮬라크르는 단순한 모사물이 아닌 하이퍼리얼리즘의 이미지처럼 현실세계보다 더 현실 같은 이미지를 뜻한다. 그리고 시뮬라시옹이란 이렇게 현실보다 더 현실적인 가상 이미지들로 현실세계가 채워지는 과정을 의미한다.

　디즈니랜드는 한눈에 보더라도 시뮬라크르로 채워진 가상적 이미지의 세계라는 사실이 드러난다. 우리가 텔레비전이나 영화 혹은 다른 매체를 통해서 항상 접해오던 많은 캐릭터들뿐만 아니라 이들이 등장하였던 배경도 디즈니랜드에서는 실제로 존재한다. 백설공주나 미키마우스와 도널드덕뿐만 아니라 〈백설공주〉에 등장하였던 성이나 신데렐라가 타던 마차도 그대로 존재한다. 이 모든 것들은 시뮬라크르들이며, 디즈니랜드의 세계는 바로 이런 시뮬라크르들로 이루어진 가상의 세계이다. 물론 디즈니랜드는 어린이에게만 진정성 있는 현실의 세계로 보일 뿐, 어른들까지 그곳을 현실세계로 여기지는 않는다. 텔레비전이나 영화에서 보던 캐릭터나 장소가 실제로 존재하는 것을 보고 어린이들은 흥분하겠지만 어른들에게 디즈니랜드란 그저 인위적으로 만들어진 가상의 세계일 뿐이다. 말하자면 어른들에게 디즈니랜드라는 공간은 그럴듯한 시뮬라크르로 채워진 한갓 가상공간에 불과하다.

　그런데 보드리야르의 논의는 디즈니랜드가 시뮬라크르로 채워진 가상공간에 불과하다는 결론에 이르고자 하는 것이 아니다. 오히려 '디즈니랜드란 시뮬라크르에 의해 만들어진 가상공간이다.'라는 결론처럼 보이는 이 주장이 그의 논의가 시작하는 출발점이다. 왜냐하면 바로 이 결론이야말로 디즈니랜드가 가진 이데올로기적인 효과이기 때문이다. 디즈니랜드를 방문한 사람들은 디즈니랜드라는 가상적 공간에서 즐거운 시간을 보낸 후에 디즈니랜드의 문을 나서면서 이제 가상의 공간에서 나와 다시 현실의 공간으로 돌아온다고 믿는다. 디즈니랜드의 진정한 효과는 바로 여기서 발생한다. 사람들은 디즈니랜드의 문을 나서는 순간 이제 가상의 세계, 즉 시뮬라크르의 세계로부터 빠져나왔다고 생각한다. 이는 다시 말해서 디즈니랜드의 바깥에 있는 세상, 즉 로스앤젤레스 시나 주택가 혹은 거리는 디즈니랜드가 아닌 현실의 세계라고 믿게 된다는 뜻이다.

보드리야르는 디즈니랜드의 바깥 세계 또한 온갖 시뮬라크르로 채워진 하이퍼리얼한 세계라고 본다. 디즈니랜드의 세계는 그것이 인위적으로 만들어진 가상의 세계라는 것을 노골적으로 드러내는 반면 우리가 현실이라고 믿고 있는 세계는 그 사실을 교묘하게 은폐하고 있을 뿐이다. 그렇기 때문에 디즈니랜드라는 눈에 보이는 가상의 세계는 디즈니랜드 바깥의 세계가 현실세계라고 믿게 만드는 알리바이를 제공하는 역할을 한다. 근본적인 차원에서 보자면 디즈니랜드라는 가상의 공간이나 우리가 현실세계라고 믿는 디즈니랜드 바깥의 공간이나 아무런 차이가 없다. 보드리야르에 따르면 이미 우리가 현실세계라고 믿는 모든 세계가 가상적인 시뮬라크르의 세계, 즉 하이퍼리얼한 세계일 따름이다.

디지털 기술의 발달과 더불어 이미지는 현실보다 더 현실적이라는 사실을 우리는 피부로 절감할 수 있다. 가령 독일 출신의 사진작가 거스키 Andreas Gursky, 1955~ 의 작품 〈99센트〉를 보면 이를 잘 알 수 있다. 이 작품은 일상에서 흔히 볼 수 있는 대형 할인마트의 실내를 촬영한 것이다. 대부분의 사람들이 · 이와 유사한 마트를 어렵지 않게 접해보았을 터이므로 이 이미지가 비현실적이거나 낯설게 느껴지지는 않을 것이다. 이 작품은 바로 '전품목 99센트'라는 문구가 인상적인 할인마트의 광경을 직접 사진에 담은 것이다. 그런데 흥미롭게도 작가는 이 작품의 완성을 위해서 수개월 동

거스키, 〈99센트〉 99cent, 1999

이 작품은 일상에서 흔히 볼 수 있는 대형 할인마트의 실내를 촬영
한 것이다. 그런데 흥미롭게도 작가는 이 작품의 완성을 위해서 수
개월 동안이나 수정 작업을 하였다. 말하자면 이 이미지는 변형된
것, 흔히 말하는 합성 이미지이다. 문제는 우리가 이 이미지를 보고
어떠한 부분이 변형되었는지 결코 식별할 수가 없다는 사실이다. 보
드리야르는 우리가 현실세계라고 믿는 모든 세계가 가상적인 시뮬
라크르의 세계, 즉 하이퍼리얼한 세계일 따름이라고 말한다.

안이나 수정 작업을 하였다. 말하자면 이 이미지는 변형된 것, 흔히 말하는 합성 이미지이다. 문제는 우리가 이 이미지를 보고 어떠한 부분이 변형되었는지 결코 식별할 수가 없다는 사실이다. 이 이미지 속에서 비현실적이라고 느낄 수 있는 어떠한 부분도 우리는 골라낼 수가 없다. 수정 작업을 통해서 매우 정교하게 합성되었기 때문에 상품의 정렬이나 색상의 배열이 매우 조화롭다. 그런데 만약 이러한 이미지에 우리가 익숙해질 경우 오히려 동네 마트에 가서 흐트러진 상품의 배열을 보면서 무엇인가 어색하고도 낯선 느낌을 받게 될지도 모를 노릇이다. 하이퍼리얼한 이미지가 현실을 대체하게 된다는 주장이 결코 과한 것만은 아니다.

여기서 한 가지 언급할 사항은 가상이라는 개념에 어떻게 접근하는가에 따라 그와 대칭의 쌍을 이루는 현실의 개념에 대한 이해가 달라진다는 사실이다. 독일의 매체철학자 노르베르트 볼츠Norbert Bolz, 1953~ 는 《가상의 역사》Eine kurzze Geschichte des Scehins, 1991 라는 저서에서 이 사실을 언급하고 있다. 가령 서양 사회에서 고대에는 '가상'을 말 그대로 거짓된 상, 즉 가짜로 인식하였다. 가상이란 거짓으로서 참인 것과 대립을 이루었다. 그렇기 때문에 현실세계에서 가장 참된 것을 발견하는 것이 철학의 임무였다. 이에 반해서 디지털 기술의 시대에 이르러서 가상은 참된 것과 구별하기 어려워졌다. 그렇기 때문에 가상은 단순히 현실을 은폐하거나 조작하는 거짓이 아닌 우리의 현실세계를 이루고 있는 불가피한 요소로 간주된다. 가령 한 연예인의 이미지가 매체에 의해서 조작된 거짓 이미지라 하더라도 사람들이 그 이미지에 열광하고 그 이미지를 소비한다면 이는 거짓이 아닌 현실의 한 요소가 되는 것이다. 그런 점에서 이미 가상이란 현실성을 획득한 범주가 된다. 이렇게 볼 때 현실은 더 이상 가상과 절대적으로 구분될 수 있는 어떤 것이 아니다. 이는 마치 디즈니랜드 바깥에 진정한 현실세계가 존재한다는 것 자체가 이미 현실에 대한 과거의 통념에 불과한 것과도 같다.

시뮬라크르의 세계는 욕망에서 비롯된 것이다

그렇다면 사람들은 왜 이러한 시뮬라크르의 세계를 만들어낸 것일까? 이에 대한 명확한 답을 보드리야르가 제시하고 있지는 않지만 그의 글을 통해서 이끌어낼 수 있는 일관된 생각 중의 하나는 인간의 활동에 바탕이 되는 힘의 원천을 욕망에서 찾고 있다는 사실이다. 보드리야르에게 인간의 욕망이란 시대를 초월해서 존재하는 하나의 '상수'로서 자리잡고 있다는 느낌을 준다. 오늘날 하이퍼리얼한 세계를 만든 것도 인간 욕망의 산물인 셈이다. 세계와 구별이 되지 않는 모사물을 창조하려는 재현의 노력 또한 인간 욕망의 한 표현이며, 하이퍼리얼한 세계는 바로 이러한 욕망의 극단적인 형태라고 할 수도 있다.

현실세계를 재현하려는 예술 속에는 '욕망'이 자리 잡고 있다는 사실을 정신분석학자 라캉은 이미 흥미로운 방식으로 언급하였다. 회화란 현실세계를 재현하는 것이라는 서구의 통념을 낳게 된 가장 극적인 일화는 아마도 고대 그리스의 제욱시스와 파라시오스 간에 펼쳐진 대결일 것이다. 주지하다시피 당대의 라이벌이었던 두 화가는 누가 더 그림을 잘 그리는가를 놓고 경쟁하였다. 제욱시스는 자신이 그린 포도나무를 보여주었는데 한 마리의 새가 그림에 날아와 부딪혔다. 파라시오스는 의기양양한 제욱시스를 데리고 자신이 그린 그림이 있는 곳으로 향했다. 제욱시스는 천으로 덮인 파라시오스의 그림을 보기 위해서 그 천을 걷어내고자 하였다. 그런데 바로 그 천이 파라시오스의 그림이었다. 제욱시스의 그림은 새를 속였지만 파라시오스는 새를 속인 화가의 눈을 속인 것이다. 파라시오스의 승리로

힐텐스페어거, 〈제욱시스와 파라시오스〉 Zeuxis and Parrhasios
제욱시스와 파라시오스의 대결을 그린 그림이다. 제욱시스를 속인 파라시오스의 그림은 감춰진 실체를 보고
자 하는 제욱시스의 욕망을 자극했다.

끝난 이 일화는 결국 파라시오스의 그림이 현실을 더 잘 재현한 것이라는
기준을 제시한다.

  그러나 라캉은 이 일화를 달리 해석한다. 파라시오스가 승리한 비결은 속
임수였으며, 그 속임수는 제욱시스의 성급함에 기초했다는 것이다. 제욱시
스는 파라시오스의 그림을 보고자 조급해하였으며 그러한 조급함이 성급
하게 천을 걷어내고자 하는 충동으로 나타났다. 말하자면 파라시오스의 그
림은 천에 감춰진 실체를 보고자 하는 제욱시스의 욕망을 자극했다. 본다
는 것 속에는 이미 욕망과 충동이 숨어 있다. 현실과 똑같은 재현을 창조하
려는 것도 알고 보면 그 속에 그러한 욕망이 숨어 있는 것이다. 보드리야르

는 인간의 욕망이라는 것을 결코 무시할 수 없는 논의의 대상으로 간주하였다. 제욱시스의 그림이나 파라시오스의 그림이 욕망이라는 계기를 은근히 포함하고 있다면, 오늘날의 이미지들은 오히려 적나라하게 그러한 욕망을 표출한다.

이렇게 보자면 하이퍼리얼한 세계는 인간의 욕망이 보편적인 형태로 드러난 세계이다. 한 연예인의 극중 이미지란 만들어진 것에 불과하지만 이 가상적 이미지는 그 이미지를 소비하고자 하는 대중들의 욕망에 의해 진정성을 지니게 된다. 나아가 해당 연예인에게도 극중 이미지는 그의 일부가 되어버린다. 이 또한 자신의 가상적 이미지를 대중에게 진정성 있게 전달하고자 하는 연예인의 욕망에서 비롯된다. 이 가상적인 이미지는 단순한 허구가 아니라 오늘날의 소비사회에서 현실보다 더 현실적인 하이퍼리얼한 이미지가 된다.

어떻게 기호화되느냐에 따라 경제적 가치가 달라진다

욕망에 관한 문제의식은 보드리야르의 사상에서 매우 중요한 자리를 차지한다. 욕망은 그가 현대사회를 진단할 때 시뮬라크르나 하이퍼리얼리즘의 개념 못지않게 중요시하는 개념이다. 앞서도 잠시 언급하였지만 욕망은 이미 시뮬라크르나 하이퍼리얼리즘의 논의에서도 이론적 기저로 자리 잡고 있다. 그런데 보드리야르에게 욕망이란 역사를 관통하는 상수이기도 하지만, 동시에 오늘날 현대사회를 특징짓는 가장 중요한 사회적 요인이기도 하다. 그러한 점에서 보드리야르는 자본주의 사회의 분석에서 욕망이라는 중요한 요인을 간과해버린 마르크스의 정치경제학을 신랄하게 비판한다.

보드리야르는 마르크스의 정치경제학의 특징이자 한계를 자신의 저서 제목이기도 한 《생산의 거울》Le miroir de la production, 1973 이라는 개념으로 압축한다. 마르크스는 정치경제학에서 생산, 소비, 유통의 과정 중 소비와 유통을 자율적인 심급審級으로 인정하지 않고 생산의 심급으로 환원하고자 한다. 그리하여 그의 정치경제학은 전적으로 생산에만 초점을 맞추고 있다. 말 그대로 소비나 유통은 오로지 생산이라는 본질적인 심급을 반영하는 가상적인 이미지, 즉 거울상에 불과하다는 것이다. 보드리야르는 마르크스의 정치경제학이 시대적인 적합성을 상실한 이유를 바로 여기서 찾는다. 보드리야르는 현대 자본주의 사회는 소비의 사회이며, 소비란 생산에 종속된 거울상이 아닌 독자적인 층위일 뿐만 아니라 생산보다도 더 중요한 층위로 부각되어야 한다고 주장한다.

그의 이러한 주장은 아마도 보드리야르의 저작 중에서 가장 체계적인 저술이라고 할 수 있는《기호의 정치경제학 비판》Pour une critique de l'économie politique du signe, 1972에서 매우 분석적으로 논의된다. 여기서 마르크스 정치경제학에 대한 보드리야르 비판의 핵심은 마르크스가 사용가치의 특성을 전적으로 도외시하였다는 점에 있다. 주지하다시피 마르크스는 자본주의 사회에서 경제적 가치는 교환가치로 전면화된다고 주장하였다. 원래 재화 혹은 용역은 경제적으로 볼 때 사용가치와 교환가치라는 두 가지 가치를 지니지만 자본주의 사회에서는 사용가치가 교환가치에 의해서 추상됨으로써 교환가치가 곧 가치 일반이 된다고 주장한다. 말하자면 마르크스에게는 '가치=교환가치'가 되는 사회야말로 자본주의 사회인 것이다. 마르크스 정치경제학에서 사용가치는 단지 상품 자체가 가진 물질적 특성 혹은 사회적 관습에 따른 용도라는 불변적 요소로 간주되어 자본주의 경제의 분석에서 실질적으로 배제된다고 할 수 있다.

보드리야르는 자본주의 사회란 교환이 중심이 되는 교환체계의 사회라는 점은 인정하지만 그러한 교환의 중심에는 오히려 사용가치가 핵심적인 역할을 하고 있음을 간과해서는 안 된다고 주장한다. 물론 이때 보드리야르가 말하는 사용가치는 윌리엄 제본스William Stanley Jevons, 1835~1882 나 카를 멩거Carl Menger, 1840~1921 혹은 그레이엄 월러스Graham Wallas, 1858~1932 등 이른바 한계효용학파에서 말하는 양적으로 계산할 수 있는 한계효용으로서의 사용가치를 말하는 것이 아니다. 여기서 보드리야르가 말하는 사용가치란 곧 어떤 사물이 지닌 욕망의 대상으로서의 가치를 의미한다. 이는 단순히 사물의 물리적인 속성을 의미하는 것이 아니라, 욕망의 대상으로서 하나의 기호signe라는 가치를 지니게 된다는 사실을 뜻한다. 말하자면 오늘날의 사회에서 '구두'란 더 이상 물리적인 대상으로서가 아니라 기호로서 경제적 가치를 지닌다. 그렇기 때문에 물리적으로 동일한 대상이라 하더라도 브랜드에 따라서 서로 다른 가치를 지니게 되는 것이다. 말하자면 이제 사람들은 브랜드라는 기호를 소비하는 것이지 실제 물리적 대상을 소비하는 것이 아니다.

여기서도 우리는 시뮬라크르의 논의를 발견할 수 있다. 기호학적으로 볼 때 실재 세계를 레퍼런트referent(지시대상)라고 말한다면 우리는 물리적 속성을 지닌 레퍼런트보다는 그것이 지닌 기호적 의미, 즉 상징에 더 관심을 갖는다. 말하자면 오늘날의 교환관계란 마르크스가 힘주어 말한 상품에 투여된 사회적 평균 노동시간이라는 실체에 의해서 규제되는 것이 아닌 기호적 상징에 의해서 이루어진다. 보드리야르는 오늘날의 교환체계를 '상징적' 교환체계라고 명명하며, 이러한 상징적 교환체계의 특성을 이해하기 위해서는 마르크스와는 다른 방식의 교환체계 방식에 관심을 가져야 한다고 말한다. 그가 언급하는 마르크스와 다른 방식의 교환체계 중 대표적인 교환체계는 이른바 '포틀라치potlach'의 형태이다. 널리 알려진 대로 포틀라치란 특정 원시부족의 교환형태인데 증여나 선물의 형태로 이루어진다.

여기서 주목해야 할 사실은 교환이 등가성의 형태를 띠지 않고 주는 사람의 지위나 감정을 나타내는 상징 혹은 기호로서 기능한다는 점이다.

　다만 포틀라치의 체계와 달리 오늘날 소비사회에서 교환은 매우 복잡하면서도 미묘한 방식으로 이루어진다. 말하자면 사물이 지닌 경제적 가치는 그것이 어떠한 방식으로 욕망되는가에 따라서, 즉 어떻게 기호화되느냐에 따라서 달라진다. 여기서 욕망은 생산이 아닌 소비와 직결된 것이므로 사물의 기호적 가치에 의해서 교환되는 사회는 당연히 소비의 사회인 것이다. 마르크스주의에서 생산이 지닌 절대적 지위는 무너지며, 보드리야르의 정치경제학에서는 오히려 소비가 가장 중요한 심급으로 부상하게 된다. 이는 곧 오늘날의 사회가 욕망이라는 메커니즘이 전면화된 사회라는 인식과 맞물려 있다.

　보드리야르의 분석과 주장은 오늘날 어느 정도 상식적인 것으로 통용되고 있다. 그런데 보드리야르의 이론에는 간과할 수 없는 매우 당혹스러운 요소들이 존재하는 것도 사실이다. 가령 보드리야르는 오늘날 소비사회의 교환체계를 분석하는 것이 마르크스주의와 같은 기존의 방식으로는 불가능하다고 주장하면서 프로이트의 《꿈의 해석》Die Traumdeutung, 1900과 같은 분석을 하나의 가능성 있는 모델로 제시한다. 프로이트의 꿈 분석은 현실과는 달리 매우 이질적이며 비체계적인 무의식적 욕망을 분석하고자 하는 모델이다. 보드리야르가 꿈의 분석 모델을 넌지시 소비사회의 분석을 위한 가능적 모델로 언급하는 것은 결국 그가 말하는 상징으로서의 교환체계를 분석하는 것이 매우 추상적이고 주관적인 방식으로만 가능함을 간접적으로 시인하는 것이 되고 만다.

세상에
진실한
목소리는
없다

데리다와
스티글리츠

사진은 현실의 목소리가 아니다

지금은 신화가 되어버렸지만 사람들은 한때 사진을 어떤 다른 매체보다도
진실한 매체로 여긴 적이 있다. 국제적으로 사진계를 주도하는 엘리트 사
진가 집단인 매그넘Magnum Photos의 신조는 사진이 현실의 세계를 그대로
보여주는 진실한 '목소리'가 되어야 한다는 것이었다. 사진이 세계의 진실
한 목소리가 되기 위해서는 어떠한 인위적 가공도 배제한 스트레이트 사
진이 되어야 한다는 생각은 이들에게 당연한 말이었다. 이는 자크 데리다
Jacques Derrida, 1930~2004 가 이야기한 '음성중심주의 신화'를 연상시킨다.
이때 데리다가 말하는 음성voix(목소리)이란 말하는 사람의 내면적 실상을 그
대로 재현하는 진실한 매체를 의미하기 때문이다.

물론 이러한 목소리에 대한 환상은 신화가 되고 말았다. 사진의 운명은 이를 역설적으로 보여준다. 진실한 목소리로서 스트레이트 사진의 신화는 미국의 사진가 스티글리츠Alfred Stieglitz, 1864~1946로부터 시작한다. 1893년 혹독한 추위가 닥친 어느 겨울 날, 그는 카메라를 들고 뉴욕의 5번가로 나섰다. 숨이 멎을 만큼 극심한 한파 속에서 그는 급기야 눈보라 휘날리는 도로를 마차가 질주하는 모습을 찍을 수 있었다. 몇 시간 동안 사투를 벌인 끝에 가능한 일이었다. 이 한 장의 사진은 어떠한 가공도 없는 현실의 모습을 담고 있다. 스티글리츠의 예화는 사진가의 진정성이 무엇인지를 보여주는 상징적인 신화의 탄생을 의미한다. 20세기 사진의 주류가 세계의 진실한 목소리를 자처하는 포토저널리즘이라는 사실 또한 이와 무관하지 않다.

　그러나 모든 신화가 그러하듯이 신화란 그 속에 비합리적인 측면을 포함하고 있기 마련이다. 진실한 사진 혹은 사진적 진실의 신화 역시 그와 전혀 반대되는 측면을 포함하고 있었다. 실제로 스티글리츠의 다른 한 장의 사진은 깨질 수밖에 없는 신화의 모순을 그대로 보여준다. 1907년에 찍은 〈삼등선실〉은 어떤 인위적 가공도 없는 스트레이트 사진이다. 이 사진은 당시 대형 여객선의 모습을 적나라하게 담고 있다. 말하자면 진실을 담은 한 편의 목소리인 셈이다. 사진에는 활기차고 분주한 승객들의 모습이 생동감 있게 담겨 있다.

　하지만 잘 들여다보면 이 사진이 재현하고 있는 것은 눈에 보이는 현실 자체가 아니라는 점을 알 수 있다. 스티글리츠가 의도했든 하지 않았든 상관없이 이 사진이 담고 있는 목소리는 사진에 나타난 모습 자체가 아닌 '이데올로기적' 현실에 관한 것이다. 상단과 하단이 정확하게 구분된 이 사진은 점잖고 잘 차려입은 중산층과 하층민의 일상이 대비된다. 너저분한 빨

스티글리츠, 〈삼등선실〉 The Steerage, 1907
당시의 대형 여객선의 모습을 그대로 담고 있는 이 사진에서는 위층(상류층)과
아래층(하층민)의 모습이 대비된다. 여기에서 나타나는 것은 인간의 삶이라는
현실이 아닌 부에 의해 신분이 구분되는 자본주의적 현실이지만, 역설적으로
사진의 미학적 완성도가 오히려 자본주의적 현실을 은폐한다. 사진이 현실을
그대로 반영하지 않듯 우리의 음성은 순수한 내면의 목소리가 아니다. 데리다
가 '음성'과 '음성중심주의'에 부정적인 이유가 여기에 있다.

래가 걸린 하단부의 광경은 전형적인 프롤레타리아트의 일상적 삶을 나타낸다. 이 사진에 담긴 현실은 인간의 삶이라는 현실이 아닌 부에 의해서 철저하게 신분이 구분되는 자본주의적 현실이다. 역설적이게도 스티글리츠의 예술성이 부여한 이 사진의 미학적 완성도는 다양한 편차가 현존하는 조화의 미를 강조하며 상대적으로 자본주의적 현실을 은폐하는 데 기여할 뿐이다. 말하자면 이 사진의 목소리는 현실의 목소리가 아닌 자본주의라는 허상 혹은 이데올로기의 목소리인 것이다.

우리는 여기서 데리다가 왜 '음성' 혹은 '음성중심주의'에 부정적인 뉘앙스를 부여하고 있는지 알 수 있다. 음성을 순수한 내면의 목소리로 간주한다는 것 자체가 허구이자 신화일 뿐이라는 말이다. 고대 희랍어의 로고스 logos 라는 단어는 이성이라는 뜻과 동시에 음성을 뜻하기도 하였다. 데리다가 보기에 로고스 혹은 이성을 중요시하는 서구의 전통은 이러한 음성주의의 신화와 관련된 것이다. 그는 서구의 전통적인 형이상학이 유지해온 신화를 '백색신화 mythologie blanche'라고 부른다. 백색신화는 서구 백인의 사상에 기초한 신화를 의미하는데, 이 신화는 플라톤 이래 계속 이어져온 절대적인 이데아 혹은 목소리에 대한 믿음과 관련이 있다.

플라톤 시대부터 음성(말)은 말하는 사람의 발화 현장 자체를 드러내는 현전 présence 을 전제하는 것이라고 보았다. 음성은 글(문자)과 달리 말하는 사람의 현전을 전제하므로 진정성이 담보된다. 이에 반해서 글은 그것을 쓰는 사람이 없는 상황을 전제하므로 현전과는 거리가 멀다. 다른 사람 앞에서 글로 자신의 의사를 전달하는 경우는 거의 없다. 그런 경우란 로맨틱한 사랑 고백을 위해서 굳이 말이 아닌 글로 자신의 마음을 전달하는 예외적인 상황 정도가 있지 않을까. 자신의 모습을 그대로 드러내지 않아도 되므로 글을 쓰는 사람은 얼마든지 위선적일 수 있다. 그렇기 때문에 플라톤

때부터 발화자의 현전 여부가 말의 진실성과 글의 허위성을 구분하는 기준
이 되었다. 로고스 혹은 이성이란 이렇게 음성처럼 진정성을 담보한 진실
한 어떤 것을 의미한다.

실체가 없는 로고스는 인플레이션에 빠진다

데리다는 음성을 중시하는 이러한 백색신화가 스스로 붕괴될 수밖에 없다
고 주장한다. 왜냐하면 음성이 나타내고자 하는 진실 혹은 실체란 애초에
그 실체를 온당하게 드러낼 수 없기 때문이다. 가령 '사랑'이라는 말을 생각
해보자. 사랑이라는 순수한 목소리는 과연 그 말을 하는 사람의 어떤 순수
한 내면을 드러내는 것일까? 사랑의 목소리는 사랑 자체를 드러낼 수 없다.
이는 오로지 욕정, 순수한 희생, 평생의 동반, 아름답다고 느끼는 감정 등의
간접적인 은유로만 나타낼 수 있을 따름이다. 사랑이라는 것 자체가 뚜렷
한 실체가 없기 때문이다. 백색신화를 이루는 가장 고귀한 가치인 로고스
(이성, 내면의 목소리, 혹은 이데아라고도 부름) 또한 실체가 없다. 그렇기 때문에 궁
극적 목소리는 항상 과장되거나 부풀려지기 마련이다. 이 절대적인 로고스
는 자연스럽게 수많은 은유나 수사를 낳고 부풀려져서 인플레이션 현상이
발생하게 되는 것이다.

　데리다가 보기에 이러한 인플레이션 현상은 긍정적인 것도 부정적인 것
도 아닌 상반된 두 측면을 모두 포함하는 것이다. 인플레이션은 보통 수요
의 증가와 맞물려 있기 때문에 광범위한 유통 범위의 증대와 확산을 전제
한다. 말하자면 신화의 인플레이션은 그것이 훨씬 더 광범위하게 전개되고
확산된다는 의미이다. 하지만 자본주의 시장경제의 위기가 그러하듯이 시
장의 확장과 공급의 과잉은 위기를 초래하기 마련이다. 실체 없는 보편적
목소리의 확장 또한 그러한 운명을 피할 수 없다.

데리다는 이러한 인플레이션의 과정을 고리대금usure에 의한 이자 증식에 비유한다. 고리대금은 데리다가 서구의 음성중심주의 신화가 지닌 가치 증식의 전개과정을 그대로 함축하고 있기 때문이다. 원래 고리대금은 빌려준 돈보다 더 많은 돈을 받게 되는 가치 증식 과정으로, 그 차액인 이자intérêt를 전제한다. 적절한 이자를 기대할 경우 원금은 가치 증식으로 이어지지만 무리한 이자 증식을 추구할 경우 이는 곧 원금의 잠식이나 탕진으로 이어진다. 데리다가 강조하듯이 백색신화의 기반인 초월적인 진리 혹은 목소리는 어떤 방식으로든 기호로 나타나야 하며, 이 기호는 진리나 목소리 자체를 드러낼 수 없으므로 항상 은유의 방식으로 나타날 수밖에 없다. 이 과정에서 은유의 과잉이 나타나며, 이 과잉의 은유는 적절한 이자의 가치 증식 범위를 벗어나서 원금 자체를 잠식하는 고리대금의 운명을 피할 수가 없다.

데리다가 직접적으로 언급하지는 않지만 이는 결국 자본주의 사회의 딜레마와 일치한다. 자본주의 사회에서 가치는 실체가 아닌 은유, 즉 교환가치로만 드러나게 되는데 이 교환가치라는 은유는 시장의 메커니즘을 통하여 무한 증식하고자 한다. 말하자면 상품 혹은 사물의 실체는 상품 가치의 전제가 되지만, 교환가치의 현상 형태인 가격의 인플레이션이 발생하면 이는 곧 가치의 하락으로 이어진다. 여기서 문제가 되는 것은 단지 상품의 가격, 즉 교환가치의 하락이 아니다. 더욱 근본적인 문제는 상품의 가치 자체에 대한 회의가 발생한다는 사실이다. 상품이 더 이상 팔리지 않는다면 상품의 교환가치는 전혀 의미가 없지만, 그렇다고 상품인 사물 자체의 가치가 없어지는 것은 아니다. 인플레이션을 통해서 우리가 알고 있던 상품의 교환가치가 가치 자체의 실체, 즉 목소리는 아니었음을 깨닫게 되는 것이다. 어쩌면 나아가서 상품의 내재적인 가치의 존재 자체가 존재하지 않는 것임을 깨닫게 되는지도 모른다. 말하자면 가치의 실체로서의 '교환가치'라는 은유의 과잉이 가치 자체가 존재하는 것인지에 대한 의문과 위기를 초래하는 것이다.

바야흐로 오늘날은 문자의 시대이다

데리다가 보기에 이러한 음성중심주의의 해체는 음성에 짓눌려 가치가 폄하되었던 '문자(데리다는 문자를 글자lettre, 글쓰기écriture, 그람gramme 등 다양한 용어로 사용함)'의 발흥과 관련이 있다. 플라톤에 따르면 이미 이집트 시대부터 문자는 인간에게 이롭기만 한 것이 아니라 위험한 것으로 간주되었다고 한다. 그는 자신의 대화편 《파이드로스》Phaidros에서 소크라테스Socrates, BC 470 ~ BC 399의 입을 빌려 문자와 관련된 이집트의 신화를 소개한다. 이 신화에 따르면 이집트의 왕 타무스는 철저하게 문자를 금지하고 어떠한 명령도 문자가 아닌 말에 의해서 직접 전달하도록 했다. 그러나 타무스가 전쟁에 참가하기 위하여 자리를 비운 사이 그를 대행한 아들 토트가 문자를 보급하였다.

타무스가 문자의 보급을 반대한 것은 문자가 말을 대신할 경우 문자의 특성상 말을 하는 사람 없이도 어떤 사실이 마음대로 유통되고 자의적으로 해석될 수 있기 때문이다. 말하자면 타무스의 권위를 빌려서 마음대로 권력을 휘두르는 사람이 나타나서 궁극적으로는 타무스의 권위 자체를 위협하게 될 것이라고 생각했다. 문자가 말을 위협하게 되어 말의 생생한 현전성現前性을 파괴할 것이라는 생각이 바로 이집트의 신화에 반영된 것이다. 플라톤이 이 신화를 예로 든 이유는 바로 문자가 지닌 위험성을 고취하고 음성의 진정한 가치를 보여주기 위함이었다. 그는 문자를 오늘날 약의 의미를 지닌 '파르마콘pharmakon'에 비유하였다. 그런데 이 파르마콘은 단순히 몸에 좋은 약을 의미하는 것이 아닌 '독당근'처럼 몸에 이로운 것이자 동시에 해로운, 이중적인 특성을 지닌다. 사실 알고 보면 오늘날 우리가 먹는 어떤 약도 그러하다. 심장약은 심장을 낫게 하지만 신장에는 간혹 치명적인 독이 될 수 있다. 대부분의 진통제는 위에는 독이다. 이처럼 플라톤은 문자를 위험한 것으로 여겼다. 토트가 타무스 왕의 권위를 찬탈하는 위험한 대리인이자 보충인이듯이 문자는 음성의 위험한 대리물이자 보충물이다.

데리다는 오랫동안 이어진 플라톤의 전통을 전복하고자 했다. 문자가 음성의 위험한 보충대리물 supplément 이 아니라 오히려 음성이 문자라는 보충대리물의 보충대리물이라는 것이다. 데리다의 논리는 이러하다. 타무스 왕이 비대해진 국가를 다스리기 위해서는 자신을 대리하는 보충대리인이 필요할 수밖에 없다. 왕의 입장에서 보자면 지방 관리는 왕의 보충대리인이다. 하지만 정작 지방 관리의 입장에서 보자면 왕의 낙관이 찍힌 문서 없이는 자신의 권위도 없다는 점에서 왕이 자신의 보충대리인이 된다. 말하자면 왕은 자신의 보충대리물인 지방 관리의 보충대리물이 된 것이다. 음성과 문자의 관계도 마찬가지이다. 음성은 확장을 위하여 문자라는 보충대리물이 필요하지만 문자는 현존하지 않는 발화자를 전제한다는 점에서 음성이라는 보충대리물이 필요하다. 어떤 것의 대리물도 아닌 절대적인 권위를 지닌 음성이 하나의 보충대리물로 전락한 것이다.

문자란 음성과 달리 태생적으로 다른 것의 흔적을 담고 있다. 발화자가 없다는 것을 전제하기 때문에 문자란 항상 발화자와 상관없는 맥락으로 해석되거나 덧씌워지기도 하고 자의적으로 왜곡되기도 한다. 문자란 애초에 이물질이 들어간 것으로서 순수한 내면의 소리인 음성과는 다르다. 하지만 데리다는 흥미롭게도 서구의 전통적인 가치로 숭배받던 음성 또한 알고 보면 애초에 다른 것의 흔적이 개입된 문자에 불과하다는 사실을 지적한다. 이미 음성 자체가 문자의 보충대리물이라는 사실에서도 이러한 사실을 쉽게 알 수 있다.

그런데 만약 서구의 보편적인 가치로 숭상받는 음성의 절대적 권위가 해체되면 어떤 일이 벌어질까? 이제 남는 것은 문자밖에 없다. 세상은 음성이 아닌 문자로 가득 차 있을 뿐이며, 문자는 그것을 발화한 발화자 없이 그저 제 마음대로 떠돌아다닐 뿐이다. 그러한 문자에는 음성과 달리 발화자가 명시한 고정된 의미가 없으므로 자의적인 해석이 가능하다. 문자의 확고부동한 의미는 애초에 불가능한 것이며, 문자의 의미는 그저 다른 문자들과의 유희를 통해서만 발생할 뿐이다.

데리다는 이를 '책livre'이라는 전통적인 텍스트를 새로운 '텍스트texte'의 개념과 비교하면서 보다 명확하게 구분한다. 책이란 음성중심주의를 나타내는 일종의 은유이다. 사람들이 책을 읽을 때 그 의미를 명확하게 파악한다는 말은 궁극적으로 저자의 의도를 알아채는 것이다. 말하자면 발화자의 내면을 나타내는 것이 책이라는 점에서 책에 쓰인 글은 결국 음성인 셈이다. 데리다가 보기에 오늘날 이러한 책의 은유는 더 이상 성립할 수 없다. 소설, 추상화, 현대적인 영화가 보여주듯이 모더니즘 이후 저자는 자신의 의도를 확고하게 나타내는 것이 아니라 열린 텍스트를 생산한다. 데리다에 따르면 텍스트의 의미는 쓰거나 그릴 때 발생하는 것이 아니라 오히려 독자라는 타자가 개입할 때 만들어진다. 텍스트를 쓰는 것은 저자가 아닌 독자인 셈이다. 따라서 텍스트를 이루는 것은 발화자의 내면이 담긴 음성이 아니라 발화자가 부재한 우발적인 문자다.

데리다의 이러한 생각은 건축에서도 많은 영향을 끼쳤다. 건축의 포스트모더니즘은 궁극적으로 문자에 대한 데리다의 발상과 일치한다. 포스트모더니즘 건축을 대표하는 로버트 벤투리의 건축론은 음성중심주의에서 문자로의 이동을 명확하게 보여준다. 포스트모더니즘 건축의 개막을 알리는 기념비적인 저서 《건축의 복합성과 대립성》Complexity and contradiction in archtecture, 1977에서 벤투리가 주장하는 핵심은 건축의 모든 요소는 음성처럼 미리 정해져 있지 않다는 것이다. 가령 대가들의 건축물을 보면 기둥은 기둥이라는 고정된 음성이 아니라 때에 따라서는 천장을 받치는 것과 무관한 장식으로 해석될 수도 있다. 계단은 층간의 연결을 위한 보조 공간으로 고정되는 것이 아니라 그 자체가 하나의 개방적인 공간이 될 수 있다. 마찬가지로 한옥의 대청마루는 경우에 따라서 방이 될 수도 있고 거실이 될 수도 있고 심지어 마당이 될 수도 있다. 이러한 모호함은 벽은 디자이너에 의해서 벽으로 설계(발화)되었으므로 다른 무엇이 아닌 벽일 뿐이라는 음성중심주의적 태도와 상반된다. 포스트모더니즘은 궁극적으로 음성중심주의에 대한 전복이며, 세상을 문자로 이해하는 것과 관련이 있다.

현실은 조작되었다

데리다의 음성중심주의의 해체 전략은 단순히 서구의 형이상학적 담론만을 겨냥한 것은 아니다. 그 범위는 현실 자체에 대한 것으로 확장된다. 그의 해체 전략은 현재의 현실세계를 담고 있는 목소리가 인위적인 것이라는 주장에 그치지 않고 그 목소리가 담으려는 현실세계 자체가 이미 인위적이라는 주장으로 확장된다. 말하자면 그의 해체 전략은 우리가 현실 자체라고 믿고 있는 현실마저도 이미 인위적으로 조작된 현실이라고 말하는 것이다. 우리가 아무런 의심도 하지 않고 받아들이는 현재라는 이 순간 자체가 어떠한 방식으로든 가공된, 인위적인 현재라는 것이 데리다의 주장이다. 그는 "현재성actualité 이 준거하고 있는 현실réalité 이 아무리 독특하고 환원불

가능하고 완강하며 고통스럽거나 비극적이라 하더라도, 이는 항상 허구적인 조작 과정을 통하여 우리에게 도달하기 마련"이라고 말한다.

데리다가 들고 있는 흥미로운 사례에 주목해보자. 그는 1991년 미국 LA 폭동의 시발점이 되었던 로드니 킹 구타 장면을 담은 비디오 영상물에 관해서 언급한다. 주지하다시피 이 영상물에는 다수의 백인 경찰들이 한 명의 흑인을 무자비하게 구타하는 장면이 담겨 있다. 아마추어 사진가가 우연히 촬영한 이 비디오가 방송사에 흘러 들어가서 뉴스를 탔을 때 흑인들이 분노한 것은 당연하였다. 그러나 정작 폭동이 일어난 원인은 이 영상물 자체가 아니라 영상물에 찍힌 백인 경찰이 증거 불충분으로 무죄판결을 받았다는 사실이다. 영상물 자체가 명백한 증거로 인정되지 않았기 때문이다. 물론 법원에서는 영상물을 1초 단위로 정밀하게 분석하였다. 하지만 검찰 측과 변호사 측의 의견이 달랐으며 검찰 측은 경찰의 폭력이 로드니 킹의 격렬한 반항에 대한 불가피한 진압 과정이라고 주장하였다. 이 영상물은 아무런 의도적 조작이 없었지만 현실의 목소리가 되지 않았다. 결국 이 사건의 열쇠는 영상물이 아닌 영상물을 찍은 작가의 증언이나 행위 당사자들의 증언에 있을 뿐이다. 당연히 그러한 증언은 발화자의 상황에 의해서 얼마든지 조작되거나 발화자 자신도 모르게 왜곡될 수 있다.

그렇다면 현실 자체는 전달될 수 있을까? 역시 불가능하다. 무수히 상반된 증언들로 현실은 재구성될 것이고, 사건의 당사자들 역시 그 순간을 다르게 해석할 것이다. 말하자면 그들에게 다르게 구성된 현재의 순간만이 존재할 따름이다. 그것은 진실의 왜곡이 아니다. 오히려 순수한 현실 혹은 진실이 있다는 것 자체가 이데올로기일 것이다. 헤겔의 말을 빌리자면 순수한 존재란 '있다'는 것 이외에는 아무런 규정이 있을 수 없으므로 사실상 무無와도 같다. 순수한 존재란 사실상 없다.

아직도 남아 있는 음성중심주의의 망령

물론 보편적인 것이라고 믿는 모든 것들을 해체하고 거부하는 것이 데리다의 궁극적 목적은 아니다. 데리다는 오히려 보편적인 것이 드러나는 방식, 즉 보편적인 것이 폭력화되는 방식을 거부하고 해체하고자 한다. 가령 그는 법loi의 폭력성에 대해서도 극심한 비판적 견해를 제시하는데, 사실상 이때 법에 대한 비판은 법 자체라기보다 법이 폭력적으로 드러나는 방식에 관한 것이다. 음성중심주의는 그러한 법의 폭력성을 교묘하게 정당화하는 기제로 작용한다.

법은 그 자체가 보편성을 전제한다. 왜냐하면 누구에게나 보편적으로 적용되지 않는다면 법 자체가 이미 당파적인 것으로서 정당성을 상실하기 때문이다. 당연히 사람들은 법을 보편적이며 정의로운 것으로 상정한다. 그러나 데리다는 법과 정의를 엄격하게 구분한다. 법과 정의 사이에는 애매한 미끄러짐과 균열이 존재하지만 그러한 균열을 슬쩍 은폐하거나 봉합함으로써 법은 마치 그 자체가 정의의 목소리인 것처럼 행세한다. 법은 강제력을 동원하지만 정의에는 반드시 강제력이 수반되어야 할 필요가 없다는 점에서 이미 법과 정의 사이에는 균열이 있다. 법은 타자를 환대하는 논리라기보다는 하나의 보편적인 틀 속에 가두는 논리이다. 때로는 법을 어기는 것이 상대방을 환대하는 것일 수도 있으며 정의로운 것일 수도 있다. 하지만 법은 보편성을 결여할 경우 법으로서의 자격을 박탈당하므로 누구에게나 강제적으로 집행되어야 한다. 따라서 법은 누구에게나 적용할 수 있는 적용가능성이 전제되며 법은 집행의 힘을 부여받을 때만 실행될 수 있다. 법은 '법의 힘force de loi'으로만 현실화된다.

여기서 다시 우리는 보충대리물의 논리를 목격하게 된다. 법은 자신의 보편성을 적용하기 위해서 힘이라는 수단, 즉 보충대리물을 필요로 한다. 이 보충대리물은 단순한 보충대리물을 넘어서 법 자체의 토대가 된다. 법정 모독을 법에 대한 모독으로 간주하거나 판사에 대한 공격을 법에 대한 공격으로 간주하여 중죄로 다루는 것 또한 법 자체가 법의 힘과 동일시됨을 반영한다. 말하자면 법이 정의가 될 수 있는 것은 아이러니하게도 법이 정의의 목소리로 간주됨을 전제로 할 경우이다. 그러한 점에서 법은 자칫 그 자체가 폭력적인 것이 될 수도 있다. 몇 해 전 국내에서 석궁으로 판사를 위협한 퇴직교수의 행위에 괘씸죄가 적용된 것도 법의 정의로움은 법 자체의 권위에서 나온다는 음성중심주의적 발상과 맞물린 것이다.

폭력이 법을 필요로 하는 경우를 살펴보면 더 쉽게 이해할 수 있다. 오늘날 국가적인 차원에서의 폭력은 스스로를 정당화하기 위해서 법을 필요로 한다. 즉 폭력에 합법적이라는 수식어를 붙여서 폭력 자체를 정당화하는 것이다. 이때 법은 폭력을 정의로운 폭력으로 만들기 위한 알리바이가 된다. 여기에는 법이 곧 정의의 목소리라는 음성중심주의의 논리가 전제되어 있다. 여기서 우리는 데리다가 왜 법과 정의를 구분하려 했는지 이해할 수 있다.

데리다가 목도한 또 다른 음성중심주의의 망령은 미국식 자유주의이다. 자유주의란 아직 완전히 실현되지 않았지만 반드시 실현되어야 하는 당위성으로서의 미래이다. 그러나 그러한 자유주의는 사실상 베케트Samuel Beckett, 1906~1989의 희곡 《고도를 기다리며》En Attendant Godott, 1953에서의 고도와도 같다. 이 연극에서 고도는 연극이 끝날 때까지 나타나지 않지만 고도 없이는 연극 자체가 성립할 수 없다. 그런 점에서 고도는 미래에 반드시 도래해야 하는 것으로 전제되지만 나타날 수 없는 존재이며, 연극의 알리바이를 제공하는 존재이다. 이는 일종의 망령, 정의라는 가면을 쓴 폭력의 망령이다. 데리다는 이러한 망령과 또 다른 대척을 이루는 마르크스의 망령이 사라지지 않는 이유 또한 정의를 가장한 폭력의 음성이 사라지지 않는다는 데 있다고 보았다.

주어진 법칙을 넘어 새로운 법칙을 세우다
마르크스와 쇤베르크

가치 전복이 진정한 나를 만든다
니체와 바그너

중요한 것은 의식하지 못하는 곳에 있다
프로이트와 루솔로

삶은 계량화할 수 없다
베르그송과 영

현대사상을
듣다____

주어진
법칙을 넘어
새로운 법칙을
세우다

마르크스와
쇤베르크

외부로부터 주어진 어떤 전제도 거부하다

이른바 무조음악의 시대를 연 쇤베르크 Arnold Schönberg, 1874~1951 의 〈세 개의 피아노 소곡 op.11〉을 들으면 대부분의 사람들은 매우 혼란스러운 인상을 받게 된다. 제대로 된 멜로디도 없으며 화음이나 일정한 규칙을 찾아볼 수가 없기 때문이다. 무조음악이라는 말이 의미하는 바는 '조성tonality'이 없다는 뜻이다. 조성음악의 경우 다장조, 사장조, 내림마장조 등의 조성이 정해져 있으며 이 조성의 기준에 따라서 음계scale 가 형성된다. 가령 다장조 C major 의 음계는 올림표#나 내림표♭가 전혀 없다. 피아노로 설명하자면 검은건반을 누르지 않고 흰건반만 낮은 도에서부터 높은 도까지 치면 다장조가 된다. 멜로디에 반음이 들어갈 경우 조가 바뀌거나 일시적인 일탈, 음악용어를 빌리자면 경과음passing note 으로 기능할 뿐이다. 만약 조성을 무시하고 흰건반이나 검은건반 상관없이 마음대로 건반을 두들긴다면 다장조라는 음계는 무의미할뿐더러 혼란스러워질 것이다. 무조음악은 조성에 얽매이지 않으므로 매우 혼란스럽고 어떤 규칙도 없는 무정부적인 음악으로 들릴 수 있다.

그러나 이는 무조음악에 대한 완전한 오해다. 쇤베르크가 추구한 것은 어떠한 법칙도 존재하지 않는 완전한 무정부 상태가 아니다. 그는 조성음악과 다른 전적으로 새로운 법칙과 질서를 발견하고자 하였다. 그것은 조성음악이 따르는 법칙의 강제적이고도 폭력적인 특성 때문이다. 쇤베르크의 말에 따르면 전통적인 조성음악에서 조성과 화음의 법칙은 그것이 자연의 법칙인 양 의심의 여지 없이 절대적인 것으로 받아들여졌다. 마치 왕과 귀족, 평민과 노예의 신분이 하늘에서 정해진 법칙으로 간주하는 것과도 같다. 어떤 법칙이든 외부에서 미리 주어지는 것이 아닌 내적인 필연성에 의해서 만들어져야 한다. 이것이 쇤베르크의 생각이다.

어떠한 법칙도 없는 것처럼 보이는 쇤베르크의 〈세 개의 피아노 소곡 op.11〉을 보면 실제로는 매우 엄격한 법칙에 의해서 구성되어 있다. 그는

쇤베르크, 〈세 개의 피아노 소곡 op.11〉 Drei Klavierstücke, op.11, 1909
무조음악인 이 곡은 얼핏 듣기에는 아무 법칙이 없는 것 같지만 쇤베르크는 전통적으로 내려오는 자연법칙만을 무시하여 작곡한 것이다. 이는 자본주의 사회의 법칙을 마치 자연법칙으로 여기는 기존의 사상을 전복한 마르크스 사상의 출발점과 닮아 있다.
https://www.youtube.com/watch?v=zYaWND9n9h0

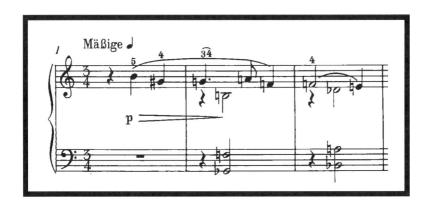

쇤베르크의 무조음악 악보

외부로부터 절대적으로 주어진 것으로 간주하는 전통적인 조성음악의 법칙과 다른 새로운 법칙을 발견하고자 하였다. 이 곡의 첫 세 마디만 보더라도 이러한 특성이 분명하게 나타난다. 멜로디의 첫 세 음은 단3도와 반음으로, 그다음의 세 음은 장3도와 반음으로 이루어져 있으며, 이러한 형태가 곡 전체를 일관하여 반복되고 있다. 더군다나 더 놀라운 사실은 단3도와 반음의 형태가 멜로디의 수평관계뿐만 아니라 세 번째 마디에 표시한 첫 번째 세 음이 수직적으로 단3도와 반음의 형태를 이루고 있다는 점이다. 쇤베르크는 보통의 선입견과 완전히 상반되지만 매우 치밀한 방식으로 이 곡을 구성하고 있다. 그가 거부한 것은 법칙 일반이 아니라 마치 자연법칙처럼 외부로부터 주어진 전통음악의 법칙이다.

카를 마르크스 Karl Heinrich Marx, 1818~1883 가 주장한 마르크스주의의 출발 또한 쇤베르크와 다르지 않다. 자본주의 사회에 대한 비판으로부터 모든 이론적 전거를 마련한 마르크스주의의 핵심 역시 자본주의 사회의 법칙을 마치 자연법칙으로 간주하는 일련의 부르주아지 사상을 겨냥하고 있다. 마르크스가 배격하는 것은 특정한 역사적 시기나 사회의 법칙을 넘어서 초역사적이고 자연적인 법칙으로 간주하는 자본주의의 법칙이다. 그는 자본주의 사회의 법칙이 필연적으로 착취를 은폐하거나 정당화하는 법칙이라고 믿었으며, 부르주아지 사상가들은 이러한 착취를 교묘하게 은폐하거나 정당화하고 있다고 주장하였다.

노동에 대한 왜곡된 관념을 비판하다

마르크스를 대표하는 저서는 《자본론》이다. 총 3권으로 이루어진 이 책은 사회주의 혹은 공산주의 사상의 교과서로 간주된다. 하지만 《자본론》 전체를 다 읽어본다 하더라도 정작 마르크스가 사회주의나 공산주의 사회가 어떤 사회라는 것을 구체적으로 언급한 부분이 없다. 그렇기 때문에 마르크스가 《자본론》을 통해서 정작 어떤 사회를 그리고 있는지에 대해서 후대의 많은 이론가들과 혁명가들의 의견이 분분하였다. 적잖은 사람들이 과거 소련이나 동구권 사회주의 국가를 마르크스가 꿈꾸던 이상을 현실화한 것이라고 생각한다. 하지만 20세기에 존재하였던 현실사회주의 국가가 마르크스의 이론을 충실하게 계승하고 이를 실현하고자 하였다는 근거는 전혀 존재하지 않는다.

이 책에는 분명 자본주의 사회를 넘어선 새로운 사회에 대한 실천적 관심이 내재되어 있다. 그러나 마르크스가 《자본론》을 통해서 일관되게 보여주고자 한 것은 새로운 사회에 대한 구체적인 설계도가 아니라, 미래를 올바른 방향으로 설계하기 위한 현재 상황에 대한 정확한 분석이었다. 마르크스를 관통하는 이론적이면서도 실천적인 하나의 지침이 있다면 그것은 '구체적 상황에 대한 구체적 분석'일 것이다. 마르크스가 당대의 많은 사상가들과 구분되는 것도 바로 이 점이다. 그는 인간의 사유라는 것이 인간만이 지닌 고유한 정신노동으로서 다른 육체적인 활동과는 차별되는 인간의 고유한 자질이라고 믿는 근대의 많은 사상가들과 분명히 달랐다.

이는 《자본론》을 집필하기 훨씬 이전인 청년기부터 마르크스가 지닌 일관된 신념이었다. 청년기를 대표하는 그의 저서 《경제학 철학 초고》 Ökonomische-Philosophische Manuskript, 1844만 보더라도 이러한 특징들이 분명하게 나타난다. 마르크스는 이 책의 전반부에서 애덤 스미스나 데이비드 리카도 David Ricardo, 1772~1823와 같은 근대 자본주의 경제를 대표하는 경제학자들의 이론을 비판적으로 검토한다. 그런데 후반부에서는 헤겔의 '노동' 개념을 비판적으로 검토하고 있다. 얼핏 보면 이 두 가지의 이론적 작업은 서로 긴밀한 관계가 없는 것처럼 보인다. 그러나 노동이라는 개념은 이 둘을 묶어주는 하나의 끈이다. 스미스나 리카도가 '노동가치설'을 통해서 상품의 가치를 이루는 근원이 노동이라고 주장한 것에 상응하여 헤겔은 '노동'이야말로 인간의 가장 근원적인 활동으로 보았다. 마르크스가 보기에 이 점에서 스미스나 리카도, 그리고 헤겔은 위대한 사상가임에 틀림없다.

그러나 마르크스가 비판적인 측면에서 접근하는 것은 이들이 지닌 한계를 명확하게 드러내고 자신의 입장을 확고히 다듬기 위해서다. 스미스나 리카도와 같은 정치경제학자들은 노동을 경제적 부의 원천으로 삼지만 동시에 노동의 본질에 대한 인식에는 이르지 못하였다. 한편 헤겔은 기존의 사상가들과 달리 '노동 Arbeit'을 주요한 개념으로 확립하였지만 여전히 그의 '노동'은 육체적인 활동보다는 정신적인 활동에 국한된 것이었다. 그가 생각하는 노동은 집을 짓거나 무거운 짐을 옮기는 노동자들의 노동과는 다소 거리가 멀다. 일차적으로 노동이란 자연이라는 대상과 교호交好 작용을 통하여 자연의 법칙을 파악하는 정신적 활동이다. 그리고 이차적으로는 이렇게 터득한 법칙을 바탕으로 이제 자연이라는 대상을 가공하는 일이 노동인 것이다. 헤겔이 보기에 정신적인 활동이 개입되지 않은 육체적인 활동은 무의미할뿐더러 노동도 아니었다.

알프레트 존 레텔Alfred Sohn-Rethel, 1899~1990은《정신노동과 육체노동》Intellectual and Manual Labour, 1978이라는 저서에서 노동에 대한 독특한 견해를 제시한다. 추상적인 사유 활동에 대한 강조에는 곧 정신노동과 육체노동이라는 이분법이 전제되어 있고, 정신노동을 육체노동보다 우위에 있는 것으로 보는 이데올로기가 깔려 있다. 데카르트가 인간의 이성이나 사유 활동을 가장 위대한 것으로 간주하는 이유도 어쩌면 이와 무관하지 않다. 육체노동은 항상 신체적으로 어떤 대상과 직접 대면하여 육체적 노고를 감내해야 하는 활동이다. 이에 반해서 정신노동은 직접적으로 신체적인 고통을 감내할 필요도 없으며, 신체를 사용해야 하는 대상도 없다. 오로지 인간의 지적 능력만이 요구될 따름이다.

존 레텔은 이렇게 인간이 현실세계로부터 자유로워지는 과정 혹은 이러한 활동을 정당화하는 이론이야말로 정신노동을 정당화할 수 없는 지배 이데올로기라고 보았다. 헤겔의 철학은 전통적으로 무시되었던 노동이라는 개념을 철학의 무대 위로 끌어올렸지만, 그것은 전적으로 정신노동에 국한된 것이었다. 마르크스가 왜 헤겔의 노동 개념을 통렬하게 비판할 수밖에 없는지에 대해서 잘 알려주는 대목이다. 물론 이러한 비판은 경제적 부의 원천을 노동에서 찾았던 스미스나 리카도 역시 피할 수 없다. 육체에 대한 정신의 우위와 몸에 대한 철저한 억압이 근대사상을 설명할 수 있는 큰 특징 중 하나라면, 육체노동의 중요성을 강조한 마르크스의 사상은 근대적 패러다임에 대한 도전으로 읽을 수 있는 여지가 충분하다.

고전경제학의 비일관성을 폭로하다

이제 스미스와 리카도의 경제학이 왜 그토록 마르크스의 비난을 받을 수밖에 없는지에 대한 문제로 넘어가자. 이에 앞서 매우 흥미로운 사실 한 가지를 언급할 필요가 있다. 다름 아닌 마르크스는 항상 자신을 스미스와 리카도의 충실한 계승자라고 말하고 있다는 사실이다. 경제학에서도 마르크스 경제학은 항상 스미스 및 리카도와 함께 고전경제학의 범주에 포함된다. 이러한 평가와 더불어 마르크스의 사상은 근대사상으로 묻혀버리고 만다. 그러나 이러한 평가가 온당한 것일까? 과연 마르크스의 경제학은 스미스 및 리카도와 동일한 근대사상의 궤적에 놓여 있는 것일까?

스미스 및 리카도 같은 부르주아지 경제학자와 마르크스 사이에는 결코 화해할 수 없는 단절이 존재한다. 그러한 단절은 역설적이게도 스미스와 리카도의 사상을 충실하게 따를 때 나타난다고 마르크스는 말한다. 스미스와 리카도의 이론을 일관되게 설명하다 보면 근본적인 모순이 도출되는데 그러한 모순을 은폐하느냐 혹은 드러내느냐가 그들과 마르크스를 갈라놓는 결정적인 요인으로 작용한다.

가령 스미스의 경우 《국부론》The wealth of nations, 1776에서 국가의 경제적 부를 이루는 원천으로 노동을 든다. 시장경제에서 모든 재화 혹은 용역은 상품으로 존재하는데 상품의 가치는 곧 노동인 셈이다. 시장경제는 수요와 공급의 법칙에 의해서 가격의 적절한 균형을 유지한다. 주지하다시피 스미스는 이를 '보이지 않는 손invisible hand'이라고 불렀다. 그런데 현실에서는 이런 '보이지 않는 손'이 항상 작동하는 것만은 아니다. 자본주의 시장경제는 다수의 공급자들이 존재하는 경쟁체제에 의해서 유지된다. 그리하여 수요에 비해 공급이 많은 경제적 위기(공황)가 발생할 경우 경쟁력이 부족한 기업은 파산하게 되며 소수의 기업만이 살아남게 된다. 이 경우 독과점이 발생할 수밖에 없다. 스미스는 이미 자신의 저서에서 이 사실을 명확하게 언급하고 있다. 자본주의 사회가 고도로 발달할 경우, 경제는 소수 기업의 독점에 의해서 운영될 것이다.

마르크스는 스미스가 이러한 결론에 도달한 것은 논리적으로 매우 일관된 것이라고 보았다. 마르크스가 보기에 스미스는 자본주의 경제에 대해서 충실하게 묘사하고 있다. 시장경제의 발전이 극소수의 독점으로 귀결될 것이라는 스미스의 언급만큼 자본주의 경제에 대한 솔직한 묘사도 없을 것이다. 그러나 스미스는 이런 결과를 그다지 심각하게 받아들이지 않는다. 비록 독점으로 귀결된다 하더라도 독점 기업가는 인구의 극히 적은 일부분에 불과하기 때문이다. 게다가 아무리 부자라 할지라도 하루 다섯 끼를 먹을 수 있는 것도 아니므로 소비는 제한적이다. 따라서 스미스에게 독점은 심각한 현상이 아니었다. 여기서 마르크스는 스미스의 비일관성이 잘 드러난다고 보았다. 마르크스가 보기에 스미스는 자본주의 경제의 현상만을 충실하게 묘사하였을 뿐 그 현상 밑에 있는 본질을 간파하지 못했다.

이러한 비일관성은 리카도에게도 똑같이 나타난다. 리카도 역시 부의 원천을 노동으로 보는 '노동가치설'을 충실하게 따른다. 상품의 가치를 형성하는 궁극적인 근원이 노동이라는 것은 스미스와 마찬가지로 리카도의 경제학에서도 출발점을 이룬다. 물론 두 사람의 노동가치설에도 차이가 있다. 이른바 '지배노동설'이라고 불리는 스미스의 이론은 상품의 가치가 다른 상품과 얼마나 교환될 수 있는가에 의해서 결정된다고 본다. 이에 반해서 '투하노동설'이라고 불리는 리카도의 이론은 상품의 가치가 그 상품에 얼마만큼의 노동시간이 투여되었는가에 의해서 결정된다고 보는 것이다. 마르크스는 리카도의 이론을 따른다.

마르크스는 스미스와 마찬가지로 리카도의 사상에도 치명적인 모순이 있음을 밝힌다. 리카도는 그의 대표적인 저서 《정치경제학 및 과세의 원리》 Principles of political economy and taxation, 1817 의 전반부에서 노동가치설을 매우 치밀하게 설명한다. 물론 핵심적인 내용은 모든 경제적 가치의 근원이 노동에서 비롯된다는 것이다. 그러나 후반부에 가서는 달라진다. 그는 자본의 수익을 세 가지 형태로 구분하여 이윤, 이자, 지대로 나눈다. 마르크스가 보기에 리카도가 제시한 전반부의 노동가치설에 따르자면 이윤, 이자, 지대의 원천은 모두 노동이라는 단일한 근원에서 비롯된 것이다. 하지만 리카도는 이윤, 이자, 지대의 원천을 각기 다르다고 보았다. 이윤은 자본의 이익에서, 이자는 화폐로부터 발생하는 수익에서, 지대는 토지가 지닌 비옥함에서 비롯된다고 보았다.

마르크스가 보기에 자본가의 수입이나 이자, 혹은 토지 소유자의 지대는 땅에서 혹은 화폐에서 솟아난 것이 아니며 착취된 노동의 다양한 형태에 불과하다. 따라서 리카도의 이론은 이윤, 이자, 지대가 모두 노동의 착취일 수밖에 없다는 자본주의의 근본적인 메커니즘을 부정하고 이를 교묘하게 은폐하는 데 기여한다.

근대의 한계를 넘어 새로운 사상을 제시하다

쇤베르크의 이야기로 다시 돌아오자. 쇤베르크가 전통적인 조성음악을 비판한 것과 마르크스가 기존의 고전경제학자들을 비판한 것은 일맥상통한다. 쇤베르크가 보기에 전통적인 조성음악의 가장 큰 문제는 자신들이 사용하는 조성과 화음의 법칙을 인위적인 것이 아닌 신의 법칙처럼 절대적인 것으로 간주한다는 점이다. 마르크스가 보기에 고전경제학자들의 노동가치설이 바로 그러하다. 이들은 자본주의의 경제법칙을 자본주의 사회에 '한정된' 법칙으로 보는 것이 아니라 초역사적인 법칙으로 간주한다. 말하자면 고전경제학자들에게 경제법칙은 자본주의 상품경제의 법칙인 것이다.

스미스의 '로빈슨 크루소 일화'는 이를 극적으로 드러낸다. 스미스는 혼자 섬에 표류하게 된 로빈슨 크루소마저도 가계부와 상품의 목록을 기록하고 이를 화폐 단위로 계산한다는 점에서 이러한 모습이 경제관념을 갖춘 인간의 본성을 드러낸다고 보았다. 스미스가 보기에 자본주의 사회가 아니더라도 이미 인간은 화폐 계산 능력을 지니고 재화를 화폐 단위로 환산하며 교환을 전제한다. 이는 원시시대에도 이미 조개나 곡물이 화폐를 대신했다는 사실에서도 확인된다는 것이다.

과연 그럴까? 로빈슨 크루소는 이미 자본주의 사회에서 살다 온 사람이므로 그러한 일모습을 보였을 것이다. 또한 원시시대에 조개나 곡물이 화폐처럼 사용되었다는 것은 이미 자본주의적 화폐의 형태를 일반화하여 과거에 적용한 것에 불과하다. 예를 들어 중세시대에도 화폐가 사용되긴 하였지만 그것을 화폐경제였다고 말할 수 없으며 시장경제도 아니었다. 게다가 재화는 상품의 형태로 존재하지도 않았다. 그것은 직접적인 소비를 위해서 만들어지는 것이었다. 따라서 화폐경제를 일반화하여 과거의 사회까지 소급하는 것은 자본주의 사회를 정당화하는 궤변에 지나지 않는다. 이는 중세 음악의 선법이나 바로크 음악의 대위법을 독자적인 음악 형식이라기보다는 근대 조성음악의 맹아적 형태라고 보는 거만한 태도와 다를 바 없다.

따라서 마르크스가 《자본론》에서 밝히고자 한 것은 '노동가치설'의 정당성이라기보다는 그것이 지닌 허위적 기능이라고 보는 해석이 최근 들어 우세해졌다. 마르크스의 노동가치설에 대한 해석을 둘러싸고 이른바 '실체론'과 '형태론'의 대립이 존재하는데, '형태론'의 우위가 이를 잘 설명한다. 가치실체론은 마르크스의 정치경제학이 상품의 가치를 실체적인 것으로 파악하고 그것을 정량화하려고 하였다는 입장이다. 마르크스는 상품의 가치란 해당 상품의 생산에 투여된 '사회적 평균 노동시간'으로 계산할 수 있다고 보았다. 그러나 상품의 가치를 그것에 투여된 평균 노동시간으로 계산하는 것은 간단하지 않을뿐더러 불가능하다. 가령 볼펜 한 자루를 만드는 데 소모되는 노동시간을 계산하고자 한다면, 볼펜심, 포장지, 플라스틱 케이스, 잉크 등 무수히 많은 재료들을 만드는 데 투여된 노동시간도 계산해야 할 것이다. 게다가 볼펜심만 하더라도 또다시 철을 가공하는 데 드는 노동시간, 운반 노동시간, 볼펜심을 만드는 주조 틀을 짜는 데 투여된 노동시간 등을 계산해야 한다. 실제로 일본 출신의 경제학자 모리시마 미치오森嶋通夫, 1923~2004는 온갖 계량경제학적 방법을 총동원하여 실체론의 입장에서 마르크스 가치론을 실체화하려 하였으나 만족할 만한 결과를 얻지 못하였다. 게다가 설혹 상품에 투여된 사회적 평균 노동시간의 계산에 성공하여 상품의 가치가 어떤 값을 갖는지 알았다 하더라도 현실에서는 가치가 곧바로 가격이 되지 않는다. 여러 가지 우연적 변수에 의하여 가치는 가격과 일치하지 않는다. 마르크스는 가치가 가격으로 변화하는 '전형transformation(변형)'의 문제를 고려하였으며, 가격은 우연적인 변수에 의해서 기계적으로 결정할 수 없는 것으로 보았다.

'실체론'의 입장과 달리 '형태론'은 마르크스의 노동가치설이 상품의 가치를 정량화하고 실체화하려는 목적이 아니라 정반대의 목적을 가졌다고 해석한다. 형태론적 해석을 주창하는 사람들에 따르면 마르크스의 노동가치설은 스미스와 리카도의 이론을 계승하여 발전시킨 것이라기보다는 이들의 이론을 송두리째 넘어서려는 것이다. 마르크스는 《자본론》 1권 1장에서 자본주의 사회의 세포라고 할 수 있는 상품을 분석한다. 이 과정에서 그는 가치의 형태를 구체적으로 살펴본다. 이 형태 분석을 통해서 얻어진 결론은 자본주의 사회가 과거의 사회와 다른 가장 큰 특징은 화폐에 의해서 상품의 가치가 일반화된 사회라는 점이다. 말하자면 자본주의 사회는 화폐라는 보편적인 등가물에 의해서 모든 상품의 가치가 측정되는 사회인 것이다.

이를 뒤집어서 말하면 모든 경제적 가치가 화폐의 형태로만 현상되는 유일한 사회가 곧 자본주의 사회라고 할 수 있다. 봉건제 사회, 고대 동아시아 사회, 노예제 사회 등 어떤 사회의 형태도 모든 경제 가치가 화폐의 형태로만 규정되지는 않았다. 마르크스는 이렇게 모든 가치가 화폐가치로 일반화된 자본주의 사회를 '물화된 사회'로 묘사하였다. 물화된 사회에서는 사람이 주체가 아닌 사물이 주체인 것처럼 보인다. 가령 재래시장에서 상품을 팔고 사거나 혹은 주식시장에서 주식을 거래하는 주체는 분명 사람이다. 그러나 자본주의 사회에서 이러한 교환과 거래는 사람들이 아닌 사물들 혹은 숫자의 움직임으로 보일 뿐이다. 실제로 주식시장의 애널리스트나 경제학자들은 이때 주체가 사람이 아니라 숫자이며 사람은 그 숫자의 움직임에 종속된 것으로 간주한다.

마르크스에 따르면 스미스의 경제학은 정확하게 물화된 의식을 반영하고 있다. 왜냐하면 스미스의 경제학은 수요와 공급, 자연가치와 시장가격 등의 경제적 지표들이 초역사적인 법칙의 지배를 받고 있다고 전제하기 때문이다. 따라서 노동가치설은 바로 상품의 교환법칙이 하나의 자연적인 법칙인 것으로 추상화하고 있는 물화된 이론으로 여겨질 수 있다. 형태론을 주장하는 사람들은 마르크스가 말하는 노동가치설의 목적이 상품의 가치가 추상적인 노동으로 정량화되는 자본주의의 착취 메커니즘을 보여주는 것이라고 해석한다. 이를 통하여 상품경제의 법칙은 초역사적인 법칙이 아닌 단지 자본주의 사회에 '한정된' 법칙일 뿐이라는 사실이 입증된다.

물론 마르크스의 노동가치설을 형태론의 입장에서만 해석하는 것은 마르크스의 정치경제학을 정치경제학이 아닌 정치경제학 '비판'으로 왜소하게 만들어버리는 것이라는 비판이 가능하다. 이 경우 엄청난 분량과 지적 노고가 깃든 《자본론》이 그저 부르주아지 경제학을 이데올로기적으로 비판하는 정치입문서로 전락할 가능성이 있다. 그러나 마르크스의 정치경제학이 단순히 새로운 정치경제학을 넘어서 정치경제학 '비판'이라는 명칭을 포기할 수는 없다. 바로 이러한 점에서 마르크스주의는 거대 이론에 의지한 근대사상을 넘어서고자 한 근대 너머의 사상이라고 할 수 있다.

가치 전복이
진정한 나를
만든다

니체와
바그너

불협화음이 이끌어나가는 혁명적 음악

독일의 음악가 바그너Richard Wagner, 1813~1883의 오페라 〈트리스탄과 이졸데〉가 발표되었을 때, 그 충격은 엄청난 것이었다. 그의 음악은 흔히 후기 낭만주의 혹은 표현주의로 분류되는데, 어쩌면 이 음악은 이러한 분류를 넘어서 새로운 시대를 여는 징후로 받아들여져야 할지도 모른다. 새로운 시대를 연다는 것은 곧 과거의 궁극적인 가치기준을 뒤집어엎는다는 말과도 같다. 〈트리스탄과 이졸데〉의 서곡에 나타난 이른바 '트리스탄 코드Tristan Chord'는 이 새로운 시대의 개막을 집약적으로 보여준다.

얼핏 까다로울 수도 있지만 조금만 집중하면 음악에 문외한이라고 해도 이해가 불가능한 것은 아니므로 트리스탄 코드가 무엇인지 간단히 설명해

EXERPT ONE: PRELUDE TO ACT I AND BEGINNING
OF ACT I. SCENE I

〈트리스탄과 이졸데〉에 나타난 트리스탄 코드.

보자. 위의 악보에 나타나 있듯이 시작 부분에 올림표나 내림표의 조표가
붙어 있지 않으므로 이 곡은 C(다)장조 혹은 A(가)단조이다. 그런데 첫 음
이 '도 c'가 아닌 '라 A'로 시작하는 것으로 보아 이 곡은 A단조의 곡이다. A
음표 하나만 있는 첫 못갖춘마디를 제외한 두 번째 마디의 네 개의 음으로
이루어진 첫 음(표시한 부분)이 바로 그 유명한 트리스탄 코드다. 악보의 ①
부분을 보면 알 수 있듯이, 이 음은 F, B, D#, G#이라는 네 개의 음이 동시
에 울리는 음군이다. 그런데 이 네 개의 음은 A단조에 어울리는 화음(코드)
이 아닐뿐더러 전통적인 음악의 관행에서 볼 때 설명할 수 없는 불협화음
이다.

물론 이 오페라의 특이함은 '트리스탄 코드'라는 불협화음을 사용하고 있
다는 사실에 있는 것이 아니다. 불협화음은 화음을 가장 중요시하였던 고
전주의 시대의 음악에서도 빈번하게 사용되었다. 다만 과거에는 불협화
음을 사용하더라도 그것이 협화음으로 해소된다는 전제 아래에서 행해졌
다. 이에 반해서 트리스탄 코드는 협화음으로 해소되지 않는다. 다시 악보
로 돌아가보자. 트리스탄 코드 바로 다음에 '라'(악보의 ② 부분 참조) 음이 나오

는데, 이는 형식적으로 보면 트리스탄 코드의 불협화음이 해소되는 것처럼 보이게 만든다. 왜냐하면 '라' 음은 A단조의 으뜸음이기 때문이다. 전통적 관행으로 보아 불협화음이 으뜸음으로 전개된다는 것은 곧 안정된 상태로 해소됨을 의미한다. 그러나 곡을 직접 들어보면 불협화음이 A라는 으뜸음으로 해소되기는커녕 오히려 A음이 임시적인 경과음처럼 들리며, 바로 이어지는 A#음으로 해결되는 것처럼 느껴진다. 아이러니하게도 해결의 열쇠를 쥐고 있는 이 A#음 역시 A단조와 어울리지 않는 불협화음의 음이다. 결국 이 곡에서 트리스탄 코드의 불안정함은 해결되지 않는 것이다.

레이튼, 〈노래의 끝〉The end of the song, 1902
'트리스탄과 이졸데'라는 제목으로 더 유명하다.

더 나아가 이 불협화음은 곡 전체를 이끌어나가는 가장 중요한 모티프 역할을 한다. 바그너는 이를 '라이트모티프Leitmotif(주도동기)'라고 부르는데, 이는 곡 전체(나아가 오페라 전체)를 관통하는 핵심적인 요소를 뜻한다고 생각하면 된다. 불협화음이 곡 전체를 이끄는 핵심요소가 된다는 것은 전통적인 음악 관행과는 완전히 어긋나는 것이었다. 가령 주인공이 다른 인물과 갈등을 겪고 그 갈등을 해결하는 식으로 끝을 맺는 것이 전통적인 소설이나 서사의 형식이었다면, 바그너의 오페라에서는 해결은커녕 해소되어야 할 갈등 자체가 주제이자 결말이 된 것이다. 이는 화합(화음)과 갈등의 해소라는 기존의 음악이 추구하는 궁극적인 가치가 허물어진 것을 의미한다.

이러한 상황을 프리드리히 니체Friedrich Wilhelm Nietzsche, 1844~1900의 용어를 빌려 묘사하자면 '가치전도Umwertung'라고 할 수 있다. 니체가 말하는 '가치전도'란 사람들이 이제껏 가장 궁극적인 것으로 믿었던 가치가 허물어짐을 뜻한다. 음악은 불협화음을 거치지만 궁극적으로는 화음에 의해서 해소되는 대화합의 장이 되어야 한다거나 세상에는 갈등과 대립이 존재하지만 결국 선이 승리한다는 식의 믿음은 전통적인 가치에 불과하다. 니체에 따르면 이러한 가치에 대한 숭상은 이미 끝나버렸다. 니체는 실제로 바그너의 음악, 특히 바로 이 〈트리스탄과 이졸데〉의 음악을 듣고 그의 음악이야말로 기존의 가치를 전도시켜버리는 혁명적인 음악으로 이해하였으며, 나아가 새로운 가치전도의 시대를 여는 징후로 생각하였다. 비록 이후에 바그너와는 사이가 틀어지고 그의 음악이 구시대의 가치(기독교적 가치)로 회귀했다고 비난하게 되지만, 적어도 초창기에 니체의 눈에 비친 바그너는 새로운 시대를 알리는 혁명가임에 틀림없었다.

허무주의는 허무한 것이 아니다

지금까지 사람들이 믿고 따르던 최고의 가치가 붕괴된다면 어떤 일이 발생할까? 예를 들어보자. 어떤 무사가 검으로 정의를 실현하기 위해서 죽을힘을 다해서 무술을 연마하였다. 그에게 검술은 곧 정의와도 같은 것이다. 그는 각고의 노력으로 연마한 검술을 통해서 세상의 악을 제거해나가기 시작했다. 목숨을 위태롭게 하는 위험을 감수할 수 있었던 것은 오로지 정의의 실현이라는 최고의 가치를 따르고 있었기 때문이다. 그런데 어느 날 자신이 믿던 정의가 폭력의 또 다른 얼굴에 불과하다는 것을 깨닫게 되었다고 치자. 이때 그가 느끼는 상실감을 단지 허탈감이라고 할 수만은 없을 것이다. 그것은 자신의 삶 밑바닥에서부터 올라오는 근원적인 상실감이다. 이런 근원적이고도 거대한 상실감을 니체는 '허무주의Nihilismus'라고 부른다. 이렇게 보자면 바그너가 음악에 가져온 새로운 것은 축복이 아닌 허무주의라는 불청객인 셈이다.

니체는 자신의 시대를 문밖에서 이미 허무주의라는 불청객이 문을 두드리고 있는 상황으로 곧잘 묘사하였다. 이러한 시대의 모습은 당연히 절망과 상실의 시대처럼 비춰질 것이다. 그렇지만 니체는 허무주의를 단지 상실과 절망, 그리고 폐허와 같은 것으로 취급하지 않는다. 허무주의란 전승된 모든 가치들이 파괴되는 과정이기도 하지만, 한편으로 그러한 가치들이 얼마나 허위적인 것인지를 깨닫는 계기이기도 하다. 말하자면 허무주의란 단순한 절망의 과정이 아닌 깨달음의 과정이자 동시에 허위적인 굴레로부터 벗어남을 의미하는 것이다. 허무주의는 인간이 어떤 외부적인 가치도 인정하지 않고 자기 자신의 주인이 될 수 있는 성숙의 계기인 셈이다.

자신의 연인을 생명처럼 사랑하고 그 연인을 삶의 모든 가치로 여기는 사람이 있다고 치자. 그런 연인이 자신을 배신했고 더 이상 자신을 사랑하지 않는다는 사실을 알았다면 그는 허무주의에 빠질 것이다. 그러나 그는 실연을 통해서 그 연인이 삶의 궁극적 가치는 아니라는 사실을 알게 될뿐더러 이제 자기 삶의 주인이 될 수 있다. 실연이 더 이상 새로운 사랑을 받아들이지 않겠다는 뜻은 아니다. 그는 이제부터는 사랑을 하더라도 스스로 기획하고 책임지며 자신이 주인이 되는 사랑을 하게 될 것이다. 물론 여기서 주인이 된다는 말은 자신에 대해서 주인이 됨을 의미하는 것이지 연인에 대해서 지배권을 행사한다는 말은 아니다. 니체가 말하는 허무주의의 위대한 기능은 바로 인간이 자신의 삶을 극복하고 스스로의 주인이 되는 것이다.

이런 맥락에서 니체가 말하는 긍정적인 의미에서의 허무주의자는 자신을 엄격하게 훈육하는 도덕군자나 지적인 연구에 몰두하는 학자가 아니라 미학적이고 예술적인 삶을 살아가는 사람이다. 경건한 도덕주의자나 성직자 혹은 금욕적인 학자의 전형은 자신이 스스로 주인이 되기보다는 주어진 규율이나 개념의 틀에 스스로를 맞추기 위해서 단련하는 가식적인 사람들의 모습일 뿐이다. 흔히 4대 성인으로까지 손꼽히는 소크라테스야말로 니체의 눈에는 허위와 기만에 가득 찬 학자이자 도덕주의자의 전형일 뿐이다. 때문에 니체의 저작들 속에 나오는 '소크라테스적인 것'이라는 표현이 가장 경멸적인 수식어 중의 하나라는 사실은 전혀 놀라운 일이 아니다.

신이란 거대한 속임수의 산물일 뿐

니체가 반기독교주의자라는 사실은 너무나도 잘 알려져 있다. 이는 그 유명한 "신은 죽었다."라는 다소 도발적인 명제에서 집약적으로 드러난다. 주지하다시피 이 명제 속에 암시된 신은 기독교의 신이다. 하지만 한편으로 이 기독교적인 신은 단순히 특정한 한 종교의 신이 아니라 서구의 역사에서 일관되게 지배적 위치를 차지하였던 궁극적인 가치관을 상징하기도 한다. 니체가 기독교의 신을 문제 삼은 것은 기독교라는 특정 종교에 대한 혐오감이라기보다는 기독교의 신이 서구의 전통적 가치를 상징하는 것이라는 판단에서 비롯된다. 기독교 신의 가장 큰 특성은 절대적으로 초월적인 존재라는 점이다.

니체에 따르면 서구의 사상과 문화, 규범과 제도, 나아가 모든 사회조직은 이러한 초월적인 가치에 밑바탕을 두고 있다. 이는 고대의 플라톤에서부터 근대의 데카르트를 지나 헤겔에 이르기까지 서구의 일관된 흐름이기도 하다. 플라톤의 철학이 추구하는 이데아란 불변하는 절대적 가치로서 초월적인 특성을 지니며, 데카르트의 엄밀한 철학이 궁극적으로 찾아내고자 하는 사물의 '실체substance' 또한 현실적인 것이라기보다는 관념적이고 초월적인 것이다. 니체가 보기에 이러한 것들은 모두 현실이 아니라 현실을 넘어선 초월적인 가치이다.

초월적인 가치의 가장 큰 문제는 그러한 가치가 절대적인 것으로 받아들여짐으로써 정작 현실의 가치가 평가절하되거나 부정된다는 사실이다. 가령 기독교에서 돈이나 부귀영화, 세속적 사랑과 열정과 같은 현실적인 것들은 현세적이고 즉물적인 것으로 간주된다. 그것들은 일시적이며 덧없고 영원한 것과는 거리가 멀다. 사람들 개인이 가진 각각의 특이한 성격이나 욕망, 정서 따위는 중요하지 않고 오로지 보편적이고도 초월적 가치만이 절대적으로 중요하다. 사람은 태어날 때부터 죄를 지닌다는 원죄 사상은 현실의 삶에서 금욕을 절대화하는 방편으로 간주될 수도 있다. 얼굴이 잘 생겼든 아니든, 혹은 돈이 많든 적든, 혹은 백인인지 흑인인지에 상관없이 인간은 신 앞에서 하나의 인간일 뿐이다. 이는 얼핏 보면 신 앞의 평등을 외치는 것처럼 보이지만 니체의 눈에는 모든 인간의 개별적 특성이나 현실적 가치를 부정해버리는 허구적인 위선에 불과하다.

사실 니체가 보기에 어떤 가치가 절대적이고 초월적인 가치로 간주되는 것의 위험성은 그 가치의 내용보다는 그 동기와 실질적인 효과에서 드러난다. 이 세상의 어떤 가치도 절대적인 것은 아니다. '거짓말하지 마라', '살인하지 마라'와 같은 도덕적 가치 또한 예외가 아니다. 어떤 특정한 가치에 초월적인 특권을 부여한다면 그것은 그 가치를 절대화하고 다른 가치들을 폄하하거나 부정하는 억압의 기능을 한다. 여기서 우리는 니체의 진리관을 엿볼 수 있는데, 그것은 한마디로 말해서 무엇이든 관점에 따라서 다르게 보일 수 있다는 상대적인 진리관이다. 이를 흔히 '관점주의Perspektivismus'라고도 일컫는다.

니체가 보기에 기독교적 신이나 초월적 가치 따위는 어떤 특정한 가치를 절대화하기 위해서 만들어진 허구적 수사에 불과하다. 이런 맥락에서 보자면 니체가 말하는 신의 죽음은 단순히 기독교의 종언이 아닌 초월적 가치의 붕괴를 의미한다. 이는 곧 이미 언급한 '가치전도'의 상황과 다르지 않다. 허무주의의 도래는 기존의 초월적 가치가 도래했음을 뜻한다. 달리 말하자면 지금까지 사람들이 초월적인 가치 혹은 진리라고 부르는 것들이 사실은 하나의 언어적 수사에 지나지 않음을 깨닫게 되었다는 뜻이다. 신이란 수사의 산물에 불과하며, 진리라는 것 또한 초월적으로 존재하는 것이 아닌 수사적 은유일 뿐이다.

진리란 여성이다

니체는 진리란 절대적이고 초월적인 것이 아닌 수사적인 은유에 불과하다고 보았다. 프랑스의 철학자 데리다는 흥미롭게도 니체가 진리를 여성에 비유한 것에 주목한다. 니체는 자신의 주저 중 하나인《선악의 저편》Jenseits von Gut und Böse, 1886 의 서문에서 '여성이 곧 진리'라는 표현을 쓰면서 동시에 "여성은 정복되도록 결코 허락하지 않는다."는 말을 한다. 우선 여성이 진리의 은유가 될 수 있는 것은 남성이 아무리 고상한 척하거나 혹은 터프한 척하더라도 그 행위는 사실상 자신이 겨냥한 여성에게 잘 보이고자 하는 욕망의 산물이라는 점에서이다. 전통적으로 진리 탐구라는 지적인 작업과 글쓰기의 역할을 독점한 남성의 활동은 여성에게서 나오는 것이다.

그런데 여기서 여성에게 부여된 진리라는 수식어는 결코 긍정적인 의미만 지닌 것이 아니다. 여성이 진리인 이유는 여성 자신이 진리이면서도 정작 여성 자신은 진리에 관심이 없기 때문이다. 즉 여성에게는 어떠한 실체도 없으며 남성에게서 멀리 떨어져 존재하고 있다는 사실이 여성을 진리로 만든다. 여성은 실체가 없고 다가갈 수 없기 때문에 항상 거리가 존재하며 남성은 그곳에 다가가기 위하여 끊임없이 붓을 휘둘러댄다. 여성은 남성의 글쓰기가 존재하는 이유이자 의미이지만, 여성 그 자체는 어떤 실체도 의미도 지니지 않는다. 진리는 그것에 도달하고자 하기 때문에 의미를 갖지만, 도달해보면 그곳에는 아무 의미도 없는 공허함만 있다. 따라서 진리란 의미이자 동시에 무의미인 셈이다.

아무런 실체가 없는 여성이 곧 진리라는 니체의 말은 얼핏 니체가 진리에 대해서 매우 냉소적으로 접근하고 있다는 느낌을 줄 수 있다. 이러한 섣부른 판단과 달리 니체가 말하고자 하는 바는 진리란 궁극적으로 초월적인 외부에 존재하는 것이 아니라 자신이 스스로 의미를 부여함으로써 생겨난다는 사실이다. 진리는 외부에 있는 것이 아니며, 내가 만드는 것이기 때문에 진리의 진정한 주인은 나이다. 인간은 외부에 의지하지 않고 스스로에 대해서 주인이 될 때 진리를 소유할 수 있다.

여기서 우리는 니체가 꿈꾸는 진정한 인간의 모습을 간파할 수 있다. 그가 말하는 진정한 인간은 자신 이외의 어떤 다른 것이나 다른 사람에 맞추지 않고 스스로 주인이 되는 절대적인 강자다. 니체는 이를 '초인 Übermensch'이라고 부른다. 니체에게 초인이란 그저 세상을 달관한 현자라기보다는 실체가 없는 여성이라는 진리를 소유하기 위해서 거침없이 진격하는 현세적인 사람의 모습에 가깝다. 자신이 갈망하는 것을 얻고자 나아가지 못하는 사람은 현실과 타협하는 나약한 비겁자에 불과하다. 인간은 누구나 여성으로 비유된 어떤 것을 쟁취하고 이를 지배하려는 '힘에의 의지Wille zur Macht'를 지니고 있다. 나약한 인간은 외부의 도덕이나 규율에 굴복하여 이러한 의지를 배신하고 스스로 거세한다. 이는 강자의 모습과 거리가 멀다.

남과 비교하지 않고 자신의 힘을 긍정하는 것

이쯤 되면 니체의 사상이 얼마나 기존의 도덕이나 규범으로부터 벗어나 있는지를 유추할 수 있다. 니체는 우리가 흔히 말하는 도덕적 규범이나 가치에 자신의 삶을 복속시키는 사람을 나약하고 비겁하다고 비난한다. 전통적인 가치기준에서 보자면 니체가 옹호하는 인간은 비도덕적인 아니, 반도덕적인 인간이라고 해야 할 것이다. 그러나 니체는 결코 자신이 꿈꾸는 이상적인 인간을 비도덕적이라고 생각하지 않는다. 오히려 그는 지금까지 우리가 믿고 있는 도덕이 진정한 도덕이 아닌 위선적인 도덕에 불과하다고 주장한다.

니체에 따르면 우리가 흔히 도덕적으로 선하다고 말하는 기준들은 실상 위선적이고 가식적인 것이다. 그것은 나약한 인간들이 만들어낸 허위이며 나약함의 산물일 뿐이다. 말하자면 자신이 진정으로 원하는 여성(진리)을 획득하기 위해서 모든 것을 내걸 용기가 없는 나약하고 비겁한 사람들이 서로 해를 입히거나 싸우지 말자고 타협하여 이루어낸 야합의 산물이 도덕인 것이다. 이러한 도덕은 자신의 근원적인 '힘에의 의지'를 거역하고 이를 거세해버린 약자들의 도덕에 불과하다. 니체는 우리가 절대적인 선이라고 믿는 도덕의 규칙들이 사실상 약자들이 두려움 때문에 만들어낸 약자의 위선적인 도덕에 불과하다고 주장한다. 약자들이 만든 이 도덕의 배후에는 인류애나 보편적 가치 등의 표면적 명분과 달리 '원한惋恨, Resentiment'이 도사리고 있다. 강자들과의 싸움에서 승리할 수 없는 대다수의 약자들은 다수의 합의라는 명목 아래 위선적인 규범을 만들고 이를 절대적이고도 초월적인 것으로 승화한다. 그리고 여기에 절대적인 권력을 부여한다.

니체의 주저 중 하나인《도덕의 계보학》Zur Genealogie der Moral, 1887의 주요 주제는 인간 사회에 도덕이 출현하게 된 배경을 권력과 관련지어 밝히는 데 있다. 말하자면 우리가 초월적인 가치로 믿고 따르는 도덕적인 규범이나 규준規準은 현실적인 힘의 역학관계에서 만들어진 인위적 산물일 뿐이라는 것이다. 이 책에서 니체는 우리의 도덕규범들이 대다수의 나약한 인간들이 강자에 대해서 느끼는 원한에서 비롯된다는 것을 밝힌다. 그리고 이러한 규범들을 그저 인위적으로 만들어진 것으로 보지 않고 절대적이며 초월적인 것으로 승화하는 과정 역시, 그들의 원한을 미화하고 정당화하는 절차에 다름 아님을 강조한다. 이미 언급하였듯이 초월적인 가치의 가장 큰 문제점은 이 초월적인 가치 앞에서 다른 가치들은 무력화된다는 사실이다.

어떤 인간이든 다른 인간과 똑같이 동등한 존재이므로 동등하게 취급받아야 한다는 보편적 가치는 한 인간의 특수한 욕망이나 의지를 억압한다. 자신이 진정으로 획득하고자 하는 진리를 얻기 위해 피를 흘리는 행위는 자신과 동능한 다른 사람을 다치게 할 수 있으므로 억압해야 하며, 내면에서 솟아오르는 힘의 의지도 거세해야 한다. 이것이 바로 약자의 도덕이다.

니체는 이러한 약자의 도덕에 대해서 강자의 도덕을 맞세운다. 강자의 도덕이란 원한의 감정에 바탕을 둔 나약한 약자의 도덕을 부정할 때 성립한다. 강자는 자신의 외부에 있는 어떠한 가치나 규범도 따르지 않는다. 그가 따르는 것은 오로지 자신이 지닌 고유한 능력과 힘이다. 강자는 진리를 소유하기 위해 치러야 하는 희생을 두려워하지 않는다. 물론 강자는 그러한 진리 혹은 여성이 절대적인 실체를 지닌 존재라고 생각하지는 않는다. 그럼에도 불구하고 강자는 자신의 내면에서 끝없이 용솟음치는 힘의 의지를 거부하지 않고 진리를 위해서 거침없이 진격한다. 이것이 강자의 진정한 모습이며, 강자의 도덕은 외부가 아닌 스스로가 부여하는 것이다.

여기서 강자는 이른바 '엄친아'라고 불리는 잘난 사람들을 의미하지 않는다. 니체가 말하는 강자란 객관적으로 잘생기고 힘 있고 능력 있는 사람이 아닌, 스스로의 힘을 긍정하는 인간을 뜻한다. 자신을 다른 사람과 비교하여 그들보다 내가 훨씬 낫다고 생각하는 사람은 결코 강자가 아니다. 이러한 인간은 오히려 약자일 뿐이다. 강자란 그러한 비교 자체를 거부하며 오로지 자신만을 긍정한다. 그렇기 때문에 현실적으로 강자가 된다는 것은 좋은 가문과 재력, 인물이나 체격과 전혀 무관하다. 강자는 자신의 모습과 상황을 절대적으로 긍정한다. 그리고 오로지 자신에게 주어진 힘에 주목하며, 그것을 얻는 데 초점을 맞춘다.

니체는 강자의 도덕이 갖추어야 할 덕목을 '거리의 파토스 Pathos der

Distanz'라고 부른다. 이는 약자의 도덕에 감추어진 근본적인 감정인 '원한'과 정반대의 감정이다. '거리의 파토스'란 다소 거창하게 번역된 감이 있는데, 이를 쉽게 한마디로 표현하자면 '차별감'이라고 할 수 있을 것이다. 인간이 강자가 되기 위해서는 자신을 다른 사람과 비교하지 않고 자신에게 충실해야 한다. 그러기 위해서 강자는 다른 사람과 거리감을 가져야 한다. 이 거리감은 곧 자신을 다른 사람들로부터 분리해내는 차별감이라고 할 수 있을 것이다. 이때 차별감 혹은 거리감은 우월감과는 다소 거리가 있다. 우월감이란 다른 사람과 비교를 통하여 얻어지는 감정이다. 이러한 비교의 감정은 약자의 몫이다. 이에 반해서 차별감은 남과 다른 나 자신의 고유함 혹은 나의 환경 자체를 절대적으로 긍정하는 데서 생겨난다. 자신의 타고난 모습 혹은 주어진 환경 자체를 절대적으로 긍정하는 이러한 태도를 니체는 '운명애 Amorfati'라고 부른다. 절대적 강자가 된다는 것은 바로 자신의 타고난 운명을 긍정하는 인간이 됨을 뜻한다. 이러한 인간의 모습은 모든 것을 보편적인 잣대에 비추어 판단하려는 근대인의 모습과는 완전히 다른 새로운 인간의 모습을 함축한다.

중요한 것은
의식하지 못하는
곳에 있다

프로이트와
루솔로

축음기와 정신분석학의 공통점은?

20세기 초반 이탈리아의 전위예술가 루솔로 Luigi Russolo, 1885~1947 는 사람들이 귀에 거슬려하는 소리들, 즉 소음을 가지고 음악을 만들었다. 심지어 그는 전통적인 악기와 달리 소음을 내는 엄청나게 거대한 악기를 제작하기도 하였다. 미래파 futurism 의 일원이었던 그의 작업에서 우리는 두 가지의 큰 의미를 얻을 수 있다. 첫째, 우리는 일상생활에서 접하는 여러 소리를 소음으로 간주한다. 즉 우리는 늘 소음을 접하고 있으므로 이에 대한 새로운 발견이 필요하다. 둘째, 이러한 소음은 대부분의 경우 우리에게 지각되지 않거나 의식되지 않지만 무의식적으로 우리의 귀에 흡수된다는 사실이다. 백색소음 white noise 은 이에 대한 가장 좋은 예가 될 것이다. 가령 소음이 없는 너무 조용한 곳에서는 정신이 잘 집중되지 않는데, 조금만 소리가 나도 이를 중화시킬 수 있는 소음이 없기 때문이다. 백색소음은 마치 온갖 색이 다 섞여서 빛이 투명한 백색광으로 나타나듯이 우리에게 지각되지 않는 투명한 음으로 나타난다. 우리가 연인의 아름다운 목소리를 들을 수 있는 것도 그것을 방해하는 소음을 중화시키는 백색소음 덕택이다. 우리의 귀에 분명하게 들리고 지각되는 것만이 소리의 전부가 아니다.

19세기 말에 발명된 '축음기'는 이러한 사실을 분명하게 보여준다. 사람들은 축음기가 인간의 귀에 들리는 소리를 그대로 담는 기계라고 생각한다. 하지만 이는 오해다. 축음기는 인간의 귀와 달리 소리를 의식적으로 지각하든 그렇지 않든 간에 상관없이 모든 음을 기록한다. 축음기의 원리는 의외로 간단한데 소리의 진동을 그대로 파형으로 기록하여 홈을 새기는 것이다. 인간의 귀가 자신이 듣고 싶은 것과 듣고 싶지 않은 것을 무의식적으로 구분하여 선택하는 것과 달리 축음기는 주변에서 발생하는 모든 소리의 파동을 기록한다. 시끄러운 카페에서도 연인의 목소리를 뚜렷이 들을 수 있는 이유는 인간의 귀가 선택적으로 다른 소리를 잡음으로 걸러내기 때문이다. 그러나 축음기는 그러한 선택을 하지 않는다. 연인의 목소

루솔로, 〈도시의 각성〉 Risveglio di una Città, 1914
소음으로 만든 음악이다. 우리는 일상생활에서 소음으로 간주하는 소리들을 의식하지 못한 채 듣고 있다. 프로이트는 정신질환을 겪는 환자들을 치료하는 과정에서 그들의 의식적인 진술 내용보다는 소음처럼 흘려 듣게 되는 행동이나 무의미한 잡담 혹은 말실수 등에 주목하였다.
https://www.youtube.com/watch?v=IC3KMbSkYNI

루솔로의 〈도시의 각성〉 연주에 쓰인 악기들이다.

리건 다른 사람의 소리건 혹은 카페의 잡음이건 간에 모두 파형으로서의 소리일 뿐이다. 심지어 인간에게 들리지 않는 백색소음까지도 축음기에는 새겨질 수밖에 없다. 그렇기 때문에 축음기에게는 지각하는 음과 그렇지 않은 소음의 구별은 무의미하다. 세상의 모든 소리는 음이자 동시에 소음인 것이다.

오늘날 심리학의 모태가 되었으며 중요한 학문적 방법론으로 자리매김한 정신분석학은 바로 흥미롭게도 우리가 소음이라고 간주하는 것들에 주목함으로써 탄생하였다. 정신분석학의 창시자인 지그문트 프로이트 Sigmund Freud, 1856~1939 는 정신질환을 겪는 환자들을 치료하는 과정에서 그들의 의식적인 진술 내용보다는 오히려 터무니없는 그들의 행동이나 무의미한 잡담 혹은 말실수 등에 주목하였다. 예전에 이러한 터무니없는 말과 행위는 마치 아무런 뜻도 없는 소음과 같은 것으로 여겨졌다. 그러나 프로이트는 오히려 이렇게 무의미한 소음으로 간주되는 말에 주목했고 그것이 보다 심층적인 인간의 마음을 드러내는 징표라고 믿었다. 그리하여 그는 마치 음과 소음을 구별하지 않고 모든 소리를 기록하는 축음기와 마찬가지로 환자의 모든 소리에 주목한다. 그리고 우리가 무의미하고 이치에 맞지 않다고 생각하는 소음 속에서 의식보다 더 깊은 마음의 영역을 발견한다. 그 영역이 바로 무의식이며, 정신분석학은 바로 이러한 무의식의 발견과 함께 발전하였다.

히스테리 연구에서 정신분석학이 탄생하다

정신분석학은 프로이트가 자신의 스승이자 동료였던 요제프 브로이어Josef Breuer, 1842~1925와 같이 집필한 《히스테리 연구》Studien über den Hystrie, 1895의 출간과 함께 공식적으로 출현하였다. 이 책은 브로이어와 프로이트가 치료를 맡았던 '안나 오Anna 0'라는 가칭의 환자를 치료한 결과물이라고 할 수 있다. 브로이어는 1882년 12월부터 안나 오의 치료를 맡았는데, 그녀는 그해 7월부터 종양에 걸린 아버지를 간병하면서 심한 히스테리hysteria 증세를 보였다. 안나 오는 오른쪽 옆구리에 심한 마비 증상을 느꼈고, 자주 신경성 기침을 하였으며, 종종 음식물을 거부했고 시각장애에 시달렸다. 때로는 자신의 모국어인 독일어를 망각하고 영어만으로 말을 했으며, 환각 때문에 매우 공격적인 행동을 하곤 하였다.

그녀의 이런 증세는 아버지에 대한 열성적인 간병 때문에 생긴 히스테리라고 생각하기 쉽다. 그러나 브로이어와 프로이트의 생각은 달랐다. 그들이 보기에는 그녀는 히스테리 환자였기 때문에 아버지의 간병에 열성적이었다. 실제로 안나 오의 증세는 아버지가 1881년 4월에 사망한 이후에도 전혀 나아지지 않았을뿐더러 오히려 더 심각해졌다. 브로이어는 안나 오의 증세를 완전히 치료하지 못하고 프로이트에게 치료를 맡겨야 했는데, 그녀가 브로이어를 자신의 아버지와 동일시하여 연정을 느꼈기 때문에 불가피한 조치였다. 여기서도 우리는 얼핏 짐작할 수 있지만, 그녀가 아버지에게 느낀 감정은 단순히 아버지에 대한 감정 이상의 것이었다.

프로이트는 안나 오의 오른쪽 옆구리 마비 증세와 산발적인 모국어 상실이 의사를 기다리며 아버지의 병상에서 겪었던 그녀의 환각에서 비롯되었다는 것을 알게 되었다. 어느 날 병원의 침상 옆에 엎드려 졸던 그녀는 위급한 순간 잠이 깨면서 뱀이 아버지에게 다가가는 환각을 보았는데, 오른쪽 팔엔 쥐가 나서 팔을 쓸 수 없었다. 게다가 기도를 올리려 했지만 어릴 때 배운 동요만 떠올랐다. 여기서 뱀은 성적인 욕망과 관련이 있다. 중요한 것은 그러한 성적인 욕망의 주체가 바로 안나 오라는 사실이다. 안나 오는 자신이 아버지에게 성적인 욕망을 느낀 것에 대한 참을 수 없는 죄책감을 느꼈다. 말하자면 자신이 그러한 욕망을 지니고 있다는 사실을 인정할 수 없었던 것이다. 이러한 경험은 그녀에게 트라우마로 자리 잡는다.

그녀를 끊임없이 괴롭히는 것은 자신의 무의식적 욕망과 그것에 대한 죄책감이다. 말하자면 그녀의 좌절된 무의식적 욕망이 히스테리의 원인이었던 것이다. 프로이트가 보기에 그녀의 히스테리는 단순한 스트레스가 아니었으며, 의식 깊숙이 숨겨진 무의식이라는 보다 심층적인 영역에서 만들어지고 있었다. 이는 과거에 히스테리를 육체적인 병으로 보았던 것과는 완전히 다른 접근 방법을 의미한다. 히스테리라는 말 자체가 '자궁'을 뜻하는 그리스어에서 유래한 것으로, 고대 그리스의 히포크라테스Hippocrates, ?B.C.460~?B.C.377는 히스테리를 여성의 신체적 문제에서 비롯된다고 보았다. 우리는 히스테리 하면 무엇보다도 '노처녀 히스테리'를 먼저 떠올리게 되는데, 노처녀 히스테리는 히포크라테스와 밀접한 관련이 있다. 그는 여성의 자궁이 일정한 수분을 공급받지 못하고 건조해질 경우 히스테리가 발생한다고 보았다. 결혼하지 않은 여성은 남성과 성관계를 맺지 못하므로 자궁이 건조해져서 히스테리가 생긴다는 것이다.

프로이트가 한때 파리에 체류하면서 배웠던 스승 장 샤르코Jean Martin Charcot, 1825~1893는 최초로 히스테리를 육체적인 질병이 아닌 신경증으로 이해하였다. 하지만 샤르코 역시 히스테리를 좌절된 무의식적 성적 욕망과 관련된 것으로 파악하는 데 이르지는 못하였다. 더군다나 샤르코는 히스테리를 여전히 여성의 전유물이라고 여겼다. 그러나 프로이트가 보기에 히스테리란 여성의 전유물이 아니었다. 남성 역시 무의식적 욕망이 좌절되거나 그 욕망에 대한 금기로 인해 얼마든지 히스테리 환자가 될 수 있다. 물론 사회구조적인 환경 탓에 여성이 성적인 욕망을 표출하는 것은 더 금기시되므로 여성에게 히스테리가 더 빈번하게 발생할 수는 있다.

또한 안나 오의 사례에서 간과할 수 없는 중요한 발견이 있다. 히스테리를 발생시키는 억압된 무의식적 욕망은 매우 부조리한 방식으로 표출되는데 거꾸로 이를 대상화할 경우 그 증상이 완화될 수 있다는 사실이다. 어느 날 브로이어는 안나 오를 치료하기 위해 그녀의 집으로 갔는데, 안나 오를 만나기 전에 그녀의 한 친척이 안나 오가 이상한 단어들을 반복적으로 중얼거렸다고 말해주었다. 브로이어는 안나 오에게 그녀가 중얼거리던 단어를 들려주었고 그러자 그녀는 그 단어에 관한 이야기를 줄줄 늘어놓기 시작하였다. 그 일이 있고 나서 그녀의 상태는 획기적으로 호전되었다.

안나 오가 반복적으로 중얼거리는 단어들은 정상인이 보기에는 매우 낯설고 이상하며 미친 사람의 무의미한 말로 들린다. 그런데 이 이상하고 이치에 맞지 않는 소리는 소음이나 잡음이 아니라 그녀의 트라우마를 형성하고 있는 억압된 무의식적 욕망의 표출이었다. 그녀가 이 이상한 헛소리와 관련된 이야기를 줄줄 늘어놓았다는 것은 자신의 숨겨진 무의식적 욕망에 대한 경험을 밖으로 드러내고 이에 대한 죄책감으로부터 어느 정도 해방되었음을 의미한다. 그리하여 그녀의 히스테리 증세는 완화된다. 마치 축음기에 녹음된 소음처럼, 인간의 무의식에는 그러한 소음이 기록되어 있으며 이것은 소음이 아니라 무의식 속에 저장된 우리 내면에 있는 실상의 소리이다. 히스테리의 발견은 곧 무의식의 세계에 대한 발견과 동일하며, 그러한 점에서 정신분석학의 출현과 관련이 있다.

꿈은 현실세계의 또 다른 모습이다

앞서 보았듯이 정신분석학의 탄생은 무의식의 발견과 밀접한 관련이 있다. 프로이트는 무의식이야말로 우리가 일상적으로 인지하고 있는 의식과 달리 우리 자신도 모르는 곳에서 은밀하게 우리를 조종하고 있다고 주장한다. 의식은 말 그대로 인간이 스스로 인지하고 통제할 수 있지만 무의식은 그러한 통제를 벗어나 있으며, 그런 점에서 우리의 행동을 우리가 모르는 사이에 조종할 수도 있다는 것이다. 그런 점에서 무의식은 한편으로 우리가 그곳을 탐사할 수 없는 심연의 세계이다. 하지만 프로이트는 이러한 무의식의 세계로부터 우리가 완전히 단절된 것은 아니라고 생각한다. 프로이트가 주목한 대표적인 무의식의 세계는 바로 꿈이다. 그는 꿈 연구를 집대성한 책 《꿈의 해석》을 출간하였는데, 이 책의 핵심은 꿈에 대한 해석이 과학일 수 있다는 것이다.

그는 꿈에 관한 기존의 학설을 매우 꼼꼼하게 검토하면서 이들의 공통점을 발견한다. 기존의 학설은 꿈을 수면이라는 생리학적 현상과 결합시켜 이해하든가 혹은 매우 초자연적이고 신비주의적인 방식으로 그것에 접근

한다는 공통점을 지니고 있다. 꿈을 수면 활동과 연관 짓는다는 것은 이미 수면 활동이라는 생리적인 현상과 결합시켜서 꿈을 이해하는 것이며, 이는 꿈을 전적으로 심리적인 현상으로 파악하는 것과는 대치된다. 여기에는 수면 활동에서 이루어지는 꿈의 세계는 깨어 있는 현실과는 전혀 상관이 없는 다른 세계라는 생각이 전제되어 있다. 이에 대한 가장 집약적인 표현은 부르다흐 Karl Friedrich Burdach, 1776~1847 등이 표현한 "꿈꾸는 사람은 깨어 있는 동안의 의식세계에 등을 돌린다."라는 언명이라고 할 수 있다. 의식이 활동하지 않는 공상의 세계가 바로 꿈이라는 것이다.

홍미롭게도 프로이트에 앞서서 이러한 무의식의 특성을 암시적으로 거론한 사람은 인간의 기억을 축음기에 비유한 심리학자 조제프 델뵈프 Joseph Delboeuf, 1831~1896 였다. 그는 인간의 뇌를 축음기에 비유하였는데, 인간의 뇌는 마치 축음기가 주변의 소음을 모두 다 기록하는 것처럼 자신이 지각하는 모든 것을 기록한다. 이 모든 것이 마치 컴퓨터의 하드디스크에 저장된 자료처럼 뇌 속에 저장되어 있지만, 인간은 그것을 꺼낼 수 없을 따름이다.

그런데 델뵈프에 따르면 이렇게 뇌 속에 저장되었지만 망각된 기억들이 가끔씩 꿈속에서 명확하게 드러나기도 한다. 그는 자신이 1862년 어느 날 꾸었던 꿈의 사례를 통하여 이를 설명한다. 꿈속에서 그는 눈 덮인 자신의 집 뜰에서 눈 속에 파묻힌 반쯤 언 도마뱀 두 마리를 보았다. 그는 도마뱀들의 몸을 녹여주고 양치류 잎을 주었다. 꿈에서 그 식물의 이름은 '아스플레니움 루타뮤랄리스'라는 학명으로 등장하였다. 꿈에서 깬 후에 그 식물의 이름이 기억났지만 그것은 결코 그가 알고 있던 이름이 아니었다. 그런데 식물도감을 찾아본 순간 그는 깜짝 놀랐다. 다름 아닌 그 식물명이 실제로 존재하였기 때문이다. 그 일이 있고 나서 16년 후에야 그는 이 꿈의 비밀을 알게 되었는데, 그 꿈을 꾸기 2년 전 한 식물표본집에 자신이 아스플레니움이라는 글씨를 적어놓는 것을 발견했다. 말하자면 자신도 잊고 있었던 기억이 꿈속에서 떠오른 것이다.

델뵈프는 꿈이 현실과 무관하지 않다는 사실을 발견하였지만, 여전히 꿈이 어떻게 현실과 관련이 있는지에 대해서는 해명하지 못하였다. 말하자면 그는 왜 잊고 있던 아스플레니움이라는 단어가 갑작스럽게 꿈에서 떠올랐는지에 대해서 설명하지 못하였다. 프로이트의 관심은 바로 꿈의 현상이 어떻게 현실과 관련이 있는가 하는 것이었다. 그리고 그가 얻은 결론은 꿈이란 '현실의 좌절된 욕망의 성취'라는 사실이다. 가령 아침잠에 쫓기는 회사원이 세수를 하는 꿈을 꾼다면 이는 곧 이미 세수를 했을 경우 준비 시간을 줄이고 잠을 더 잘 수 있다는 현실적 욕망을 표현한 것이라고 할 수 있다. 물론 '다음 날 달리기 시합을 앞둔 학생이 발이 떨어지지 않는 꿈을 꾸는 것도 욕망의 성취라고 할 수 있을까'라는 의문도 제기할 수 있다. 이 경우에는 발이 떨어지지 않음으로써 달리기 시합에서 질 수 있다는 불안한 결과를 사전에 합리화하고자 하는 방어기제로 볼 수 있다.

물론 꿈이 현실에서 좌절된 욕망의 성취라고 했을 때 극히 예외적인 경우를 제외하고는 꿈이 앞에서 든 예처럼 단순한 형태로 나타나지는 않는다. 오히려 꿈은 매우 난해한 형태로 나타나서 거의 해석을 불가능하게 만든다. 그 이유는 꿈속에서도 검열이 이루어지기 때문이다. 현실에서 억압된 욕망이란 주로 윤리적으로나 사회적으로 금기시된 것과 관련이 있다. 가령 도덕적으로 용납되지 않는 시체 확인이나 근친상간 등과 같은 행위는 우리의 의식이 행동뿐만 아니라 상상하는 것조차 통제한다. 수면 상태에서는 우리 의식의 통제와 검열이 현실보다 느슨하기 때문에 상대적으로 자유롭게 현실에서 억압된 자신의 욕망을 표출할 수 있다. 그렇다고 해서 꿈속에서 전혀 검열이 이루어지지 않는 것이 아니다. 따라서 꿈속에서 우리의 무의식은 의식의 검열을 피하기 위해서 자신의 욕망을 교묘하게 위장하여 표출한다.

의식의 검열을 피하기 위해서 꿈속에서 이루어지는 가장 대표적인 장치가 '압축Verdichtung'과 '전치Verschiebung'이다. 압축이란 욕망의 대상을 은폐시키기 위해서 여러 개의 유사한 것들을 압축시켜서 변형하는 장치이다. 가령 현실에서 금기시된 대상을 인물을 꿈에서 성적으로 욕망할 경우 그 인물을 명확하게 알아볼 수 없게 하기 위해서 여러 인물과 뒤섞어놓는 것이 이에 해당된다. 이러한 압축의 과정은 매우 교묘하고 복잡하게 발생하므로 꿈속의 표상이 정확하게 어떤 대상을 나타내는지 해석하는 것이 결코 쉬운 일은 아니다.

한편 '전치'란 욕망하는 대상을 매우 사소한 부분으로 나타내어 그 대상이 노골적으로 드러나지 않도록 피하는 장치이다. 예를 들어 어떤 인물을 그 인물이 신고 있던 구두의 끈이 색깔만 살짝 대체되어 표상하는 것이 이에 해당된다. 심지어 구두끈 색깔로만 대체될 수도 있다. 그렇기 때문에 꿈의 표상이 의미하는 바를 정확하게 해석하는 것은 매우 힘든 일이다.

그러나 꿈의 해석이 어렵다고 해서 그것이 불가능한 것은 아니라고 프로이트는 확신한다. 왜냐하면 어떠한 경우든 간에 꿈의 표상은 현실에서 좌절된 무의식의 욕망을 드러내는 것이기 때문이다. 말하자면 꿈은 무의식의 세계로 통하는 길이다. 그리고 이 무의식의 세계는 우리의 의식이라는 가면이 벗겨진, 보다 순수한 내면의 모습일지도 모른다. 초현실주의자들이 현실보다 무의식의 세계, 즉 초현실의 세계에 집착한 것은 무의식의 세계야말로 현실의 가식이 제거된 본래의 모습이라는 믿음에서 비롯된다.

나의 참모습, 익숙하지만 낯선 존재

우리 모두는 자신의 참모습이 무엇인지에 대해서 궁금해하지만 정작 그 모습을 보는 것은 두려워한다. 왜냐하면 우리는 자신의 참모습이 자신이 바라는 모습과 어긋난다는 사실을 알고 있기 때문이다. 미국의 사진작가 신디 서먼Cindy Sherman, 1954~의 작품은 자신이 다른 사람에게 보여주고자 하는 모습과 이러한 실상의 괴리를 너무나도 잘 보여준다. 자신을 모델로 하여 찍은 '무제untitled'라는 제목의 일련의 작품들은 그녀를 마치 헐리우드 영화에 나오는 주인공처럼 나타낸다. 다소 극단적인 방식이기는 하지만 이러한 모습은 우리들 모두가 현실 속에서 자신이고자 하는 모습일지도 모른다. 어쩌면 정도의 차이가 있을 뿐 우리는 우리가 원하는 방식대로 자신을 상상하며, 이렇게 상상에 의해 만들어진 자신에 맞추어 욕망을 통제하며 행동하고 있는지도 모른다.

신디 서먼은 이와는 다른 일련의 작품들 속에서 이러한 모습과 대비되는 추악한 모습을 드러내고 있다. 그녀는 썩은 음식물 혹은 구토한 오물 등을 사진에 담기도 하며, 심지어 어딘지 모르게 기괴스러운 인형을 사진에 담기도 한다. 이 기괴한 인형은 인간과 매우 흡사하지만 쳐다보기 흉측할 정도로 섬뜩한 충격을 준다. 아마도 이 작품의 기원은 독일의 작가 한스 벨머 Hans Bellmer, 1902~1975로 거슬러 올라가야 할 것이다. 한스 벨머는 자신이 직접 인간처럼 사지를 꺾을 수 있는 구체관절인형을 제작하고 이를 사진에 담았다. 그의 작품은 매우 성적이면서도, 에로틱하다기보다는 역겹고 충격적이기까지 하다.

그의 작품이 에로틱하면서도 역겨울 정도로 충격적인 이유는 무엇일까? 그것은 이 작품이 우리들 자신 속에 내재한 양면성을 적나라하게 보여주고 있기 때문이다. 말하자면 그의 작품 속에 나타난 구체관절인형은 우리와 너무나도 닮아 있기에 끔찍하고도 충격적인 것이다. 만약 우리와 전혀 무관하게 보이거나 실제로 무관하다면 이 작품을 보면서 충격도 받아야 할 어떠한 이유도 없을 것이다. 매우 익숙하지만 왠지 모르게 낯선 것 같은 이 느낌, 이것이야말로 어쩌면 자신 속에 감춰진 본연의 모습일지도 모른다.

프로이트는 이렇게 익숙하면서도 이질적인 것을 '익숙하지만 낯선das Unheimliche'이라는 용어로 표현하였다. 여기서 독일어의 어원에 주목할 필요가 있다. unheimlich라는 독일어 형용사는 '은밀한, 비밀의, 사적인, 친근한, 고향과 같은' 등을 나타내는 heimlich라는 형용사에 반대접두사 un을 붙인 것이다. 그런데 프로이트는 여기서 흥미로운 사실을 발견한다. 그것은 unheimlich에 반대접두사 un이 붙었지만 그 의미를 궁극적으로 파고들면 heimlich의 반대가 아닌 동일한 의미가 되어버리고 만다는 점이다. 말하자면 가장 익숙하고 친밀한 것이 가장 낯선 것이라는 뜻이다. 이 괴상한 변증법적 일치를 우리는 어떻게 이해해야 할까?

우리는 현실 속에서 의식의 통제와 검열을 받고 있을 때의 모습을 자신이라고 믿고 있다. 그리고 그러한 자신의 모습에서 벗어나지 않기 위해서 자아는 끊임없이 스스로를 경계한다. 그 모습이 진짜로 나에게 친밀한 나일까? 그것은 어쩌면 다른 사람에게 보여주기 위한 모습은 아닐까? 만약 현실에서 의식이 통제하고 있는 내가 진짜 내 모습이 아니라면, 어느 누구도 의식하지 않고 혼자 은밀하고 비밀스럽게 있을 때의 모습이 내 모습일지도 모른다. 이러한 모습은 자아나 의식의 통제를 벗어난 무의식의 모습에 가까울 것이다. 만약 그것이 나의 비밀스럽고도 은밀한 모습이라면 그 모습은 현실 속의 정돈된 나와는 거리가 멀다. 분명히 나의 모습과 어딘지 모르게 닮아 있기는 하지만 그러나 결코 내 의식이 감당할 수 없는 충격적이고도 이질적인 모습이다. 어쩌면 이 익숙하지만 어딘가 낯설고 기괴한 모습 속에 나의 참모습이 있는지도 모른다. 말하자면 나는 스스로 나라고 생각하지 않는 그 은밀한 곳에 존재하고 있는지도 모르는 것이다.

삶은
계량화할 수
없다

베르그송과
영

Henri Bergson, 1859~1941

하나의 음이 음악이 될 수 있는가

미국의 미니멀리즘 음악가 라 몬테 영La Monte Young, 1935~ 이 작곡한 〈컴포
지션 1960 7번〉은 그 유명한 케이지John Cage, 1912~1992 의 음악 〈4분 33초〉
4′ 33″, 1952 못지않게 특이하다. 연주자는 피아노 앞에 앉아서 서스테인 페
달을 누른 채 피아노의 한 음만을 강하게 내리친다. 서스테인 페달 때문에
강하게 내리친 음은 빨리 소멸하지 않고 오랫동안 잔향을 남기며 지속된다.
1분이 넘는 시간 동안 한 음이 지속되며 더 이상 잔향이 남아 있지 않게 되
면 연주는 끝이 난다. 물론 이 곡은 첼로나 바이올린 같은 현악기로 연주해
도 무방하며, 전자악기를 이용하면 1분이 아닌 수십 분 혹은 수백 분 동안
지속될 수도 있다.

영, 《컴포지션 1960 7번》 Composition #7, 1960
한 음을 누르는 게 전부인 음악. 현대의 문명은 공간화에 바탕을
두고 있다. 그러나 생명의 본질은 공간화해서 나타낼 수 있는 것
이 아니다. 생명의 본질은 오히려 영이 표현한 '윙윙대는 소리'와
같은 순수한 지속이다. 베르그송이 던지고자 한 메시지 또한 이
것이다. 삶은 공간화하거나 계량화할 수 없다.
https://www.youtube.com/watch?v=U7e75cIc6Qs

　이 특이한 음악을 어떻게 설명해야 할까? 혹자는 이를 음악이 아닌 퍼포
먼스로 이해할지도 모른다. 이 음악은 하나의 음만 계속 진행할 뿐 여기에
는 멜로디나 박자 혹은 리듬이 존재하지 않는다. 멜로디나 리듬이 존재하
기 위해서는 여러 음이 단속적으로 연결되어야 한다. 간단한 동요 《산토끼》
만 하더라도 '솔, 미, 미, 솔, 미, 도, 레, 미, 레, 도, 미, 솔' 하는 식으로 분절
된 음이 이어지며, 각각의 음은 특정한 길이를 갖는다. 그러나 영의 음악은
하나의 음이 그저 윙윙댈 뿐이다. 그러니 사람들은 멜로디나 리듬도 없는
이 연주를 음악이라고 생각할 턱이 없다.
　영 자신도 그의 곡에서 연주되는 이러한 지속적인 음을 전통적인 음악
의 '음tone'이라기보다는 '윙윙대는 소리drone'라고 불렀다. 그런데 영이 이
'윙윙대는 소리'를 자신의 음악 재료로 사용한 데에는 특별한 이유가 있다.
어린 시절 시골의 자연환경을 접하면서 유난히 청각적 감수성을 지녔던 영
에게 가장 큰 영향을 끼친 소리는 계곡의 물과 바람, 나뭇가지의 흔들림
과 같은 자연의 소리였다. 이러한 소리는 전통적으로 바흐Johann Sebastian
Bach, 1685~1750 나 베토벤, 혹은 슈트라우스Richard Strauss, 1864~1949 의 음악
이 내는 인위적인 소리와는 전혀 다르다. 그는 생명의 소리를 내고 싶었던

것이다.

이런 자연의 소리, 즉 생명이 있는 소리의 특징은 그것을 악보에 기록할 수 없다는 점이다. 악보로 담는다는 것은 공간적으로 배열할 수 있다는 것을 전제한다. 가령 베토벤의 〈교향곡 5번〉 운명은 '다단조'라는 조성을 지닌다. 그 유명한 첫 두 마디 '빰빰빰빠암, 빰빰빰빠암'은 'G, G, G, Eb, F, F, F, D'로 표기되며 이를 오선지 악보에 정확한 높이와 길이로 공간화할 수 있다. 그러나 영이 만든 '윙윙되는 소리'는 일정한 높이도 길이도 지니지 않는 하나의 지속적인 음일 뿐이다. 그것은 결코 공간적으로 나타낼 수 없다.

프랑스의 철학자 앙리 베르그송Henri Bergson, 1859~1941이 현대인들에게 던지고자 한 메시지가 바로 이것이다. 인간의 생명이란 결코 양적으로 나타내거나 공간화될 수 없다. 그런데 현대의 모든 물질문명은 공간화에 바탕을 두고 있다. 그러다 보니 사람들은 자신의 생명이 지닌 본질로부터 점점 멀어질 수밖에 없다. 생명의 본질이란 공간화해서 나타낼 수 있는 것이 아닌 마치 영이 표현한 '윙윙대는 소리'처럼 시작도 끝도 없는 순수한 '지속 durée, duration'이라고 할 수 있다. 이러한 생명의 본질인 순수한 '지속'을 수량화하고 공간화한 것이 바로 현대의 문명, 혹은 나아가 전통적인 서양문명에 내재한 사상인 것이다.

날아가는 화살은 날아가지 않는다

이탈리아의 피렌체를 방문한 사람이라면 한 번쯤 꼭 둘러보게 되는 성당이 있다. 그것은 엄청난 규모의 돔 형태로 이루어진 두오모 성당이다. 원근법의 창시자로 잘 알려진 브루넬레스키Brunelleschi, 1377~1446가 설계한 이 거대한 돔은 흥미롭게도 치밀한 설계도가 존재하지 않는다. 중세시대에 지어진 대부분의 성당은 시공을 위한 설계도가 존재하지 않았다. 그렇

비올레르뒤크, 노트르담 대성당 cathédrale Notre Dame de Paris, 1345 (왼쪽)
훈데르트바서, 훈데르트바서 하우스 Hundertwasser house, 1986 (오른쪽)
중세와 달리 근대에는 계산된 도면을 통해 정교하고 체계적으로 건물을 짓고자 했다. '노트르담 대성당'은 신
고전주의 건축가인 비올레르뒤크가 복원하고 첨탑을 설계했다. 사람들은 현실을 계량화하는 방법을 연구하였
으나 현실을 수량화하는 것은 불가능하다. 훈데르트바서는 고전주의의 획일적인 건축에서 벗어나고자 불규칙
한 곡면을 이용했다.

기 때문에 두오모 성당의 장엄한 돔의 비밀은 완전히 알려져 있지 않다.
오늘날은 정확한 설계도면 없이 건축물을 짓는 것을 상상조차 할 수가 없
다. 그런데 알고 보면 건축에서 설계도가 사용된 것은 그다지 오래된 일이
아니다. 오늘날처럼 시공을 위한 설계도면을 최초로 만든 사람은 19세기
중엽 신고전주의 건축가인 비올레르뒤크Eugène Viollet-le-Duc, 1814~1879로
알려져 있다.

한 치의 오차도 없이 정확하게 계산된 도면을 사용할 경우 건축물은 매
우 정교하고 체계적으로 지어질 수 있을 것이다. 그런데 여기에는 생각지
도 못한 치명적인 단점도 존재한다. 건축 과정에서 도면으로 수량화할 수
없는 불규칙한 곡면의 형태는 배제된다는 점이다. 말하자면 직선과 사선,
원이나 타원의 호와 같은 규칙적인 선만 시공이 가능하다. 그러다 보니 건
축물의 형태는 획일화되고 만다. 근대 이후 모더니즘 건축물이 획일적으로

직사각형의 반듯한 형태를 띠는 이유 역시 이와 무관하지 않다. 그래서 오스트리아 출신의 건축가 훈데르트바서Friedensreich Hundertwasser, 1928~2000는 일부러 울퉁불퉁한 형태의 불규칙한 곡면을 사용한 건축물을 만들었다. 그는 자연에는 직선이 존재하지 않는다는 신념을 가지고 직선으로 이루어진 설계도면을 무시하였다. 정량화한다는 것은 현실의 삶으로부터 멀어지는 것이라고 믿었던 것이다.

사람들은 현실을 계량화할 수 있다고 믿었으며 끊임없이 계량화하는 방법을 연구하였다. 그러나 현실을 수량화할 경우 결코 해결할 수 없는 역설에 빠지고 만다. 고대 그리스의 소피스트 철학자 제논Zenon, B.C. 490~B.C.430이 제시한 그 유명한 역설 또한 현실이 지닌 본성을 잘 보여준다. 잘 알려진 대로 제논의 역설은 이러하다. 어떤 사람이 활에 화살을 꽂아 10미터 떨어진 과녁을 향하여 활시위를 당겼다가 놓았다. 이제 화살은 활을 떠나 과녁을 향해서 날아간다. 정확하게 조준된 화살은 순식간에 과녁에 도달할 것이다. 이 사실에 대해서는 어느 누구도 의심할 여지가 없다.

그러나 제논에 따르면 이 화살은 결코 과녁에 도달할 수 없다. 제논은 이 사실을 다음과 같이 증명한다. 활을 떠난 화살은 먼저 활과 과녁의 중간지점(A1)을 통과해야 한다. 그다음에 화살은 그 중간지점(A1)과 과녁 사이의 중간지점(A2)을 통과해야 한다. 또 그다음에 화살은 이 중간지점(A2)과 과녁 사이의 중간지점(A3)을 통과해야 한다. 이 과정은 무한히 반복될 것이다. 말하자면 화살은 A1, A2, A3, A4, A5, A6……의 중간지점을 통과해야만 과녁에 도달할 수 있다. 그런데 이 중간지점은 무한하기 때문에 결국 화살은 무한한 지점을 통과해야 하며, 무한한 시간이 걸리게 된다. 그리하여 제논은 결국 활을 떠난 화살은 결코 과녁에 도달할 수 없다고 주장하였다.

제논의 논증에 어떠한 오류가 있을까? 이를 수학적으로 해결하려는 많은 시도들이 있었지만 그다지 신뢰할 만한 것은 아니다. 이에 반해서 베르그송은 제논의 역설을 아주 다른 각도에서 해결하였다. 그는 제논의 역설이야말로 오히려 현실의 운동을 잘 설명하는 것이라고 보았다. 제논의 역설은 사람들이 운동에 관해서 지니고 있는 잘못된 생각을 그대로 반영하고 있다. 사람들은 운동을 한 점에서 다른 점으로 이동하는 공간적 좌표의 변화로 생각한다. 이에 상응하여 특정한 공간의 한 지점에 하나의 시간이 대응한다고 믿는다. 공간적 좌표가 무한히 분할할 수 있듯이 시간적 좌표 또한 무한히 분할할 수 있다고 생각하는 것이다. 이런 생각은 그것을 요소들로 분해하고 단절하여 계량화할 수 있다는 믿음에서 비롯된다.

베르그송은 시간을 계량화할 수 있다고 생각하는 것이야말로 제논의 역설을 발생시킨 원인이라고 본다. 애초에 시간은 공간적으로 분절되지 않는다. 물론 우리는 일상생활에서 시간을 분절시켜서 본다. 우리는 항상 시간을 말할 때 시계에 나타난 계량화된 수치를 생각한다. 우리는 아침식사와 점심식사 사이에 다섯 시간의 간격이 있다는 식으로 계량화하는 것이 습관화되었다. 하지만 이는 우리의 생활을 위해서 편의적으로 시간을 공간화하고 단절시킨 것일 뿐, 시간 자체의 특성은 아니다.

우리가 만약 공간적인 측면에서 사고한다면 한 지점에서의 운동은 절대로 발생할 수 없다. 왜냐하면 운동은 하나의 지점에서 다른 지점으로 시간적 경과를 거치면서 이동할 경우에만 발생하는 것이기 때문이다. 그렇기 때문에 제논의 궤변처럼 하나의 점에서는 운동이 결코 발생하지 않는다. 제논이 활을 떠난 화살은 결코 날아가지 않는다고 말할 수 있는 것도 바로 운동을 하나의 점에서 다른 점으로 이동하는 공간적인 사건으로 생각하였기 때문이다. 베르그송은 각각의 한 점에서 운동이 발생하기 위해서는 그 운동이 단순히 공간적인 이동이 아닌 하나의 시간적인 사건이어야 한다고 생각하였다. 그리고 이러한 시간적인 사건, 즉 시간은 전적으로 공간과는 다른 것이며 결코 공간적 좌표에 대응하는 것이 아니다.

원래 순수한 시간은 공간적으로 분할되지 않으며 지속될 뿐이다. 베르그송은 이렇게 분할되지 않고 공간화될 수 없으며 계량화할 수없는 순수한 시간을 일컬어 '순수지속 durée pure, pure duration '이라고 부른다. 공간적으로 계량화될 수 없으므로 이 순수지속으로서의 시간은 오로지 직관intuition에 의해서만 파악될 뿐이다. 약속시간에 늦은 연인을 기다릴 때의 5분과 고된 작업 중에 갖는 5분간의 꿀맛 같은 휴식은 같은 5분이 결코 아니다. 이 차이는 계량화할 수 있는 것이 아니라 단지 느껴질 뿐이다. 이 질적인 차이를 가르는 직관적인 시간이 순수지속인 것이다. 그리고 현실의 운동, 나아가 운동하는 생명체의 근원을 이루는 것은 바로 이 '순수지속'이다.

잘 알려진 대로 베르그송은 영화라는 매체를 매우 비판적으로 보았다. 그 이유 역시 순수지속과 관련이 있다. 일반적으로 영화는 초당 24개의 정지된 화면으로 이루어져 있다. 흔히 프레임이라고 부르는 이 정지된 화면의 움직임을 우리의 눈이 감지할 수 없기 때문에 마치 사진 속의 인물이나 사물이 움직이는 것처럼 지각된다. 말하자면 영화에서의 움직임은 실제 현실의 움직임이 아니며 그것을 공간적으로 분할한 것에 불과하다. 이는 초당 수백 개의 프레임 혹은 수천 개의 프레임으로 구성된 디지털 영화의 경우에도 마찬가지이다. 베르그송은 현실의 운동 자체는 영화의 화면에 담을 수가 없다고 보았다. 베르그송이 보기에 영화야말로 시간을 공간화한 대표적인 매체인 셈이다. 그러나 운동에 관한 그의 이론은 아이러니하게도 후에 들뢰즈라는 철학자에 의해서 영화가 지닌 순수지속으로서의 운동을 설명하는 이론적 토대로 사용되기도 한다.

세상은 이미지로 구성되어 있다

베르그송은 우리 자신을 포함하여 내가 앉아 있는 의자, 밖으로 보이는 건물, 산과 돌, 그리고 지금 손에 들고 있는 찻잔과 찻잔 속에 담긴 커피 등 이 세상의 모든 것이 이미지일 뿐이라고 말한다. 만약 누군가가 세상에 모든 것이 이미지일 뿐이라고 주장한다면 이 사람은 극단적인 관념론자처럼 보일 것이다. 이 극단적인 명제는 마치 근대 영국의 관념론 철학자 버클리 주교 George Berkeley, 1685~1753 의 유명한 명제, '존재란 지각된 것이다 Esse est percipi .'를 떠올리기에 충분하다. 버클리의 주장은 사과가 빨간 이유는 우리가 그렇게 지각하기 때문이라는 극단적인 관념론의 견해를 담고 있기 때문이다.

그런데 정작 베르그송은 자신이 결코 관념론자가 아니며 유물론자에 가깝다고 주장한다. 물론 베르그송의 철학은 소박유물론에 대해서는 비판적이다. 소박유물론이란 우리 눈앞에 펼쳐진 세상이 세상의 실제 모습이며 우리는 이 진실한 세계의 모습을 감각기관을 통해서 있는 그대로 받아들인다고 믿는 태도이다. 동서고금을 막론하고 이렇게 소박유물론을 주장한 사상가는 거의 없다. 베르그송도 예외는 아니다. 엄밀하게 말하자면 베르그송이 추구하는 것은 유물론과 관념론의 대립을 극복하고자 하는 것이라고 할 수 있다. 그는 자신의 저서 곳곳에서 이러한 목표의식을 반복적으로 표출하고 있기도 하다.

이미지라고 하면 우리는 어떤 사물의 가상적인 모습, 혹은 그것과 관련하여 마음속에 떠오르는 주관적인 인상을 염두에 두기 마련이다. 가령 자동차의 이미지는 자동차 자체가 아닌 자동차를 그려놓은 그림이나 혹은 자동차와 관련하여 떠오르는 상황들을 의미한다. 그러나 베르그송이 여기서 말하는 이미지는 다르다.

베르그송이 말하는 이미지는 '감각적 재료sense data'에 가깝다. 자동차를 예로 들어보자. 자동차는 분명 하나의 사물chose 혹은 물질matière이라고 라고 할 수 있다. 이 사물의 정체는 무엇일까? 우선 유선형의 날렵한 모습을 띠고 있다. 하나의 형태라는 이미지를 지닌다. 또 표면이 근사한 쥐색이라면 쥐색이라는 이미지를 지닌다. 그리고 몸체는 철판으로 만들어져 있는데, 철판 또한 목재나 플라스틱과 감각적 데이터, 즉 이미지로 구별할 수 있다.

심지어 데카르트가 물체의 본질이라고 말했던 '연장성extension', 즉 어떤 공간을 점하고 있다는 것 역시 우리가 촉각적으로 확인할 수 있는 이미지이다. 유령과 실제 사람을 구별할 수 있는 것은 공간성일 텐데 이것 역시 감각적 재료에 의해서 구별할 수 있다. 말하자면 실제 사람과 유령은 다른 이미지로 구성되어 있는 것이다. 결국 우리가 어떤 사물을 자동차라고 부를 수 있다면 그 자동차는 자동차에 부합하는 무수히 많은 이미지로 구성되어 있기 때문이다. 여기서 우리는 베르그송이 어떻게 관념론과 유물론의 대립을 슬며시 넘어서는지를 간파할 수 있다.

자동차라는 물질은 그것을 구성하는 이미지들을 종합하지 않고서는 존재할 수가 없다. 따라서 물질이 이미지들의 총합으로 이루어져 있다는 것은 유물론적 견해에 잘 부합한다. 그런데 한편으로 이미지라는 것은 인간의 감각에 의해서 파악되는 주관적인 측면을 지닐 수밖에 없다. 가령 소나 강아지는 인간이 보는 것과 같은 자동차의 근사한 색을 똑같이 지각하지 못한다. 쥐색이나 파란색, 딱딱함, 유선형의 날렵한 곡선과 같은 이미지는 분명 인간이 지닌 감각기관의 개입에 의해서 만들어진 것들이다. 그러므로 자동차라는 물질을 이루는 이미지를 인간의 감각과 무관하게 그것에 앞서서 존재하는 자립적인 물질로 이해할 수는 없다. 이미지의 총합으로서의 물질이라는 베르그송의 견해는 유물론적이면서도 관념론적인 특성을 지닌다고 할 수 있을 것이다. 베르그송은 자신의 견해가 유물론과 관념론의 전통적인 대립을 넘어서 그것을 해결했다고 믿었다.

이미지와 '비결정성의 지대'

여기서 우리는 이러한 의문을 제기할 수 있다. 만약 물질이 이미지의 총합이라면 우리가 알고 있는 자동차의 이미지는 곧 자동차라는 물질 자체와 완벽하게 일치하는 것인가? 베르그송은 '그렇지 않다'고 말한다. 왜냐하면 어떤 사물이든 우리에게 알려진 이미지 이외에 엄청난 이미지를 잠재적으로 지니고 있기 때문이다. 예를 들면 과거에도 사람들은 소금이 흰색과 고체, 짠맛의 이미지를 지니며, 물에서는 용해된다는 것을 알고 있었다. 하지만 소금의 짠맛이 나트륨이라는 원소에서 비롯되며 나트륨은 단지 짠맛을 낼 뿐만 아니라 과다 복용시 인체에 부정적인 반응을 일으킨다는 감각적 성질(이미지)에 대해서는 알지 못했다. 오늘날 과학이 아무리 발달하였다 하더라도 소금이 지닌 무한한 감각적 성질, 즉 이미지를 파악한다는 것은 이론상 불가능하다. 우리는 단지 사물이 지닌 무한한 이미지들 중 우리가 알고 있는 극히 일부분의 이미지들을 종합하여 그것에 대한 상, 즉 전체적인 이미지를 형성한다. 베르그송은 사물이 지닌 이렇게 무수히 많은 이미지 중 일부(짠맛, 흰 결정체, 물에 녹는 성질 등)를 종합하여 만들어진 통합적인 이미지(소금)를 '표상 représentation'이라고 부른다.

　지금까지의 논의를 간단히 정리하면 다음과 같다. 여기에 소금이라고 불리는 물질이 있다고 치자. 이 물질은 과거에도 존재하였으며 과거나 현재에도 똑같은 물질적 속성, 즉 이미지들을 지니고 있다. 그러나 과거의 사람들과 현재를 살아가는 사람들이 소금이라는 물질에 대해서 갖는 표상은 다르다. 과거에 사람들은 나트륨이라는 정체를 몰랐기 때문에 소금을 두려워하지 않았지만, 오늘날의 사람들은 건강상의 이유에서 그것을 두려워하기도 한다. 소금에 대한 표상이 달라졌기 때문이다. 소금은 우리가 모르는 엄청나게 많은 감각적 성질, 즉 이미지를 지니고 있다. 그렇기 때문에 우리가 지닌 소금의 표상이 곧 소금 자체는 아니다.

여기서 다소 난해하지만 결코 간과할 수 없는 '비결정성의 지대la zone de la indetermination'라는 용어에 직면하게 된다. 우리가 알고 있는 소금이라는 사물은 무한히 많은 이미지를 잠재적으로 지니고 있다는 점에서 완전히 결정되지 않은 '비결정성의 지대'이다. 경우에 따라서 소금은 짠맛을 내는 양념으로 표상될 수도 있고 혹은 의학적인 견지에서 나트륨으로 표상될 수도 있다. 그러나 중요한 사실은 소금이 우리가 알지 못하는 무수히 많은 이미지들을 지니고 있다고 하더라도 소금은 설탕이 아니라는 점이다. 즉 소금이 아무리 비결정성의 지대라는 특성을 지닌다고 해도 소금이라는 비결성의 지대와 설탕이라는 비결성의 지대는 엄연히 다르다. 다만 우리가 소금 혹은 설탕으로 표상하는 사물이 곧 그 사물 자체가 아닌 비결정성의 지대를 원천적으로 포함하고 있다는 사실은 부정할 수가 없다.

베르그송의 철학에서 가장 흥미로운 것 중의 하나는 '지각perception'이라는 개념과 관련된 것이다. 사물은 그 자체가 아닌 무수한 잠재적인 이미지들이 얽힌 '비결정성의 지대'로 우리와 마주한다. 이때 우리는 사물을 어떻게 지각하는 것일까? 과연 우리 인간은 앞에 있는 사물을 무수한 잠재력을 지닌 '비결정성의 지대'로서 마주하는 것일까? 현실적으로 이는 불가능하다. 왜냐하면 인간은 신체적인 한계를 지니고 있기 때문이다.

몸이 곧 프레임이다

베르그송은 이 세상에 존재하는 모든 것을 이미지로 보았다. 그렇기 때문에 인간의 신체 혹은 감각이나 사유 활동 또한 이미지의 작용에 불과하다. 그에 따르면 인간의 신체나 눈, 코, 귀 등의 감각기관 역시 이미지에 불과하다. 그렇다면 인간이 물질을 감각적으로 파악하는 지각 활동은 어떻게 설명해야 할까?

베르그송은 이를 인간의 감각기관이라는 이미지와 물질이라는 이미지가 만나는 과정으로 설명한다. 누군가가 앞에 있는 자동차를 지각한다고 치자. 그 사람의 신체 이미지와 자동차라는 물체 이미지가 만나는 과정이 지각일 텐데, 이때 사람과 자동차가 동등한 위치를 지닐 수는 없다. 지각이란 사람이 능동적으로 자동차라는 수동적 사물을 파악하는 적극적인 활동이기 때문이다. 지각작용은 사람과 대상이라는 두 항목의 결합으로 발생하지만 어디까지나 사람이 능동적인 역할을 하기 마련이다. 그런데 사람이나 물질 대상이나 둘 다 이미지일 뿐이라면 지각 활동의 주체적 역할을 담당하는 사람의 능동성을 설명하기가 곤란해진다.

베르그송은 이 문제를 해결하기 위해서 신체를 다른 것과 다른 특권적 이미지로 설명한다. 그는 신체라는 이미지가 지각에 따라 다른 이미지를 변화시키는 특권을 가졌다고 간주한다. 인간의 신체와 사물이 마주했을 때 사물은 신체라는 이미지를 변경하지 못하지만 신체는 사물의 이미지를 얼마든지 변경할 수 있다. 가령 인간이 차를 볼 때 멀리서 보는가 가까이서 보는가에 따라 크기가 바뀌며, 앉아서 보는가 서서 보는가에 따라서 혹은 어떤 생각으로 어떤 기분에서 보는가에 따라서 이미지가 변경된다. 하지만 차라는 사물은 인간의 이미지를 변경하지 않는다. 인간이라는 신체의 특권은 바로 세상의 이미지를 어느 정도 임의적으로 변경할 수 있다는 점에 있다.

여기서 매우 흥미로운 결과가 나온다. 인간이 어떤 각도에서 보는가, 혹은 어떤 심적인 상태에서 보는가에 따라서 세상의 이미지는 변경된다. 영화에 비유하자면 카메라의 앵글을 어떻게 들이대는가에 따라 풍경의 이미지는 변한다. 가령 치열한 전투 장면을 근접 촬영하여 피가 튀고 근육이 불쑥 솟는 장면까지 묘사한다면 매우 박진감 있고 잔인한 느낌의 이미지를 전달할 수 있다. 하지만 아주 높은 상공에서 촬영을 한다면 이 치열한 전투 장면은 마치 개미들이 분주하게 움직이는 것처럼 그저 일개의 인간 집단이 야단법석을 떠는 소란으로 느껴질 것이다. 어떠한 각도에서 어떻게 프레임을 짜는가에 따라서 이미지는 달라질 수밖에 없다.

그런데 베르그송에 따르면 인간의 지각 활동에는 그 밑바닥에 프레임을 짜는, 보다 근원적인 영역이 존재한다. 그것은 우리 몸에서 이루어지는 심층적인 영역에서의 정서적인 차원이다. 베르그송은 이를 '정념affection'이라고 부른다. 인간의 지각은 바로 정념에서부터 나오는 것이라고 할 수 있다. 말하자면 정념을 일으키는 인간의 몸이 곧 지각을 형성하는 프레임인 셈이다.

현대사상을
만지다___

관계에 따라 의미도 달라진다

소쉬르와 피카소

자전거의 핸들이거나 황소의 뿔인 것

큐비즘을 대표하는 스페인의 화가 파블로 피카소는 이미 큐비즘이 역사의 한편으로 사라진 1940년대에 매우 흥미로운 작품을 발표하였다. 〈황소머리〉라는 이 작품은 자전거의 핸들과 안장을 단순하게 재배치한 물건이다. 이 작품을 본 사람들은 머릿속에 뿔 달린 황소를 떠올리는 동시에 황소의 얼굴과 뿔이 각기 자전거의 안장과 핸들이라는 사실도 파악한다. 어떻게 배치하는가에 따라서 자전거의 핸들은 황소의 뿔로 보이며 안장은 황소의 얼굴로 파악된다. 여기서 흥미로운 사실은 삼각형의 물체가 안장이 되는가 혹은 황소의 얼굴이 되는가가 전적으로 핸들과의 관계에 의해서 결정된다는 점이다. 안장은 핸들과 어떻게 관계 맺는가에 따라서 다른 의미를 지닌

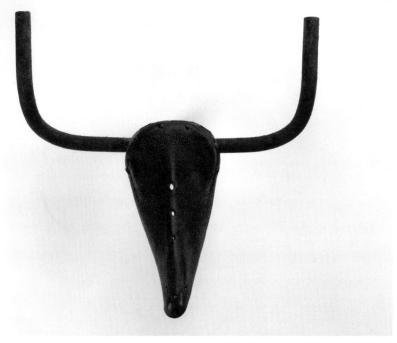

피카소, 〈황소머리〉 Tête de taureau, 1942
자전거 핸들과 안장을 재배치한 작품. 어떻게 배치하는가
에 따라서 자전거의 핸들과 안장으로 보이기도 하고 황소
의 머리로 보이기도 한다. 같은 물건이라도 어떻게 관계를
맺는가에 따라 다른 의미를 가진다. 소쉬르는 언어의 의미
가 그것이 지시하는 대상이나 현실이 아니라 다른 언어와
의 관계에 의해 만들어진다고 했다.

기호가 된다. 그것은 핸들도 마찬가지이다. 삼각형인 물체가 안장이라는 기호가 될 수 있고 황소 얼굴이라는 기호도 될 수 있는데 이는 전적으로 다른 물체와의 관계에 의해서 결정된다.

피카소 자신은 명시적으로 밝히고 있지 않지만 사실상 피카소의 이 작품은 스위스 출신의 언어학자 페르디낭 드 소쉬르Ferdinand de Saussure, 1857~1913의 언어학이 말하고자 하는 핵심을 집약적이고도 명확하게 보여준다. 언어 혹은 기호의 의미는 우리가 흔히 생각하듯이 그것이 지시하는 대상이나 현실에 의해 만들어지는 것이 아니라 다른 언어들과의 차별적 관계에 의해서 만들어질 뿐이라는 것이 소쉬르 언어학의 핵심이기 때문이다. 이처럼 소쉬르 언어학이 지닌 근본적인 통찰을 피카소의 작품보다 더 잘 보여주는 사례를 찾기는 힘들 것이다.

소쉬르 이전의 사람들은 일반적으로 언어가 어떤 현실 대상을 지칭하는 기호라고 생각했다. 이러한 전통적인 언어관은 중세시대를 대표하는 사상가인 아우구스티누스Aurelius Augustinus, 354~430에게서도 잘 나타난다. 그는 언어란 현실세계를 묘사하기 위한 기호이며 언어의 의미는 곧 언어가 구체적으로 지시하는 대상이라고 생각하였다. 가령 '사과'라는 언어 기호는 우리가 현실에서 사과라고 부르는 물체를 지칭하는 기호이다. 아우구스티누스뿐만 아니라 오늘날 대부분의 사람들도 언어에 대해서 마찬가지의 생각을 가지고 있을 것이다. 소쉬르의 언어학은 언어에 대한 전통적인 견해 혹은 일반적인 생각에 대해서 의문을 제기하고 이를 뒤집는다. 이런 점에서 소쉬르의 언어학은 혁명적이라고 할 수밖에 없다.

다시 언어에 대한 일반적인 견해로 돌아가보자. 우리는 사과라는 현실의 사물이 먼저 있고 그것을 묘사하거나 지시하기 위해서 사과라는 말이 생겼다고 생각한다. 너무나도 당연한 말인 듯하다. 세계가 먼저 있고 그 세계를 묘사하거나 재현하기 위해서 언어가 있다는 것이다. 가령 사람들은 남자와 여자라는 말이 생겨난 것도 실제로 남자와 여자가 존재하기 때문에 현실적으로 존재하는 두 가지 성을 묘사하기 위해서 언어가 만들어졌다고 생각한다. 그러나 세상에는 두 가지 성만이 존재하는 것일까? 제3의 성은 존재하지 않을까? 오늘날 일부 페미니스트뿐만 아니라 적지 않은 사람들이 두 가지 성으로 성차를 확고하게 구분하는 것에 대해 문제를 제기한다. 어쩌면 남성과 여성이라는 말은 현실 속의 인간을 지칭하기에는 적합하지 않을 수도 있으며, 인간은 누구나 남성이면서 동시에 여성일 수도 있다는 주장도 있다. 사르트르의 부인이자 유명한 페미니스트였던 시몬 드 보부아르 Simone de Beauvoir, 1908~1986 는 인간이란 남성과 여성으로 태어나는 것이 아니라 남성과 여성으로 만들어진다고 했다. 그 말 속에는 남성과 여성이라는 기호가 결코 현실세계를 정확하게 묘사하는 기호가 될 수 없다는 뜻을 내포한다.

이 사례가 다소 모호하게 들린다면 다음의 사례를 들어보자. 우리 중 동서남북의 개념을 모르는 사람은 없을 것이다. 그런데 동쪽과 서쪽이 원래부터 존재하는 것이고 그것을 묘사하거나 지칭하기 위해서 동쪽과 서쪽이라는 개념이 만들어진 것일까? 이 세상 어디에도 동쪽은 없다. 서쪽을 대표하는 유럽 역시 미국에서 보면 동쪽이다. 동서남북은 현실에 존재하는 것이 아니라 우리가 편의상 방향을 구분하기 위해서 나눈 임의적인 잣대에 불과하다. 만약 사방四方이 아닌 오방五方의 개념을 사용했다면 우리는 세상을 다섯 방향으로 봤을 것이며 교차로 역시 사차로가 아닌 오차로가 되었을 것이다.

소쉬르의 언어학이 지닌 혁명성은 우리의 언어가 미리 주어진 세계를 묘사하는 그림이 아니라고 말한다. 오히려 언어는 세계와는 독립적으로 만들어졌으며 이러한 언어적 세계가 우리의 현실세계를 만드는 것이다. 말하자면 어떻게 언어를 만드는가에 따라서 인간은 다른 세계를 창조하는 것이다. 햇빛의 굴절에 의해서 만들어지는 무지개가 다섯 개의 색으로 이루어졌는지 혹은 일곱 개의 색으로 이루어졌는지는 어떠한 언어를 사용하는가에 의해서 결정된다. 이렇게 소쉬르의 언어학은 궁극적으로 인간이 사는 세상이 언어를 통해서 창조된다는 매우 급진적인 생각을 함축하고 있는 것이다. 말하자면 언어란 현실세계를 수동적으로 묘사하거나 재현하는 수단이 아닌 현실세계를 창조하는 도구인 셈이다.

언어란 상품과 같이 가치를 지닌다

소쉬르의 언어학이 사람들에게 알려진 것은 소쉬르가 직접 쓴 저서를 통해서가 아니라는 점에서 매우 이례적이다. 소쉬르의 언어학이 집약된 《일반 언어학 강의》Cours de linguistique générale, 1916 는 소쉬르가 직접 쓴 책이 아닌 그가 자신의 모국 스위스의 주네브(제네바) 대학에서 했던 강의를 기록한 것이다. 이 책은 소쉬르의 동료 및 제자였던 샤를 발리Charles Bally 와 알베르 세슈에Albert Sechehaye 가 소쉬르의 강의안과 학생들의 노트를 참조로 정리하면서 탄생되었다. 이 책이 출간된 것은 1913년 소쉬르가 사망하고 난 후 3년이 지나서였다. 그는 자신의 강의가 책으로 출간되어서 엄청난 반응을 불러일으키게 되리라고는 생각하지 못했을 것이다.

이 책은 구조주의 언어학의 시조가 됨으로써 언어학에서뿐만 아니라 철학적으로도 엄청난 결과를 가져왔기 때문에, 이 책에 담긴 언어학의 핵심 내용이 정확하게 소쉬르의 것인지에 대한 의문이 제기되기도 하였다. 소쉬르 연구가들의 꼼꼼한 연구는 이론의 여지 없이 이 책에 담긴 언어학적 구상이 정확히 소쉬르의 일관된 아이디어에서 비롯되었음을 밝혔다. 그 사실은 흥미롭게도 소쉬르가 언어학 이외에 관심을 두었던 신화에 대한 연구에서 명확하게 드러났다. 소쉬르는 전통적인 북유럽의 신화를 연구하면서 흥미로운 점을 발견한다. 그는 북유럽의 많은 신화들에서 주인공의 이름은 각기 달리 불리지만 사실상 동일한 인물임을 확인하였다. 가령 우리에게 잘 알려진 서유럽의 트리스탄과 이졸데에 관한 신화는 비록 다른 이름으로 불리지만 북유럽에서도 존재한다.

다른 이름으로 불리는 인물이 사실상 동일한 인물이라는 사실은 어떻게 알 수 있을까? 그것은 신화의 스토리 구조가 갖는 유사성에서 비롯되며, 달리 말하면 주인공이 다른 인물들과 맺는 관계에서 알 수 있다. 예를 들어 어떤 한 인물이 어쩔 수 없이 아버지를 죽이고 어머니와 결혼하게 되었다면 설혹 시대적 배경이 현대라 하더라도 그 인물이 오이디푸스임을 우리는 짐작할 수 있다. 그 인물이 아버지 및 어머니라는 주변 인물과 맺는 관계 때문이다. 조선시대를 배경으로 해서 만들어진 〈스캔들: 조선남녀상열지사〉2003라는 영화 속에 등장하는 난봉꾼 '조원'이라는 인물과 프랑스 영화 〈위험한 관계〉Les liaisons dangereuses, 1959에 등장하는 '발몽 자작'은 시대적, 인종적 차이에도 불구하고 그 스토리 구조상 주변 인물들과 맺는 관계에 의해서 동일한 인물임을 알 수 있다.

소쉬르가 신화에서 주목한 사실은 지역적으로나 시기에 따라 신화의 주인공 혹은 등장인물들의 이름이 바뀐다 하더라도 동일한 인물임을 주변 인물들과의 관계를 통해서 알 수 있다는 것이다. 이는 달리 말하자면 한 인물의 의미는 명칭에 의해서 결정되는 것이 아니라 다른 인물들과의 관계에 의해서 결정된다는 뜻이다. 이는 언어 혹은 기호의 의미는 어떤 특정한 대상을 지시하는 것이 아닌 다른 기호와의 관계에 의해서 결정된다는 소쉬르의 언어학적 전제와 정확하게 일치한다. 기호는 어떤 고정된 외부의 대상을 지시한다기보다는 다른 기호들과의 관계를 통해서 그 의미가 결정된다는 이러한 급진적 생각은 이후 알기르다스 그레마스Algirdas Julien Greimas, 1917~1992 의 기호학에서 더 구체화된다. 가령 원론적으로 단순화시켜서 생각하자면 '남성'이라는 기호는 어떤 특정한 대상을 지시한다기보다는 '여성'이라는 기호와 대립함으로써 그 의미가 발생한다는 것이다.

다소 생뚱맞게도 소쉬르는 언어 혹은 기호의 의미를 가치valeur 라고 부르고 이를 마르크스 정치경제학에서의 경제적 가치이론과 비교하였다. 그가 언어 혹은 기호의 의미를 가치라고 부르는 이유는 결국 기호의 의미가 경제적 가치와 마찬가지 메커니즘에 의해서 결정된다는 사실 때문이다. 스미스와 리카도 및 마르크스와 같은 고전적인 정치경제학에 따르면 자본주의 사회에서 상품의 가치는 그 상품이 지닌 물질적 성질에서 비롯되는 것이 아니며 미리부터 정해진 것도 아니다. 가령 치약의 경제적 가치는 그것이 이를 닦는 데 사용된다는 물질적 특성에서 비롯되지 않는다. 그러한 특성이 물건이 상품이 되게 하는 조건은 될 수 있지만, 정작 상품의 가치를 결정하는 것은 그것이 다른 상품과 얼마만큼의 비율로 교환되는가 하는 것이다. 치약이 천 원의 가치를 지닌다면 그 치약의 물질적 가치가 천 원이기 때문이 아니라 다른 천 원짜리 물건과 등가적으로 교환될 수 있기 때문이다. 즉 상품의 가치는 전적으로 교환체계에서 나오는 것이다. 소쉬르가 언어의 의미를 가치에 비유한 것은 곧 언어의 의미(가치)가 다른 언어와의 교환체계에서 비롯됨을 강조하기 위해서이다.

언어의 자의성은 변별적 차이에서 비롯된 것

소쉬르의 언어학이 갖는 혁명성은 결국 언어가 현실적 세계를 묘사하는 것이 아니라 '근본적으로 자의적인 체계le systéme arbitaire '라는 사실을 강조한다는 점이다. 예를 들어 칸딘스키의 그림 〈구성 4〉를 보면 화면에서 각 형

칸딘스키, 〈구성 4〉 Composition IV, 1911
그림의 형상들은 묘사를 통해서가 아니라 다른 형상들과의 관계에 의해 의미를 지닌다.

상들은 어떤 대상을 묘사함으로써 의미를 지니기보다는 다른 형상들과의 관계에 의해서 의미를 지닌다. 그림의 중앙에 위치한 두 개의 검은 수직선을 중심으로 화면은 좌우로 분할된다. 오른쪽 화면에서 보이는 선의 완만한 굴곡이나 면과 색채의 팽창은, 왼쪽 화면에서 보이는 선의 급작스러운 변화나, 응축된 느낌의 면과 색채와 대비됨으로써 혼란스러운 전쟁의 상태와 대비되는 정토(평화로운 세상)를 함축한다. 이 그림에서 오른쪽 화면의 형상이 이러한 의미를 지니게 되는 것은 그 형상 자체가 정토의 세계를 묘사하기 때문이 아닌 왼쪽 화면과의 관계를 통해서이다.

소쉬르에게 매우 중요한 의미를 지닌 언어 혹은 기호의 '자의성'을 확장하면 다음과 같다. 언어는 자의적인 방식으로 체계화되기 때문에 어떤 부족에서는 '아버지'와 '아저씨'가 아무런 구분이 없이 하나의 용어로 지칭된다. 물론 삼촌이나 외삼촌 등의 용어도 없다. 이 경우 부족의 모든 아저씨는 아버지이며 아버지도 아저씨들 가운데 한 사람일 뿐이다. 이는 자의적으로 만들어진 것이다. 말하자면 이 부족의 임의대로 만들어졌다. 이는 곧 이 부족이 우리와는 다른 방식으로 의미를 체계화하고 있음을 뜻하며, 동시에 우리와 전혀 다른 가족체계를 형성하고 있음을 뜻한다. 이들은 자신들이 임의로 기호를 만듦으로써 다른 세계를 만들고 있는 것이다. 따라서 자신의 임의대로 어떤 언어의 체계를 만드는가에 따라서 다른 세계를 형성하게 되는 것이다.

소쉬르는 언어의 '자의성'을 매우 강조하였는데 이러한 자의성은 그가 말한 '변별적 차이l'écart différentiel'에 의해서 뒷받침된다. 변별적 차이란 어떤 것을 다른 것과 구분해내는 매우 단순한 원칙을 말한다. 자전거와 오토바이를 구분하기 위해서는 모터가 필수적이다. 만약 모터가 달린 자전거가 있다면 이는 자전거인지 오토바이인지 모호해진다. (물론 페달의 유무 등 다른 변별적 차이에 의해 구분할 수도 있을 것이다.) 여하튼 변별적 차이란 어떤 것을 다른 것과 구분할 수 있게 만드는 자질을 의미한다. 소쉬르는 의미를 지닌 기호로서 언어를 가능하게 하는 가장 근본적인 원칙을 이 단순한 변별적 차이에서 발견하였던 것이다.

소쉬르의 언어학은 이러한 변별적 차이에 두 가지 차원에서 접근한다. 이두 가지 차원이란 바로 '기표'와 '기의'의 차원을 뜻한다. 언어를 포함하여 의미를 지니는 모든 기호는 기표와 기의의 결합으로 이루어진다. 기표는 기호의 표현방식으로, 말의 경우 우리가 입으로 내뱉는 음성 이미지, 수화를 하는 손동작, 야구감독의 독특한 몸짓 등이 이에 해당된다. 기의란 이러한 기표가 뜻하는 바, 즉 기표를 통해서 우리의 머릿속에 떠오르는 개념을 의미한다. 미리 말해두자면 이때 기의는 우리가 흔히 생각하는 현실적 지시대상 le référent 과 혼동해서는 안 된다.

우선 기표의 차원에서 보자면 기표를 구성하는 것이 변별적 차이라는 사실은 매우 명확하게 이해될 수 있다. '살'이라는 기표는 그것이 우리의 몸을 이루는 살과 어떤 관련이 있기 때문이 아니라 단지 '술', '말', '갈' 등과 음운적으로 구분하기 위해서 만들어진 것이다. 여기서 기표의 변별적 차이란 그것이 지칭하는 대상과는 아무런 상관이 없음을 나타낸다는 사실을 간과할 수 있다. 즉 '나무'라는 기호는 '배', '너무', '나물' 등 다른 기호와의 변별적 차이에 의해서 만들어졌을 뿐 나무 자체와는 아무런 관계가 없다. 나아가 이는 어떤 특정한 기표가 그것과 결합된 기의와 어떤 필연적인 관계도 없음을 보여준다. '나무 arbre '라는 기표와 그것이 의미하는 개념(줄기와 가지에 목질 부분이 발달한 다년생 식물)의 결합에는 어떤 필연적인 이유도 없다.

이러한 변별적 차이의 원칙은 기의의 차원에서도 여전히 유효하다. 앞에서 암시하였듯이 기의는 기표가 제시하는 개념일 뿐 현실의 지시대상이 아니다. 나무라는 기표가 지닌 기의는 현실 속에 실재하는 나무를 지시하는 것이 아니라 '줄기와 가지에 목질 부분이 발달한 다년생 식물'이라는 개념일 뿐이다. 어떤 부족의 언어에서는 풀과 나무를 구분하는 기표가 없기 때문에 나무가 풀이기도 하고 풀이 나무이기도 하다. 소쉬르가 직접 들고 있는 사례를 보면 이 사실이 더욱 명확해진다. 영어에서 강은 river이며, 이 강이 바다와 합류하는지 혹은 다른 강과 합류하는지는 상관이 없다. 그러나 불어에서는 바다와 합류하는 강은 fleuve이며, 다른 강과 합류하는 강은 rivière이다. 언어의 변별적 차이에 의해서 의미가 세분화됨에 따라서 현실에 대한 분류가 달라진다.

또 다른 예를 들어보자. 영어에서는 오징어 cuttle fish 와 문어 octopus 의 구분은 존재하지만 꼴뚜기, 주꾸미, 낙지를 구분하는 단어는 없다. 물론 이들에 대한 생물학적인 학명(주꾸미: octopus ocellatus, 낙지: octopus vulgaris)은 존재하지만 이는 일상적인 단어가 아니므로 사실상 그러한 단어는 존재하지 않는 것과 같다. 이러한 언어적 구분의 부재는 곧 문어와 낙지에 대한 구분을 불가능하게 만든다. 영어권의 외국인들은 대부분 낙지와 문어를 잘 구분하지 못할뿐더러 맛 자체도 구분하지 못하는 경향이 있다. 이들에게 낙지와 문어는 큰 문어와 작은 문어처럼 거의 동일한 것으로 여겨진다. 언어의 차이에 따라 세계를 달리 보게 되는 것이다. 뒤집어 말하자면 언어란 변별적 차이에 의해서 무수히 많이 생겨날 수 있으며, 어떠한 방식으로 언어적 체계를 형성하는가에 따라서 현실에서의 의미가 달라진다. 소쉬르가 힘주어 말한 다음과 같은 말의 의미를 우리는 여기서 분명히 깨닫게 된다. "대상은 관점에 선행하여 미리 주어지지 않는다. 오히려 그와는 반대로 관점이 대상을 창조한다고 말해야 할 것이다."

언어의 주체는 사람이 아닌 구조

〈아리랑〉과 〈오솔레미오〉는 전혀 다른 곡이다. 이 두 곡은 어떻게 다를까? 매우 엉뚱한 듯한 이 질문에 대해서 대부분의 사람들은 이렇게 대답할 것이다. '박자가 다르고 멜로디가 다르다.' 맞는 답이지만 사실상 무의미한 답이기도 하다. 같은 노래가 아닌 이상 세상의 어떤 노래에 대해서도 똑같이 답할 수 있다. 따라서 전문가라면 이런 답을 내놓아야 할 것이다. 〈아리랑〉과 〈오솔레미오〉가 다른 이유는 두 곡이 서로 다른 음계에 바탕을 두고 있기 때문이다.

두 대답의 차이는 매우 크다. 〈오솔레미오〉와 〈아리랑〉은 분명히 다르지만 〈오솔레미오〉와 〈아리랑〉의 차이는 〈오솔레미오〉와 〈산타루치아〉의 차이와는 다르다. 〈아리랑〉은 〈몽금포 타령〉과 유사하며 〈오솔레미오〉는 〈산타루치아〉와 유사하다. 〈아리랑〉과 〈몽금포 타령〉, 〈오솔레미오〉와 〈산타루치아〉가 각기 같은 음계를 사용하고 있기 때문이다. 〈오솔레미오〉에 사용된 음계를 사용해서 〈산타루치아〉를 만들 수는 있지만 〈아리랑〉과 〈몽금포 타령〉을 만들 수는 없다. 그 반대의 경우도 마찬가지이다.

이는 소쉬르가 말하는 '랑그 langue'와 '파롤 parole'의 구분에 적용할 수 있다. 파롤이란 언어에서 구체적인 발화 행위를 뜻한다. 앞서 든 예의 경우에는 〈몽금포 타령〉, 〈산타루치아〉, 〈아리랑〉과 같은 구체적인 곡의 전개가 파롤에 해당할 것이다. 이에 반해서 랑그란 파롤의 기반이 되는 언어적 체계를 뜻한다. 말하자면 앞서 든 예에서 〈산타루치아〉나 〈오솔레미오〉가 기반한 장단음계와 〈아리랑〉과 〈몽금포 타령〉이 기반한 우리나라의 5음계가 랑그에 해당한다. 소쉬르의 언어학이 주목하는 것은 파롤이 아닌 랑그이다. 소쉬르는 지금까지의 언어학이 파롤에만 치중하였을 뿐 더 근본적인 랑그의 중요성을 간과하였다고 주장한다. 랑그의 중요성에 대한 소쉬르의 강조는 사실상 구조주의 사상의 특성을 형성하는 데 결정적인 역할을 한다.

소쉬르에 따르면 〈오솔레미오〉의 랑그적 체계에서는 〈아리랑〉이 나올 수 없다. 랑그란 파롤의 토대로서 그것을 제약하기 때문이다. 실제로 동양 음악에 심취해서 동양적인 분위기의 음악을 만들고자 했던 프랑스의 음악가 드뷔시 Claude Debussy, 1862~1918 는 그러한 음악을 만들기 위해서 과감히 서양의 전통적인 음계를 포기해야만 했다. 그가 즐겨 사용했던 온음음계 Whole tone scale 는 장조나 단조에서 사용하던 반음의 간격을 없앤 새로운 음계였다. 말하자면 그는 다른 음악을 만들기 위해서 기존의 랑그를 버리고 다른 랑그를 사용한 것이다. 이는 거꾸로 말하자면 파롤, 즉 구체적인 언어의 발화 활동이 랑그에 의해서 제약되어 있음을 뜻한다.

드뷔시, 〈아라베스크〉 Arabesque, 1888
드뷔시는 동양적인 분위기의 음악을 만들기 위해 과감히 서양의
전통적인 음계를 포기했다. 즉 다른 음악을 만들기 위해 기존의
랑그를 버린 것이다.
https://www.youtube.com/watch?v=28Qi4jLtigc

언어 활동이 랑그에 의해서 결정된다는 사실은 구조주의 사상의 핵심이 기도 하다. 왜냐하면 언어에서 랑그란 곧 언어적 구조를 의미하기 때문이다. 흔히 사람들은 말을 할 때 자신이 말하는 주체라고 생각한다. 자신의 생각을 드러내기 위해서 스스로 어휘를 선택하고 그것을 통사구조에 맞추어 문장으로 만들어 발화한다. 이 과정의 발화 주체는 당연히 자신이라고 생각하는 것이다. 그러나 소쉬르의 언어학에서는 발화의 진정한 주체는 발화자가 아닌 랑그라는 사실이 전제되어 있다. 우리가 어떠한 말을 하더라도 사실상 우리의 표현방식이나 범위는 우리가 사용하는 말의 체계, 즉 랑그에 의해서 지배되거나 제약받고 있기 때문이다.

이런 맥락에서 볼 때 구조주의에서 말하는 주체의 소멸은 바로 소쉬르의 언어학에 연원淵源을 두고 있다. 구조주의자들이 볼 때 인간이 스스로 주체라고 믿는 것은 사회적으로 형성된 인위적인 허상에 불과하다. 사람은 누구나 자신을 사회적 관계에서 형성된 기표로서 드러낸다. 가령 자신을 남성, 한국인, 아들, 선생 등의 기표로서 발화한다. 그리고 이러한 발화의 과정에서 기표와 자신을 동일시한다. 그러나 구조주의의 시각에서 볼 때 이모든 기표는 사회적으로 구성된 구조의 산물일 뿐이다. 주체란 사회적 구조, 즉 랑그 체계에 의해서 만들어진 허구적 기표일 뿐이다.

George Bataille, 1897~1962

낭비와 에로티시즘이 인간을 구원하리라

바타유와 추미

낭비가 아름다움이 될 수 있을까?

현재 우리가 듣는 음악의 대부분은 장음계로 이루어져 있다. 장조란 영어로는 메이저 스케일major scale인데, 이는 말 그대로 대부분의 경우에 사용되는 음계 혹은 주요 음계라는 뜻을 담고 있다. 한편 단음계는 영어로 마이너 스케일minor scale이라고 하며 메이저에 비해서 소수의 음계, 즉 드물게 사용되는 음계를 뜻한다. 그런데 흥미롭게도 중세시대에 12세기까지는 이 메이저 음계의 사용이 교회에서 엄격하게 제한되었다. 물론 당시에는 현재와 같이 장음계와 단음계로 나누어지지 않고 일곱 개의 선법이 사용되었는데, 현재의 장음계는 당시의 이오니안ionian 음계에 해당되며 단음계는 에올리안aeolian 음계에 해당된다. 당시 이오니안 음계는 교회에서 철저하게 배척당했다. 밝고 명랑한 분위기를 만드는 이오니안 음계는 당시 엄중하고 숙연한 교회의 분위기와 맞지 않았기 때문이었을 것이다. 명랑하고 활기찬 웃음은 심각한 교회의 의식 행위를 조롱하는 것처럼 느껴진 듯하다. 웃음은 말 그대로 비웃음의 성격을 지니며 교회의 심각한 엄숙주의에 대한 도전이다.

이러한 엄숙주의가 중세의 교회에서만 발견된다고 생각하면 그것은 엄청난 오해다. 이성적 사고와 합리주의를 최고의 가치로 내세우며 밝고 명랑한 이미지가 있는 근대 사회의 근간에도 금욕주의와 엄숙주의가 자리 잡고 있다. 스위스 출신의 건축가 추미Bernard Tschumi, 1944~는 근대 건축의 성격을 결정짓는 요소를 한마디로 말하자면 지나친 금욕주의라고 주장한다. 건축의 모든 요소가 철저하게 기능 혹은 효율성이라는 원칙에 지배되고 있기 때문이다. 그 때문에 건축가는 건축물에서 어떤 현실적인 기능도 없거나 효율적이지 않은 요소나 부분을 남겨둘 수가 없도록 강요받는다. 말하자면 합리적으로 설명할 수 없는 그저 장식적인 요소는 낭비로 취급받으며 이러한 요소는 당위성을 결여한 무의미한 부분으로 간주된다. 심지어 아돌프 로스Adolf Loos, 1870~1933 같은 건축 이론가는 기능과 상관없는 장식적인 것들은 범죄에 해당된다는 주장까지 서슴지 않는다. 경제적 효율성을 결여한 어떠한 부분도 용납하지 않다 보니 모든 건물은 반듯한 직육면체의 모양이 될 수밖에 없으며 낭비적인 장식도 없다. 그러니 모든 건물이 비슷한 모양으로 획일화되는 것은 당연하다. 추미는 이것이 합리성만 내세운 금욕주의의 결과라고 생각하였다.

추미는 이러한 근대 건축의 금욕주의로부터 해방되는 방법을 '낭비'의 부활에서 찾았다. 여기서 그가 강조하는 '낭비' 개념은 추미 자신이 여러 번 언급하였듯이 프랑스의 철학자 조르주 바타유George Bataille, 1897~1962에게서 빌려온 것이다. 여기서 낭비란 소비와는 다른 개념이다. 소비는 매우 합리적인 범주로서 경제적으로나 사회적으로 혹은 도덕적으로 이미 정당성을 지닌 활동이다. 즉 인간이 밥을 먹거나 특정한 옷을 입는 것은 삶의 유지나 이후의 경제적 활동을 위해서 행하는 매우 의미 있는 소비 활동이다. 그러나 먹기 위해서가 아닌 그저 재미로 밥상을 차리고 음식물을 다 버린다거나 입지도 않으면서 옷을 사는 것을 우리는 낭비라고 부르며, 이치에 맞지도 않고 의미도 없는 행위라고 비난한다. 바타유가 사용하는 낭비란 개념은 바로 이렇게 우리가 일상적으로도 흔히 소비와 구분하는 그러한 비도덕적이고 비합리적인 행위와 연결된다. 낭비에 억지로 의미를 부여하자면 그것이 낭비하는 사람에게 한갓 일시적인 일탈감이나 유희의 기쁨을 준다는 정도이다.

추미가 건축에서 소비가 아닌 낭비의 미덕을 강조하는 것은 바로 이러한 맥락에서다. 건축에서 낭비는 무절제와 상통하므로 이는 효율성이나 합리성의 기준으로는 용납할 수 없는 다양한 장식과 화려한 치장에 해당한다. 그런데 이렇게 무의미하다고 생각하는 낭비야말로 근대 건축의 획일화된 금욕주의의 한계로부터 벗어날 수 있는 탈출구이다. 그에게 포스트모더니즘의 건축은 합리주의와 금욕주의를 넘어서 시각적 화려함이라는 낭비의 미덕을 실현하는 신나는 유희의 건축을 의미한다. 추미에게 낭비란 한마디로 합리주의와 금욕주의라는 거창한 엄숙주의로부터의 해방을 의미하며, 무의미하고 비도덕적이라고 간주되었던 건축의 감각적 요소를 마음껏 펼쳐 보인다는 뜻이다. 낭비에 대한 이러한 찬양은 그가 등에 업었던 바타유 사상의 핵심이기도 하다.

아돌프 로스, 빌라 뮬러 The Villa Müller, 1930 (왼쪽)
베르나르 추미, 라 빌레트 공원의 건축물 Parc de la villette, 1982~1998 (오른쪽)
로스는 경제적 효율성을 결여한 장식적인 것들은 용납하지 않았다. 그러나 추미는
이런 근대 건축의 금욕주의로부터 해방되려면 오히려 '낭비'해야 한다고 말한다. 이
낭비라는 개념은 프랑스 철학자 바타유에게 빌려온 것이다.

photo by Rory Hyde

엄숙한 철학적 사유는 찌꺼기를 남기지 않는다

낭비를 가장 철저히 거부하는 부류는 아마도 철학자들일 것이다. 이때 낭비는 우리의 일상적인 활동보다는 철학자들의 사유에 박혀 있는 근본적인 태도와 관련이 있다. 철학자들이 가계부를 꼼꼼히 쓰면서 수입과 지출을 확인하며 소비하는 것이 잘 어울리는 그림은 아니다. 그럼에도 불구하고 적어도 근대의 철학자들은 철저하게 낭비에 대해서 거부감을 지닌다. 이때 낭비란 찌꺼기를 남긴다는 의미이다. 우리는 음식을 필요 이상으로 주문해서 남기는 것을 낭비라고 한다. 철학자들에게 찌꺼기란 필요 이상으로 주문해서 남긴 음식이 아닌 이유나 근거를 설명할 수 없는 어떤 것이다. 즉 인간의 사유로 설명할 수 없는 부분을 찌꺼기라고 생각하는 것이다. 철학자들은 이러한 찌꺼기를 제거하는 것, 즉 만물의 존재 이유나 근거를 해명하는 것을 자신의 사명으로 여겼다. 만약 인간의 사유로 설명할 수 없는 찌꺼기가 남아 있다면 이는 곧 사유의 실패를 의미한다. 철학자에게 무의미란 있을 수 없다. 그들은 이러한 무의미를 제거하는 것을 사명으로 생각하는 엄숙주의자들이며, 근본적으로 금욕주의자들이다. 이는 그들이 일상생활에서 얼마나 반듯한 생활을 하는가와는 전혀 상관이 없다. 그들의 철학적 태도 자체가 금욕주의인 것이다.

바타유는 헤겔의 철학에 집착하는데, 그 이유는 헤겔의 철학이 가장 철저한 금욕주의의 모델을 제시하고 있기 때문이다. 헤겔의 철학은 한마디로 변증법으로 요약될 수 있다. 변증법적 사유는 합리적으로 설명할 수 없는 어떠한 부분도 남기지 않는 것을 목표로 한다. 헤겔의 변증법에서 찌꺼기가 남는다는 것은 변증법적 사유의 미완성을 의미하며, 만약 영원히 사유가 도달할 수 없는 부분이 있다면 그것은 곧 변증법적 사유의 실패를 의미한다. 따라서 헤겔의 변증법은 어떠한 무의미함이나 낭비도 배제하려는 철저한 금욕주의라는 것을 어렵지 않게 알 수 있다.

그런데 흥미롭게도 바타유는 헤겔 변증법적 사유의 본질을 '죽음'이라고 말한다. 죽음이란 한마디로 세상에 존재하는 모든 것들이 사라지는 상태, 즉 궁극적인 부정의 상태일 것이다. 낭비를 거부하고 우연한 존재는 없으며 모든 존재에서 존재 근거를 발견하고자 한 변증법을 죽음의 철학이라고 말하는 것은 매우 주관적이고 자의적인 해석처럼 보일 수 있다. 그러나 사실인즉 헤겔의 철학이 죽음의 철학이라고 말하는 것은 바타유의 해석이라기보다는 프랑스의 지성계에 헤겔의 철학을 소개하고 전파하였던 알렉상드르 코제브_Alexandre Kojève, 1902~1968 의 해석에서 유래한다.

코제브가 헤겔의 철학에서 죽음에 초점을 맞춘 것은 죽음이 무의미하기보다는 오히려 매우 중요한 의미를 지니고 있다고 생각하였기 때문이다. 죽음은 살아 있지 않은 상태이기 때문에 삶에 대한 부정négation 이라고 할 수 있다. 그래서 사람들은 죽음이란 살아 있는 것과의 단절을 의미한다고 보며 삶의 모든 의미가 제거된 단절적 사건으로 이해한다. 사람들은 죽음이 삶의 끝이라고 생각한다. 코제브는 하이데거의 철학을 빌려 죽음이 삶의 끝을 의미하지 않는다고 주장한다. 그는 적어도 인간에게만큼은 죽음이 단순한 삶의 끝을 의미하지는 않는다고 말한다. 왜냐하면 인간은 자신이 죽을 것이라는 사실을 미리 앞질러서 알고 있기 때문이다. 이 세상에 자신이 죽지 않으리라고 믿는 사람은 없을 것이다. 물론 그렇게 믿고 싶은 사람은 많을 테지만. 그렇기 때문에 죽음은 삶과 단절되지 않고 항상 우리에게 공포감으로 불쑥불쑥 등장한다. 인간에게 죽음이란 살아 있는 동안에도 경험하는 것이다.

다소 실존철학의 뉘앙스가 풍기는 이 죽음에 대한 해석을 코제브는 헤겔의 철학에 적용한다. 죽음이란 인간이 다른 존재와 달리 끊임없이 변화하도록 만드는 계기이다. 가령 돌이나 책상과 같은 사물은 어제나 오늘이나 다름없이 그저 돌과 책상일 뿐이다. 변화란 인간에게는 어제와 오늘이 다르다는 뜻이다. 그것은 세포의 분열이나 노화에 의해서 생기는 외관상의 변화를 뜻하는 것이 아니다. 그런 점에서 보자면 돌이나 책상 또한 조금씩 변한다고 할 수 있다. 하지만 그렇다고 해서 우리는 어제의 책상과 오늘의 책상이 다르다고 하지 않는다. 그렇기 때문에 사물은 항상 현재의 상태에 머물러 있다. 이를 철학적으로 표현하자면 사물이란 항상 자기동일성에 머무는 존재다. 이에 반해서 인간은 현재에 머물지 않고 현재를 넘어서고자 한다. 즉 자신의 현재 상태를 벗어나고자 한다. 만약 현재의 상태를 벗어나고자 하지 않고 그대로 현재에 머물러 있다면 그러한 인간 존재는 책상이나 돌과 다름없을 것이다.

인간을 현재의 상태에 그대로 머물지 않게 하는 것은 자신이 언젠가는 죽을 수밖에 없는 존재이며 스스로 유한함을 인지하고 있다는 데서 비롯한다. 이렇게 현재의 상태를 벗어나고자 함은 현재 상태에 대한 부정을 의미한다. 여기서 죽음과 부정은 일맥상통한다. 비록 현재 죽지는 않았지만 언젠가는 죽는다는 사실을 통해서 인간은 자신이 유한한 존재임을 느낀다. 인간은 스스로의 한계를 자각함으로써 자신을 넘어선다. 죽음이란 스스로가 유한한 존재라는 자각과 연결되며 이는 곧 인간의 현재 상태를 부정하고 넘어서는 변증법적 운동의 추동력을 제공한다. '부정'이 현재 상태에 안주하지 않고 넘어서는 변증법적 힘의 원동력이라면, 거꾸로 헤겔의 변증법은 죽음의 철학이라고 할 수 있는 것이다. 이리하여 헤겔의 철학에서는 삶과 가장 무관한 죽음이라는 요소까지 삶의 의미로 통합된다.

변증법을 뒤집다, 주인의 무모한 행위를 옹호함

바타유가 헤겔의 이러한 태도에 동조할 리 없었다. 오히려 바타유는 헤겔의 이 거창하고도 의미심장한 부정의 활동이 사실상 덧없는 유희에 불과하다는 것을 증명하고자 한다. 바타유는 헤겔이 말하는 의미심장한 죽음이야말로 도박과 같은 유희의 측면을 지닌다고 생각하였다. 이는 헤겔의《정신현상학》Phänomenologie des Geistes, 1807에 등장하는 '주인과 노예의 변증법'에 대한 바타유의 거부감에서 잘 드러난다. '주인과 노예'의 변증법은 어렵기로 소문난 헤겔의 이론 중에서 상대적으로 널리 알려져 있는 부분이기도 하다. 주인과 노예의 변증법에서 헤겔이 전달하고자 하는 요지는 '부정' 혹은 '죽음'이라는 계기가 인간이 다른 사람과 관계를 맺으며 삶을 영위하는 데 절대적으로 중요하다는 사실이다.

사람이 두 명만 있어도 둘 중에 한 사람은 주인이고 다른 한 사람은 노예라는 말이 있다. 이는 원래부터 사람들 사이에 평등한 관계는 성립하기 힘들며 주종의 관계가 성립할 수밖에 없음을 나타내는 것이다. 그렇다면 누가 주인이 되고 누가 노예가 되는 것일까? 사랑하는 연인의 경우에는 상대방을 더 많이 사랑하는 사람이 노예가 된다. 아마도 상대방에게 더 집착하는 사람일수록 그 관계를 청산할 배짱이나 용기가 없기 때문일 것이다. 두 사람의 관계가 청산된다는 것은 이 사람에게 곧 죽음과도 같은 파국을 의미하며, 그는 이 파국을 두려워하기 때문에 나약해질 수밖에 없다. 마찬가지로 헤겔은 두 사람의 관계에서도 모든 것을 잃을 각오가 덜 된 사람이 궁극적으로 질 수밖에 없다고 생각한다. 이론상으로 두 사람이 치열하게 대립한다면 자신의 죽음도 두려워하지 않을 정도로 무모한 사람 앞에 대부분의 사람은 무릎을 꿇을 수밖에 없다. 안 그러면 파국적 결말을 맞이하게 되기 때문이다. 따라서 자신의 목숨까지 걸 수 있는 사람이 주인이 되며 목숨에 위협을 느끼는 사람이 노예가 된다. 즉 죽음을 도박의 판돈처럼 걸 수 있는 사람이 주인이 되며 죽음 앞에 공포를 느끼는 사람은 노예가 되는 것이다.

이렇게 보면 주인은 승자이고 노예는 패자처럼 보인다. 하지만 '주인과 노예의 변증법'이 주는 묘미는 승자와 패자의 역전관계에 있다. 주인은 죽음을 마치 도박의 판돈처럼 놀이의 대상으로 걸었지만, 노예는 죽음의 공포를 느끼고 주인 앞에 무릎을 꿇는다. 앞서 말한 대로 죽음의 공포란 인간을 현재의 상태가 아닌 다른 상태로 나아가게 하는 힘, 즉 변증법적 '부정'의 힘이다. 사랑의 패자는 사랑이라는 게임에서는 패자일지 모르지만 자신의 삶을 성숙하게 하는 계기를 얻음으로써 실질적인 승자가 되는 것과 마찬가지의 이치다. 가령 실연은 예술가에게 상처를 주지만 예술적 영감이라는 큰 선물도 안겨준다. 노예의 굴종은 곧 자신의 유한성에 대한 자각이며 주인을 위한 봉사를 통해서 항상 자신을 변화시키고 발전해간다. 이에 반해서 주인은 노예를 부리기만 하면 되므로 오히려 모든 면에서 노예에 의존하게 된다. 예를 들면 우리가 스마트폰이나 내비게이션과 같은 디지털 기기에 의존하면 할수록 무능력해지는 것과 같은 이치이다. 이리하여 주인과 노예의 역전이 발생한다. 주인은 노예 없이 아무것도 할 수 없는 노예의 노예가 되는 것이다. 반면 자신의 죽음에 공포를 느낀 노예는 타의든 자의든 스스로의 노동을 통해서 자립적인 주체가 될 수밖에 없다.

바타유는 헤겔의 '주인과 노예의 변증법'이 주인의 행위를 무의미하고 무모한 행위로 묘사하고 있음에 주목하여 이를 비난한다. 헤겔은 목숨을 거는 주인의 행위가 도박과 같은 무모한 행위이며 주인과 노예의 변증법을 통해서 결국은 이러한 무모한 행위가 무의미한 행위라는 사실을 증명하고자 하였다. 주인이 자신의 삶을 부정하고 죽음까지도 불사한 것도 '부정성

^{定性}이라는 말로 표현할 수 있겠지만 이러한 부정성은 헤겔이 말하고자
하는 부정성이 아니다. 왜냐하면 이러한 부정성은 단지 삶에 대한 위반이
자 무의미한 거부일 뿐이기 때문이다. 이렇게 헤겔의 철학에서 무모한 것
혹은 무의미한 것은 들어설 여지가 없다. 주인이 목숨을 거는 것은 그저 무
의미한 사건에 불과하고 궁극적으로는 우스꽝스러운 것일 뿐이다.

바타유는 헤겔의 이러한 변증법의 본질을 삶에서 웃음이나 무의미, 즉 찌
꺼기를 제거하고자 하는 엄숙주의로 보았다. 헤겔의 변증법에서 부정, 즉
죽음은 삶의 부정이 아니라 삶의 자양소가 되는 부정인 것이며 이는 죽음
의 공포를 느끼는 노예의 태도에서 발견된다. 반대로 바타유는 헤겔이 무
시한 주인의 무의미하고도 무모한 부정에 주목하고 이에 더 큰 의미를 부
여한다. 그것은 도박과 같은 무모한 행위이며 삶의 진지한 태도에 대한 위
반이자 금기로부터의 일탈이다. 말하자면 삶 자체를 의미심장하게 여기는
엄숙주의에 대한 위반이자 비웃음인 것이다. 헤겔은 노예가 생각하는 죽음
에서 죽음의 진정한 의미를 발견했지만, 바타유는 죽음 자체를 냉소적으로
바라보는 주인의 태도에서 죽음의 진정한 의미를 발견한다.

바타유가 보기에 죽음은 변증법적 부정이라는 위대하고도 사변적인 사
건이 아니라 그저 생물학적인 죽음이자 동시에 삶이 정지되는 사건, 즉 해
프닝인 것이다. 말 그대로 죽으면 아무것도 아니라고 할 때처럼 모든 것이
부정되는 사건이 죽음이다. 그렇기 때문에 죽음을 마치 고상하고 숙연한
사건처럼 둔갑시키는 것이야말로 위선이다. 바타유에게 죽음은 삶의 의미
심장함에 대한 '무화無化, Vernichtung'이자 비웃음이다. 죽음 앞에 모든 것은
덧없다. 그렇기에 죽음 자체는 심각한 일일 수 없는 것이다. 바타유는 이렇
게 삶의 모든 의미들을 한꺼번에 덧없는 것으로 만드는 부정성 혹은 죽음
의 본질을 '위반transgression'이라고 하였다. 주인이 자신의 목숨을 거는 이

무모한 행위는 삶의 진지함을 비웃는 위반인 것이다.

에로티시즘은 '작은 죽음'이다

프로이트의 제자였지만 대부분의 제자처럼 후에 프로이트와 결별하였던 빌헬름 라이히Wilhelm Reich, 1897~1957는 성적 희열(오르가슴)을 사회학적인 차원에서 해명하고자 하였다. 그의 주장은 다소 과장된 면이 있지만 바타유와 중첩된 면이 있다. 라이히에 따르면 억압된 인간은 진정한 의미의 성적 희열을 체험할 수 없다. 왜냐하면 성적 희열은 심리적으로 볼 때 완전한 해탈감을 의미하며, 이때 해탈감은 곧 육체적으로나 정신적으로 억압된 모든 요소로부터 완전하게 벗어남으로써 얻어지는 것이다. 성적 희열이 비록 일시적인 것이기는 하지만 사회적 금기나 정신적 억압으로부터의 해방이라는 점에서 '위반'과 상통하는 면이 있다. 이는 어떠한 대가도 없는 에너지의 방출을 의미하며, 말 그대로 에너지 낭비를 뜻한다. 만약 우리가 성적인 에너지를 어떤 목적에 맞게 써야 한다는 강박관념을 갖는다면 진정한 의미의 성적 희열은 발생하지 않는다. 따라서 라이히는 심리적으로 억압된 파시즘 사회나 생산적인 소비 활동에 대한 강박증을 조장하는 자본주의 사회에서 진정한 성적 희열을 체험할 수 없다고 보았다.

라이히의 성적 희열에 대한 생각은 바타유의 생각과 완전히 일치하지는 않지만 중첩되는 면이 의외로 많다. 바타유에게 성적 희열은 에로티시즘이라는 말로 요약된다. 그리고 에로티시즘의 핵심에는 금기에 대한 위반이 자리 잡고 있다. 바타유가 보기에 에로티시즘은 일종의 성적 황홀경을 의미하는데, 이 황홀경의 경험은 라이히의 주장처럼 삶의 억압으로부터 해방됨으로써 얻어지는 것이었다. 물론 라이히와의 차이점도 분명히 존재한다. 납득할 수 없는 신비주의로 빠져버린 후기의 모습이 아닌 전기의 진지한

라이히에게 성적 억압은 사회적인 차원을 의미하는 것이었다. 따라서 성적 희열의 정도는 사회적 억압의 정도와 일치하는 것으로 간주할 수 있었다. 하지만 바타유의 경우 에로티시즘은 일종의 냉소적인 태도와 관련이 있다. 말하자면 비웃음과 위반이 그 본질인 것이다.

바타유에게 위반이란 사회적 제도나 금기로부터 벗어나는 것이며 원초적으로 모든 의미들을 비웃는 무의미에 대한 찬양이다. 즉 절대적인 부정성에 대한 찬양, 역설적으로 표현하자면 절대적인 부정성에 대한 긍정인 것이다. '주인과 노예의 변증법'에서 주인의 무모한 행위는 바로 자신의 존재를 절대적으로 부정하는 무모한 행위인 것이다. 이 무모한 행위를 정당화할 구실은 어디에도 없다. 그냥 그 자체로 정당화될 뿐이다. 이 행위에서 어떤 의미를 찾으려 하는 순간, 그것은 어떠한 절대적인 위반도 아니다. 에로티시즘은 바로 이러한 무모한 위반의 행위에서 발생한다. 그리고 이를 절대적인 희생이라고 부를 수 있을 것이다. 주인은 말 그대로 맹목적으로 자신의 삶을 희생하고자 하였지만, 노예는 그렇지 못하였다. 헤겔에게 이러한 희생은 무모한 것이며 무의미한 것이다. 말하자면 이는 원시부족들이 동물이나 심지어 사람의 목숨을 희생시키는 제식祭式 활동이나 마찬가지로 무의미한 것으로 간주된다. 하지만 바타유에게 이러한 제의적 희생 활동 역시 무모한 것이 아니다. 그것이 사실로 존재한 이상 그 자체로서 정당화될 수 있다.

한마디로 에로티시즘은 모든 금기로부터의 일탈이자 해방이며 어떠한 의미도 제거된 무의미의 세계이다. 에로티시즘의 쾌락은 라이히의 경우처럼 금기로부터의 해방에서 오는 것이다. 그런데 이러한 완벽한 해방이란 사실상 삶 속에서는 거의 불가능하다. 오로지 죽음만이 삶의 억압으로부터 해방된 상태이다. 따라서 헤겔의 철학에서와 달리 죽음이란 가장 완벽한 무의미이자 부정의 상태라고 할 수 있다. 한마디로 바타유의 죽음은 '비'변증법적 죽음인 셈이다. 물론 이러한 절대적 부정성 혹은 무의미로서 죽음을 경험하는 것은 불가능하다. 다만 에로티시즘이 이를 순간적으로 대체할 수는 있을 것이다. 왜냐하면 바타유의 에로티시즘이란 삶의 규정을 순간적으로 완전히 벗어나 그 에너지를 무모하게 방출하는 상태이기 때문이다. 그것은 철저한 낭비의 상태이다. 바타유는 이러한 에로티시즘의 상태를 '작은 죽음petite mort'에 비유하고 있다. 에로티시즘은 죽음처럼 모든 의미를 제거한 무의미와 낭비의 순간적인 실현 상태로 여길 수 있기 때문이다.

인간 내면의
역설적인 본능은
무엇이
제어하는가

라캉과
허스트

썩은 소의 머리에 눈길이 가는 이유

영국의 작가 데이미언 허스트Damien Hirst, 1965~ 의 작품 〈천 년〉은 몸체에서 분리된 소머리가 바닥에 피를 흘린 채 유리 상자 안에 놓여 있는 끔찍한 작품이다. 구멍으로 연결된 옆 유리 상자에는 몇 마리의 파리를 넣어두었는데 이 파리들은 곧 피비린내와 부패한 시신의 냄새를 맡고 소의 머리통으로 날아든다. 이 고얀 작품을 보고 아름답다고 찬양할 사람은 아무도 없을 것이다. 물론 미술작품이 아름다워야 한다는 통념은 이미 깨진 지 오래다. (과거 예술작품 중에도 아름다움을 의도적으로 거부한 작품도 있지만 다소 예외적으로만 발견될 뿐이다.) 그러나 예술이 아름다워야 한다는 강박관념으로부터 해방되었으며 이미 웬만큼 해괴한 작품에 대해서 내성을 지닌 현대인에게도 이 작

허스트, 〈천 년〉 A thousand years, 1990
〈천 년〉은 아름답다기보다 역겹고 충격적인 작품이다. 그럼에
도 불구하고 사람들은 이 작품에 다시 눈길을 준다. 인간의 깊
숙한 곳에는 현실에서 드러내 보이고 싶지 않은 모습을 보고
싶어 하는 역설적인 본능이 자리잡고 있다. 라캉은 이러한 본
능을 이성과 자아가 통제한다는 생각을 허물어뜨렸다.

품은 다소 충격적인 것이었다. 물론 1920년대 중반에도 오스트리아 빈에서 결성된 행동주의 화가들이 격렬한 작품과 퍼포먼스를 보여주었다. 벽에 걸린 천에 붉은 물감을 찍어 바르는 헤르만 니치Hermann Nitsch, 1938~ 의 퍼포먼스와 작품 〈4, 행위〉4, action, 1963 는 그야말로 살육과 도살의 장면을 연상시키는 끔찍한 것이었다. 허스트의 작품은 이 모든 도살 행위를 영구적으로 보관이라도 하듯이 박제하여 사람들에게 보여주고 있다.

여기서 중요한 사실은 허스트의 이 아름답지 못한 작품이 예술로 간주되어야 하느냐 하는 케케묵은 질문이 아니다. 흥미로운 것은 역겨움을 느끼든 혹은 충격을 느끼든 간에 많은 사람들이 이 해괴한 작품에 관심을 가지며 또 그 작품을 다시 보고 싶어 한다는 사실이다. 물론 이러한 장면을 싫어하는 사람도 있겠지만, 그렇다고 이러한 장면을 보고 싶어 하는 사람들이 정신이상자나 이상한 취향의 소유자는 아니다. 멜로드라마를 좋아하지 않는 사람들도 있겠지만, 그보다 많은 사람들이 멜로드라마를 좋아하는 이유는 그것이 인간의 본성을 자극하기 때문이다. 마찬가지로 허스트의 이 끔찍한 작품은 인간 내부에 있는 본성을 자극한다. 다만 그것이 평소에 외면하고 싶은 모습일 뿐이다. 자신이 배설한 변을 보고 싶어 하지 않으면서도 한편으로 보고 싶어 하는 것과 마찬가지다. 인간의 깊숙한 곳에는 현실에서 드러내 보이고 싶지 않은 모습을 보고 싶어 하는 역설적인 본능이 자리 잡고 있다.

정신분석학자이자 프랑스의 영향력 있는 철학자 자크 라캉Jacques Lacan, 1901~1981 은 인간을 인간답게 하는 본성이 이성과 자아의 통제능력이라는 생각을 여지없이 허물어뜨렸다. 아름다움이나 절제력, 통제된 자아와 이성적 사고와 같은 것은 인간이 갖추고 지향해야 할 이상적인 덕목으로 간주된다. 라캉은 이러한 이상적인 덕목이 오히려 인간의 본연적 삶을 왜곡시키는 이데올로기가 될 수 있음을 보여준다. 인간의 머리나 소의 대가리는 다른 신체기관과 분리된다면 역겨운 고기덩어리에 불과하며, 이는 거부하고 싶지만 거부할 수 없는 진실 the real (실제적인 것)이다. 그리고 이렇게 역겨운 진실을 보고자 하는 다소 거북한 충동이 존재한다는 것 또한 부정할 수 없는 사실이다. 라캉은 당대의 정신분석학자들과 다른 방향으로 프로이트의 정신분석학을 해석함으로써 스스로 프로이트 순혈주의자임을 자처하였다. 그는 통제력이 강한 자아의 힘에 바탕을 둔 이성적 주체가 아닌 근본적으로 충동적인 주체를 상정함으로써 새로운 주체의 가능성을 탐구하고자 하였다.

자아란 실체가 아닌 허구다

라캉의 이론이 알려지기 이전까지 프로이트 심리학은 흔히 '자아심리학 ego psychology'으로 불리는 입장에서 해석되었다. 자아심리학은 프로이트 제자로 후에 미국에서 활동한 하인츠 하르트만 Heinz Hartmann, 1894~1970에 의해서 주도되었다. 자아심리학은 후기 프로이트의 정신기구 모델인 이드, 자아, 초자아의 구조에 바탕을 두고 있다. 특히 자아심리학은 말 그대로 '자아 ego'의 역할에 주목하고 이를 강조한다. 이들이 자아에 주목하는 것은 원초적이고 길들여지지 않은 이드의 충동을 적절하게 통제할 수 있는 역할이 자아에 부여되어 있기 때문이다. 자아심리학의 가장 큰 장점은 이 이론이 매우 명쾌하고 단순하며 실증적이라는 점이다.

인간의 정신을 이드, 자아, 초자아라는 세 개의 위상 (토포스, topos)으로 이루어져 있다고 본다면, 인간의 정신이 정상적인 상태를 유지한다는 것은 세 개의 위상이 원만한 관계를 이루고 있다는 뜻이다. 특히 이드와 자아가 원만한 관계를 이루고 있지 못할 때 정신적 질환이 나타난다. 가령 이드의 욕망이 지나칠 경우 그것은 히스테리로 나타나며 이드의 욕망이 지나치게 억압될 경우 강박증obsession이 발생한다. 자아심리학의 모델에 따르면 정신질환이란 곧 자아의 능력이 훼손된 상태이다. 따라서 자아심리학의 목적은 정신질환의 원인인 훼손된 자아를 치료하여 원래의 건강한 자아로 되돌리는 것이다. 이는 마치 신체 기관에 문제가 생겼을 때 치료나 수술을 통하여 그 기관을 정상적인 상태로 회복시키는 것과 마찬가지이다.

　건강한 자아 회복을 통한 정신질환의 극복이라는 자아심리학의 교의敎義는 매우 단순하고도 상식인 것으로 들린다. 그런데 라캉은 이 자아심리학을 거부할 뿐만 아니라 이를 프로이트 정신분석학의 암적 존재라는 말에 빗댈 정도로 극단적인 비난을 서슴지 않는다. 그 이유는 이러하다. 이드의 욕망을 단순히 자아가 통제한다고 한다면, 자아는 매우 규범적인 것이 된다. 가령 이드에서 분출되는 욕망을 통제하는 방식은 성에 따라서 다를 수 있다. 여성이 자신의 몸을 단장하거나 악기를 연주하면서 이드의 욕망을 통제한다면, 남성은 운동이나 명예욕의 추구로 이드를 통제한다. 이때 쇼핑이나 인형 모으기로 욕망을 통제하는 남성은 성 정체성을 의심받게 된다. 자아의 통제 방식은 항상 사회적으로 코드화되어 있기 마련이며, 이미 그 속에 규범이 내재해 있기 때문이다. 이렇게 보자면 자아심리학이 강조하는 자아의 회복이라는 것은 기존의 규범에 복속시키는 과정에 불과하다. 한마디로 말해서 자아심리학은 프로이트의 심리학을 이데올로기적인 순응화의 도구로 전락시켜버린 것이다.

　라캉이 자아심리학으로부터 프로이트의 심리학을 구출해내고자 한 것은 이러한 맥락에서이다. 그는 자아가 단순히 이드의 충동을 통제하는 역할만 하지는 않는다고 생각한다. 자아심리학에서와 달리 그는 자아를 실체라고 보지 않는다. 라캉이 보기에 자아는 한 개인이 자신이라고 착각하는 이미지에 불과하다. 말하자면 자아란 일종의 가상적인 이데올로기의 효과에 불과한 것이다. 우리는 흔히 자신의 욕망을 절제하고 사회적 기준에 맞추어서 표현할 수 있는 자아를 자신과 동일시하며 스스로를 하나의 주체로 간주한다. 그러나 이러한 주체란 스스로가 자신이라고 믿는 허구적인 가상에 불과하다. 라캉에게 주체란 사회적 담론이나 규범적 체계에 앞서서 그것을 만들어내는 선험적인 존재가 아니다. 오히려 사회적 담론 체계나 규범적 체계에 의해서 형성된, 혹은 그러한 체계를 가능하게 하는 하나의 조건이자 결과물에 불과하다.

우리는 이드의 충동을 억제할 때 언제나 어떤 특정한 주체가 된다. 가령 중년의 대학교수는 대학교수라는 지위에 맞추어 충동을 억제한다. 배기바지를 입고 싶은 충동이 있어도 그것이 대학교수로서의 자신과는 맞지 않는다는 사실을 알고 충동을 억압한다. 그 순간 자신을 중년 남성 혹은 대학교수로 주체화하는 것이다. 만약 내가 스스로를 남성, 교수, 학생 혹은 인간 등의 어떤 것으로도 간주하지 않는다면 충동을 억압해야 할 이유를 찾지 못할 것이다. 이렇듯 이드의 충동을 억압하는 자아를 갖는다는 것은 곧 어떤 특정한 주체로 자신을 자리매김한다는 말이다. 그런데 이러한 주체의 지위는 사회적 규범이나 담론에 앞서서 이미 존재하는 것이 아니다. 나를 학생으로 동일시하고 주체가 된다는 것은 어떤 사회적 관계가 요구하는 특정한 지위를 갖게 된다는 뜻이다. 조선시대의 남성과 오늘날의 남성은 다른 지위를 갖는다. 조선시대의 국가원수인 왕과 오늘날의 대통령도 서로 다른 지위를 지니는 다른 주체이다. 주체란 그것이 개입하고 있는 사회적 관계에 의해서 만들어진 임의의 지위에 불과하다. 그것은 실체가 아니라 가상이다.

무의식은 언어와 더불어 만들어진다

마르크스주의자 알튀세르는 라캉의 이론을 이데올로기의 개념에 적용하여, 주체란 이데올로기의 효과에 불과하다고 보았다. 앞서 본 대로 인간이 주체가 된다는 것은 사회적 관계에서 하나의 지위를 획득하게 된다는 뜻이다. 그것은 일종의 호명呼名을 전제하는데, 만약 어떤 방식으로든 호명될 수 없다면 있으나마나한 존재일 것이다. 이러한 무의미한 존재는 우리 식으로 말하자면 존재감이 없는 투명인간에 불과하다. 길을 걷는 도중 누군가가 뒤에서 '어이, 총각!' 하고 불렀을 때 자신을 부르는 줄 알고 뒤돌아본다면 이미 자신을 '총각'이라는 '기호'와 동일시하고 있다는 말이다. 자신을 어떠한 방식으로든 기호화할 수 없다면 사회적 주체가 될 수 없다. 그런데 정작 그 기호의 의미는 사회적으로 결정되는 것으로 이데올로기적 효과에 불과하다.

여기서 우리는 주체란 일종의 기호에 불과하다는 사실을 간파할 수 있다. 라캉에게 자아란 가상적 이미지이며 주체란 실체가 아닌 기호에 불과하다. 라캉은 이러한 기호의 세계를 '상징계symblique'라고 부른다. 상징계는 우리가 개별적 주체로서 사회생활을 영위하기 위한 토대이다. '상징계'는 앞으로 설명할 '상상계imagenaire', '실재계réel'와 더불어 라캉의 정신분석학을 이해하는 세 개의 핵심 개념 중 하나이다. 특히 '상징계'는 기호의 세계로 언어의 문제와 관련이 있기 때문에 한때 구조주의자로서의 라캉을 이해하는 핵심 개념으로 간주되기도 하였다. 일반적으로 라캉의 사상은 시기적으로 상상계의 개념이 중심축인 1930년대와 40년대, 상징계의 개념이 중심축인 50년대와 60년대 초반, 그리고 실재계로 이동하였던 60년대 중반 이후의 시기로 구분된다. 실재계에 대한 관심이 주목받기 이전까지 라캉의 이론을 대표하는 것은 주로 50년대와 60년대 초반까지의 시기였다.

상징계의 축을 이루는 상징이라는 말의 의미는 상징계가 무엇인지를 파악할 수 있는 단서를 제공한다. 상징이란 어떤 대상의 실체가 아닌 그것을 대신하는 일종의 가상에 불과하다. 태극기는 한국의 상징이지만 태극기 자체에 어떤 실체가 있는 것은 아니다. 라캉이 말하는 상징계란 이렇게 실체의 세계가 아닌 가상적 기호에 의해서 형성된 세계를 의미한다. 하나의 가족이 아버지와 어머니, 그리고 자녀들로 이루어져 있다면 그것은 상징계로서 아버지, 어머니, 자녀라는 가상의 기호로 이루어진 세계라는 뜻이다. 이 가상의 세계에서 각 구성원은 자신에게 할당된 기호에 맞추어 주체가 된다. 태극기의 실체가 없듯이 아버지는 가족에서 할당된 기호일 뿐 아버지 자체가 아니다. 아버지는 가족의 범위를 벗어나는 순간, 나이 어린 사람에게도 굽신대는 말단 직원이며, 친구들과 만나 욕하고 떠드는 남자일 뿐이다.

상징계와 관련하여 흥미로운 사실은 이러한 상징이라는 가상을 만들어내는 원초적인 기제가 다름 아닌 무의식적 욕망이라는 점이다. 인간이 스스로를 남성 혹은 여성이라는 기호로 주체화한다는 것은 궁극적으로 남성이 혹은 여성이 되고자 하는 무의식적 욕망과 결부되어 있다. 어릴 때부터 아이에게 "남자니까 남자처럼 행동해야 해." 혹은 "여자니까 여자처럼 행동해야 해."라고 주입하는 것은 남자가 되기를 욕망하거나 여자가 되기를 욕망하라고 훈육하는 과정이다. 그리고 이러한 훈육의 과정은 무의식의 차원에서 발생하며 아이는 무의식적으로 자신이 남자 혹은 여자가 되기를 욕망하도록 훈련받는다. 라캉이 "무의식이란 상징계와 더불어 만들어진다."라고 표현한 것도 이러한 맥락에서이다.

상징이 무의식적 욕망의 산물이라는 사실은 현실의 사물에 적용해볼 때 더 명확하게 드러난다. 예를 들면 사람들이 '다이아몬드'를 소유하고자 열망할 때 그가 욕망하는 것은 다이아몬드라는 실체가 아닌 상징이다. 사람들은 다이아몬드를 욕망하고 있다고 생각하지만 정작 그가 원하는 것은 하나의 허구적 기호일 뿐이다. 또한 그러한 상징에 대한 욕망은 무의식적으로 일어난다. 나는 내가 욕망하는 것의 실체가 무엇인지 모른 채 혹은 알고서도 무시한 채 그것을 향해 내달리는 것이다. 만약 다이아몬드의 실체가 그저 빛나고 견고한 광물에 지나지 않는다고 생각한다면 사람들이 거기에 집착할 이유는 없다. 다이아몬드를 욕망하기 위해서는 그 실체를 모르거나 애써 외면해야 한다.

라캉의 정신분석학이 지닌 특이성은 바로 정신분석학을 언어학과 결합시키고 있다는 점이다. 그는 프로이트 정신분석학의 공적功績이 자아의 발견이 아닌 무의식의 발견이라고 한다면, 그 무의식의 세계는 언어적인 방식으로 형성되어 있다고 말한다. 이러한 주장은 크게 두 가지 방향에서 설득력을 얻을 수 있다. 먼저 이미 살펴보았듯이 인간의 욕망, 근본적으로 무의식적일 수밖에 없는 인간의 욕망이 추구하는 대상은 실체로서의 사물이 아닌 기호일 수밖에 없다는 점이다. 그리고 두 번째는 무의식적 욕망은 그 자체가 기호로서 드러날 수밖에 없다는 사실이다.

무의식적 욕망이 가장 잘 드러나는 것은 꿈의 사례이다. 꿈은 현실과 달리 자아의 검열로부터 어느 정도 자유롭기 때문에 현실에서 억압된 욕망을 충족시키고자 한다. 프로이트가 꿈에 특별한 의미를 부여한 것도 꿈이 인간 무의식의 욕망을 순수하게 보여줄 수 있다는 이유에서이다. 따라서 꿈은 현실에서는 도저히 용납될 수 없는 억압된 욕망을 펼친다. 그러나 문제는 꿈이라고 해도 의식의 검열이 완화되어 있을 뿐 완전히 없어지는 것은 아니라는 점이다. 무의식적 욕망으로서의 꿈은 의식이 행하는 검열을 피하기 위해서 욕망의 대상을 변형시킨다. 프로이트는《꿈의 해석》에서 '압축'과 '전치'는 이러한 의식의 검열을 피하기 위한 대표적인 변형의 수단이라고 언급하였다. 압축은 욕망의 대상을 은폐하기 위해서 다른 대상과 섞어서 압축하는 것이다. 한편 전치는 원래의 대상이 아닌 옆에 있는 대상으로 위장하는 것이다.

라캉은 무의식이 행하는 이러한 압축과 전치의 메커니즘을 인간의 언어 활동을 가능하게 하는 두 가지 근본적인 원리와 연결시킨다. 언어 활동이 가능하려면 우선 단어(어휘)들의 집합체가 있어야 하며, 두 번째로는 이러한 언어들을 결합시키는 통사적 구문론이 필요하다. 압축은 변별적 차이에 의해서 무수한 어휘들을 생산하는 '은유 metaphor'의 원칙에 상응하며, 전치는 선택된 어휘를 공간적으로 배열하는 '환유 metonymy'의 원칙에 상응한다. 언어와 무의식에 관해서는 이미 러시아 출신의 언어학자 로만 야콥슨 Roman Jakobson, 1896~1982 이 언급한 바가 있다. 기호 혹은 상징으로서 언어는 실재 대상 세계를 재현하는 것이 아니라 인간의 근원적인 욕망을 나타내는 표상일 뿐이다. 라캉에 따르면 무의식의 욕망이 기호화되지 않는다면 그것은 욕망이라고 할 수 없다. 욕망은 자신이 욕망하는 대상을 상징으로 표상하는 순간 발생하는 것이므로 욕망을 발생시키는 무의식은 바로 언어와 더불어 만들어지는 것이다.

내가 나라고 믿는 것은 거울 속에 비친 가짜의 모습일 뿐

라캉에 따르면 주체란 허구적인 상징계의 산물에 불과하지만, 그렇다고 그러한 허구적 상징을 거짓이라고 생각한다면 주체가 될 수 없다. 가령 남성이라는 것은 허구적 상징에 불과하지만 그렇다고 나 자신을 남성과 동일시하지 않을 수는 없다. 그런데 이때 남성이란 나 자신의 진정한 모습이라기보다는 사회적 기호일 뿐이며 나 자신이 아닌 타자일 뿐이다. 결국 나는 자신이 아닌 타자와 동일시하는 것이다. 그렇지만 이러한 타자를 자신과 동일시하지 않을 경우 인간은 사회적인 주체가 될 수 없다. 나와 남성이라는 기호는 완전히 일치하지는 않으며 균열이 생길 수밖에 없지만, 그러한 분열을 메꾸어야 한다. 라캉의 사위이자 이론적 후계자인 자크 알랭 밀레Jacques-Allain Miller, 1944~ 는 이렇게 자신을 상징계의 질서와 일치시켜서 주체가 만들어지는 과정을 '봉합suture'의 과정이라고 부른다. 우리를 주체로 만들어주는 기호는 우리 자신이 아니지만 그 허구적 기호를 우리 자신과 동일한 것으로 믿어야 한다.

이러한 봉합의 과정은 달리 말하자면 허구적인 기호, 즉 타자와 자신을 상상적으로 동일시하는 과정이다. 라캉의 정신분석학에서 상상계는 바로 타자와 자신을 동일시하는 근본적인 구조를 지칭한다. 나는 스스로를 '박영욱'이라는 상징과 절대적으로 동일시하는데, 사실 내가 나라고 믿는 박영욱은 하나의 기호일 뿐이다. 상상적 관계란 이렇듯 타자와 자신을 분리하지 않고 동일한 것으로 맺는 관계이다. 인간은 상징적 세계에 들어가서 그러한 상징과 상상적 동일시의 관계를 맺음으로서 주체가 되는 것이다. 라캉은 이러한 상상계의 원형을 '거울단계stade du miroir'에서 찾는다. 어린 아이는 생후 6개월에서 18개월 사이에 거울에 비친 자신의 모습을 보고 그것을 자신이라고 믿는다. 그 이전까지는 자신의 손을 직접 보고도 그것이 자신의 손인 줄 알아차리지 못한다. 자신의 손과 얼굴, 다리를 자신의 몸으로 자각하는 것이 자신의 신체를 직접 보고서가 아닌 거울 속에 비친 자신의 모습을 통해서라는 사실은 의미심장하다. 거울에 비친 모습은 자기 자신이 아닌 다른 것(거울에 비친 이미지), 즉 타자이다. 그런데 우리는 그 타자를 자신과 동일시함으로써 최초로 자신의 몸에 대한 주인이 되는 것이다. 라캉은 이러한 거울단계의 상상적 동일시가 거울에 비친 모습이 자신이 아니라는 것을 안 이후에도 계속된다고 생각하였다. 자신이 아닌 자신의 기호

〈상징〉를 자신과 동일시하는 것은 바로 거울단계의 메커니즘이 여전히 재생산되고 있다는 사실을 보여준다.

상징계 너머 실재의 세계로

만약 자신의 기호를 자신이라고 믿는 봉합이 깨지지 않는다면 인간은 그 속에서 평안을 누릴 수 있을 것이다. 즉 한갓 기호에 불과한 타자를 자신과 동일시한다면 행복을 누릴 수 있다. 마치 물에 비친 자신의 모습을 자신인 줄 모르고 뛰어든 나르시스Narcissus 처럼 죽는 순간까지 행복할 것이다. 그러나 완벽한 봉합은 원천적으로 불가능하다. 왜냐하면 내가 타자를 아무리 나라고 상상하더라도 그것이 나 자신이 될 수는 없기 때문이다. 상징은 실재가 아니다.

라캉에 따르면 상징계란 실재의 세계가 아니며 실재를 은폐한다. 하지만 아무리 실재를 은폐하고자 해도 그 균열이 완전하게 덮일 수는 없다. 라캉은 실재 (혹은 실재계)란 상징계를 교란하며 상징계가 위협받는 순간 출현한다고 하였다. 예컨대 실재란 내가 알고 있는 나 자신이 더 이상 내가 아닌 것을 불현듯 깨달을 때 고개를 들고 나타난다. 혹은 내가 궁극적인 가치라고 믿고 있는 것이 사실상 아무것도 아니라는 것을 깨닫는 순간 나타나기도 한다. 《레미제라블》Les Miserables, 1862 의 자베르 형사가 이 세상의 궁극적 가치라고 믿었던 법이 사실상 무가치한 것임을 깨달았을 때 실재는 드러난다. 실재란 상징이 아닌 상징의 교란이자 죽음이며 덧없음이다. 실재란 파괴의 모습을 띠는 것이다.

그런데 라캉은 이러한 실재를 부정적인 것으로 보지 않는다. 프로이트는 말년에 《쾌락 법칙을 넘어서》Jenseits des Lustprinzips, 1920 라는 저서에서 죽음의 충동이 지닌 중요성을 강조하였다. 이때 죽음이란 유기체가 무기물이 되는 과정이며 어찌 보면 모든 욕망이 사라져 버리는 처참한 순간이다. 하지만 달리 말하면 그것은 우리가 무언가를 욕망함으로써 느끼는 온갖 구속으로부터 자유로워지는 과정이기도 하다. 그렇기에 실재에 대한 충동은 매우 역설적이다. 그것은 상징계라는 가상으로부터 자유로워지는 것이지만 동시에 상징계가 주는 안락함을 교란하는 것이기 때문이다. 프로이트가 죽음의 충동을 단지 무기체 상태에 대한 열망으로 봤다면, 라캉은 더 나아가 충동을 근본적으로 상징계의 질서를 교란하고 저항하는 것으로 확장시켰다.

실재는 상징으로 나타날 수 없으며 상징으로부터 벗어나거나 상징에 저항하는 모습으로 나타난다. 그리고 이러한 실재는 현실적으로 감당하기 힘들기 때문에 트라우마를 발생시킨다. 게르하르트 리히터Gerhart Richter, 1932~ 의 〈루디 삼촌〉Onkel Rudi, 2000은 상징계에 저항하는 실재의 메커니즘을 작품으로 잘 나타내고 있다. 2차 세계 대전 중에 사망한 루디 삼촌은 그에게는 자상한 삼촌이었지만 끔찍한 만행을 일삼은 게슈타포의 일원이다. 그에게 삼촌이라는 기호와 삼촌의 실재는 어긋난다. 삼촌의 실재는 게슈타포이지만 리히터는 이러한 삼촌의 실재를 쉽게 인정할 수 없다. 그렇기 때문에 리히터의 작품에서 삼촌의 모습은 비껴지거나 긁어내어진 이미지로 나타난다. 삼촌의 실재는 삼촌이라는 기호를 교란하며 트라우마를 만든다.

허스트의 〈천 년〉이라는 작품으로 돌아가보자. 몸통에서 분리되어 피를 흘리고 내팽개쳐진 소대가리는 삶의 의미를 교란하는 죽음의 이미지이다. 이러한 이미지가 우리의 눈을 끌고 보도록 유혹하는 것은 죽음이라는 덧없는 실재를 보고자 하는 우리의 충동 때문이다. 또한 그러한 소의 모습이 다름 아닌 우리의 모습과 겹치기 때문이기도 하다.

몸을 위한
예술,
몸을 위한
활동

메를로퐁티와
로댕

시각예술은 눈을 위한 예술이 아니다

우리에게 너무나도 잘 알려진 프랑스 조각가 로댕Auguste Rodin, 1840~1917의
작품 〈생각하는 사람〉은 한눈에 보아도 르네상스의 조각가 미켈란젤로의
〈다비드 상〉과는 확연하게 다르다. 〈다비드 상〉이 대리석으로 만들어진 반
면 로댕의 작품은 청동으로 만들어졌다는 차이도 명백히 존재한다. 하지만
그보다 더 근본적인 것은 재료 자체보다 재료를 다루는 방식의 차이다. 미
켈란젤로의 위대함은 자신의 조각상을 대리석이라는 돌덩이가 아닌 마치
살아 있는 듯한 다비드의 모습을 재현하였다는 데 있다. 다비드를 감상하
는 동안 우리의 눈은 대리석이라는 물성에 전혀 방해를 받지 않고 자연스
럽게 다비드라는 인물을 떠올린다.

로댕, 〈생각하는 사람〉 Le Penseur, 1880 (위)
미켈란젤로, 〈다비드 상〉 David, 1504 (아래)
시각예술은 눈을 위한 예술이므로 조각은 눈의
즐거움을 추구해야 한다. 〈다비드 상〉이 시각적
으로 나무랄 곳 없이 완벽한 데 비해 〈생각하는
사람〉의 거친 표면은 시각적으로 완벽한 실루엣
이 아니다. 그럼에도 사람들이 〈생각하는 사람〉
에 매료된다. 이는 조각이 눈을 위한 것이 아닌
몸을 위한 예술이라는 뜻이다. 메를로퐁티는 세
계의 의미가 인간의 지성이 아닌 몸에 축적된 체
험에서 발생한다고 보았다.

로댕의 작품은 이와 전혀 다르다. 〈생각하는 사람〉은 표면부터 거칠다. 물론 그의 작품이 거친 이유는 단지 재료가 대리석이 아닌 청동이라는 사실 때문만은 아니다. 그 이유는 재료와 상관없이 그가 작품을 처리하는 방식에 있다. 그렇기 때문에 로댕의 작품에서 그리스나 르네상스 거장들의 작품에서 발견되는 매끈한 표면이나 시각적인 완전함을 기대하였다면 실망하는 것이 당연하다.

두 작품을 나란히 놓고 보는 데는 단순히 재료나 재료를 처리하는 방식의 차이 그 이상의 의미가 있다. 그것은 조각, 나아가 시각예술이 추구하는 근본적인 방향의 차이를 의미한다. 미켈란젤로의 작품은 우리가 조각에 대해서 가지고 있는 지극히 상식적인 이상을 구현하였다. 조각이란 시각예술이며 시각예술은 눈을 위한 예술이므로 조각은 눈의 즐거움을 추구해야 한다. 비록 대리석으로 만들었지만 〈다비드 상〉의 완벽한 표면과 흐트러짐 없는 실루엣은 시각적으로 나무랄 데 없는 완성도를 지닌다. 이에 반해 로댕의 작품은 조각은 시각적인 예술이라는 통념을 위반한다. 생각하는 사람의 거친 표면은 시각적으로 완벽한 실루엣을 이루고 있지 않다. 거친 표면은 사람의 근육을 표현한다기보다 청동 자체의 질감을 드러내고 있을 뿐이다. 따라서 전체적인 시각적 실루엣보다는 표면의 질감 자체를 수용하게 된다.

시각적 실루엣이 아닌 거친 표면에 관객이 반응한다는 것은 시각예술에서 매우 큰 변화를 의미한다. 그것은 조각이 오직 '눈'을 위한 예술이 아닌 '몸'을 위한 예술로 바뀌었다는 뜻이기 때문이다. 표면의 질감에 반응하는 것은 시각적인 반응이 아니다. 가령 어떤 사람을 일정한 거리를 두고 보는 것과 10센티 정도로 밀착하여 보는 것은 다르다. 일정한 거리를 두고 볼 때는 사람의 실루엣이 드러나며 우리는 이를 시각적인 이미지로 정보화한다. 이에 반해 밀착된 상태로 사람의 얼굴을 볼 경우 실루엣이 아닌 피부의 질감을 보게 될 것이다. 이러한 경험은 눈이라는 기관을 거친다는 점에서 시각적이지만 사실상 거칠거나 매끈하다는 등의 촉각적 경험과 다르지 않다. 그리고 이러한 촉각적 경험은 눈뿐만이 아니라 눈과 손, 코와 귀 등이 총체적으로 얽혀 있는 우리의 '몸'을 전제하는 것이다.

미국의 미술평론가 할 포스터Hal Foster, 1955~ 의 분석을 참조하여, 자코메티 작품 〈떠도는 공〉Suspended ball, 1931 을 보면 이러한 사실을 더 확실하게 알 수 있다. 두 개의 독립된 돌조각이 불안정하게 포개진 이 작품은 시각적으로 보자면 매우 위태롭기까지 하다. 초승달 모양의 비스듬하게 누운 돌 위에 마치 사람의 엉덩이를 연상시키는 홈이 패인 공 모양의 돌이 올려진 상태는 누가 보아도 금방이라도 굴러떨어질 듯 불안감을 준다. 이러한 불안감은 눈으로 봄으로써 발생하지만 결코 시각적인 경험이 아니다. 중력에 대한 경험은 시각적인 것이 아닌 몸의 체험과 관련되는 것이다. 이 작품이 애초부터 눈이 아닌 몸의 체험을 겨냥하고 있다는 사실은 조각의 형상에서도 분명하게 드러난다. 두 개의 돌덩어리는 어느 것이 남성이고 여성인지 확실하지는 않지만 분명 성적인 행위를 암시하고 있기 때문이다. 성적인 욕망은 단순히 시각적인 욕망이 아니다. 성이란 보는 것, 만지는 것, 맡는 것 등을 모두 총괄하는 몸의 총체적 욕망이다. 성적 주체란 시각적 주체가 아닌 몸적 주체를 겨냥한다. 자코메티의 작품은 눈이 아닌 몸을 겨냥한 것이다.

로댕이나 자코메티의 작품은 눈을 위한 예술로 여겨졌던 시각예술조차 그 바탕에 눈이 아닌 몸이 있다는 교훈을 준다. 몸의 철학 혹은 지각의 현상학으로 유명한 모리스 메를로퐁티Maurice Merleau-ponty, 1908~1961는 모든 경험의 원천이 바로 인간의 몸에서 비롯되는 것이라는 사실을 강조한다. 당시 매우 도발적인 그의 철학적 원칙은 몸보다는 인간의 추상적 정신활동, 즉 지성을 궁극적인 가치로 내세웠던 서양의 철학적 전통에 대한 도전이었다.

현상은 객관과 주관의 합작품

'몸corps'의 철학자로 알려진 메를로퐁티에게 항상 따라다니는 수식어는 '현상학'이다. 이는 그의 대표적인 저서의 제목《지각의 현상학》 Phénoménologie de la perception, 1945만 보더라도 알 수 있다. 원래 현상학은 독일의 철학자 후설이 가장 엄밀한 학문을 정초定礎하기 위한 방법론으로 제시한 학설이다. 메를로퐁티는 다소 인식론적이고 방법론적인 특성이 강한 현상학의 주요 개념을 자신의 독특한 철학을 형성하기 위한 토대로 활용하였다. 그는 지향성, 판단중지, 선술어적 판단, 환원 등 후설 현상학의 기초 개념을 그대로 차용하면서 이를 해명하고 서술하는 과정에서 자신의 고유한 철학을 제시하였다.

　메를로퐁티의 철학을 일관하고 있는 현상학을 이해하기 위해서는 무엇보다도 '현상phénomène'이라는 말의 의미를 정확하게 알아야 한다. 현상학에서 말하는 현상이란 말 그대로 우리가 경험하는 세상 모든 활동의 총체를 의미한다. 물론 이러한 정의는 현상학에서 말하는 현상의 정체가 무엇인지를 밝히기에는 터무니없이 추상적이다. 보다 구체적인 예를 들어서 현상학에서 말하는 현상이 무엇인지를 살펴보자.

　소리 현상의 사례를 들어보자. 당신은 여느 저녁과 다름없이 책상에 앉아 물끄러미 모니터를 보고 있다. 그 순간 옆방에서 쨍그랑하는 소리가 들린다. 이 소리가 환청이 아니라면 분명 쨍그랑하는 소리 현상을 만들어낸 실제 사건이 있을 것이다. 다름 아닌 옆방에서 어머니가 접시를 내놓으려 들고 가다가 실수로 떨어뜨린 것이라고 하자. 유리 접시는 땅에 떨어지는 순간 사정없이 소리를 내면서 산산조각이 났다. 쩽그랑 소리가 난 현상의 원인은 무엇일까? 누구든 의심할 여지없이 접시가 바닥에 깨지면서 내는 소리가 원인이라고 생각할 것이다. 당연한 이치다. 그러나 현상학의 관점에서 보자면 이는 충분한 대답이 아니다. 소리라는 현상은 이것만으로 성립하지 않는다. 다른 조건이 있어야 한다. 그 다른 조건이란 과연 무엇일까?

바로 소리를 지각할 수 있는 주관적 감각이다. 아무리 바닥에 접시가 쩽그랑하고 떨어졌다고 해도 그 진동을 소리로 지각할 수 있는 수용자가 없다면 소리라는 현상은 발생하지 않는다. 소리란 진동이 공기라는 매질을 통하여 우리의 감각기관에 전달되고 그것을 청각 현상으로 지각할 때 발생하는 것이다. 우리의 귀는 이론상 200헤르츠에서 20,000헤르츠까지의 진동만을 들을 수 있다. 그 이상이나 이하의 진동은 들을 수가 없다. 음향학에 지식이 없는 사람이라면 너무 낮은 악기 소리나 너무 높은 악기 소리를 인간의 귀로는 들을 수 없다는 사실이 다소 충격적일 수도 있다. 만약 접시가 떨어져서 내는 진동이 이 범위에 들지 않는다면 어떨까? 우리에게 접시가 깨지는 소리 현상은 존재하지 않는 셈이다. 가령 인간은 20,000헤르츠를 넘는 매우 높은 음역대의 진동을 들을 수 없지만 일부 곤충들은 들을 수 있다. 분명 인간에게 소리라는 현상은 없지만 소리를 만들어내는 진동은 얼마든지 있다. 따라서 소리라는 현상은 우리가 흔히 실재 대상이라고 부르는 객관적인 요인과 우리의 주관적인 계기가 결합하여 만들어지는 것이다. 20,000헤르츠 이상의 진동은 얼마든지 존재하지만 그러한 진동이 적어도 인간의 귀에는 소리라는 현상으로 나타나지는 않는다. 현상이란 객관과 주관의 합작품인 것이다.

현상학의 관점에서 보자면 세상에서 우리가 경험하는 모든 것이 다 현상이다. 우리 눈앞에 보이는 컴퓨터도 현상이며 지금 내가 글을 쓰고 있는 경험도 현상이며, 파스타의 맛을 느끼는 것도 현상이다. 우리가 살아가며 체험하는 모든 것은 결국 현상으로 이루어지는 것이다.

무엇을 현상하느냐에 따라 다른 삶을 살게 된다

그런데 여기서 흥미로운 사실은 현상이라는 말 속에 '의미sens'라는 말이 함축되어 있다는 점이다. 현상학적 관점에서 현상이란 곧 의미의 탄생과 일치한다. 앞서 든 접시의 예에서 만약 접시가 바닥에 깨지면서 200헤르츠에서 20,000헤르츠 내의 범위에 들지 않은 다른 진동, 즉 다른 주파수를 발생시킨다면 그 진동은 아무런 청각 현상이 아니므로 무의미한 것이다. 가시광선의 범위를 넘어선 자외선의 경우에도 시각적인 현상으로는 아무런 의미가 없다. 현상으로 나타난다는 것은 곧 의미가 발생한다는 말이다. 우리가 경험하는 모든 현상은 곧 의미와 관련이 있다.

후설은 이 의미의 작용을 '지향성Intention'이라는 개념과 관련지어 설명하였다. 후설에게 지향성이란 인간 의식의 가장 기본적인 활동을 뜻한다. 후설에 따르면 의식은 '항상 무엇인가로 향하는' 활동이다. 이러한 무엇인가로 향하는 성질을 지향성이라고 부른다. 여기에는 의식에 대한 후설의 날카로운 통찰이 담겨져 있다. 그는 의식의 특성을 '무엇인가에 대한 의식Bewußtsein von Etwas'으로 설명한다. 우리는 대개 의식이란 뇌의 작용으로서 세계와 독립적으로 존재하는 어떤 실체로 생각한다. 하지만 후설에게 그러한 추상적 의식이란 존재하지 않는다. 만약 독립적인 실체로서 의식이 존재한다면 아무런 내용이 없는 의식도 존재할 수 있어야 한다. 그런데 과연 어떤 내용이 없는 의식을 상상할 수 있을까? 의식이란 의식의 내용과 분리해서 생각할 수 없다. 의식이란 두뇌가 아니라 세계와 뇌의 활동이 같이 어우러져 현상을 만들어내는 활동인 것이다. 즉 의식이란 독립된 실체가 아닌 의식 활동 자체이다. 후설에게 의식의 지향성은 인식의 토대인 셈이다.

그런데 메를로퐁티는 이러한 지향성의 개념을 인식론이라는 좁은 틀을 넘어서 우리가 경험하는 모든 세계의 지평으로 확장한다. 그에게 지향성이란 세계를 이루는 모든 현상의 근원이며 실질적인 의미론의 영역을 발생시키는 토대이다. 쉽게 예를 들어 설명하면 다음과 같다. 만약 내가 모니터 속의 흥미로운 장면에 완전히 빠져들었다면 옆방에서 접시가 깨지는 소리는 지각되지 않는다. 그것은 나의 의식이 오로지 모니터에만 쏠려 있기 때문이다. 이는 다시 말하면 나의 관심이 어느 특정한 곳에 집중되고 있기 때문에 상대적으로 다른 것에 대해서는 무관심하다는 뜻이다. 말하자면 다른 것을 향하고 있지 않다.

이는 다음과 같은 예에서 더 쉽게 이해할 수 있을 것이다. 대부분의 사람들은 대중음악을 들을 때 베이스 기타 소리를 듣지 못한다. 그것은 실제로 베이스 기타 소리가 들리지 않아서가 아니라 귀가 베이스 기타 소리로 향하고 있지 않기 때문이다. 그들에게 베이스 기타 소리는 사실상 거의 무의미하다. 이에 반해서 베이스 기타에 민감한 사람들은 베이스 기타의 소리를 또렷하게 들을 뿐 아니라 베이스 기타 소리가 제대로 들리지 않을 경우 짜증스러워하기도 한다. 같은 소리를 듣고 있는 것처럼 보이지만 사실은 모두 제각기 다른 음악 현상을 경험하고 있는 것이다. 이는 소리 자체가 달라서가 아니라 각각의 지향적 태도가 다르기 때문이다. 따라서 지향적 태도에 따라 세계는 다른 의미로, 즉 다른 현상으로 나타난다. 사람들은 지향성에 따라 제각기 다른 삶을 살고 있는 것이다.

모든 체험의 근원은 몸

여기서 우리는 이러한 물음을 제기할 수 있을 것이다. 만약 개인의 지향적 태도에 따라 제각기 다른 의미의 세계에서 산다면 결국 객관적인 세계란 존재하지 않는 것이 아닐까? 물론 메를로퐁티는 이러한 객관적인 세계를 부정하는 것은 결코 아니다. 그는 세상의 의미가 개인의 임의대로 바뀔 수 있다고 주장하지 않는다. 그는 세상의 의미를 이루는 어떤 공통적인 근원이 있다는 것을 강조한다. 다만 그러한 공통적인 근원의 정체가 매우 모호하며 인간의 지성으로 그것을 밝히는 데는 한계가 있다고 지적한다.

예를 들어 우리 눈앞에 원circle이 있다고 치자. 인간의 지성으로 보면 그것은 '한 점에서 동일한 거리에 있는 집합'으로서의 원일 뿐이다. 하지만 어느 부족에게 원은 신의 상징이며 또 어느 사람들에게 원은 안정감의 상징이다. 이러한 의미는 단순히 지성 활동이 내세우는 개념으로 파악되지 않는다. 마찬가지로 앞서 예를 든 베이스 기타의 소리 또한 일정한 음역대의 일정한 진동을 가진 소리라는 지적知的 개념으로 파악되지 않는다. 그 소리의 의미는 지적으로 설명될 수 없지만 분명히 전달될 수 있고 공감대를 형성할 수 있다. 이러한 공감대를 형성할 수 있는 것은 지성이 아닌 오랜 동안 같은 경험을 축적해왔기 때문이다.

이는 색의 경우에도 분명하게 드러난다. 지성의 작용에 따르면 색은 색상환표에 나온 대로 명도와 채도에 따라 파란색, 빨간색, 녹색, 노란색 등으로 분류될 수 있다. 그러나 그것이 색의 의미는 아니다. 이는 다만 색을 분류해놓은 일종의 표식일 뿐이다. 말하자면 파란색은 결코 그 자체로 의미를 가지지 않는다. 예를 들어 의외로 많은 사람들은 방금 전 헤어진 사람이 어떤 색의 옷을 입고 나타났는지를 잘 기억하지 못한다. 그들에게 타인의 옷 색깔은 그다지 큰 의미가 없기 때문이다. 하지만 누군가가 입고 온 옷의 파란색이 나의 시선을 끌어당겼다면 그 옷이 단지 파란색이어서가 아니다. 정체는 확실하게 알 수 없지만 그 파란색이 나에게 어떤 의미를 발생시켰기 때문이다. 색의 의미는 사람들 속에 내재하고 축적된 어떤 경험에서 비롯되는 것이지 색상환표의 경우처럼 지적으로 분류될 수 있는 것이 아니다.

파란색이 차갑게, 노란색이 따뜻하게 느껴지는 것은 오랜 기간의 축적된 삶의 경험과 관련이 있다. 만약 차가운 푸른 바다를 경험하지 못했거나 그에 대한 학습이 없는 사람이라면 파란색을 차가움과 관련짓지 못할 것이다. 마찬가지로 우리가 늘상 보던 코발트색이 아닌 어떤 특정한 코발트색을 구분하고 그 의미를 찾아낼 수 있다면 그는 지중해의 코발트빛 바다를 체험한 사람일 것이다. 이러한 의미는 지식을 가지고 있기 때문이 아니라 오랜 기간 삶의 체험에서 축적된 결과에서 비롯된다. 말하자면 현상학적 의미를 발생시키는 동력은 인간의 지성이 아닌 몸에 축적된 삶의 체험이다. 그렇기 때문에 메를로퐁티에게 세계의 근원적인 의미는 인간의 두뇌가 아닌 몸에 의해서 발생하는 것이다.

그렇다고 해서 메를로퐁티가 인간의 두뇌 활동을 부정하는 것은 아니다. 그의 요지는 두뇌 활동 또한 몸의 일부이며, 인간의 몸에 축적된 어떤 근원적인 무엇인가에 의해서 영향을 받는다는 것이다. 말하자면 우리가 불을 대할 때는 과거의 체험에 따라 그 의미가 달라질 수밖에 없다. 추운 겨울날 바깥에서 몸을 덥힌 기억이 또렷한 사람과 불에 덴 경험이 있는 사람에게 불의 의미는 다를 수밖에 없다. 그래서 불을 보는 순간 자신도 모르게 몸의 반응이 달라진다. 이는 불에 대한 의미가 제각기 다르기 때문이다.

메를로퐁티는 이렇게 외부세계에 대한 인간의 반응을 '지각perception'이라고 부른다. 그것은 단순히 감각기관이나 두뇌의 활동이 아닌 총체적인 몸의 활동이다. 가령 한밤중에 흰옷을 입은 여인을 본다면 우리는 그를 단순히 흰 옷을 입은 여인이라고 보지 않고 섬뜩한 감정으로 마주한다. 눈앞의 모니터를 볼 때나 지나가는 차를 볼 때 그리고 하늘을 쳐다볼 때, 이러한 몸의 개입을 통하여 그 대상이 우리에게 하나의 의미로 현상된다. 지각이란 시각, 청각, 후각, 미각 등으로 분리되는 게 아니라 몸의 총체적인 활동이다.

사실상 메를로퐁티가 이렇게 몸을 근원적인 것으로 내세우는 데는 지금까지 서양철학의 전통에 대한 반발을 포함하고 있다. 서양철학은 적어도 근대에 이르기까지는 인간의 몸을 폄하하고 지성만을 최고의 가치로 삼아왔기 때문이다. 그는 인간의 지성 또한 사실상 보다 광범위한 몸의 활동의 일부분일 뿐이며 몸에 축적된 어떤 근원적인 토대에 의해서 영향을 받는다는 주장을 통하여 그러한 가치를 역전시키고자 하였다. 메를로퐁티의 철학에서 언급되는 지각이란 실제로 오랜 기간 동안 축적된 체험을 통해서 세계의 의미를 파악하는 것으로, 서양의 지적 전통과는 대립되는 개념이다.

눈을 위한 디자인이 아닌 몸을 위한 디자인

메를로퐁티의 현상학이 던지는 메시지는 현실에서도 매우 유효하다. 특히 오늘날 우리나라의 대도시 디자인 정책을 보면 그의 철학이 절실한 이유를 알 수 있다. 한때 '디자인 서울'을 표방하여 서울을 거듭나게 하고자 하는 정책을 실시한 적이 있다. 이러한 정책은 공간에 대한 근대적인 발상에서 비롯된 것이다. 실제로 도시를 설계하거나 중요한 건물을 지은 사람들은 근대가 아닌 포스트모던을 대표하는 디자이너들이라는 점에서 이 주장을 다소 의아하게 생각하는 사람도 있을 것이다. 그러나 디자인이 아무리 시각적으로 현란하고 포스트모던한 느낌이 나더라도 그 근본적인 방향이나 원칙은 매우 근대적이다. 왜냐하면 도시 공간 디자인 자체를 철저하게 시각적인 것으로 이해하고 있기 때문이다.

앞서 말한 로댕이나 자코메티의 경우만 하더라도 이미 이들은 조각이라는 것은 단순히 시각예술로 생각하지 않았다. 이들은 조각을 눈을 위한 것이 아닌 몸을 위한 것으로 바꾸어놓았다. 말하자면 이들의 작품은 그저 시각적 충족을 위한 것이 아니며 사람들의 구체적인 몸의 반응을 이끌어내는 공간을 창출하고자 하였다. 이렇게 하여 이들은 작품과 관객의 거리를 멀리 떨어뜨려놓기보다는 밀착시키려 하였던 것이다. 대상을 시각적으로 관조하기 위해서는 항상 일정한 거리를 유지해야 하며 대상과는 유리될 수밖에 없다. 시각을 위한 대상은 몸으로부터 눈을 분리시킬 뿐만 아니라 궁극적으로는 그 대상과 몸을 분리시킨다. 이는 시각을 위한 예술이 왜 메를로퐁티의 현상학과 어긋날 수밖에 없는가를 명백하게 드러낸다.

마찬가지로 디자인 서울은 시각적으로 정돈된 공간 디자인을 표방함으로써 사실상 도시의 공간으로부터 몸을 추방하는 결과를 초래하였다. 사람들의 일상적인 삶이 응축된 결과물이 아닌 계획적으로 만들어진 디자인은 시각적인 아름다움을 줄 수는 있을지언정 몸의 활동을 편하게 만들지는 않는다. 시각만을 위한 예술이 그 가시적 위용을 위하여 관객들에게 밀착하지 않기를 요구하듯이, 이러한 시각적 공간은 그 속에 거주하며 살아가는 사람들에게 일정한 거리를 취하게 만든다. 가시적인 아름다움을 위해서 좁고 너저분한 골목은 정리되어야 하며 낡은 건물은 가차 없이 허물어져야 한다. 골목과 낡은 건물은 냄새와 불결의 상징이기 때문이다. 그러나 이러한 시각적 과시욕 때문에 정작 도시의 오래된 흔적과 냄새, 촉각 등과 같은 체험된 몸의 공간은 사라지고 말 것이다.

휴머니즘은
허구다

알튀세르와
브라만테

원근법은 눈속임에 불과하다

이탈리아의 밀라노에는 시를 대표하는 밀라노 대성당Milan cathedral에서 불과 100미터 남짓 떨어진 곳에 산타 마리아 프레소 산 사티로 성당이 있다. 밀라노 대성당에 비해서 규모나 건축사적인 면에서 그 비중이 크지 않기에 그다지 주목을 받지 못하고 있는 이 성당 역시 15세기에 지어진 매우 오래된 역사적 건물 중 하나다. 그러나 브라만테Donato Bramante, 1444~1514가 설계한 이 건축물에는 매우 흥미로운 특징 한 가지를 찾을 수 있다. 일반적인 성당의 구조를 보면 앞부분에 사도들이 의식을 진행하는 제단부가 있으며, 그 뒤로 앱시스apsis라 불리는 텅 빈 공간이 존재한다. 사제들이 있는 제단 뒤에 빈 공간은 시각적으로 보자면 천상의 세계 혹은 무한한 세계라는 느

브라만테, 산 사티로 성당 Santa maria presso san satiro

산 사티로 성당의 제단 뒤쪽에는 앱시스 공간을 낼 수 없었다. 브라만테는 이러한 한계를 극복하기 위해 신도들 좌석에서 볼 때 빈 공간이 있는 것처럼 보이도록 그림을 그렸다. 르네상스의 예술가들은 착시를 일으키는 원근법을 과학적 발견으로 믿었다. 그러나 알튀세르는 원근법이 인간의 눈에만 작용하는 왜곡된 묘사에 불과하듯, 인간을 이론의 중심에 놓는 이론은 과학과 양립할 수 없다고 생각했다.

낌을 주며, 사제들은 무한한 신의 세계와 인간을 연결하는 천상의 메신저처럼 나타난다.

그런데 산 사티로 성당은 외부의 도로 탓에 이러한 앱시스 공간을 내기가 불가능하였다. 말하자면 교회의 제단 뒤에 빈 공간 없이 편편한 벽으로 가로막혀 있는 것이다. 브라만테는 이러한 구조적 한계를 극복할 수 있는 기발한 해결방안을 제시했다. 이 해결방안이란 비록 제단 뒤의 벽은 편편하게 가로막혀 있지만 신도들의 좌석에서 볼 때는 마치 빈 공간이 있는 것처럼 보이게 만드는 것이었다. 그는 마치 반원형의 공간이 있는 것처럼 보이도록 벽에 그림을 그렸다. 이는 르네상스 회화의 산물인 원근법이 창출한 가장 극적인 효과 중 하나가 아닐까. 원근법은 실제로 존재하지 않는 빈 공간까지 만들어낸 것이다.

당시 예술가들은 원근법을 가장 위대한 과학적 발견 중 하나로 믿었다. 원근법이란 엄밀한 기하학적 측량과 계산에 의거하여 평면의 벽에 현실과 똑같은 3차원의 공간을 표현할 수 있는 과학의 산물이다. 르네상스 시대의 회화란 원근법이라는 과학적 원리가 예술에 적용된 것이므로 르네상스를 대표하는 레오나르도 다빈치가 예술가이자 동시에 과학자인 것은 너무나도 당연한 일일지도 모른다. 중요한 사실은 이들에게 '원근법=과학'이라는 등식이 성립하고 있었지만, 후대의 학자들이 보기에 이는 소박한 믿음에 불과했다는 것이다. '도상해석학 Iconology'이라는 미술해석학의 한 방법론을 창안한 미술사학자 에르빈 파노프스키 Erwin Panofsky, 1892~1968는 원근법을 과학이 아닌 일정한 역사 시기에 사용된 하나의 표현 방식에 불과하다고 주장하였다.

파노프스키의 주장이 더 흥미로운 사실은 원근법의 발견이 르네상스 예술을 관통하는 휴머니즘 humanism (인간주의) 원칙과 맞물려 있다는 점이다.

우리는 휴머니즘을 인간적이고 도덕적인 매우 이상적인 원칙으로 생각하며, 이를 어떤 당파적 이데올로기도 넘어선 궁극적 가치로 믿는다. 그러나 파노프스키에 따르면 휴머니즘이란 모든 것을 인간의 잣대로 환원하는 원칙으로서, 예술사적으로 볼 때 원근법에 의해서 현실을 재현하는 15세기의 협소한 예술 원칙에 불과하다. 한마디로 원근법이란 과학이 아닌 단지 인간의 눈에만 유효한 일종의 눈속임이며, 이 원근법이 과학으로 통용될 수 있었던 이유는 세상의 모든 것을 인간의 잣대로만 환원시키고자 한 르네상스의 휴머니즘이 밑바탕에 깔려 있었기 때문이다.

휴머니즘에 대한 파노프스키의 폄하(?)는 20세기 프랑스의 마르크스주의자 루이 알튀세르Louis Althusser, 1918~1990의 휴머니즘에 대한 비판과 사회철학의 형태로 공명하는 듯하다. 마르크스주의를 구조주의로 재해석한 것으로 잘 알려진 알튀세르의 사상적 기반은 마르크스주의에서 휴머니즘을 제거하는 데서 출발하기 때문이다. 그는 마르크스주의에서 인간 소외와 그로부터 해방이라는 이른바 인간해방을 외치는 휴머니즘의 관점이야말로 마르크스주의가 지닌 진정한 과학적 의미를 왜곡하는 '왜곡된 마르크스주의'라고 주장하였다. 원근법이 세상을 과학적으로 묘사하는 방법이 아닌 인간의 눈에만 작용하는 왜곡된 묘사에 불과하듯이, 인간을 이론의 중심에 놓는 어떤 이론도 과학과는 양립할 수 없다는 것이다. 인간해방을 외치는 이러한 비과학적 마르크스주의는 과학적 세계관으로부터 이탈하여 마르크스주의를 또 다른 이데올로기 속으로 몰아넣을 뿐이다.

휴머니즘은 마르크스가 폐기한 문제틀

전통적으로 마르크스주의는 경제라는 물질적 토대가 사회의 모든 것을 결정짓는다는 토대결정론으로 이해되었다. 이러한 토대결정론은 스탈린 이후 소비에트 마르크스주의의 기본적인 입장이었다. 하지만 영국이나 프랑스, 이탈리아 등 서구의 마르크스주의자들은 소련이나 동유럽의 공식적인 입장에 동조하지 않고 과도한 토대결정론을 거부하였다. 이들은 마르크스주의의 핵심이 인간의 고유한 삶을 변형시키는 왜곡된 사회구조의 비판에 초점을 맞추고 있으며 또한 인간의 존엄성을 회복하기 위한 사회의 건설에 있다고 보았다. 가령 독일의 비판이론가들은 자본주의 사회의 사물화 현상을 비판하며 인간의 고귀한 이성적 사유를 회복하는 것이야말로 마르크스주의의 핵심이자 유산이라고 주장하였다. 마르크스주의에서 '인간'이 가장 중요한 가치로 부상하게 된 것이다.

심지어 인간주의 사상은 서구 마르크스주의뿐만 아니라 소련에서도 마르크스주의의 강력한 주류로 등장하였다. 스탈린이 죽은 후 소련 공산당의 서기장이 된 니키타 흐루쇼프 Nikita Khrushchyov, 1894~1971는 스탈린주의를 강하게 비판하며 인간적인 사회주의의 건설을 주장하였다. 그런데 마르크스주의에서 휴머니즘의 강조는 사실상 계급투쟁을 포기한다고 선언하는 것이나 다름없다는 점에서, 이는 마르크스주의 노선을 사소하게 변경했다기보다는 마르크스주의 자체를 포기하는 것과 다름없다는 비판이 제기되었다. 휴머니즘에서 '인간'이란 프롤레타리아트와 같은 특정한 계급을 지칭하는 것이 아닌 보편적이고 추상적인 인간에 지나지 않기 때문이다. 알튀세르가 휴머니즘에 대해서 분개한 것은 바로 이러한 이유에서이다.

그는 마르크스주의 휴머니즘을 외치는 사람들이 주로 마르크스의 초기 저작에서 그 이론적 근거를 발견하고자 한다는 점에 주목하였다. 주지하다시피 《경제학 철학 초고》, 《독일 이데올로기》Die deutsche Ideologie, 1845~1846와 같은 대표적인 초기 저작에서 마르크스는 인간의 삶 혹은 노동의 소외를 강조하며 이에 대한 철학적 극복을 역설한다. 이 저작들에서 마르크스는 사회를 만든 주체로서의 인간 혹은 인간의 활동(노동)이 정작 자신이 만든 결과물인 사회로부터 소외를 당하게 되는 구조적 원인을 분석한다. 그러나 여기서 그의 주관심사는 사회의 구조 자체라기보다는 인간해방에 있으므로 과학적인 분석보다는 소외와 소외의 극복이라는 휴머니즘의 문제틀problematic에 머무르고 만다.

알튀세르에 따르면 마르크스의 이러한 초기 저작에 주목하는 것은 마르크스 자신도 폐기한 잘못된 문제틀에 매몰되는 것과 같다. 그는 마르크스 사상의 발전 과정에는 근본적인 문제틀의 전환이 이루어지고 있다고 주장한다. 그에 따르면 《공산당 선언》Manifest der kommunistischen Partei, 1848을 기점으로 마르크스는 휴머니즘이라는 문제틀을 완전히 폐기한다. 인간 소외와 극복이라는 휴머니즘의 문제틀은 완전히 사라지며 오로지 계급적 이해관계가 얽힌 자본주의 사회의 객관적 '구조' 분석이라는 과학적 문제틀이 이를 대체한 것이다. 알튀세르는 이러한 근본적인 문제틀의 변화를 가스통 바슐라르Gaston Badhelard, 1884~1962가 사용한 '인식론적 단절rupture épistémologique'이라는 말로 설명한다.

'인식론적 단절'이란 과학철학자 토마스 쿤Thomas Kuhn, 1922~1996의 용어인 '패러다임paradigm'과 유사한 뜻을 지닌다. 갈릴레이를 통해서 천문학적 관찰의 기본적인 관점이 천동설에서 지동설로 바뀌었을 때 그것을 패러다임의 변화라고 명명했듯이, 마르크스 사상에도 분명한 패러다임의 변화가 존재한다는 것이다. 천동설이라는 패러다임은 지동설의 패러다임에 의해서 완전히 대체된다. 마찬가지로 인간해방과 소외의 극복이라는 초기의 문제틀은 '구조' 혹은 '구조 분석'이라는 문제틀로 대체되었다. 마치 인간의 눈에만 현실적인 원근법을 과학이라고 믿는 르네상스의 휴머니즘처럼 인간해방이나 소외의 극복을 부르짖는 이론은 그 자체가 과학과는 무관한 또 하나의 이데올로기에 불과하다는 것이다. 이데올로기와 과학을 구분짓는 것, 그것이야말로 알튀세르가 보기에는 마르크스주의의 첫 번째 이론적 사명이다.

사회는 모순이 아닌 중첩결정에 의해서 설명할 수 있다

두 중년의 남성이 사소한 시비를 벌이다가 한 남성이 분을 참지 못하고 흉기로 상대방의 머리를 내리쳤다. 상대방 남자가 키 작고 흉측하게 생긴 놈이라고 자극하는 바람에 가해자는 순간적으로 자제력을 잃었던 것이다. 몇 분 후 맞은 남자는 사망하였다. 그렇다면 가해자가 행한 끔찍한 폭력의 원인은 명백한 것일까? 어쩌면 가해자의 지나친 외모 콤플렉스가 행위의 원인일지도 모른다. 그러나 외모 콤플렉스를 지닌 모든 사람이 이런 행동을 하지는 않는다는 점에서 가해자의 인격적 미숙함을 원인으로 꼽을 수도 있다. 하지만 가해자가 평소에 보통 사람들보다 심한 인격적인 결함이 없었다면 사정이 다를 수도 있다. 사소한 시비에 휘말리기 전에 집에서 부인과 심하게 다투고 나왔을 수도 있고, 본의 아닌 무단횡단으로 어린 운전자에게 욕을 먹은 것이 화근일 수도 있다. 혹은 참을 수 없는 삶의 권태감이 그의 정신을 괴롭히고 있었을지도 모른다. 이 가해자의 행위는 하나의 원인으로 소급해서 설명할 수가 없다. 너무나 많은 계기들이 이 순간적인 행위를 유발시킨 원인들인 것이다. 말하자면 어떤 현상도 하나의 단일한 원인으로 설명할 수 없고 수많은 원인들이 중첩되어 나타난 것이다. 이를 '중첩결정surdétermination'이라고 부른다.

　알튀세르가 보기에 현실은 이렇게 무수히 많은 원인들이 중첩되어 나타난 것이다. 그런데 기존의 마르크스주의는 이렇게 실타래처럼 얽혀 있는 원인들을 매우 단순한 하나의 근본적인 원인으로 소급하여 설명하고자 한다. 알튀세르는 현실이 복잡하게 얽혀서 중첩적으로 결정되었다는 사실을 외면하고 하나의 근본적인 단일한 모순으로 소급하는 전형적인 방법론을 헤겔의 변증법으로 보았다. 헤겔의 변증법은 현실을 모순Widersprung, contradiction의 결과물로 이해하며, 현실은 근본적인 모순의 관계에 의해서 설명될 수 있다고 본다. 전통적인 마르크스주의는 헤겔의 변증법을 충실하게 따르고 모순의 원리에 의거해서 현실을 설명하고자 한다. 그러나 알튀세르에 따르면 변증법에 대한 충성은 현실을 단순화함으로써 현실과는 거리가 먼 추상적 관념만을 만들 뿐이다.

가령 헤겔의 변증법을 계승하는 전통적인 마르크스주의자들에 따르면 자본주의 사회의 근본적인 모순은 자본과 노동의 모순이며, 여타의 모순들은 이 근본적인 모순의 피상적이고 변형된 형태에 불과하다고 설명한다. 이들에 따르면 여성과 남성의 모순, 지역 갈등, 인종 문제, 심지어 환경 문제까지도 계급모순의 하위 형태에 불과하다. 여성과 남성의 갈등이나 모순을 제대로 이해하려면 우선 계급모순이라는 근본적인 모순의 관계를 해명해야만 가능하다. 말하자면 계급모순이 자본주의 현실의 '본질essence'이며 현실에 나타나는 다양한 갈등과 모순들은 이러한 본질이 드러난 '외관(혹은 현상) appearance'에 불과하다. 예를 들어 돈이 많은 집안의 남자와 가난한 집안의 여자가 남자 집안의 반대로 헤어졌다고 치자. 전통적인 마르크스주의의 관점에서 보자면 이들의 헤어짐은 유산자와 무산자 간의 계급적 모순의 결과로 설명된다. 설혹 남자가 부모를 설득하는 과정에서 지쳤거나 변심했다 하더라도 그 변심의 원인이 궁극적으로는 계급모순에서 비롯된 것으로 간주한다. 남자의 변심은 이별의 원인이 아닌 계급모순이라는 본질이 외관으로 드러난 현상에 불과하다. 그러나 알튀세르의 입장에서 보자면 이렇게 모든 현상을 계급모순이라는 하나의 본질로 소급하여 설명하는 것이야말로 현실과는 동떨어진 논리적인 추상이자 관념에 불과하다. 변증법적 마르크스주의란 유물론이나 과학적 세계관과는 거리가 먼 변형된 관념론에 지나지 않는다.

알튀세르는 〈모순과 중첩결정〉Contradiction et surdétermination, 1964 이라는 논문에서 마르크스주의에 내재한 헤겔주의 전통을 청산하기 위해서 모순이 아닌 중첩결정이 현실분석의 방법론적 토대가 되어야 함을 역설하였다. 앞서 설명한 대로 중첩결정이란 모순과 달리 어떤 현상을 결정하는 하나의 원인으로 소급할 수 없음을 전제하는 것이다. 원래 중첩결정이란 프로이트가 히스테리의 환자를 분석하는 과정에서 사용한 용어이다. 보다 구체적으로는 꿈의 내용이 하나의 단일한 의미로 환원될 수 없고 다양한 요소들에 의해서 중첩되어 결정된다는 무의식의 기제를 설명하기 위해서 사용되었다. 이러한 중첩결정의 방법론을 마르크스주의에 적용할 경우 사회는 하나의 단일한 모순으로 설명되지 않는다. 가령 자본주의 사회의 현실은 단순히 자본주의 생산 양식이라는 하나의 단일한 논리적 추상으로 설명될 수 없다.

이에 반해 변증법적 마르크스주의는 생산력과 생산관계의 모순이라는 단순한 관념적 추상에 의해서 현실을 설명한다. 이 모델에 따르면 오늘날의 사회는 자본주의 생산 양식이라는 단일한 사회로 추상될 수 있으며, 자본주의 생산 양식은 끊임없이 발전하는 생산력과 이를 제약하는 자본주의 생산 관계 사이의 모순에 의해서 파국적인 결말을 맞이할 수밖에 없다. 여기서 생산력은 사회의 형태와 관계없이 원시시대부터 현재를 거쳐 미래에 이르기까지 끊임없이 발전하는 상수로 전제된다. 그러나 알튀세르는 자신의 제자인 에티엔 발리바르Étienne Balibar, 1942~ 와 공동으로 저술한《자본론 읽기》Lire le Capital, 1965 에서 마르크스의 생산력이라는 개념 또한 생산 관계와 무관하지 않음을 밝힌다. 가령 마르크스는《자본론》에서 중세 봉건제의 생산력과 자본제의 생산력을 쟁기와 기계에 적용하여 비교하는데, 이때 쟁기와 기계는 단순히 생산 능력의 차이를 보여주는 지표가 아닌 다른 사회적 관계를 보여주는 지표로 간주된다. 쟁기가 농노와 맺는 관계는 실질적 점유의 관계인 반면 공장의 기계와 노동자가 맺는 관계는 소유로부터 완전한 분리의 관계라는 점에서 다른 사회적 관계, 즉 생산 관계를 나타낸다. 알튀세르와 발리바르에 따르면 마르크스는 생산력이라는 개념을 결코 생산 관계와 분리해서 독립적으로 사용하지 않았다.

모순이 아닌 중첩결정을 선택한 알튀세르의 이론적 결과에 따르면 우리가 살고 있는 현실사회는 결코 단일한 생산 양식으로 추상할 수 없다. 즉 현실의 사회에는 자본제 생산 양식, 봉건제 생산 양식, 사회주의 생산 양식 등이 혼재하여 있다. 다양한 생산 양식은 오로지 논리적 추상에 불과하다. 그렇기 때문에 하나의 생산 양식에서 다른 생산 양식으로 필연적으로 이행한다는 주장은 지극히 관념론적인 추상에 불과하다. 한편 모순과 헤겔 변증법에 대한 거부는《자본론》에 대한 전통적인 독해에 대해서도 수정을 요구한다. 가령 마르크스 정치경제학에서 '본원적 축적'은 중세봉건제 사회에서 농노가 토지로부터 분리되어 산업노동자로 변질되는 폭력적 과정이자 동시에 자본주의가 가능하기 위한 최초의 대자본이 축적되는 필연적 과정이다. 그러나 알튀세르와 발리바르는 '본원적 축적' 과정이란 중세봉건제의 모순이 자본제로 해소되는 필연적 과정이라기보다는 다양한 생산 양식의 공존 속에서 기존의 지배적인 양식이 헤게모니를 상실한 것에 불과하다고 보았다. 이러한 와해로부터 미리 주어진 어떤 새로운 형태의 사회는 제시되어 있지 않다. 말하자면 한 사회로부터 다른 사회로의 필연적 이행이란 존재하지 않으며 요소들의 재배치에 의한 우발적인 변화만 존재할 뿐이다. 여기서 알튀세르는 마르크스를 헤겔의 변증법적 전통으로부터 분리하여 구조주의의 맥락으로 재구성하고 있음을 분명히 알 수 있다.

'나'라는 주체는 이데올로기의 효과에 의한 허구적 상상물

구조주의자로서 알튀세르의 면모는 그의 이데올로기론에서 더 극명하게 드러난다. 《이데올로기와 이데올로기적 국가장치》Idéologie et appareils idéologiques d'État, 1970에서 그는 기존의 마르크스주의가 주목하지 않은 이데올로기의 문제를 부각시킨다. 알튀세르의 이데올로기론이 구조주의자의 면모를 확실하게 보여준다는 사실은 그가 이데올로기의 기능을 주체의 생산으로 본다는 점에서 드러난다. 이는 뒤집어서 말하자면 우리가 스스로 주체라고 믿는 것은 다름 아닌 이데올로기의 효과에 불과하다는 것이다. 이는 앞서 본 대로 알튀세르가 휴머니즘을 거부하는 과정에서 인간 혹은 개인이라는 범주를 관념적 산물로 본 것과 맥락을 같이한다.

이데올로기가 어떻게 해서 주체를 생산하는 기능을 담당하는지 살펴보자. 알튀세르는 이데올로기를 '호명interpellation'과 관련하여 설명한다. 호명이란 말 그대로 누군가를 부르는 행위이다. 길을 걷다가 앞에서 걷던 한 젊은 여성이 지갑을 떨어트린 것도 모른 채 계속 걷고 있는 것을 발견했다고 치자. 우리는 그녀를 향해 "아가씨!" 하고 외칠 것이다. 그러면 그녀는 자신을 부르는지도 모른다는 생각에 뒤를 돌아볼 것이다. 만약 남성이라면 돌아보지 않거나 혹은 돌아본다 하더라도 자신을 부른다고 생각하지는 않을 것이다. 아가씨라는 말은 앞의 여성을 지칭하는 명칭이다. 그리고 그 여성은 아가씨라는 말이 자신을 지칭하는 말이라고 의식하며 동시에 자신을 아가씨라고 생각한다. 그 여자는 자신을 아가씨라는 말의 주체로 생각하였을 것이며, 주변의 남성이나 나이가 많은 여성은 자신을 아가씨라는 말의 주체로 여기지 않았을 것이다.

주체가 된다는 것은 명칭을 부여받는 것을 의미하며, 명칭이 부여된다는 것은 그에 해당하는 사회적 위치를 점하게 된다는 것을 의미한다. 예를 들면 한국 사회에서는 동사무소에 신분을 등록하지 않으면 한국인으로 살아갈 수 없다. 설혹 물리적으로 한 인간이라 하더라도 그는 자신의 계좌를 만들 수 없으며 투표를 할 수도 없다. 주체가 될 수 없는 것이다. 그런데 주체가 되기 위해서 신분을 등록할 때 본인이 남성인지 여성인지 분명하게 결정해야 한다. 대부분의 경우에는 문제가 발생하지 않지만 이 선택은 일부의 사람들에게는 성정체성의 혼란을 낳는 원인이 될 수도 있다. 뿐만 아니라 자신의 태생에 따라 전라도 사람인지 경상도 사람인지 결정된다. 이제 경상도 사람은 자신이 경상도 사람이라는 명칭에서 벗어날 수 없다. 그는 대한민국의 국민이기도 하지만 경상도 사람이기도 하다. 어느 자리에서 그는 한국 사람이 아닌 경상도 사람으로 호명될 것이다.

바로 이렇게 호명이 된다는 것은 주체가 된다는 것을 의미하지만, 동시에 실제로는 그 자신의 모습과는 상관없는 호칭이 자신과 동일시된다는 것을 의미하기도 한다. 다른 예를 들자면 축구선수는 어디서나 축구선수일 수는 없다. 포지션을 부여받을 때만 그라운드에서 축구선수가 되는 것이다. 왼쪽 수비수 혹은 오른쪽 공격수 등의 특정한 포지션을 받지 않은 축구선수는 그라운드에 존재할 수 없다. 그런데 우리는 간혹 왼쪽 수비만을 담당하던 선수가 엄청난 돌파력으로 상대 수비수를 제치고 골을 넣는 경우를 보고 놀란다. 그가 수비수임에도 '불구하고' 놀라운 공격력을 보유하고 있기 때문이다. 그러나 그는 과연 수비수일까, 축구선수일까? 수비수라는 포지션으로 그를 호명할 경우 그의 공격력은 예외적인 것이 되지만 축구선수라는 점에서는 뛰어난 축구 실력을 지닌 선수일 뿐이다. 수비수라는 호칭이 곧 그 자신은 아니다.

인간은 누구나 사회 속에서 호칭을 부여받으며 비로소 주체가 되지만 이 주체는 인격 그 자체가 아닌 사회적 관계에 의해서 한정된 기호일 뿐이다. 그러나 개인은 그러한 이데올로기적 호칭을 자신과 동일시한다. 생물학적 근거에서 자신을 여성과 동일시하며, 태생적 이유에서 자신을 황인종으로 동일시한다. 그러나 여성이라는 호칭이나 지위는 역사적 시기마다 혹은 사회적 조건에 따라 모두 다르다. 그렇기 때문에 '여성'이라는 말은 사회적 조건에 의해서 만들어진 인위적 산물에 불과하다. 자신을 여성과 동일시한다는 것은 그러한 사회적 조건 속에서 자신을 하나의 주체로 간주한다는 허구적 상상력의 산물일 뿐이다.

알튀세르의 이데올로기론은 인간이 세계의 주체라는 근대적 신화에 대한 비판을 토대로 마르크스주의를 탈근대화하고 있다. 마르크스주의를 탈근대화하려는 그의 이러한 시도는 앞서 헤겔의 변증법이 지닌 본질주의의 특성을 비판하고 모순을 중첩결정으로 대체하려는 과정에서도 잘 드러난다. 이는 시대의 변화에 대응하지 못하는 마르크스주의의 위기로부터 마르크스주의를 구출하려는 알튀세르의 이론적 노력으로 볼 수 있을 것이다. 그러나 다른 한편으로 보자면 알튀세르의 이론에서 정착 최종적인 심급의 역할을 하는 것은 마르크스주의가 아닌 구조주의일지도 모른다. 이는 알튀세르의 이론이 마르크스라는 인형을 통해서 구조주의자인 알튀세르가 구조주의를 설파하는 복화술일 뿐이라는 독설을 전혀 무시할 수만은 없는 이유이기도 하다.

아는 것은
곧 권력이다

푸코와
르코르뷔지에

대도시의 공간이 격자 모양으로 구획되는 이유는

1970년만 하더라도 사람들에게 길을 그려보라고 하면 꼬불꼬불한 산길을 그린 사람이 적지 않았다. 그러나 근대화라는 말 자체가 과거의 향수를 느끼게 하는 시절이 되면서, 말하자면 근대화가 정착된 이후, 사람들에게 길을 그려보라고 하면 대부분 거의 예외 없이 직선으로 뻗은 자동차 도로를 연상한다. 공간적으로 볼 때 근대화는 도시화의 다른 말이며, 도시화는 효율적인 교통체계를 위하여 인위적으로 정돈된 계획화된 공간화에 다름 아니다.

실제로 모더니즘 건축을 대표하는 스위스 출신의 건축가 르코르뷔지에 Le Corbusier, 1887~1965 의 도시설계 모델은 현재의 도시 구조를 그대로 제시

르코르뷔지에, 빌라 사보아 Villa Savoye, 1928~1931
정돈된 도시와 건축물을 제시했다. 이러한 격자 형태의
반듯한 공간은 위생학과도 관련이 있다. 푸코에 따르면
이러한 도시 구획은 위생학적 명분도 있지만 사람들을
감시하는 권력의 그물망이기도 하다.

하고 있다. 그는 보행하는 사람보다는 차를 중심으로 도시를 공간화하였다. 그의 경험적 관찰에 의하면 110미터마다 교차로가 이어질 때 교통의 흐름이 덜 방해받으면서 사방으로 도로망이 연결될 수 있다. 그리하여 현실적 조건을 무시한다면 가장 이상적인 형태는 110미터의 정방형으로 구획된 공간이 될 것이다. 서울의 경우 근대화 이전부터 도로가 형성된 강북 지역보다는 인위적으로 만들어진 강남 지역이 이러한 모델과 비슷하다. 신도시는 거의 예외 없이 이런 구조에 근접한다.

도시지리학자 데이비드 하비David Harvey, 1935~는 근대 도시의 이러한 공간적 특성을 '시공간의 압축'으로 묘사한다. 이는 말 그대로 시간과 공간이 단축되는 현상을 의미한다. 도시의 근대화 과정은 거리를 단축시키는 것으로 나타나며 이는 반듯한 직선 도로와 격자 형태의 도시 구조로 나타난다. 흥미로운 사실은 이러한 공간적 거리의 단축이 결정적으로 시간의 단축을 위한 것이라는 점이다. 시간의 단축이란 자본의 효율성을 의미하며 이는 궁극적으로 자본의 가치증식을 위한 것이다. 하비가 보기에 근대 도시의 구조는 자본의 가치증식 추구가 만들어낸 결과물이다.

자동차가 일상화된 20세기 이후 도시의 격자 구조는 시각예술에도 정확하게 반영된다. 원래 회화에서 격자grid는 르네상스 시기에 대상을 원근법으로 묘사하기 위하여 사용한 보조 장치였다. 그런데 20세기 모더니즘 회화에서 그리드는 더 이상 대상을 재현하기 위한 장치에 머무르지 않고 그 자체가 형상figure을 창출하는 가장 기본적인 형태로 대상화되었다. 몬드리안의 그림이나 스텔라Frank Stella, 1936~의 그림은 그리드 자체를 대상화하고 있음을 한눈에 알 수 있다. 여기서 모더니즘 회화를 궁극적으로 대변하는 것이 그리드라는 미술이론가 로절린드 크라우스Rosalind Krauss, 1941~의 주장이 결코 과장된 것이 아님을 알 수 있다. 심지어 몬드리안이나 뉴먼 등

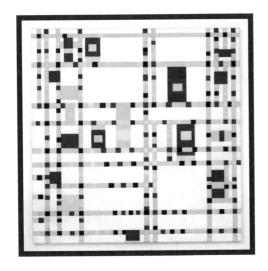

몬드리안, 〈브로드웨이 부기 우기〉
Broadway Boogie-Woogie,
1942~1943
이 작품은 그리드 자체를 대상화하
여 표현했다. 그리드는 모더니스트
들에게는 숭고한 대상이었으나, 푸
코는 모더니즘 시대의 격자화된 도
시 구획은 사람들을 감시하기 쉽게
만들어진 권력의 그물망이라고 비
판했다.

의 모더니스트들에게 그리드는 숭고한 대상이기까지 하였다. 그런데 한편
으로 생각해보면 이러한 그리드는 자연에 있는 것이라기보다는 도시와 같
은 인위적인 공간의 산물임에 틀림없다. 자연 속에 엄격한 그리드 형태의
사물은 존재하지 않는다. 이런 점에서 모더니즘 예술 자체가 도시의 산물
일지도 모른다. 하비의 도시론을 적용해본다면, 모더니스트들에게 이렇게
찬양의 대상이 되는 격자 모양의 공간은 자본주의 사회가 요구하는 사물화
된 공간에 불과한 것이다.

　그러나 격자 형태의 반듯한 도시는 단순한 시공간의 압축으로 환원될 수
없는 또 하나의 측면이 존재한다. 그것은 위생학적 차원과 관련이 있다. 반
듯한 격자 모양의 공간은 어떤 곳에서든 예측이 가능하며 음습한 틈새가
없다. 가령 구불구불하고 울퉁불퉁한 좁은 골목길은 세균을 퍼뜨리는 쥐들
이 이리저리 몸을 피해 다니는 음습하고 후미진 공간이라는 이미지를 지닌
다. 이에 반해서 반듯한 길은 멀리서도 눈에 띄기 때문에 범죄가 발생하기

어려우며 유해한 세균을 퍼뜨리는 동물이나 벌레도 쉽게 눈에 띌 수밖에 없다. 따라서 구불구불하고 좁은 골목길을 추방한 도시 공간은 위생학의 등장을 의미한다.

　프랑스의 철학작 미셸 푸코Michel Foucault, 1926~1984는 도시 공간에서 이러한 위생학의 탄생을 권력pouvoir과 관련지어 사고한다. 푸코는 이러한 격자 모양의 구획된 도시 공간을 '페스트 모델'이라고 칭한다. 주지하다시피 14세기에 발생한 페스트는 유럽에서만 1300만 명이 넘는 대규모의 사상자를 내고 중세 전체를 공포로 몰아넣었던 역사적 사건이었다. 근대에 이르기까지 유럽인들에게 페스트는 엄청난 파괴력을 지닌 끔직한 질병의 상징이었던 것이다. 푸코에 따르면 과거의 비인간적인 나병환자의 격리 수용과 달리 18세기부터 위생학의 태동과 더불어 전염병에 대처하기 위해서 도시를 바둑판 모양으로 구획하였다. 그리고 각 단위마다 군대와 경찰 병력을 배치하였으며, 전염병 환자가 발생하였을 경우 나병환자처럼 격리시키는 대신에 집 안에 가두고 감시하였다.

　푸코에 따르면 이러한 바둑판 모양의 구획은 사실상 위생학적인 명분을 지니고 있고 실제로 그러한 기능을 위한 것이기도 하지만, 동시에 권력이 작동하는 권력의 그물망이기도 하다. 전염병 환자에 대한 감시는 곧 전염병 환자가 될 수도 있는 사람들에 대한 감시로까지 확장된다. 이는 모든 사람들에게 잠재된 전염병의 발병요소를 근원적으로 통제해야 한다는 의식으로까지 이어진다. 감시는 단지 전염병 환자에만 향한 것이 아니라 전염되지 않았으나 전염될 가능성이 언제나 존재하는 우리들 모두를 향한 것이다. 따라서 감시는 포괄적으로 일어난다. 푸코에 따르면 격자 모양, 혹은 바둑판 모양의 도시 공간은 감시의 공간이자 동시에 권력이 작동하는 공간인 것이다.

권력은 보이지 않는다

푸코 사상의 핵심 개념이 '권력'이라는 데 대해서는 이론의 여지가 없을 것이다. 푸코가 권력의 문제에 대해서 예민하였던 것은 자신을 항상 권력의 희생물로 보았기 때문이다. 의사 집안의 아들로 태어나 유복한 환경에서 자라났으며, 그 자신도 대학교수로서 명성을 누렸다는 약력을 보자면 이 말은 도무지 이해가 되지 않을 수도 있다. 그러나 푸코는 동성애자였기 때문에 항상 편견과 따돌림 그리고 무시를 당해야만 했다. 심지어 동성애자로서 그는 정신병자나 끔찍한 환자로 취급당하기도 하였다. 이러한 무시와 배제, 따돌림은 그에게 권력 행사로 느껴졌다.

권력이란 어떤 분명한 실체가 있다기보다는 느껴지는 것이다. 이는 힘의 실체가 분명하지 않은 것과 마찬가지이다. 우리는 힘은 사물이 지닌 어떤 고유한 실체라고 생각한다. 그러나 힘은 사물 자체가 소유한 것이라기보다는, 다른 것과의 관계에 의해서 드러나는 작용에 불과하다. 가령 힘은 중력에 저항하여 물건을 손으로 들어올릴 때, 혹은 타인의 몸을 가격하였을 때 느껴지는 반작용과 자극에 의해서 드러나는 관계 작용이다.

사람들이 권력이라는 말을 떠올릴 때면 흔히 무력이나 재력, 정치적 권한, 힘 등을 생각한다. 물론 권력은 현실적으로 이러한 모습으로 나타난다. 하지만 이러한 것들은 권력이 작동에 의해서 나타나는 현상에 불과하다. 눈에 확연하게 드러나는 권력의 현상은 실은 눈에 보이지 않는 권력, 즉 권력 관계가 겉으로 드러난 것에 불과하다. 권력은 눈에 보이지 않는 곳에서 활동한다. 좀 더 정확하게 표현하자면 권력은 권력자와 피권력자가 맺고 있는 '관계'에 불과하다.

예를 들어 보자. 교수와 학생의 관계에서 교수가 학생에 대해서 권력을 가지고 있다면 그것은 교수가 실제로 어떤 힘을 지니고 있어서가 아니다. 교수의 권력은 교육제도와 여러 가지 교육 장치들이 만들어낸 결과물이다. 마찬가지로 부부관계에서 남편의 권력은 단순히 남편의 경제력이나 물리력에서 나오는 것은 아니다. 그것은 가부장제라는 제도에서 발생하는 남편과 부인의 불평등한 인격관계의 표현에 불과하다. 그렇기 때문에 사실상 권력의 소유자와 피권력자는 불평등한 제도나 구조의 표면적 효과일 뿐이다. 교수도 남편도 권력의 주체가 아닌 불평등한 교육제도나 가족제도의 한쪽 항에 불과하다. 마찬가지로 학생과 부인은 권력관계의 반대항일 뿐이다.

푸코는 권력을 마치 소유할 수 있는 대상물로 간주하는 것을 비판하였다. 그는 권력에 대한 이러한 입장을 권력의 경제주의라고 표현하였다. 푸코가 보기에 이러한 경제주의는 권력이 활동하는 범위를 피상적인 수준으로 제한함으로써 현실의 역학관계를 정확하게 분석해낼 수 없게 만든다. 푸코와 같은 동성애자가 권력관계에서 피지배자가 되는 것은 권력을 소유하고 있지 않아서가 아니다. 그것은 동성애자를 결코 정상적인 성의 범주로 간주할 수 없는 우리 사회의 성 담론discourse과 관련이 있다. 가족의 담론에서 여성은 타자로 배제되며, 정상적인 성의 담론에서 동성애는 비정상 혹은 타자로 배제된다. 푸코에게 권력은 담론의 형태로 실행되는 것이다.

권력은 담론을 필요로 한다

총 세 권으로 이루어진 푸코의 연작 시리즈《성의 역사 1: 지식의 의지》Histoire de la sexualité - Lavolont'e de savoir, 1976에 나오는 한 에피소드로 시작해보자. 이곳에 소개된 에피소드는 다음과 같다. 1867년 어느 날 랍쿠르라는 프랑스의 어느 농촌 마을에서 막노동을 하며 여기저기서 먹고 헛간이나 외양간에서 잠을 자던 한 일꾼이 고발을 당했다. 그 이유는 그가 한 어린 소녀에게 일종의 애무를 강요했다는 것이었다. 사실 이렇게 어린 소녀에게 애무를 강요하는 것은 '응고된 우유'라는 말이 붙을 정도로 당시 사람들이 흔히 하는 장난질이었다. 이 일꾼은 경찰에게 압송되었고 경찰은 의사에게, 그리고 의사는 두 전문가에게 데리고 가서 그의 변태성과 성도착증 정도를 검사하였다.

푸코는 이 사건의 의미를 일상의 작은 무대에 장엄한 권력의 언어가 군림하는 과정으로 보았다. 과거 같으면 이 막노동꾼은 태형이나 단순 구류의 형벌을 받게 되었을 것이다. 그러나 그는 태형이나 구류는 면하게 되었지만, 대신 정상인인지 혹은 성도착증자인지에 대한 검사를 받게 되었다. 말하자면 이 단순한 범죄는 이제 범죄학이나 성과학적 수준의 문제로 격상된 것이다. 범죄학이나 성과학적 기준에 의해서 이 범죄자는 정상인인지 아닌지가 판별될 것이다. 푸코에게 이러한 변화는 새로운 권력관계의 형성을 의미했다.

권력은 단순히 정체의 변화나 정권의 변화, 혹은 제도의 변화에서 발생하는 것이 아니다. 그보다 근저의 세계에서 발생한다. 권력의 변화는 눈에 보이지 않는 곳에서 발생하는데, 바로 이 눈에 보이지 않는 영역이 담론의 영역이다. 담론의 장에서는 이렇게 보이지 않는 권력이 언제나 실행되고 있다. 이렇게 보이지 않는 권력의 행사장으로서 담론은 현실적인 권력을 실행하는 동력이지만 동시에 현실 정치에서는 언제나 가려져 있다. 담론은 권력과 직접 상관없는 방식으로 작동한다. 그것은 정치라기보다는 오히려 진리나 지식의 형태로 출현한다. 그렇기 때문에 우리의 일상에서 가려지는 것이다. 가령 남자는 여자보다 우월하다는 권력의 관계는 생리학, 생물학, 우생학, 심리학 등의 지식을 기반으로 작동하기 마련이다. 이러한 담론은 거의 무의식적으로 눈에 드러나지 않은 심층구조를 형성한다.

아직 담론이나 지식을 권력의 문제와 관련 짓고 있지는 않지만, 권력에 대한 이러한 관점이 이미 맹아적으로 드러나 있는 초기의 주저 《말과 사물》 Les mots et les choses, 1966 에서 이미 푸코는 근대의 커다란 담론 구성체를 세 가지로 구분하였다. 여기서 그는 인간의 의식이나 행동을 결정짓는 무의식적 구조의 존재를 제시한다. 특정한 시기의 모든 지식이나 지각 혹은 진리 체계는 특정한 근본 구조를 바탕에 두고 있는데 그는 이것을 '에피스테메 episteme'라고 부른다. 가령 이 책에서 그는 서구의 근대사회를 커다란 세 개의 에피스테메, 즉 르네상스 시대의 에피스테메, 고전주의 시대의 에피스테메, 모더니즘의 에피스테메로 구분한다. 르네상스 시대의 에피스테메는 유사성에 바탕을 두고 있으며 상징적 의미가 지배적이었다. 이에 반해서 고전주의 시대에는 언어와 분류의 체계가 지배적이었다.

실질적으로 담론의 의미를 지닌 에피스테메의 분석이 여기서는 아직 권력과 관련 없이 서술되고 있지만, 이후의 저술 내용에 비추어볼 때 권력과의 연관성을 충분히 헤아릴 수 있다. 가령 유사성과 상징을 특징으로 하는 르네상스 시대의 에피스테메는 타자와 배타적으로 구분하지 않고 타자에 대해서 양가적인 입장을 취한다. 이에 반해 분류와 체계를 바탕으로 한 고전적 에피스테메는 타자에 대한 철저한 배제를 통해서 자신의 정체성을 확보하는 구조를 암시한다. 푸코가 보기에 이렇게 비체계적인 것을 타자로 간주하여 철저하게 배척하는 권력 관계야말로 근대과학의 실천과 맞물린 것이라는 점을 강조한다. 말하자면 근대적 의미에서의 학문의 출현 자체가 일종의 권력의 표현인 것이다.

지식의 고고학으로부터 권력의 계보학으로

권력에 대한 명시적인 언급과 분석이 본격적으로 나타난 것은 《감시와 처벌》Surveiller et punir, 1975 부터이다. 푸코는 이때부터 자신의 방법론이 고고학에서 '계보학'으로 이전하였다고 주장한다. 여기서 계보학이란 니체의 용어로 어떤 것의 계보를 권력의 역학관계에서 설명하고자 하는 것을 의미한다. 니체는《도덕의 계보학》에서 도덕, 즉 선과 악의 발생을 지배자와 피지배자의 권력적 역학 관계에서 밝히고자 하였다. 사람들의 일반적인 생각과 달리 니체는 인류가 최고의 가치로 삼고 있는 도덕이 사실상 약자가 강자를 억압하기 위해서 만들어낸 권력 찬탈의 산물이라고 주장하였다. 여기서 푸코가 계승한 것은 니체의 도덕관이 아니라 니체가 도덕의 계보를 권력관계에서 해명하려는 계보학적 관점이다.

푸코는 자신의 방법론이 고고학에서 계보학으로 이전하였다고 말하지만 어떤 점에서 보자면 이는 이전이라기보다는 확장으로 보는 것이 더 타당하다.《말과 사물》에서 푸코는 인문과학이 어떠한 지층에서 태동하였으며, 그것이 어떠한 효과를 만들어내는가에 주목했는데, 이는 결국 인문과학의 태동 자체가 권력의 효과를 창출하였다는 결론으로 자연스럽게 이어질 수 있기 때문이다.

어쩌면 푸코가 니체를 가장 잘 계승한 부분도 바로 이 부분이다. 니체는 진리란 객관적이고 절대적인 지식이 아닌 일종의 은유일 뿐이며 그것 자체가 삶의 의지에 대한 표현이자 권력의 산물일 뿐이라고 보았다. 진리가 객관적이고 절대적인 지식인 척 행세하는 것은 바로 그 속에 있는 권력이 자신을 절대화하는 것에 불과하다. 말하자면 진리나 학문은 궁극적으로 권력의 실행을 위한 것이다. 푸코는 니체의 '힘에의 의지Wille zur Macht'를 '앎에의 의지La volonté de savoir'로 살짝 바꾸어 놓았지만, 이는 곧 앎(지식)의 의지가 권력의 실행이나 형성과 연관이 되는지를 분석하고 있을 뿐이다.《말과 사물》의 결론을 다시 활용하자면 인문과학의 탄생 그 자체가 근대의 권력체계와 무관하지 않다. 인문과학의 탄생은 이미 근대적인 지층의 형성과 더불어 성립한 것이며 그러한 지층은 결국 권력관계로 설명될 수밖에 없을 것이다.

푸코는 진리체계로서의 학문과 지식이 권력과 필연적으로 얽힐 수밖에 없는 이유를 다음과 같이 설명한다. "어떠한 사회든지 사회적 육체를 구성하고 특성 짓는 다양한 권력관계가 존재하는데, 이러한 권력관계가 성립하기 위해서는 담론의 생산과 축적 및 유통이 불가피하다. 왜냐하면 권력관계를 구축하는 진리의 담론이 생산되지 않고서는 어떠한 권력도 행사할 수 없기 때문이다. 즉 우리는 권력을 통하여 진리가 생산되는 메커니즘에서 빠져나올 수 없으며, 역으로 진실의 생산 없이는 어떠한 권력도 행사할 수 없다."

이를 간단히 정리하면 다음과 같다. 어떤 권력관계가 사회적으로 실행되어서 유포되고 순환되기 위해서는 담론의 체계가 필요한데, 그러한 담론의 체계는 일종의 진리체계 혹은 지식체계이다. 그러므로 권력과 지식은 불가분의 관계를 맺는다. 예를 들자면 인문과학의 출현은 그 자체가 권력과 불가분의 관계에 있다. 정상과 변태의 구분에 바탕을 둔 성의 과학 또한 지식이 권력과 함께 형성된다는 사실을 적나라하게 보여준다.

훈육은 권력의 또 다른 모습이다

《말과 사물》과 더불어 계보학으로 이전하기 이전인 고고학의 시기를 대표하는 또 다른 저작인 《광기의 역사》Histoire de la folie à l'âge classique, 1961 의 결론 또한 자연스럽게 권력의 문제로 귀결된다. 자신의 박사학위 논문이기도 한 이 책에서 푸코는 광기의 고고학을 추적한다. 여기서 푸코는 광기란 서구 사회의 질서를 지키기 위한 타자로서 출현하였음을 분명하게 밝히고 있다. 그는 서구 사회의 질서가 이성에 기초한 것이라고 정당화하기 위해서 광기라는 타자가 반드시 필요하였음을 역사적으로나 논리적으로 밝히고 있다. 광기의 역사를 밝힌다는 것, 즉 광기의 고고학은 결국 이성의 타자로서 광기가 어떻게 정립되어 왔는가를 밝히는 것과 동일하다.

여기서 그는 서구의 최고 가치인 이성이 지닌 억압적 성격을 폭로한다. 중세 시대에도 광기는 비난받았지만 그것은 동시에 두려움의 대상이자 심지어 경우에 따라서는 성스러운 것으로 간주되기도 하였다. 르네상스 시대에서조차 광기는 아이러니하지만 고상하기도 한 이성의 예외적인 형식으로 간주되었다. 말하자면 근대 이전에는 광기에 대해서 두렵기도 하지만 범접할 수 없는 기운이라는 상반된 감정이 병존하고 있었다. 그런데 1656년 파리에서 병원이 설립되고, 18세기 말에 이르러 윌리엄 튜크William Tuke, 1732~1822와 필리프 피넬Philippe Pinel, 1745~1826이 미치광이 해방을 위해서 특수시설을 설립한 순간 이러한 병존의 시대는 끝나고 만다. 왜냐하면 푸코가 고전 시대라고 부르는 바로 이 시기에 광기는 정신병의 일종으로 간주되어 치료의 대상이 되었기 때문이다. 이는 곧 정신병을 다루는 학문의 탄생과 맞물려 있다. 여기서 광기는 이성의 타자로서 철저하게 배격해야 할 대상이 되고 만다. 그리고 역설적이게도 이성은 이러한 타자를 철저하게 억압하고 배제함으로써 자신을 정당화시킨다.

《광기의 역사》에 나타난 광기에 대한 고고학적 발견은 이성의 엄청난 폭력적 권위를 파헤치는 과정이라는 점에서 이미 권력의 분석과 관련이 있다. 이렇게 보자면 푸코의 고고학이 계보학으로 확장한 것은 너무나도 자연스러운 결과처럼 보인다. 실제로《감시와 처벌》에서 밝히고 있는 권력 작용의 변천은《광기의 역사》나《말과 사물》에서 나타난 시기적 분류와 거의 일치한다. 여기서 푸코는 앎의 의지와 관련하여 특정한 복종양식이 어떻게 인간을 대상으로 한 과학적 지식의 담론으로 생산되는가를 계보학적으로 밝힌다. 그가 주목하는 것은 18세기 계몽주의자들에 의해서 실행된 인간주의적인 감옥 제도이다. 그리고 이는 군주의 절대 권력으로부터 훈육에 의한 권력으로의 이행을 보여준다.

계몽주의 시기 이전에 처벌은 매우 끔찍한 형태로 이루어졌다. 아마도 역사상 가장 끔찍한 공개처형 중 하나가 푸코가 소개한 다미앵의 사례일 것이다. 루이 15세의 하인인 다미앵은 국왕 살해를 시도한 범인으로 지목되어 파리 성당 앞에서 공개처형을 당했다. 그는 셔츠만 걸치고 2파운드의 무게가 나가는 불타는 양초 횃불을 든 채로 이륜마차를 타고 그레브 광장으로 끌려간다. 그곳에 세워진 교수대 위에서 가슴과 팔, 허벅지 그리고 종아리의 살점들은 발갛게 달구어진 집게에 집혀 떨어져 나갔고, 그가 국왕을 살해하려고 했을 때 칼을 잡았던 오른손은 황산으로 태워졌다. 바닥에 떨어진 살점들 위에는 용해된 납과 끓는 기름이 부어졌고, 황산과 불타는 송진과 양초 및 황산 혼합액으로 다시 태워진 다음 사지는 말에 묶여 찢어졌다. 다시 그의 사지와 몸뚱이는 화장되어 재가 된 후 바람 속에 날려 보내졌다.

이러한 끔찍한 처벌은 계몽주의 시대의 박애주의와 함께 사라지고 태형이 아닌 회개를 위한 감옥이 등장한다. 하지만 인간해방이라는 고귀한 이상의 근저에서 계몽사상은 전통사회에서보다 훨씬 더 효율적이고 전방위적인 통제가 가능한 '도덕기술'을 개발하였다. 이제 처벌이 아니라 훈육이 그 자리를 차지하게 된 것이다. 사실 형벌제도를 개혁하고자 한 계몽주의적 개혁가들은 형벌의 양을 줄이기보다는 형벌을 더 효과 있게 만드는 데에 관심이 있었다. 가혹성은 완화시키되, 형벌의 보편성과 필연성을 높여 처벌 권한을 사회 내에 좀 더 깊숙하게 집어넣기를 원했던 것이다. 감옥은

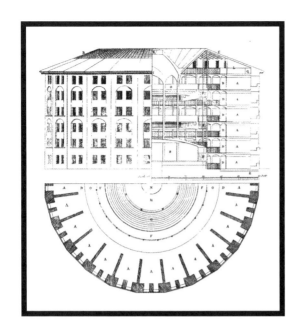

벤담의 팬옵티콘
범죄자를 교화하기 위해 감옥을 만들었지만 감옥의 당위성은 오히려 일탈이 많아지는 데 있다. 푸코에 따르면 감옥제도는 범죄자를 교화하는 것이 아니라 체계화하고 유형화하는 것이다.

교도소 혹은 회개소가 된 것이며, 처벌은 훈육의 형태로 자리 잡는다.

여기서 푸코는 그 유명한 벤담 Jeremy Bentham, 1748~1832의 '팬옵티콘 panopticon'을 거론한다. 벤담의 팬옵티콘은 널리 실행되지는 않았지만 상징적인 의미를 갖는다. 흥미롭게도 팬옵티콘의 상징적 의미는 팬옵티콘의 본래 기능이 실패할 경우 더욱 잘 드러난다. 가령 경험적으로 볼 때도 훈육을 목적으로 한 감옥제도는 범죄를 예방하거나 범죄자를 교도하는 데 성공하지 못한다. 그러나 바로 그러한 점 때문에 사실상 감옥제도는 성공한 것이다. 훈육의 당위성은 일탈의 범람을 전제하기 때문이다. 그렇기 때문에 갱생이나 교화 대신에 사회적 악을 양성하는 이러한 감옥제도는 규범과 도덕적 지식이라는 규율의 보편화를 통해서 권력과 지식이 밀접하게 연계되어 있음을 보여준다. 푸코는 감옥제도가 범죄를 억제하거나 범죄인을 교화하기보다는 그것을 구분하고 배분하여서 이용하는 데 활용되며, 범법을 체계화하고 유형함으로써 형벌체계를 구체화하는 것이라고 말한다.

결론적으로 정상과 비정상, 위생적인 것과 병리적인 것, 이성과 광기의 구분은 그 자체가 권력의 행사와 밀접한 관련이 있다. 그러한 권력은 반듯하게 격자 모양으로 구획된 도시의 공간 자체에서도 끊임없이 행사되며, 그것을 뒷받침하는 학문의 체계에서도 작동한다.

체계는 폐쇄적이면서 개방적으로 작동한다

루만과 워홀

앤디 워홀의 〈브릴로 상자〉는 예술 세계의 종말을 의미하는가?

미국의 팝아트를 대표하는 앤디 워홀Andy Warhol, 1928~1987은 토론토에서 열리는 전시회를 위해서 작품을 비행기에 실어 보냈다. 당시 캐나다는 미국과 마찬가지로 예술작품에 대해서는 관세를 부과하지 않았다. 그런데 워홀의 작품을 본 세관원은 그의 작품에 관세를 부과했다. 후에 미국과 캐나다 미술계에서 캐나다 정부에 강력하게 항의하여 관세 부과가 취소되었지만 이는 워홀뿐만 아니라 현대미술 자체와 관련된 유명한 일화로 남게 된다. 이 유명한 일화의 주인공인 앤디 워홀의 작품은 다름 아닌 〈브릴로 상자〉Brillo Box, 1964다. '브릴로'는 당시 캐나다를 포함하여 미국에서 가장 대중적인 가루 세제 상품으로서 워홀의 작품은 외관상 시중에서 유통되는 브릴로 상자와 구분이 되지 않을 정도로 흡사하다. 따라서 세관원이 워홀의 작품에 관세를 매긴 것도 무리는 아니다. 사실상 워홀의 〈브릴로 상자〉와 실제 '브릴로 상자'는 물리적으로 차이가 없으며 워홀 또한 그러한 차이를 없애고자 하는 의도를 분명히 가지고 있었다. 그렇다면 도대체 예술작품과 일상용품 간에 어떠한 차이가 있으며, 일반 브릴로 상자와 달리 워홀의 브릴로 상자만 예술작품으로 취급되어야 할까?

　미국의 미술평론가이자 철학자인 아서 단토Arthur Danto, 1924~2013는 〈브릴로 상자〉의 등장이 '예술의 종언The End of Art'을 의미한다고 주장한다. 앤디 워홀의 찬양자이기도 한 그는 〈브릴로 상자〉와 함께 더 이상 예술작품이 물리적으로 일상의 사물과 구별될 수 없다고 본다. 이보다 훨씬 이전인 1917년에 뒤샹Marcel Duchamp, 1887~1968은 우리에게 잘 알려진 〈샘〉 Fountain, 1917이라는 작품을 전시하여 당시 모든 사람에게 충격을 주었다. 실제로 화장실에서 사용되던 변기를 전시했다는 것은 우리에게 익히 잘 알려져 있다. 이른바 예술을 목적으로 만들어지지 않은 일상적 사물, 즉 '기성품(레디메이드Ready-made)'을 예술작품으로 전시함으로써 뒤샹은 예술과 일상의 경계에 의문을 제기한 것이다. 하지만 워홀의 작업은 이를 넘어서 기성품을 사용한 것이 아닌 기성품을 창작한 것이다. 그렇게 함으로써 워홀이 브릴로 상자를 만드는 행위와 실제 공장에서 상자를 생산하는 제작 행위를 서로 구별할 수 없게 된다. 워홀이 자신의 작업실을 '아틀리에'라고 부르지 않고 '팩토리(공장factory)'라고 부르는 것도 바로 이러한 맥락에서다.

　단토에 따르면 이제 예술작품의 '생산(제작)'은 무의미하게 되었으므로 〈브릴로 상자〉의 등장은 예술의 종언을 선언하는 것이나 다를 바 없다. 그러나 단토가 말하는 예술의 종언은 정말로 예술이 더 이상 존재하지 않음을 뜻하지는 않는다. 워홀 이후에도 여전히 예술가는 존재하며 그들은 예

워홀, 〈브릴로 상자〉 Brillo Box, 1964 (위)
뒤샹, 〈샘〉 Fountain, 1917 (아래)
뒤샹의 〈샘〉이 기성품을 가져다 그대로 전시하여 예
술과 일상의 경계가 무엇인지를 질문했다면 워홀은
〈브릴로 상자〉라는 작품을 통해 기성품을 직접 생산
함으로써 물리적 사물과 예술작품의 구별을 없애버
렸다. 아서 단토는 이를 예술의 종언이라 선언했는
데 니클라스 루만에 따르면 〈브릴로 상자〉는 오히려
예술이 스스로의 기준을 만드는 체계로 독립분화했
음을 나타내는 사건으로 해석할 수 있다.

술작품을 생산한다. 이러한 사실을 정말로 단토가 부정하고 있는 것일까? 물론 아니다. 단토가 선언한 예술의 종언이란 더 이상 전통적인 의미에서의 예술은 존재하지 않음을 의미한다. 앤디 워홀의 〈브릴로 상자〉와 실제 브릴로 상자에 대한 물리적 구분은 의미가 없다. 인물을 캔버스에 그리든, 사진으로 찍든, 실크스크린으로 프린팅하든 어떤 것을 특별히 예술작품이라고 규정할 수도 없다.

하지만 이러한 상황을 거꾸로 생각할 수도 있다. 물리적인 측면에서 앤디 워홀의 〈브릴로 상자〉는 기성품과 구별되지 않지만 우리가 그것을 예술로 간주하는 것은 물리적인 측면에서가 아니다. 그것이 지닌 '의미' 때문이다. 미술에서 이렇게 예술의 물리적인 실체를 인정하지 않고 의미를 곧 예술의 원천으로 간주하는 것을 '개념미술conceptual art'이라고 부른다. 단토가 예술의 종언을 선언한 것은 달리 보면 개념미술의 시작을 의미한다. 물론 개념미술은 워홀 이전에도 이미 존재했다. 뒤샹의 사례가 이에 해당한다. 그가 전시한 변기는 물리적인 측면에서 예술적 가능성을 보여주는 작품이 아니다. 오히려 예술품으로 간주될 가능성이 가장 적은 사물을 전시함으로써 예술에 대한 문제를 제기한다.

단토는 예술을 목적으로 만들어지지 않은 어떤 일상적인 사물도 예술적 의미를 부여할 경우 얼마든지 예술작품이 될 수 있다고 본다. 그는 이를 '일상적인 것의 변용'이라는 말로 압축하여 표현한다. 이제 별도의 예술작품은 존재하지 않으며, 어떤 것도 예술작품이 될 수 있다. 하지만 그러기 위해서는 그것이 예술작품으로서 인정받을 수 있는 자격, 즉 예술작품으로서의 의미를 지녀야 한다. 이제 예술작품은 그것이 사람들에 의해서 예술작품으로 인정받을 수 있는가 없는가에 의해서, 즉 소통에 의해서 결정된다. 예술작품으로 소통된다는 것은 예술작품으로 인정받았다는 것을 의미한다. 독일의 사회학자 니클라스 루만Niklas Luhmann, 1927~1998은 단토의 예술의 종언이 결국 예술은 소통의 체계라는 사실임을 보여주는 것이라고 주장했다.

사회는 체계들로 이루어진 체계다

독일의 사회학자이자 철학자인 니클라스 루만의 사상은 한 마디로 '사회 체계이론die Soziale Systemtheorie으로 집약할 수 있다. 루만의 사회체계이론은 미국의 사회학자 탤컷 파슨스Talcott Parsons, 1902~1979에게서 빌린 것이지만 그 의미를 새롭게 재편하고 확장하여 독특한 이론으로 발전시켰다. 루만은 사회가 많은 체계로 이루어진 하나의 체계라고 본다. 여기서 체계란 고유의 질서에 의해서 유지되는 일관된 존재나 상태를 뜻한다. 사회를 이루는 대표적인 체계는 법, 종교, 경제, 도덕, 문화, 예술 등을 들 수 있다. 열거한 것들이 하나의 체계라는 말은 매우 상식적인 것처럼 들린다. 법이든 종교든 각기 고유한 질서에 의해서 유지되는 것은 분명하기 때문이다.

그러나 그동안 우리는 정작 이러한 체계가 어떠한 원리에 의해서 만들어지며 어떻게 작동하는지에 대해서는 주목하지 않았다. 루만은 체계의 작동 원리를 '오토포이에시스autopoiesis'로 설명한다. 오토포이에시스란 칠레 출신의 생물학자 움베르토 마투라나Humberto Maturana, 1928~2021와 프란시스코 바렐라Francisco Varela, 1946~2001가 창안한 생물학적 개념이다. 이는 고대 그리스어 '아우토(스스로)'와 '포이에시스(생산)'의 합성어로서 '스스로 생산 혹은 조직화'한다는 뜻이며 우리말로는 '자기생산' 혹은 '자기보존'으로 해석할 수 있다. 식물은 광합성 작용을 잘하기 위해서 자신의 조직을 광합성에 맞춰 체계화하고 이를 끊임없이 재생산하며, 호랑이는 자신보다 크고 힘센 동물들을 제압하기 위해서 발톱과 근육을 체계화하고 끊임없이 재조직한다.

루만이 오토포이에시스의 개념에서 가장 주목한 것은 '폐쇄성die geschloßenheit, closedness이라는 특성이다. 폐쇄성이란 모든 생물체가 자기 보존을 하기 위해서 갖는 고유한 체계를 의미한다. 이는 에스토니아 출신의 동물학자 윅스킬Jakob Johann von Uexküll, 1864~1944의 '둘레세계'라는 개념을 통해서 더 명확하게 이해할 수 있다. 윅스킬에 따르면 모든 동물은 각기 고유한 둘레세계를 만들고 이 세계 속에서만 존재할 수 있다. 가령 짚신벌레는 모든 생물체를 피해야 할 대상으로 간주해 도망가며 오직 부패한 박테리아만 피하지 않고 먹이로 삼킨다. 짚신벌레에게 노란색과 빨간색의 구별, 어류와 조류의 구별 등은 무의미할뿐더러 생존에 해가 될지언정 도움이 되지 않는다. 짚신벌레의 세계는 무조건 피해야 할 것과 먹을 수 있는 것, 두 가지의 신호만 있는 폐쇄적 체계로 형성된다. 이것이 짚신벌레가 자신을 유지하고 재생산하는 자기보존의 방식이다.

짚신벌레의 자기생산 과정은 자신에게 유의미한 둘레세계와 그 바깥에 존재하는 환경을 구별짓는 일이라고 할 수 있다. 짚신벌레는 물, 수초, 물고기, 플랑크톤, 달팽이, 조개, 호수, 강 등의 환경에 둘러싸여 있지만 그러한 구별은 무의미하다. 피해야 할 것과 먹을 것이라는 두 가지 신호만이 짚신벌레가 스스로를 유지하는 체계이며 나머지 것은 체계 바깥에 있는 것, 즉 환경일 뿐이다. 이러한 구별은 루만의 '체계'에 그대로 적용된다. 루만에게 체계는 폐쇄성을 통해서 작동하며 그러한 폐쇄성은 체계와 환경의 구별 unterschiedung, distinction에 의해서 성립하기 때문이다.

루만에 따르면 법은 단순히 사회의 한 영역이 아닌 그 자체가 하나의 독립된 체계다. 법이 독립적인 체계가 될 수 있는 것은 바로 법이 자신만의 고유한 폐쇄성에 의해서 작동하기 때문이다. 법은 세상의 모든 일을 적법 rechtmäßig, legal 한가 적법하지 않은가unrechtmäßig, illegal의 기준에 따라서

만 판정한다. 법은 어떤 것이 경제적으로 유용한지 혹은 도덕적인지 비도덕적인지에 대해 판단하지 않는다. 법이 법 자체의 기준이 아닌 경제적 측면에서 적법성을 판단할 경우 법은 위태롭게 되며 궁극적으로 법체계 자체가 무의미해진다. 경제나 학문, 예술, 도덕 등은 법의 체계와 무관하며 법의 체계 바깥에 존재해야 한다. 말하자면 이것들은 모두 법의 체계 외부에 존재하는 환경이다. 법은 자신의 체계 외부의 것, 즉 환경과의 구별에 의존하며 폐쇄성을 지닌다. 어떤 행위가 적법한지 아닌지에 대한 판단은 오로지 법 자체를 참조해야 한다. 루만은 이를 체계의 '자기참조selbstreferenz'라고 부른다. 루만의 입장에서 볼 때 만약 법적인 판단이 종교적인 측면에서 혹은 경제적인 측면에서 작동한다면 이는 법이 온전한 체계로 '독립분화ausdifferenzierung'되지 못했음을 의미한다. 가령 중세의 종교재판은 법이 독립분화된 체계가 아니었음을 방증한다. 어떤 체계가 온전히 독립적인 체계로 작동한다는 것은 그 체계 이외의 어떤 외부를 참조하지 않는 자율적이고 폐쇄적인 체계임을 뜻한다.

그러나 폐쇄적인 체계는 변화에 대한 개방성 없이는 유지될 수 없다

체계의 폐쇄성과 독립성은 체계가 환경과 무관하게 존재하며 현재의 상태를 고집한다는 뜻이 아니다. 오히려 그 경우 체계는 유지될 수 없다. 가령 법은 바깥의 다른 체계와 완전히 독립적인 자기완결적 체계로서 폐쇄적이지만 환경의 변화에 따라 변하지 않으면 유지될 수 없다. 중세 시대의 법이 지금까지 변하지 않고 유지되었다면 오늘날 법을 따르는 사람은 없을 것이다. 우리 사회도 군사독재 시절의 법이 변하지 않고 오늘날까지 지배력을 행사했다면 사람들은 법을 신뢰하지 않을 것이다. 종교도 마찬가지다. 기독교든 불교든 모든 종교는 법이나 예술 혹은 경제와는 다르며 이들의 간

섭을 완전히 배제한다는 점에서 폐쇄성을 지닌다. 하지만 기독교가 변하지 않은 채 로마 시대와 동일한 체계를 고수했다면 오늘날 기독교를 따르는 사람은 거의 없을 것이다. 기독교는 매 순간 변화하면서 자신의 고유한 독립성(폐쇄성)을 유지해왔다. 불교 역시 그렇다.

따라서 체계는 변화하지 않으면 유지될 수 없다. 체계가 환경으로부터 자신의 독립성과 폐쇄성을 유지하기 위해서는 역설적이게도 환경의 변화에 반응하여 스스로 변화해야 한다. 루만에게 체계란 폐쇄성을 지니면서도 매 순간 변화해야 하는 개방성을 지닌다. 루만의 체계를 이해하기 위해서는 폐쇄성과 개방성의 공존이라는 역설을 이해하는 것이 필수적이다. 그는 이러한 역설적 상황을 필연성notwendigkeit, necessity과 우연성zufälligkeit, contingency의 공존이라고도 말했다. 논리학에서는 필연성과 우연성은 공존할 수 없으며 서로 배리背理관계에 있다. 그러나 루만은 이러한 논리학의 모순이 현실의 법칙은 아니라고 주장했다. 왜냐하면 현실적으로 어떠한 필연성도 우연성과 공존하기 때문이다.

가령 내일 해가 동쪽에서 뜬다는 것은 필연적이다. 하지만 뜨지 않을 가능성도 분명히 존재한다. 햇빛이 쨍쨍 내리는 지금부터 1분 이상 맑은 날씨가 지속되는 것은 필연적인 사태처럼 보인다. 하지만 우발적으로 비가 내릴 가능성도 분명히 존재한다. 아직까지 그런 경험이 없다고 해서 영원히 없는 것은 아니다. 사실 어떤 필연성도 그 속에 우연(발)성을 지니고 있다. 필연성이라는 것은 발생의 개연성probabilität, probability, (확률)이 높다는 것이며, 우연성은 개연성(확률)이 떨어진다는 것일 뿐이다. 심지어 우리가 절대적이고 필연적이라고 믿는 수학적 법칙, 가령 1+1=2라는 명제 또한 필연적이라고 할 수 없다. "2,3,5,7,11,13……" 등 소수의 수학적 패턴을 설명하는 수학자 리만Georg Friedrich Bernhard Riemann, 1822~1862의 가설은 우리가 필연적이라고 믿는 이러한 연산법칙이 아닌, 다른 법칙을 가정할 때 설명할 수 있다. 우리에게 발생하는 현상을 개연성(확률)에 의해서 설명하는 루만의 방식은 그의 시대에는 생뚱맞게 보였을 테지만, 통계적 확률의 원리에 의해서 작동하는 인공지능의 등장 이후 그의 이론은 사이버네틱스cybernetics의 선구로 간주될 수도 있다. 다시 법의 예를 들자면 법은 절대적인 필연성에 의해서 작동해야 한다. 그렇지 않다면 법은 절대적 구속력을 지닐 수 없을 것이다. 하지만 그러한 필연성은 언제든지 상황에 따라서 가변적일 수 있다. 말하자면 법은 필연적 구속력을 지니지만 현실적 상황에 맞게 변화해야만 그러한 구속력을 유지할 수 있다.

그렇다면 체계는 어떻게 개방성을 지닐 것인가?

체계가 폐쇄적이면서도 동시에 개방적이어야 한다는 루만의 생각을 이해했다고 하더라도 남는 문제가 있다. 체계가 환경과의 구별을 통하여 자기완결적이며 폐쇄적으로 작동한다는 것은 비교적 쉽게 설명이 된다. 하지만 이러한 체계가 어떠한 방식으로 변화를 수용하는 개방성을 지닐 수 있을까에 대한 답은 쉽게 내리기 힘들다. 여기서 우리는 '관찰observation'이라는 개념을 살펴보아야 한다. 관찰이란 구별의 주관적 활동을 말한다. 루만의 체계이론에서 구별은 체계와 환경의 구별을 의미한다. 어떤 행위가 적법한 것인가 아닌가를 판정하는 행위는 법이라는 체계와 환경의 구별을 의미한다. 어떤 행위가 적법하다면 그것은 법적 체계 내에 있다는, 즉 합법적이라는 뜻이며 반대로 불법이라면 법적 체계에서 벗어나 있음을 의미하기 때문이다.

이러한 구별은 관찰이라는 행위적 표현으로 나타낼 수 있다. 'observer'는 '관찰하다'는 뜻도 있지만 질서를 '지키다'는 뜻도 있다. 두 가지 뜻은 하나로 통합된다. 관찰한다는 것은 어떤 질서를 전제하고 있기 때문이다. 가령 태양의 움직임을 관찰할 때 태양이 움직인다고 관찰하는 것은 천동설의 질서를 따르는 것이며, 거꾸로 지구가 움직인다고 관찰하는 것은 지동설의 질서를 따르는 것이다. 법적 판단, 즉 사건에 대한 판사의 관찰은 자신이 속한 법적 체계의 질서에 따라서 어떤 행위가 적법한 것인가 아닌가를 구별하는 행위다. 따라서 관찰은 구별·행위이며, 근본적으로 체계와 환경의 구별이다. 루만은 이러한 관찰을 '1차질서 관찰die Observation der ersten ordnung, observation of the first order'이라고 부른다. 1차질서 관찰이란 법원의 판단처럼 그것이 적법한가 아닌가를 체계의 질서에 따라 구별하는 행위다.

그런데 이러한 1차질서 관찰만으로는 체계가 유지될 수 없다. 1차질서 관찰은 질서를 따를 뿐 그 질서 자체를 관찰할 수 없기 때문이다. 법원의 판단은 1차질서 관찰로서 질서에 따른 구별일 뿐 그 질서(즉, 법의 규정)의 적합성 여부를 관찰하지는 않기 때문이다. 따라서 1차질서 관찰은 법 자체의 변화에 관여할 수 없다. 자신을 관찰할 수 없기 때문이다. 그렇기 때문에 법체계의 변화는 법 자체에 대한 관찰을 통해서만 가능하다. 루만은 이러한 관찰을 '2차질서 관찰die Observation der zweiten ordnung, observation of the second order'이라고 부른다. 이러한 관찰이 2차질서 관찰인 이유는 바로 1차질서 관찰을 대상으로 하는 관찰이기 때문이다. 말하자면 1차질서 관찰은 주어진 법의 질서에 따른 관찰이지만, 2차질서 관찰은 그러한 1차질서 관찰이 따르는 질서 자체가 적법한 것인지에 대한 관찰을 의미한다.

우리는 이러한 관찰을 '메타관찰' 혹은 '자기관찰'로 생각하기 쉽지만 루만은 이러한 견해를 철저히 거부한다. 왜냐하면 법이라는 체계는 스스로를 관찰할 수 없기 때문이다. 어떤 법이 타당한지 아닌지는 다른 체계의 관점, 즉 다른 질서의 관점에서만 볼 수 있다. 가령 어떤 법이 적절한지에 대한 판정은 그 법이 과연 도덕적으로 정의로운 것인지 혹은 경제적으로 복리증진에 도움이 되는 것인지 같은, 도덕이나 경제라는 다른 질서에 의해서만 가능하기 때문이다. 그리고 이러한 관찰의 정당성은 다른 관찰자들의 합의를 전제로 한다는 점에서 소통kommunikation, communication을 전제한다. 물론 오늘날 사회에서 법은 이미 2차질서 관찰을 수용하고 있다. 그러나 이때 2차질서 관찰은 체계의 변화와 발전의 기제로서 나타나지 않는다. 가령 변호사나 검사는 법에 따른다는 목적이 아니라 법의 게임에서 이기는 것을 목적으로 한다. 그들에게 법은 준수해야 할 어떤 것이 아니라 소송에서 이기기 위해서 활용해야 하는 어떤 것이며, 자신의 논변을 설득력 있게 전달해야 하는 소통의 수단이기 때문이다. 2차질서 관찰이 결코 체계의 변화를 이끄는 원동력으로 작동하지 않는 것이다. 이러한 상황은 경제, 정치, 도덕, 학문 등 모든 체계에서 공통적으로 나타난다. 체계가 자기변화를 위해서는 2차질서 관찰을 필요로 하지만, 그러한 2차질서 관찰이 체계의 변화를 이끄는 원동력이 되지는 못한다.

다시 브릴로 상자로! 체계로서의 예술이 본격적으로 탄생하다

예술에 주목하지 않았던 루만이 급격한 관심을 보인 이유는 예술이 하나의 체계로서 매우 독특한 특성을 지니고 있음을 발견했기 때문이다. 다른 체계와 달리 예술은 2차질서 관찰이 그 체계의 근본적인 성격을 결정한다. 물론 예술이 처음부터 그러한 것은 아니다. 이러한 특성을 지니게 된 것은 예술이 하나의 독립적인 체계로 독립분화했기 때문이다. 루만이 보기에 예술이 이렇게 완전하게 독립적인 체계로 분화한 것은 결코 오래된 일이 아니다. 20세기 이후에야 가능해진 일이다. 그 이전에 예술은 자신의 외부 환경(예술 이외의 분야인 종교, 과학, 학문, 도덕 등)으로부터 완전하게 구별되는 자신만의 폐쇄성을 지니지 못했다.

고대 그리스 시대에는 학문이 세계를 모방하는 것처럼 예술 또한 세계를 잘 모방했는지 아닌지가 그 평가 기준이었다. 중세에는 종교적인 기준에 의해서 예술의 가치가 평가되었다. 르네상스 시대에는 예술의 제작 방식, 가령 세상을 재현하는 원근법과 같은 과학적인 기준이 예술의 판정 기준이었다. 이후 낭만주의를 거치면서 미학이 등장해서 '미das schöne, the beautiful'와 '추das häßliche, the ugly'를 결정하는 '취미geschmack, taste'가 예술의 판정 기준이 되었다. 얼핏 보면 예술이 독립적인 한 분야가 된 것처럼 보이지만 루만이 보기에 이는 예술의 독립과는 무관하다. 참과 거짓의 학문적 잣대를 아름다움과 추함에 적용하는 것이기 때문에 미학은 예술의 원리가 아닌 예술을 학문화하려는 시도에 불과하다.

예술에서 미와 추는 미리 정해진 기준이나 질서에 의해서 구별될 수 없다. 미와 추는 예술을 작동시키는 전통적인 코드지만 다른 체계들의 코드와는 그 특성이 다르다. 법 체계의 '적법/위법', 학문 체계의 '참/거짓', 도덕 체계의 '선/악', 종교 체계의 '믿음/불신' 등의 코드는 관찰자들이 따라야 할 질서로 주어진다. 종교적 차원에서는 어떤 행위에 대해서 그것이 적법인가 위법인가가 아니라 믿음인가 불신인가가 절대적이다. 학문의 경우에는 믿음이 아니라 참인가 거짓인가에 의해서 이론의 가치가 결정된다. 이러한 판단은 모두 1차질서 관찰에 해당한다. 어떤 행위나 사안을 정해진 기준에 의해서 판단하는 것이기 때문이다. 하지만 예술에서 미/추 코드는 미리 정해진 어떤 기준이 아니라 개별 예술작품 자체가 미에 대한 주장을 포함한다.

예술가는 지금까지 받아들여지지 않았던 자신의 작품을 예술로 승인하게 만든다. 이는 곧 예술작품으로 승인될 기준이 미리 정해져 있지 않음을 의미한다. 예술가의 작업이 예술로 인정받을 수 있는가 아닌가는 오로지 소통의 문제가 된다. 즉 사람들이 그것을 예술작품으로 인정하느냐가 예술의 관건인 것이다. 따라서 애초에 예술가는 자신의 작업이 다른 사람들에게 예술로 인정받을 것인가를 염두에 둔다. 설혹 다른 사람의 인정 여부에 관심을 쏟지 않는 예술가라 할지라도 궁극적으로는 언젠가 자신의 작품이 예술로 인정받을 것이라는 확신을 전제로 작업한다. 그렇기 때문에 이제 예술은 주어진 기준에 따라 관찰하는 1차질서 관찰이 아닌 스스로를 관찰하는 2차질서 관찰이다. 이럴 경우에만 예술은 다른 체계와 다른, 자신만의 고유한 독립성을 갖게 되고 온전한 체계가 되는 것이다.

〈브릴로 상자〉의 출현은 루만이 보기에는 예술의 종언이 아니라 예술이 진정한 독립적 체계로 분화했음을 시사한다. 예술작품이 물리적 속성에 의해서 예술이라는 자격을 갖추는 것이 아님은 결국 예술작품이 소통의 문제가 된다는 것을 의미하기 때문이다. 또한 이는 예술이 이미 주어진 예술의 기준에 따라서 예술과 비예술을 구별하는 1차질서 관찰이 아닌 스스로 예술의 기준 자체를 만들어내는 2차질서 관찰에 바탕을 두고 있음을 의미한다. 루만에게 독립된 체계로서의 예술은, 근대 사회 이후 2차질서 관찰을 중요시하면서도 그러한 2차질서가 체계의 변화를 위한 원동력으로 작동하지 않는 다른 체계들과 달리 예술가가 지향해야 할 이상적인 체계의 모델로서 기능한다.

인간을 넘어서
사물과 연대하는
하이브리드의 세계

브뤼노 라투르와
미카 로텐버그

인간/비인간의 구별은 허상이다

오렌지 주스를 만들기 위해서는 오렌지를 쥐어짜야 한다. 압축된 오렌지는 즙만 남기고 수분이 빠진 앙상한 조직이 되어 버려진다. 비단 과일만 쥐어짜는 것은 아니다. 맛있는 스튜를 만들기 위해서 닭이나 소의 살을 팔팔 끓는 물에 오랜 시간 삶아낸다. 치킨스톡이나 곰탕을 만들기 위해서도 동물의 살을 오래 끓여야 한다. 이렇게 쥐어짜는 이유는 분명하다. 겉으로는 보이지 않는 감춰진 한 방울까지도 완벽하게 끄집어내기 위해서다. 쥐어짠다는 것은 말 그대로 마지막 한 방울까지 착취하기 위한 행위다. 이러한 착취가 정당화될 수 있는 이유는 쥐어짜는 대상이 인간이 아니기 때문이다. 즉 비인간은 인간을 위해서 쥐어짜도 무방한 착취의 대상으로서 휴머니즘이 적용되어야 할 대상이 아니다.

그러나 우리가 너무나도 쉽게 간과하는 진실이 존재한다. 비인간에 대한 착취는 부메랑 효과로서 우리 인간 자신에 작용한다는 사실이다. 아르헨티나 출신의 미디어 아티스트 미카 로텐버그Mika Rottenberg, 1976~의 싱글 채널 비디오 작품인 〈스퀴즈〉Squeeze, 2010는 이러한 사실을 은유적으로 잘 표현하고 있다. 로텐버그의 작품은 여성 작가로서 여성에 대한 문제의식을 담고 여성의 노동이 어떠한 방식으로 착취당하고 있는지를 잘 보여준다. 비디오가 전시된 전시장 입구에 실물 크기의 한 여성이 의문의 상자를 들고 있는 사진이 놓여 있다. 관객들은 이 의문의 상자에 무엇이 들었는지에 대한 궁금증을 가지고 20여분짜리 영상을 보게 된다. 영상에는 인도의 여성 노동자들이 고무나무에서 수액을 채취하여 라텍스를 만드는 장면, 멕시코 이주 여성 노동자들이 양배추를 채취하는 장면, 중국의 여성 노동자들이 발마사지를 하는 장면 등이 등장한다.

한편 풍만한 체형의 한 백인 여성이 좁은 공간에 갇혀 있는데 양쪽 벽면의 간격이 점차 줄어들면서 여성의 몸을 압착한다. 압축된 여성의 신체에서 분가루가 튀어나와 흩날리며 캔에 담겨 화장품 블러셔가 된다. 이렇게 만들어진 블러셔와 양배추 그리고 라텍스는 나무 해머로 마구 압착된다. 여성 노동자들이 생산물을 만들어내는 압착의 과정은 바로 여성 자신이 압착되는 과정과 중첩된다. 더군다나 로텐버그는 이러한 공간을 에로틱하게 묘사함으로써 여성의 존재가 남성의 성적 착취 대상임을 암시한다. 착취가 대상을 비인간으로서 취급할 때 발생한다면 인간과 비인간의 구별은 인간에게도 해당한다. 인간의 이익을 위해 비인간에게서 단 한 방울도 남김없이 쥐어짜는 인간의 이기주의는 인간 자신도 비인간화하는 데까지 이른다.

어쩌면 인간과 비인간을 구별하는 착취는 휴머니즘 그 자체로부터 비롯

미카 로텐버그, 〈스퀴즈〉 Squeeze, 2010
로텐버그는 여성의 노동 착취가 여성 자체를 압착하는 과정과 동치된다는 점을 보여줌으로써 인간과 비인간의
구별 및 인간에 의한 비인간 착취가 인간 자신에게도 적용됨을 효과적으로 보여준다.

된 것일지도 모른다. 휴머니즘이란 인간과 비인간의 구별에 바탕을 두고
있으며, 인간을 가장 완벽하고 존귀한 존재로 전제한다. 하지만 이러한 구
별은 비인간에 대한 착취를 정당화하는 도식일 뿐이며 그러한 구별은 사실
상 인간과 인간 사이에도 적용된다. 인간의 존엄성을 뒷받침하는 이성이라
는 것도 알고 보면 인간 스스로가 부여한 허상에 지나지 않는다. 이는 휴머
니즘에 바탕을 둔 인간의 윤리가 사실상 인간만을 위한 것이며 자연이나
우주 전체를 놓고 보면 오히려 해악스러운 것이라는 사실에서도 드러난다.
인간이 아닌 지구를 중심으로 보자면 지구에서 인간이 사라질 경우 자연은
훨씬 더 지속 가능할지도 모른다. 인간이 가장 위대한 존재라는 인간중심
주의는 인간보다 더 뛰어난 인공지능의 출현 가능성을 통해서 더욱 위협받
는다. 나아가 인공지능 로봇이 인간을 지배하게 될 것이라는 두려움이야말

로 휴머니즘의 모순을 보여주는 것일지도 모른다. 왜냐하면 인간만이 자신(인간)과 타자(비인간)를 구별하고 타자를 착취의 대상으로 간주하기 때문이다. 인공지능 로봇이 자신을 제외한 다른 존재들을 지배하고 착취할 것이라는 우려는 인간만이 지닌 생각을 다른 존재에 투사한 것이다. 인공지능 로봇이 인간을 지배할 지도 모른다는 두려움은 그 자체가 지극히 인간적인 발상인 셈이다.

홉스와 보일의 논쟁, 그리고 근대의 탄생

프랑스 출신의 사상가 브뤼노 라투르Bruno Latour, 1947~2022에 따르면 인간/비인간의 절대적인 구별은 서양의 근대인이 만들어낸 허구적 산물이다. 이전 시대의 사람들은 인간과 비인간을 절대적으로 구별하지 않았다. 가령 고대 그리스 시대에 사람들은 폭풍우를 격노한 포세이돈과 관련지어 생각했다. 자연에 대한 의인화는 매우 자연스러운 현상이었다. 이는 우리나라나 다른 문화권에서도 일반적으로 나타난다. 그러나 근대는 자연을 인간적인 것과 분리하지 않는 세계관을 철저하게 배격한다. 자연은 인간과 무관한 사물의 세계이며, 이러한 사물의 세계는 인간의 주관적 의지와는 전혀 무관한 독자적이고 필연적인 법칙에 지배를 받는다. 인간의 의지와 상관없이 물은 섭씨 100도에서 기화하며, 공기 중의 진동수가 소리를 결정한다. 사물의 세계, 즉 자연은 인간의 세계, 즉 사회와 완전히 분리된다. 이것이 라투르가 생각하는 근대의 근본적 모습이다. 그가 보기에 근대인은 바로 이렇게 인간적인 사회와 비인간적인 자연을 완전히 분리하는 세계관을 지닌 사람이다.

라투르는 근대의 이러한 골격이 갖추어진 상징적인 사건을 진공을 둘러싼 철학자 토머스 홉스Thomas Hobbes, 1588~1679와 과학자 로버트 보일Robert

Boyle, 1627~1691의 논쟁에서 찾는다. 기체의 압력과 부피는 서로 반비례한 다는 법칙(보일의 법칙)으로 잘 알려진 보일은 진공이 실제로 존재한다는 사실을 증명하고자 했다. 보일은 자신이 직접 만든 진공펌프를 이용한 실험을 통하여 진공을 증명하고자 하였다. 아리스토텔레스 이래로 전통적인 관점에서 진공은 용인될 수 없었다. 가령 물질이 아주 미세한 입자로 이루어졌다고 가정한다면 입자와 입자 사이에 빈 공간은 존재할 수 없다. 그러한 공간 역시 무엇인가로 채워져 있어야 하기 때문이다. 보일은 이러한 전통적 세계관이 잘못된 것임을 실험을 통해서 증명하고자 했는데 공기를 계속해서 빼내는 방식으로 유리관의 상태가 진공임을 보여주었다. 심지어 진공 상태를 증명하기 위해서 새를 넣어 질식사하는 모습을 보여주기도 했다.

라투르가 보일의 실험에 관심을 갖는 것은 보일의 이론이나 결론 자체가 아니다. 라투르가 주목하는 것은 보일이 물리적 현상을 사회 현상과 분리하고 이를 실험에 의해서 검증될 수 있는 대상으로 간주했다는 사실이다. 이제 사물의 세계는 인간의 세계, 즉 사회로부터 완전히 분리된 독립적인 영역이 되었다. 과학자는 사회학자나 인문학자와는 달리 주관적 사변이 아닌 도구와 실험을 통해서 사물의 세계를 다룬다. 보일은 인간으로부터 독립된 사물의 세계를 대변한다. 그러나 보일에 대한 거부감은 여전히 존재했다. 같은 왕실 국립과학원에 속한 홉스가 대표적인 인물이다. 홉스는 보일의 실험이 아무것도 증명하지 못한다고 비난했다. 심지어 그는 보일이 진공에 대한 정의를 확실하게 내리지도 못한다는 점을 들어 그의 이론적 결함을 집요하게 공격했다. 홉스의 이러한 공격에는 학문적 관심만 있는 것은 아니었다.

실제로 홉스의 비난이 타당한 면이 없지는 않았다. 보일의 실험 자체는 성공적이지 않았으며 진공 상태를 완벽하게 증명하는 것도 아니었기 때문

조셉 라이트, 〈새를 대상으로 한 공기 펌프 실험〉 An experiment on a bird in an air pump, 1768
보일은 진공을 보여주는 각종 공기 펌프 실험을 통해 자연철학이 근대 과학으로 향하는 변화에 기여한 상징
적인 과학자가 되었다. 라투르는 근대인이란 보일처럼 자연과 사회를 구별하려는 세계관에 바탕을 둔 사람이
라고 보았으며 그런 구별이 정말로 가능한지에 대해 의문을 제기했다.

이다. 주지하다시피 홉스의 일차적인 관심은 과학이 아닌 정치학이었다. 그는 '30년 전쟁'이라는 극도의 혼란스러운 상황을 겪으면서 무엇보다도 확고한 사회적 질서를 건립하는 것을 최우선의 과제로 삼았다. 홉스는 주권이 시민들의 계약에 기반한다는 사회계약설을 주장했다. 여기서 주권은 어느 누구도 의심의 여지없이 받아들일 수 있고 또 그렇게 해야만 하는 절대적인 당위성에 기초한 것이다. 이는 학문적 방법론으로 보면 실험이나 경험을 통해 확인하는 절차를 거쳐야 하는 것이 아닌 모든 사람이 의심없이 타당한 것으로 받아들일 수 있는 기하학적 공리 혹은 정의나 개념에 바탕을 두는 것이다. 홉스의 과학적 기준은 주권 개념처럼 확고하고도 절대적인 정의이므로 그는 확실한 정의조차 내릴 수 없는 진공에 대한 보일의 견해를 받아들일 수 없었다.

　라투르는 홉스와 보일의 논쟁이 각기 인간의 세계(사회)와 사물의 세계(자연)를 대변하면서 둘을 절대적으로 분리하고 있다고 주장한다. 홉스는 모든 것을 사회적인 차원으로 환원하고자 한 반면, 보일은 사물의 세계가 인간과는 무관하게 실험에 의해서 확인될 수 있는 독립적이고 절대적인 세계라고 간주했다. 비록 보일의 실험이 완벽하지 않았더라도 그것은 과학자들의 관심과 동의를 얻어내기에 충분했다. 더군다나 진공의 정의에 대한 모호함을 근거로 홉스가 보일의 실험을 비판했지만, 실험에서 새가 죽는 물리적 현상 자체를 부정하는 데는 한계가 있었다. 따라서 보일은 자연의 세계를 사회라는 인간의 세계로부터 완전히 독립시켰고 이는 동시에 사회를 사물과 무관한 인간의 세계로 한정하는 것을 의미했다. 보일에 대한 과학자들의 지지와 함께 홉스의 사상은 사회의 영역으로 제한된다. 이렇게 하여 인간의 세계(사회)는 사물의 세계(자연)와 분리되며 서로 섞이지 않게 됐다. 달리 말하면 인간과 비인간은 완전히 나뉘어 서로 섞일 수 없는 이질적인 존재가 됐다. 라투르가 생각하는 근대인은 이러한 사고에 바탕을 둔다.

근대인의 헌법에 드러난 허구성

　라투르는 인간과 비인간의 이러한 완전한 단절을 '정화작용purification'이라는 말로 설명한다. 이 말에는 어떤 두 영역을 서로 섞이지 않는, 순수한 독립적 존재로서 구별한다는 뜻이 담겨있다. 가령 천체의 운동을 종교나 정치적 관점에서 해석해서는 안 되며, 오로지 객관적인 현상으로만 관찰해야 한다. 해부학은 인간의 신체를 사물의 세계로 바라보아야 한다. 근대인의 입장에서 볼 때 시신의 해부가 금지된 것이나 지동설에 대한 단죄는 정화작용이 결여되었기 때문이다. 따라서 라투르가 보기에 정화작용은 근대인을 형성하는 가장 기본적인 골격이라고 할 수 있다.

그러나 라투르는 근대인의 세계가 정화작용을 통해서만 설명될 수 있는 단순한 세계가 아님을 강조한다. 그가 보기에 근대인은 인간과 비인간을 절대적으로 단절하고 있지만, 그러한 단절의 논리 속에는 오히려 정반대의 역설이 존재한다. 홉스의 경우에 주권을 시민(인간)의 합의에 의한 산물로 간주하지만, 동시에 주권은 절대적인 것으로서 시민들 개인의 능력을 완전히 넘어서 있다. 그것은 실제로 인간을 넘어선 자연과도 같다. 말하자면 근대인은 인간적인 사회의 기초를 비인간적인 것에서 확립하는 것이다. 이는 인간을 다루는 사회학이나 역사학 혹은 문화연구에 대해서 사회'과학', 역사'과학', 문화'과학'이라는 용어를 붙이는 것에서도 드러난다. 라투르는 "인간은 전적으로 자유롭다"라는 사회의 내재성과 "인간은 결코 사회법칙을 거스를 수 없다"라는 사회의 초월성이 모순적으로 공존한다고 본다.

이러한 모순은 자연의 세계에도 똑같이 적용된다. 앞서 언급했듯이 보일의 실험은 결코 성공적이지 않았으며 진공을 완전히 증명하는 것도 아니었다. 그럼에도 불구하고 보일의 주장은 받아들여졌다. 여기서 보일의 주장이 증명된 것이 아니라 받아들여졌다는 사실에 주목할 필요가 있다. 과학적 가설이 실험이라는 절차를 거치지만 사실상 그것이 과학적 법칙이 될 수 있는가는 과학자들의 합의와 승인에 의해서다. 실제로 '양자 이론'이라든지 '불확정성의 원리' 혹은 '빅뱅 이론'은 실험에 의해서 완벽하게 검증된 것이라기보다는 과학자들이 그 이론을 인정함으로써 학문으로 승인됐다. 과학의 세계는 초월적인 비인간의 세계처럼 보이지만 실상은 인간의 합의에 의해서 형성된다. 여기에는 과학적 발견을 통해서 자연의 세계가 무한히 확장될 수 있다는 인간의 가능성에 대한 신뢰가 놓여 있다. 따라서 자연의 세계에는 "우리는 결코 자연을 거스를 수 없다"라는 자연의 초월성과 함께 "우리는 무한한 가능성을 지니고 있다"라는 자연의 내재성이 모순적으로 공존한다.

라투르가 보기에 근대인은 인간의 세계와 사물의 세계를 절대적으로 분리하면서 동시에 인간의 세계와 자연의 세계를 섞고 있다. 인간의 세계를 자연의 초월성으로 정당화하면서 사물의 세계를 인간의 무한한 가능성(내재성)으로 정당화하기 때문이다. 말하자면 사물의 세계와 인간의 세계는 완전히 분리되는 정화작용뿐만 아니라 서로 섞이는 '매개작용-mediation'의 관계를 맺는다. 라투르는 사물과 인간의 세계를 분리하면서 동시에 매개하는 이러한 모순적인 원칙을 근대인의 '헌법'이라고 부른다. 여기서 헌법이란 법적인 의미가 아닌 은유적 표현이다. 헌법이 다른 모든 법이 따라야 할 최상위법이자 구체적인 법이 작동하는 기반이라는 의미에서 그는 정화작용과 매개작용이라는 모순적인 공존의 원칙이야말로 근대인의 모든 활동이 기반하는 근본 원리라 말하며 이를 '근대인의 헌법'이라 명명한다.

모든 것은 하이브리드다

라투르는 근대인을 지배했던 헌법이 실제로는 허구적이고 모순적임을 강조한다. 근대인은 정화작용을 통해서 인간과 사물, 즉 사회와 자연을 분리했지만 그것은 애초에 분리할 수 없는 것이었다. 보일이 남긴 실험의 유산도 이를 분명하게 보여준다. 망원경을 통한 천체의 실험은 그 자체가 지동설과 연결되어 있으며, 지동설은 교회(신학)로부터의 자유라는 사회학적인 지형과 연동되어 있다. 현미경은 미생물의 탄생과 연결되어 있으며, 이는 전통적인 사회관계를 비위생적인 것으로 청산하려는 위생학적이고 사회학적인 지형과 연동되어 있다. 모든 과학적 발견을 사회적인 차원으로 환원할 수는 없지만 둘은 연동되어 있다. 파스퇴르의 미생물학은 그 자체로 단지 사물의 세계에 대한 발견만이 아니며 인간의 필요에 의해서 해석된 세계이기도 하다. 따라서 과학적 발견은 매개이자 자연의 세계를 인간과 소통 가능하게 만드는 해석의 일종으로서 '번역translation'이라고 부를 수 있다. 물론 자연에 대한 이러한 번역은 자의적인 방식으로 발생할 수는 없다. 우리가 다른 외국어를 번역할 때 번역의 가능성은 다양하지만 원래의 의미를 완전히 벗어나서는 안 되는 것과 마찬가지다. 라투르는 엄격한 과학적 실험에 의한 '통과지점'을 거쳐야만 번역의 자격을 갖출 수 있다고 보았다. 따라서 라투르에게 실험은 보일이 생각했던 것처럼 자연의 발견이나 증명이 아니라 '번역'의 과정이다.

결국 과학적 발견은 그 자체 순수하게 정화된 것이 아닌 모두 인간적인 것과 매개된 것이다. 이를 라투르는 '하이브리드hybrid'라고 부른다. 인간의 세계 혹은 인간을 둘러싼 모든 세계는 하이브리드다. 앞서 든 망원경이나 현미경, 나아가 관상용으로서의 나무나 땔감으로서의 나무, 기차, 컴퓨터, 인공지능의 존재 등은 모두 사물의 차원에서만 설명될 수 없다. 거꾸로 사회적인 현상 또한 사물의 차원을 배제할 수 없다. 예를 들어 안중근 의사의 의거를 총, 기차, 신발 등과 무관하게 설명할 수 없다. 총을 사용했는지 도시락 폭탄을 사용했는지는 의거의 구체적 방법이나 형태와 무관하지 않으며, 기차역이라는 장소 역시 기차와 무관하지 않다. 기차는 일본이 우리나라에 공급한 지원이 아닌 착취의 수단이라는 사회적 지형과 연결된다. 이러한 차원은 전통적 사회학자들이 무시했던 것이다. 라투르는 사회적 현상을 설명할 때 과학과 기술의 차원을 결코 배제해서는 안 되며 거꾸로 이에 집중해야 한다고 주장한다. 그는 자신의 이러한 방법론을 다소 거창하게

'과학기술학Science Technology Studies, STS이라는 말로 포장한다.

라투르는 근대인이 정화작용을 강조하면서 인간과 사물(비인간)을 절대적으로 구별했지만, 실상은 번역과 매개작용을 통해서 무수히 많은 하이브리드를 생산해왔다고 주장한다. 근대인은 단지 그러한 하이브리드의 정체를 감추어왔을 뿐이다. 그러나 오늘날 근대인이 감추어왔던 하이브리드의 존재는 더 이상 감출 수 없을 만큼 증대되었다. 근대인의 위선은 극적인 형태로 노출된다. 라투르가 주목하는 '가이아 이론'에 따르면 자연을 비인간으로 간주하고 이를 남용한 결과는 인간에 대한 자연의 복수로 돌아온다. 인간 자신이 자연의 일부이며 비인간으로 간주한 자연과 분리할 수 없는 하이브리드 존재이기 때문이다. 인간은 사물과 분리되지 않는다. 시계나 자, 자동차와 컴퓨터는 단순한 사물이 아니라 인간의 삶 자체를 형성하는 일부다. 이제 근대인이 지닌 망상의 소멸과 함께, 인간을 따로 떼어놓고 인간주의의 가치를 내세우던 휴머니즘은 종말을 맞이하고 포스트휴머니즘의 시대로 들어선 것이다. 그런데 알고 보면 근대인이 따르고 있던 헌법은 그들의 머릿속에만 존재할 뿐이었다. 실상은 근대인이 믿고 있던 근대의 세계는 존재한 적이 없다. 따라서 라투르는 "우리는 결코 근대인이었던 적이 없다Nous n'avons jamais été modernes"라고 주장한다.

'행위자 연결망 이론'과 '사물들의 의회'

그는 인간을 포함한 모든 존재가 하이브리드적인 존재이므로 동등한 권리를 지닌다고 믿는다. 이러한 생각은 그의 독특한 '행위자 연결망 이론Actor-Network Theory, ANT'으로 집약된다. 모든 존재는 다른 존재의 행위와 연결망을 이루고 있다. 가령 내가 오늘 학교에 가기 위해서 침대에서 몸을 일으키는 것은 나라는 몸의 행위가 필요하다. 하지만 시계의 알람이 나를 깨운다. 자동차나 전철 혹은 버스가 없다면 학교에 갈 수 없을 것이고 지금 굳이 몸을 일으킬 필요도 없다. 내 행위에는 알람시계, 자동차, 학교 건물, 세탁된 옷 등이 개입한다. 거꾸로 내가 제때 일어나야 할 이유가 없다면 알람시계의 행위도 없을 것이며 세탁된 옷이 준비될 필요도 없다.

여기서 행위란 자신의 의지에 의해서 능동적으로 행동하는 것을 의미하지 않는다. 행위를 자의식적이고 목적의식적인 활동으로 한정하는 것 자체가 인간과 비인간에 대한 엄격한 구별을 전제하는 것이다. 다른 존재나 행위에 영향을 끼치는 것 자체가 행위로 간주된다. 따라서 세계는 인간뿐만이 아니라 사물들의 행위에 의해서 구성된다. 라투르의 관점에서 보자면 어떠한 존재도 순수하게 고립되어 존재할 수 없으며 모든 존재가 하이브리드 존재다. 행위자 연결망 이론은 어떤 행위나 존재도 무수히 많은 다른 행위나 존재와 얽혀 있는 연결망으로서 존재할 따름이라는 사실에 바탕을 둔다. 여기서 독립된 존재들이 서로 얽혀 있는 상태만을 의미하는 것이 아니라 모든 존재 자체가 연결망으로 형성된 하이브리드 존재임을 의미한다는 사실에 유념해야 한다.

라투르의 행위자 연결망 이론은 자연스럽게 '사물들의 의회'라는 개념으로 이어진다. 그는 의회가 인간을 '대변represent'해야 한다는 홉스의 원칙 (근대적 원칙)을 넘어서야 한다고 주장한다. 다소 말장난으로 보일 수 있겠지만 과학자는 자신들이 사물의 세계를 '표상represent'한다고 생각했을 뿐, 대변한다고 생각하지 않았다. 그들은 사물을 행위자가 아닌 인간과 분리된 사물로 간주했기 때문이다. 세계가 사물을 포함한 행위자들로 이루어져 있다면 사물은 단순히 표상의 대상이 아니라 대변해야 할 대상으로 간주되어야 한다. 따라서 라투르는 인간의 정치 세계에 사물이 행위자로서 참여해야 한다고 주장한다. 물론 사물은 인간처럼 말을 할 수 없기 때문에 그들의 행위를 대변하고 번역할 수 있는 대리인이 필요하다. 그러한 대변인의 역할을 가장 효율적으로 수행할 수 있는 존재는 물론 인간이다. 그는 이러한 역할을 특히 잘 수행할 수 있는 사람으로 예술가를 염두에 두었다. 예술은 항상 고정관념을 넘어서 사물의 드러나지 않는 부분을 발견하는 역할을 하기 때문이다. 라투르는 오늘날 예술이야말로 가장 중요한 정치적인 역할을 수행할 수 있다고 믿었다. 그리하여 라투르는 자신이 직접 예술의 세계에 뛰어들어 예술의 정치학과 과학기술학의 정치학에 매진했다.

찾아보기

INDEX

참고문헌

REFERENCE

- Adorno, Theodor, *Ästhetische Theorie*, Suhrkamp, 3 Auflage, 1977.
- ———, *Beethoven. Philosophie der Musik*, 문병호 외 옮김,《베토벤 음악의 철학》, 세창출판사, 2014.
- ———, Horkheimer, M., *Dialektik der Aufklärung*, 1944, 김유동 옮김,《계몽의 변증법: 철학적 단상》, 문학과 지성사, 2001.
- ———, *Negative dialektik*, 1966, 홍승용 옮김,《부정변증법》, 한길사, 1999.
- ———, *Philosophie der neuen Musik*, 1949, 문병호 외 옮김,《신음악의 철학》, 세창출판사, 2012.
- ———, *Vorlesung über Negative Dialektik*, 이순예 옮김,《부정변증법 강의》, 세창출판사, 2012.
- Alpers, Svetlana, *The Art of Describing: Dutch Art in the Seventeenth Century*, University of Chicago Press, 1983.
- Althusser, Louis and Balibar, Etienne, *Reading Capital*, tr. by Ben Brewster, Verso Edition, 1979.
- Amacker, René, *Linguistique Saussurienne*, Libraie Droz, 1975.

- *and Art Criticism*, Vol. 44, No. 2, Winter, 1985.

- Ballas, Guila, *La Couleur dans la peinture moderne: Théorie et pratique*, Adam Biro, 1997.

- Bataille, Georges, 〈Eroticism〉, in *The Bataille reader*, ed. by Fred Botting and Scott Wilson, Blackwell Publishers, 1997.

- ――――, 〈Hegel, Mankind and History〉, in *Georges Bataille-Essential Writings*, ed. by Michael Richardson, SAGE Publications, 1998.

- ――――, 〈Hegel,Death and Sacrifice〉, in *The Bataille Reader*, ed. by Fred Botting and Scott Wilson, Blackwell Publishers, 1997.

- ――――, 〈The Accused Share〉 in *The Bataille Reader*, ed. by Fred Botting and Scott Wilson, Blackwell Publishers, 1997.

- Baudrillard, Jean, *Le Miroir de la production*, 1976, 배영달 옮김, 《생산의 거울》, 백의, 1994.

- ――――, *Pour une critique de l'économie politique du signe*, Gallimard, 1977.

- ――――, *Simulacres et simulation*, Editions Galilée, 1985.

- ――――, *The Jean Baudrillard Reader*, ed. by Redhead, Steve, Columbia Univ. Press, 2008.

- Baugh, Bruce, *French Hegel-From Surrealism to Postmodernism*, Routledge, 2003.

- Bazin, André, 《오손 웰즈의 영화미학》, 성미숙 옮김, 현대미학사, 1996.

- ――――, *Qu'est-ce que le cinéma?*, 1958~1962, 박상규 옮김, 《영화란 무엇인가》, 시각과언어, 1998.

- Bennington, Geoffrey, *Lyotard - Writing the Event*, ManchesterUniversityPress, 1988

- Benveniste, Emile, *Probléme de linguistique générale, I*, 1969, 황경자 옮김, 《일반언어학의 제문제 I》 민음사, 1992.

- Bergson, Henri, *Matière et Mémoire: Essai sur la relation du corps a l'esprit*, Paris, Presses Universitaires de France, 1965.

- Best, Steven and Kellner, Douglas, *Postmodern Theory: Critical Interrogations*, Macmillan, 1992.
- Böhme, Gernot, *Atmosphäre-Essays zur neuen Ästhetik*, Suhrkamp, 1995.
- Bois, Yve-Alain, Krauss, Rosalind E., *Formless: A User's Guide*, ZoneBooks, 1997.
- Bolter, Jay David and Grusin, Richard, *Remediation: Understanding New Media*, MIT Press. 1999.
- Bolz, Nobert, *Eine kurze Geschichte des Scheins*, Wilhelm Fink, Verlag, 1991
- Braziller, 1995.
- Bryson, Norman, *Vision and Painting, The Logic of the Painting*, Yale University Press, 1989.
- Bürger, Peter, *Theorie der Avantgarde*, Suhrkamp, 2008, 최성만 옮김, 《아방가르드의 이론》, 지식을만드는지식, 2009.
- Callinicos, Alex, *Althusser's Marxism*, 1980, 《알튀세의 마르크스주의》, 박영욱 옮김, 녹두출판사, 1992.
- Carroll, David, *Paraesthetics - Foucault, Lyotard, Derrida*, Methuen, 1987.
- Chaffin, Deborah 〈Hegel, Derrida, and the Sign〉, in *Derrida and Deconstruction*, ed. by Hugh J. Silverman, Routledge, 1989.
- Couchot, Edmond, *La technologie dans l'art - de la photographie à la réalité virtuelle*, Édition Jacqueline Chambon, 1998.
- Deleuze, Gilles, *Cinema 1: The Movement-Image*, tr. by Hugh Tomlinson and Barbara Habberjam, Minneapolis, University of Minnesota Press, 1986.
- ———, *Cinema 2: The Time Image*, tr. by Hugh Tomlinson and Barbara Habberjam, Minneapolis, University of Minnesota Press, 1989.
- ———, *Différence et Répétition*, Presses Universitaires de France, 1985.
- ———, *Kant's Critical Philosophy: The Doctrine of the Faculties*, tr. by Hugh Tomlinson, Athlone Press, London, 1984.
- ———, *Le Pli: Leibniz et le baroque*, The Fold - Leibniz and the Baroque,

foreword and translation by Tom Conley, University of Minnesota Press, 1993.

• ――――, *Logique de la sensation*, Seuil, 2002, 하태환 옮김, 《감각의 논리》, 민음사, 1995.

• Derrida, Jacques, *De la Grammatologie*, Editions de Minuit, 1967.

• ――――, *Glas-Que reste-t-il du savoir absolu?*, Editions Denoel/Gonthier, 1981.

• ――――, *L'ecriture et la difference*, Editions du Seuil, 1967.

• ――――, *Marges de la Philosophie*, Les Editions de Minuit, 1972.

• Dews, *Peter, Logics of Disintergration*, Verso, 1987.

• Drucker, Johanna, *Theorizing Modernism: Visual Art and the Critical Tradition*, Columbia University Press, 1994.

• Duvignaud, Jean, *Baroque et Kitsch, Actes sud*, 1997.

• Fehr, Johannes, *Ferdinand de Saussure, Linguistik und Semiologie*, 2000, 《소쉬르, 언어학과 기호학 사이》, 최용호 옮김, 인간사랑, 2002.

• Flusser, Vilém, *Hat schreiben zukunft?*, FISCHER Taschenbuch; Auflage: 3., Aufl., 1993, 윤종석 옮김, 《디지털시대의 글쓰기》, 문예출판사.1998.

• ――――, *Kommunikologie*, Bollmann; Auflage: 1., 1996, 김성재 옮김, 《코무니콜로기: 코드를 통해 본 커뮤니케이션의 역사와 이론 및 철학》, 커뮤니케이션북스, 2001.

• Foster, Hal and Krauss, Rosalind and three others, *Art since 1900, Thames & Hudson*, 2004, 배수희 외 2명 옮김, 《1900년 이후의 미술사 (모더니즘 반모더니즘 포스트모더니즘)》, 세미콜론, 2012.

• ――――, *Return of the real*, Mit University Press Group Ltd, 1996, 이영욱 외 옮김, 《실재의 귀환》, 경성대출판부, 2003.

• ――――, *Vision and visuality*, The New Press, 1999, 최연희 옮김, 《시각과 시각성》, 경성대출판부, 2004.

• Foucault, Michel, *Histoire de la folie à l'âge classique*, 1961, 《광기의 역사》, 이규현 옮김, 나남, 2003.

• ――――, *Histoire de la sexualité t.I, La volonté de savoir*, Gallimard, 1976, 이규현 옮김, 《성의 역사 1》, 나남, 2014.

- ———, *Les mots et les choses*, Gallimard, 1966, 이규현 옮김, 《말과 사물》, 민음사, 2012.

- ———, *Surveiller et punir*, Gallimard, 1975, 오생근 옮김, 《감시와 처벌》, 나남, 2003.

- Freud, Sigmund, *Sigmund Freud Gesammelte Werke*, 김미리혜 옮김, 《히스테리 연구》, 열린책들, 2003.

- ———, *Sigmund Freud Gesammelte Werke*, 김인순 옮김, 《꿈의 해석》, 열린책들, 2003.

- ———, *Sigmund Freud Gesammelte Werke*, 김정일 옮김, 《성욕에 관한 세 편의 에세이》, 열린책들, 2003.

- ———, *Sigmund Freud Gesammelte Werke*, 임홍빈 외 옮김, 《정신분석강의》, 열린책들, 2004.

- Fubini, Enrico, *A History of Music Aesthetics*, translated by Michael Hatwell, The Macmillan Press, 1991.

- Gamm, Gerhard, *Wahrheit als Differenz-Studien Zu einer anderen Theorie der Moderne*, HainVerlag, 1989.

- Gasche, Rodolphe, *Tain of Mirror-Derrida and the Philosophy of Reflexion*, Havard University Press, 1986.

- Giovanni, George Di, 〈Reflection and contradiction: A Commentary on Some Passages of Hegel's Science of Logic〉, in G. W. F. Hegel: Critical Assesments, ed. byRobert Stern, Vol. III, Routledge, 1993.

- Gombrich, Ernst Hans Josef, *Art and illusion*, Princeton: Princeton University Press, 1972, 차미례 옮김, 《예술과 환영: 회화적 표현의 심리학적 연구》, 열화당, 2008.

- Goodman, Nelson, *Languages of art*, 1968, 《예술의 언어들》, 김혜숙 옮김, 이화여자대학교출판부, 2002.

- ———, *Languages of Art: An Approach to a Theory of Symbols*, Hackett Publishing Company, 1976.

- Greenberg, Clement, *Art and culture: critical essays*, Beacon Press, 1971, 조주

연 옮김,《예술과 문화》, 경성대학교 출판부, 2004.

- Habermas, Jürgen,《현대성의 철학적 담론》, 이진우 옮김, 문예출판사, 2002.
- ——, *Erkentnis und Interesse*, Suhrkamp, 1973.
- ——, *Theorie des kommunikativen Handelns*, 1981, 장춘익 옮김,《의사소통행 위이론 1》, 나남, 2006.
- ——, *Theorie des kommunikativen Handelns*, 1981, 장춘익 옮김,《의사소통행 위이론 2》, 나남, 2006.
- ——, *Vom sinnlichen Eindruck zum symbolischen Ausdruck*, Suhrkamp Verlag, 1996, 홍윤기 옮김,《의사소통의 철학》, 민음사, 2004.
- ——, *Zur Rekonstruktion des Historischen Materialismus*, Suhrkamp, 1976.
- Hartmann, Frank, *Medienphilosophie*, WUV, 2000.
- Hegel, G. W. F., *Phänomenologie des Geistes*, Verlag von Felix Meiner, 1952.
- ——, *Wissenschaft der Logik II*, Werke in zwanzig Banden, Suhrkamp Verlag., 1816.
- ——, *Phänomenologie des Geistes*, Verlag von Felix Meiner, Sechste Auflage ,1952.
- Heidegger, Martin, *Sein und Zeit*, Niemeyer, 1993.
- ——, *Technik und die Kehre*, 이기상 옮김,《기술과 전향》, 이기상 옮김, 서광사, 1997.
- ——, *Ursprung des Kunstwerkes*, 1950, 오병남 옮김,《예술작품의 근원》, 예전사, 1996.
- ——, *Vorträge und Aufsätze*, Heideggers Gesamtliche Werke 7, Verlag Güter Neske, 1978.
- Heinemann, Fritz, *Existenzphilosophie Lebendig Oder Tot?*, Kohlhammer W., 1984, 황문수 옮김,《실존철학》, 문예출판사, 1978.
- Hildebrand, Adolf, *Problem der Form in der bildenden Kunst*, Strassburg, 1893, 조창섭 옮김,《조형미술의 형식》, 민음사, 1989.
- Hilferding, Rudolf, *Finace Capital – A Study of the lastest Capitalist*

Development, tr. by M. Watnick and Sam Gordon, Routledge, Kegan & Paul, 1981.

- Hinrischen, Hans-Joachim, 〈Eines der dankbarsten Mittel zur musikalischer Formwirkung〉, *Archiv für Musikwissenschaft*, 57, Jahrg., H.4. 2000.

- Huhn, Thomas, "Adorno's Aesthetics of Illusion", in *The Journal of Aesthetics*

- Husserl, Edmund, *Die Krisis der europaischen Wissenschaften und die transzendentale Phanomenologie*, 1936, 이종훈 옮김,《유럽학문의 위기와 선험적 현상학》, 한길사, 2007.

- ──, *Ideen zu einer reinen Phänomenologie und phänomenologischen Philosophie. Erstes Buch*, Martinus Nijhoff, 1976.

- ──, *zur Phänomenologie des inneren Zeitbewusstseins*, 1928, 이종훈 옮김,《시간의식》, 한길사, 1996.

- Kant, Immanuel, *Kritik der Urteilskraft*, Kant Werke, Band 8, Darmstadt, 1790.

- Kierkegaard, Søren, *Begrebet Angest*, 1843, 임규정 옮김,《불안의 개념》, 한길사, 1999.

- ──, *De umiddelbare erotiske Stadier eller Det Musikalsk-Erotiske*, 1843, 임규정 옮김,《직접적이며 에로틱한 단계들 또는 음악적이고 에로틱한 것》, 지만지고전천줄, 2009.

- ──, *Enten-Eller*, 1843, 임춘갑 옮김,《이것이냐 저것이냐 1》, 치우, 2012.

- ──, *Enten-Eller*, 1843, 임춘갑 옮김,《이것이냐 저것이냐 2》, 치우, 2012.

- ──, *Frygt og Bæven*, 1843, 임춘갑 옮김,《공포와 전율》, 치우, 2011.

- ──, *Sygdommen til Døden*, 1849, 임춘갑 옮김,《죽음에 이르는 병》, 치우, 2011.

- Kimmerle, Heinz, 〈On Derrida's Hegel Interpretation〉, in *Hegel After Derrida*, ed. by Stuart Barnett, Routledge, 1998.

- ──, *Modelle der materialistischen Dialektik*, 1978,《유물변증법》, 심광현, 김경수 옮김, 문예출판사, 1987.

- Kiralyfálvi, Béla, *Aesthetics of Gyoergy Lukacs*, Taylor & Francis, Ltd., 1976,《루카치 미학 연구》, 이론과실천, 1990.

- Kittler, Friedrich A.. *Grammophon, Film, Typewriter*, Berlin. 1986.
- Kojeve, Alexandre, 〈The idea of death in the philosophy of Hegel〉, in *G. W. F. Hegel: CriticalAssesments*, ed. by Robert Stern, Vol. II, Routledge, 1993.
- ———, 〈Zusammenfassender Kommentar zu den ersten sechs Kapiteln der 'Phanomenologie des Geistes'〉, in *Materialien zu Hegels 'Phanomenologie des Geistes'*, hrsg. von Hans Friedrich Fulda und Dieter Henrich, Suhrkamp Verlag, 1979.
- Krauss, Rosalind, *Photographique*, Editions Macula, 1992, 최봉림 옮김, 《사진, 인덱스, 현대미술》, 궁리, 2003.
- Lacan, Jacques, *Ecrits*, Édition du Seuil, 1966.
- Laplanche, Jean et Pontalis, J.-B., *Vocaburaire de la Psychoanayse*, Press Universitaires de France, 1976.
- Lenin, Vladimir Ilich, *Materialismus und Empiriokritizismus*, 1909, 박정호 옮김, 《유물론과 경험 비판론》, 돌베개, 1992.
- ———, *Razvitiye kapitalizma v Rossi*, 1899, 김진수 옮김, 《러시아에 있어서 자본주의의 발전 1》, 김진수 옮김, 태백, 1988.
- ———, *Shto delat'?*, 1902, 최호정 옮김, 《무엇을 할 것인가? 우리 운동의 절박한 문제들》, 박종철 출판사, 2014.
- Locher, J. L., *Escher, The Complete Graphic Work*, Thames and Hudson, 1992.
- Lodder, Christina, *Russian constructivism*, Yale University Press, 1983, 정진국 옮김, 《러시아 구성주의》, 열화당, 1990.
- Lu´kács, György, *Geschichte und Klassenbewußtsein*, 1923, 조만영, 박정호 옮김, 《역사와 계급의식》, 지식을만드는지식, 2015.
- ———, *Seele und die Formen*, Egon Fleischel & co., 1911, 반성완 옮김, 《영혼과 형식》, 심설당, 1988.
- ———, *Theorie des Romans*, 1916, 김경식 옮김, 《소설의 이론》, 문예출판사, 2014.
- ———, 이춘길 엮어 옮김, 《리얼리즘 미학의 기초이론》, 한길사, 1990.
- Luxemburg, Rosa, *The Accumulations of Capital*, tr. by A. Schwarzscid,

Modern Reader Paperbacks, 1968.

- Lyotard, Jean-François, *Condition postmoderne*, 이현복 옮김, 《포스트모던적 조건》, 서광사, 1992.

- ——, *Dérive a Partir de Marx et Freud*, Union Générale d'Éditions, 1973.

- ——, *Discour, Figure*, Édition Klincksieck, 1971.

- Malevich, Kasimir, "Suprematism", in, Herschel B. Chipp ed., *Theories of Modern Art: A Source Book by Artists and Critics*, University of California Press, Later prt. edition, 1968.

- Malhomme, Florende, 〈Les Trois Pièces Pour Piano Op.11 de Schoenberg: principes d'organisation de l'espace musical atonal〉, *Musurgia, Vol. 4*, No. 1, Dossiers d'analyse, 1997.

- Marx, Karl and Engels Friedrich, *Zur Kritik der politischen Ökonomie*, Marx Engels Werk, Band. 1859.

- Marx, Karl, *Das Kapital*, 1867, 강신준 옮김, 《자본론 1,2,3》, 길, 2008.

- ——, *Ökonomisch-philosophische Manuskripte aus dem Jahre*, 1844, 《경제학 철학 수고》, 강유원 옮김, 이론과실천, 2006.

- Marx, Werner, *Phänomenologie Edmund Husserls*, Muenchen: Wilhelm Fink Verlag, 1987, 이길우 옮김, 《현상학》, 서광사, 1989.

- McLuhan, Marshall, *Understanding Media: The Extensions of Man*, The New American Library, 1964.

- Melaney, D. William, 〈Art as a Form of Negative dialectics: 'Theory in Adorno's Aesthetic Theory〉, in, *The Journal of Speculative Philosophy*, New Series, Vol. 11, No. 1, 1997.

- Merleau-Ponty, Maurice, *Phénoménologie de la perception*, Édition Gallimard, 1945.

- Metz, Christian, *The Imaginary Signifier: Psychoanalysis and the Cinema*, tr. by Celia Britton, Annwyl Williams, Ben Brewster and Alfred Guzzetti, Indiana University Press, 1977.

- Mitchell, W. J. T. , *Iconology: mage, Text, Ideology*, The University of Chicago Press, 1986.
- Morishima, Michio, *Marx's Economics: A Dual Theory of Value and Growth*, Cambridge University Press, 1978.
- Nietzsche, Friedrich, *Die Geburt der Tragödie*, 1872, 박찬국 옮김, 《비극의 탄생》, 아카넷, 2007.
- ───, *Gotzen: Dämmerung oder Wie man mit dem Hammer philosophirt*, 1889, 박찬국 옮김, 《우상의 황혼》, 아카넷, 2015.
- ───, *Jenseits von Gut und Böse: Vorspiel einer Philosophie der Zukunft*, 1886, 강영계 옮김,《선과 악의 저편: 미래 철학의 서곡》, 지만지고전천줄, 2009.
- ───, *Zur Genealogy of morals*, 1887, 김태원 옮김, 《도덕의 계보》, 다락원, 2009.
- Panofsky, Erwin, 〈Problem der Bescreibung und Inhaltsbedeutung von Werken der bildenden Kunst〉, in compiled by Kaemmerling, Ekkehard, *Ikonographie und Ikonologie: Theorien, Entwicklung, Probleme*, DuMont, 1979, 이한순 외 옮김, 《도상학과 도상해석학: 이론-전개-문제점》, 사계절, 1997.
- Parrochia, Daniel, *Philosophie et Musique Contemporaine ou le Novel Esprit Musical*, Champ Vallon, 2006.
- Peter Weibel, 〈Transformation der Techno-Ästhetik〉, in *Digitaler Schein: Ästhetik der elektronischen Medien*, hrsg. von Florian Rötzer, Suhrkamp Verlag, 1991.
- Plumpe, Gerhard, *Ästhetische Kommunikation der Moderne, Band 1 : Von Kant bis Hegel*, Westdeutscher Verlag, 1993.
- René Leibowitz, *Schoenberg and His School*, translated by Dika Newlin, Da Capo Press, 1975.
- Rickey, George, *Constructivism-Origins and Evolution*, Revised Edition, George
- Rohde, Peter Preisler, *Soren Kierkegaard*, 1959, 임규정 옮김, 《키에르케고르 코펜하겐의 고독한 영혼》, 한길사, 2003.

- Rothko, Mark, 〈The Romantics Were Prompted〉, *Theories of Modern Art: A Source Book by Artists and Critics*, Herschel B. Chipp, University of California Press, 1968.
- Sample, Colin, 〈Adorno on the Musical Language of Beethoven〉, *The Musical Quartely*, Vol.78. No. 2. (Summer, 1994)
- Sartre, Jean Paul, *Critique de la raison dialectique*, Gallimard, 1960, 박정자 외 옮김, 《변증법적 이성비판》, 나남, 2009.
- ──────, *L'être et le néant*, Éditions Gallimard, 1943, 정소성 옮김, 《존재와 무》, 동서문화사, 2009.
- ──────, *Les Mots*, Gallimard, 1964, 정명환 옮김, 《말》, 민음사, 2008.
- Saussure, de Ferdinand, *Cours de Linguistique de générale*, publié par Charles Bally et Albert Sechehaye, Payot, Paris, 1971.
- Schapiro, Meyer, 〈개인적 사물로서의 정물화-하이데거와 반 고흐에 대한 소고〉, Preziosi, Donald, *Art of art history : a critical anthology*, Oxford University Press, 2 edition, 2009, 정연심 외 옮김, 《꼭 읽어야 할 예술이론과 비평 40선》, 미진사, 2013.
- Schönberg, Anold, *Anold Schoenberg, Style and Idea, Selected Writings*, translated by Leo Black, University of California Press, 1984.
- Schönberg, *Anold, Anold Schoenberg, The Musical Idea and the Logic, Technique, and Art of Its Presentation*, edited and translated by Patricia Carpenter and Severine Neff, Indiana University Press, 2006.
- Silverman, Kaja, *The Subject of Semiotics*, Oxford University Press, 1983.
- Sohn-Rethel, Alfred, *Intellectual and manual labour*, Humanities Press, 1978, 황태연 외 옮김, 《정신노동과 육체노동: 철학적 인식론 비판》, 학민사, 1986.
- Straus, Joseph N., *Introduction to Post-Tonal Theory*, Prentice Hall, 2000.
- Taylor, Noel Heath, 〈The Schoenberg Concept〉, *Music & Letters, Vol. 20*, No. 2. Apr. 1939.
- Thompson, Kevin, 〈Hegelian dialectic and the Quasi-Transcendenal in Glas〉,

in *Hegel After Derrida*, ed. by Stuart Barnett, Routledge, 1998.

- Vattimo, Gianni, *La Fine della modernità*, 1985, 박상진 옮김, 《근대성의 종말: 탈근대 문화의 허무주의와 해석학》, 경성대출판부, 2003.

- Venturi, Robert, *Complexity and contradiction in architecture*, 1977, 임창복 옮김, 《건축의 복합성과 대립성》, 동녘, 2004.

- Vertov, Dziga, *Kino-eye-the writings of Dziga Vertov*, tr. by Kevin O'Brien, University of california Press, 1984.

- Walter, Benjamin, *Berliner Kindheit um neunzehnhundert*, 1950, 조형준 옮김, 《베를린의 어린시절》, 새물결, 2007.

- ———, *Ursprung des Deutschen Trauerspiels*, 1925, 김유동 외 옮김, 《독일비애극의 원천》, 한길사, 2009.

- ———, 최성만 옮김, 《발터 베냐민 선집2: 기술복제시대의 예술작품: 사진의 작은 역사 외》, 도서출판 길, 2008.

- Wittgenstein, Ludwig, *Philosophical Investigations*, tr. by G. E. M. Anscombe, Blackwell, 1997.

- ———, *Tractatus, Logico-Philosophicus*, Suhrkamp, 1963.

- Zima, Peter V., *Die Dekonstruktion*, A. Francke, UTB; Auflage 1, 1994, 김혜진 옮김, 《데리다와 예일학파》, 문학동네, 2001.

- Žižek, Slavoj and Lenin, Vladimir Il'Ich, *Revolution at the gates : Žižek on Lenin, the 1917 writings*, 정영목 옮김, 《지젝이 만난 레닌: 레닌에게서 무엇을 배울 것인가?》, 교양인, 2008.

- Žižek, Slavoj, *TARRYING with the NEGATIVE-Kant, Hegel, and the Critique of Ideology*, Duke University Press, 1993.

- Zola, Émile, *Thérèse Raquin*, 1867, 박이문 옮김, 《테레즈 라캥》, 문학동네, 2009.

- 김성도, 《로고스에서 뮈토스까지》, 한길사, 1999.

- 박병철, 《비트겐슈타인 철학으로의 초대》, 필로소픽, 2014.

- 박승억, 《후설 & 하이데거: 현상학, 철학의 위기를 돌파하라》, 김영사, 2007.

- 박영욱, 《데리다 & 들뢰즈: 의미와 무의미의 경계에서》, 김영사, 2009.

- ──,《매체, 매체예술, 그리고 철학》, 향연, 2008.
- ──,《필로아키텍처: 현대건축과 공간 그리고 철학적 담론》, 향연, 2009.
- ──,〈쇤베르크 음악과 현상학적 환원〉, 음악논단, 한양대학교 음악연구소, 30집, 2013.
- ──,〈아방가르드와 맑스주의: 소비에트 구성주의의 사례 연구〉, 시대와 철학, 한국 철학사상연구회, 21권3호, 2010.
- 박정일,《튜링 & 괴델: 추상적 사유의 위대한 힘》, 김영사, 2010.
- 벤자민 부흘로,〈'팍투라'에서 '팍토그람'으로〉, in, 이영철 엮음,《현대미술과 모더니즘 론: 형식주의, 맑시즘, 후기구조주의, 포스트모더니즘의 관점》, 시각과 언어, 1997.
- 서동욱,《차이와 타자: 현대 철학과 비표상적 사유의 모험》, 문학과 지성사, 2000.
- 양운덕,〈리오타르의 포스트모던 철학〉, in《헤겔에서 리오타르까지》, 표재명 외 지음, 지성의 샘, 1994.
- 이기상,《존재와 시간 용어해설》, 까치, 1998.
- 이남인,《현상학과 질적 연구 : 응용현상학의 한 지평》, 한길사, 2014.
- 조광제,《의식의 85가지 얼굴: 후설 현상학의 주요 개념들》, 글항아리, 2008.
- ──,《존재의 충만 간극의 현존 1: 장 폴 사르트르의 〈존재와 무〉 강해》, 그린비, 2013.
- ──,《존재의 충만 간극의 현존 2: 장 폴 사르트르의 〈존재와 무〉 강해》, 그린비, 2013.
- ──,《주름진 작은 몸들로 된 몸: 몸 철학의 원리와 전개》, 철학과현실사, 2003.
- 표재명,《키에르케고어 연구》, 지성의 샘, 1995.
- ──,《키에르케고어를 만나다: 사랑과 영혼의 철학자》, 치우, 2012.
- ──,《키에르케고어의 단독자 개념》, 서광사, 1992.
- 홍준기,《라캉과 현대철학》, 문학과지성사, 1999.

보고
듣고
만지는
현대사상

초판 1쇄 발행 | 2015년 8월 25일
개정판 1쇄 발행 | 2024년 2월 20일

지은이   박영욱
책임편집   서슬기
디자인   김종민

펴낸곳   (주)바다출판사
주소   서울 마포구 성지 1길 30 3층
전화   02-322-3885 (편집), 02-322-3575 (마케팅)
팩스   02-322-3858
E-mail   badabooks@daum.net
홈페이지   www.badabooks.co.kr

ISBN 979-11-6689-215-8 93100